国家社科基金
GUOJIA SHEKE JIJIN HOUQI ZIZHU XIANGMU
后期资助项目

新零售背景下
实体零售与电子商务融合
创新发展的路径研究

Research on the Path of Integration and Innovative
Development of Physical Retailing and E-commerce
in the New Retailing Era

左文明 著

中国财经出版传媒集团

经济科学出版社
Economic Science Press
北京

图书在版编目（CIP）数据

新零售背景下实体零售与电子商务融合创新发展的路径研究/左文明著 . －－北京：经济科学出版社，2023. 11

国家社科基金后期资助项目

ISBN 978 － 7 － 5218 － 5245 － 5

Ⅰ. ①新… Ⅱ. ①左… Ⅲ. ①零售业 - 关系 - 电子商务 - 产业发展 - 研究 - 中国 Ⅳ. ①F724. 2②F724. 6

中国国家版本馆 CIP 数据核字（2023）第 195063 号

责任编辑：刘 丽
责任校对：刘 娅
责任印制：范 艳

新零售背景下实体零售与电子商务融合创新发展的路径研究

左文明 著

经济科学出版社出版、发行 新华书店经销

社址：北京市海淀区阜成路甲 28 号 邮编：100142

总编部电话：010 － 88191217 发行部电话：010 － 88191522

网址：www. esp. com. cn

电子邮箱：esp@ esp. com. cn

天猫网店：经济科学出版社旗舰店

网址：http://jjkxcbs. tmall. com

北京季蜂印刷有限公司印装

710 × 1000 16 开 23. 75 印张 400000 字

2023 年 11 月第 1 版 2023 年 11 月第 1 次印刷

ISBN 978 － 7 － 5218 － 5245 － 5 定价：118. 00 元

（图书出现印装问题，本社负责调换。电话：010 － 88191545）

（版权所有 侵权必究 打击盗版 举报热线：010 － 88191661

QQ：2242791300 营销中心电话：010 － 88191537

电子邮箱：dbts@ esp. com. cn）

国家社科基金后期资助项目
出版说明

后期资助项目是国家社科基金设立的一类重要项目，旨在鼓励广大社科研究者潜心治学，支持基础研究多出优秀成果。它是经过严格评审，从接近完成的科研成果中遴选立项的。为扩大后期资助项目的影响，更好地推动学术发展，促进成果转化，全国哲学社会科学工作办公室按照"统一设计、统一标识、统一版式、形成系列"的总体要求，组织出版国家社科基金后期资助项目成果。

全国哲学社会科学工作办公室

前　言

本书以"新零售背景下实体零售与电子商务融合创新发展的路径"为研究主题，概括了零售消费市场的发展现状和新零售的发展背景，系统回顾了关于实体零售与电子商务融合创新发展的相关研究，以及新冠疫情背景下零售业与居民消费的前沿研究成果，并梳理了实体零售四类业态的经营特点与全渠道现状。在此基础上，从居民消费和零售企业两个层面开展调研，分析了国内居民的消费基础、价值倾向、特征、差异与群体细分，以及实体零售企业应用电子商务实现全渠道转型的现状与问题。进而从行业层面探索了实体零售融合电子商务的驱动因素，揭示了实体零售融合电子商务以实现数字化转型的内在机理。进而结合实体零售与电子商务的发展趋势，剖析了实体零售与电子商务融合创新发展的路径。进一步基于零售生态、商业模式、服务流程等多元理论视角，对华润万家超市、银泰百货商场、罗森便利店、百丽专卖店四类零售企业的典型代表开展新零售转型的案例研究，从而为不同类型的零售企业开展实体零售与电子商务融合创新发展提供理论支持和实践启示。最后从政府支持、市场监管和企业发展等角度提出了实体零售与电子商务融合创新发展的对策措施。

当前我国零售消费市场表现为：整体向好，然而不确定性大。受到新冠疫情的影响，2020 年我国社会消费品零售总额出现近五年来的首次下降，其中 24 个省（自治区、直辖市）的社会消费品零售总额均为负增长。而 2021 年国民经济持续恢复，全年社会消费品零售总额为 44 万亿元，同比增长 12.5%，增速实现转正，呈现向好态势。然而，未来短期内零售市场的发展仍存在较大不确定性。国家统计局的数据显示，2022 年社会消费品零售总额为 439733 亿元，比上年下降 0.2%。而 2022 年 12 月，社会消费品零售总额为 40542 亿元，同比下降 1.8%。[①] 可见，在疫情期间社会

---

①　国家统计局.2022 年 12 月社会消费品零售总额下降 1.8% ［EB/OL］. http：//www. stats. gov. cn/xxgk/sjfb/zxfb2020/202301/t20230117_1892127. html.

消费品零售总额难以实现大幅度的同比增长。与此同时，疫情加速促进了物联网、移动支付等互联网技术在零售消费市场的快速应用，社区团购等新零售业态进一步多样化并向数智化方向发展。新零售是数据驱动的以消费者体验为核心的泛零售形态，其发展现状为：零售渠道多样化且呈现多业态融合的趋势；消费者期望得到高响应性和定制化的产品/服务；库存供应矛盾激化，侵蚀全渠道盈利；物流行业向集约化、共享化发展；数据驱动供应链转型和运营提升等。

为把握相关研究的现状与前沿，本书首先根据实体零售业的发展历程，梳理了实体零售相关的主要研究主题，包括渠道战略、渠道整合、渠道选择、渠道绩效评价等；其次回顾了实体零售与电子商务融合创新发展的相关研究，主流的研究主题包括多渠道零售、跨渠道零售和全渠道零售；再次进一步梳理了多渠道零售、跨渠道零售和全渠道零售相关的研究内容，涵盖渠道管理、消费者细分、供应链管理等主题；最后梳理了当前疫情背景下零售业与居民消费的国内外前沿研究成果，了解疫情对零售市场的影响。通过文献梳理和研究，找准研究缺口，为后续研究提供理论基础和方向指导。

本书围绕实体零售的四类业态（超市、百货店、便利店和专卖店）展开，以此作为后续研究的基础。为揭示四类业态的内涵和特点，通过比较分析它们的经营特点，阐释了其传统零售转型面临的难题；并结合四类业态的优劣势，分析了其全渠道的现状。

为把握目前我国零售消费市场的现状和趋势，本书以国内居民消费群体为调研对象设计了问卷，探究我国居民的消费基础、消费价值倾向、消费特征、消费差异与消费市场细分。通过有偿样本服务发放调查问卷共2000份，其中收回有效问卷1971份。基于调研的分析发现：我国居民普遍具备实体店购物和网络购物的消费基础，包括购物的时间、客观条件和经验；消费的功能价值、情感价值和认知价值较受我国居民的重视，而在体验价值和社会价值方面，居民的倾向程度存在较大的区别；受新冠疫情影响，居民普遍出现减少实体店购物，将部分实体店购物转化为网络购物的消费特征；居民消费在性别、年龄等人口学变量上存在多样化的差异；根据居民消费三阶段（信息搜索、下单购买和售后评价）的渠道选择行为进行群体细分，识别出四类细分群体，其消费价值倾向和购买商品类别存在特征差异。

本书通过调查实体零售企业，分析我国实体零售业应用电子商务实现全渠道转型的现状与问题。通过有偿样本服务发放问卷共 542 份，收回有效问卷 500 份。从实体零售企业所属的细分业态、全渠道水平、全渠道转型相关因素等方面展开分析，结果显示我国实体零售企业全渠道的基本情况为：线下实体店依旧是实体零售企业最重要的销售/营销渠道，两种渠道包括微信与阿里旗下平台的重要性次之；"专卖店"类实体零售企业全渠道发展水平最高，线上的购物平台及电商平台是此类企业销售/营销的主营渠道；相对地，"便利店"类实体零售企业全渠道发展水平最低，渠道资源分布不均，线下实体店渠道是此类企业销售/营销的主营渠道；"超市"类与"百货"类实体零售企业更注重自身官网与自营 App 的建设，其中"超市"类实体零售企业更适合通过快手/抖音平台直播渠道，特别是外卖平台进行商品售卖，而"商场"类实体零售企业因为其特有属性，线下实体店渠道必然是最主要的销售/营销渠道。本书进一步围绕与实体零售企业全渠道转型相关的因素展开分析，包括：社会资本、双元能力、IT 能力、技术动荡、渠道资源柔性等。就社会资本而言，实体零售企业与供应链内外企业合作情况均较好；双元能力方面，实体零售企业面临困境时灵活应对并转型创新能力较好，能同时具备利用现有资源进行重组的能力和开发新资源的能力；IT 能力方面，实体零售企业自身具备的 IT 能力虽强但仍需提高，实体零售行业内各企业情况差异大，强弱对比明显；实体零售企业全渠道转型中，各企业明显能将核心资源分配到各渠道上，但仍有 30% 实体零售企业不能灵活快速地将资源在各渠道间进行转换，且一半的实体零售企业认为转换成本高，如何降低转换成本是转换过程中的核心问题。

为从行业层面认识实体零售与电子商务的融合发展，本书探索了实体零售融合电子商务的驱动因素，以揭示实体零售融合电子商务以实现数字化转型的内在机理。基于拓展的 Kaya 恒等式建立 LMDI 分解模型，通过整合传统的宏观驱动因素和反映科技发展的相关微观驱动因素，综合考量经济规模、产业结构、人口效应、研发强度、投资强度、研发效率对实体零售与网络零售融合的驱动效应。研究表明：2010—2021 年我国实体零售与电子商务的融合不断加深；经济增长和产业结构效应是促进融合的主要因素；"十一五""十二五"期间我国产业结构优化极大地促进了线上消费；研发强度、投资强度和研发效率表现出整体的促进效应，但受政策影响而有一定的波动性。

基于对零售市场居民消费和零售企业的调研分析，以及实体零售融合电子商务的驱动因素探析，本书探讨了实体零售与电子商务融合创新发展的路径。通过对实体零售业发展阶段与趋势的分析，发现零售行业发展历程可分为四个阶段：传统零售业、现代零售业、电子商务和新零售。当前实体零售业呈现数字化、线上线下融合、店内消费体验重构、前沿科技融入等发展趋势。同时通过对电子商务发展的趋势与规律的分析，发现电子商务的发展经历了萌芽时期、基础建设时期、快速发展时期、生态系统时期四个发展阶段，目前呈现出全球化、个性化、数据化和移动化等发展趋势。结合新零售的内涵与零售新物种，进一步研究了新零售时代实体零售与电子商务融合创新发展的路径，提出了一个核心和一个方向、实行"三步走"的路径。

进一步选取四类零售业态的典型企业开展新零售转型案例研究，从而为不同类型的零售企业开展实体零售与电子商务融合创新发展提供理论支持与实践启示。

（1）基于零售生态视角的华润万家超市转型案例研究，基于扎根理论对收集的文本数据进行三级编码，提炼出 6 个转型要点，包括技术赋能实现供应链协同重构、供应链中心转化、企业内部全面创新、环境敏感度提升、营造种群协同共生氛围、构建"新零售"生态体系。

（2）基于"人货场"视角的银泰百货转型案例研究，从新零售的本质特征——"人货场"重构这一角度出发，分析银泰百货的新零售发展路径。基于扎根理论对数据进行编码分析，提取出 5 个主范畴，即外部动因、战略目标、内部升级、绿色生态和核心发展，并阐释了上述 5 个维度下的内涵和启示。

（3）基于商业模式画布视角的罗森便利店转型案例研究，系统地分析了罗森便利店进行新零售模式变革过程中的价值主张、客户细分、客户关系、渠道通路、核心资源、关键业务、重要合作、盈利模式，为便利店转型升级提供参考和借鉴。

（4）基于服务流程视角的百丽专卖店转型案例研究，采用过程链网络分析方法，对百丽转型前后的过程链网络图进行刻画，总结百丽服务流程中的关键点，包括客户运营薄弱、渠道单一、等待产品时间过长、店员解决问题、店员经验决策等，识别出百丽数字化转型后的价值增长点，包括个性化服务、便利的渠道体验、社交体验等。

　　综合以上研究和分析结果，本书从政府支持、市场监管和企业发展三个角度，提出了实体零售与电子商务融合创新发展的策略。为促进实体零售与电子商务融合创新发展，政府应该合理规划商业网点，促进零售电商集群发展；促进零售企业规模化经营，助其形成规模经济；改善零售电商发展环境，降低创新成本；培养零售电商复合型人才，促进企业相互交流；制定相关的网络安全法律法规。在市场监管方面，政府应该发挥内外资零售业溢出效应的同时，限制垄断行为；多部门协调做好消费者信息安全工作，保障"新零售"健康发展；规范市场秩序，规避不正当竞争。零售企业应该完善库存、物流环节；提高商品质量，提升供应链水平，优化供应链管理；实施品牌差异化定位，避免同质化竞争；加大推广力度，有效引流客源；提高服务质量，为顾客建立标准化的服务流程，提供更优质的咨询、物流、维修、退换货等服务项目；减少消费者比价难、信息获取成本高的障碍；借助互联网技术优势，促进价值链环节的无缝对接与深度融合；线上线下差异化经营，化解渠道之间的冲突；渠道下沉，积极开拓二三线城市市场；电商平台进一步完善商品展示功能等。

　　本书是国家社科基金后期资助项目"新零售背景下实体零售与电子商务融合创新发展的路径研究"（20FGLB034）的研究成果，衷心感谢国家社科基金的资助！衷心感谢团队成员包括吴应良教授和丘心心、陈鸿倩、肖林、刘晓利、梁翠仙、蔡洁颖、李菀蓉、郑宇阳、黄存鸿、陈飞扬等研究生，大家为完成本书付出了辛勤努力！衷心感谢所有参考文献的作者！衷心感谢经济科学出版社尤其是刘丽老师为本书出版所完成的大量精心细致的工作！

　　本书全面总结了实体零售业的发展阶段与趋势，系统分析了电子商务发展的趋势与规律，弥补了现有文献中关于实体零售与电子商务融合创新发展研究的不足，为实体零售与电子商务的研究提供了新的思路，并为实体零售业与电子商务的融合创新发展提供了重要参考。但是实体零售业市场竞争激烈，加之前几年受到疫情的猛烈冲击，面临的问题和待研究的课题较多。团队开展的研究工作只是此领域的探讨和尝试，仅为此领域的冰山一角。加上作者水平有限，难免有疏漏之处，恳请广大读者批评指正。

2023 年 8 月于广州

目　　录

第1章 绪 论

1.1 国内零售消费市场的发展现状

受到新冠疫情的影响，我国目前零售消费市场表现为：整体向好，然而不确定性大。

国家统计局数据显示，2020年社会消费品零售总额比2019年同比下降3.9%，为近五年首次出现下降，可见新冠疫情对零售市场的冲击。而2021年国民经济持续恢复，全年社会消费品零售总额为440823亿元，比上年增长12.5%；2022年国民经济持续维稳，全年社会消费品零售总额为439732亿元，仅比上年下降0.2%，呈现向好趋势（见图1-1）。

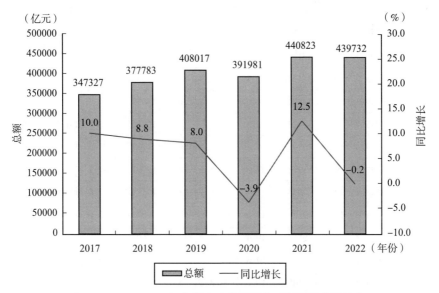

图1-1 2017—2022年社会消费品零售总额及同比增长率

资料来源：国家统计局。

从全国范围看，2020 年受新冠疫情影响，24 个省（自治区、直辖市）的社会消费品零售总额出现负增长。其中，2020 年湖北省的社会消费品零售总额同比下降幅度最大，为 -20.8%，可见国内疫情最先在湖北武汉暴发对其的影响。2021 年，各省（自治区、直辖市）社会消费品零售总额均实现正向增长。广东省社会消费品零售总额继续领先各省（自治区、直辖市），达到44187.7 亿元，同比增长 9.9%；海南省则以 26.5% 的同比增长率领跑，社会消费品零售总额为 2497.6 亿元（见表1－1）。

表 1－1　　　2017—2021 年各省（自治区、直辖市）社会消费品
零售总额及同比增长率

地区	2017 年		2018 年		2019 年		2020 年		2021 年	
	总额/亿元	同比增长/(%)	总额/亿元	同比增长/(%)	总额/亿元	同比增长/(%)	总额/亿元	同比增长/(%)	总额/亿元	同比增长/(%)
广东省	36598.6	9.9	39767.1	8.7	42951.8	8.0	40207.9	-6.4	44187.7	9.9
江苏省	32818.2	10.8	35472.6	8.1	37672.5	6.2	37086.1	-1.6	42702.6	15.1
山东省	25527.9	8.7	27480.3	7.6	29251.2	6.4	29248	0.0	33714.5	15.3
浙江省	23121.3	10.5	25161.9	8.8	27343.8	8.7	26629.8	-2.6	29210.5	9.7
河南省	19289.1	11.7	21268	10.3	23476.1	10.4	22502.8	-4.1	24381.7	8.3
四川省	17404.4	12.1	19340.7	11.1	21343	10.4	20824.9	-2.4	24133.2	15.9
湖北省	18519.7	11.6	20598.2	11.2	22722.3	10.3	17984.9	-20.8	21561.4	19.9
安徽省	14328.8	13.2	16156.2	12.8	17862.1	10.6	18334	2.6	21471.2	17.1
福建省	15393.9	12.3	17178.4	11.6	18896.8	10.0	18626.5	-1.4	20373.1	9.4
湖南省	13793.7	10.3	15134.3	9.7	16683.9	10.2	16258.1	-2.6	18596.9	14.4
上海市	13699.5	8.8	14874.8	8.6	15847.6	6.5	15932.5	0.5	18079.3	13.5
北京市	13933.7	6.1	14422.3	3.5	15063.7	4.4	13716.4	-8.9	14867.7	8.4
重庆市	9769.4	11.9	10705.2	9.6	11631.7	8.7	11787.2	1.3	13967.7	18.5
河北省	11138.5	9.3	11973.9	7.5	12985.5	8.4	12705	-2.2	13509.9	6.3
江西省	8118	12.8	9045.7	11.4	10068.1	11.3	10371.8	3.0	12206.7	17.7
云南省	8194.8	13.5	9197.3	12.2	10158.2	10.4	9792.9	-3.6	10731.8	9.6
陕西省	8611.2	12.1	9510.3	10.4	10213	7.4	9605.9	-5.9	10250.5	6.7
辽宁省	8696.4	1.2	9112.8	4.8	9670.9	6.1	8960.9	-7.3	9783.9	9.2
贵州省	6449.4	14.1	7105	10.2	7468.2	5.1	7833.4	4.9	8904.3	13.7

续表

地区	2017 年		2018 年		2019 年		2020 年		2021 年	
	总额/亿元	同比增长/(%)	总额/亿元	同比增长/(%)	总额/亿元	同比增长/(%)	总额/亿元	同比增长/(%)	总额/亿元	同比增长/(%)
广西壮族自治区	7038	10.8	7663.5	8.9	8200.9	7.0	7831	-4.5	8538.5	9.0
山西省	6058.5	6.3	6523.3	7.7	7030.5	7.8	6746.3	-4.0	7747.3	14.8
黑龙江省	5077.4	5.9	5275	3.9	5603.9	6.2	5092.3	-9.1	5542.9	8.8
内蒙古自治区	4642.6	5.1	4852.3	4.5	5051.1	4.1	4760.5	-5.8	5060.3	6.3
吉林省	3992.3	4.7	4073.8	2.0	4212.9	3.4	3824	-9.2	4216.6	10.3
甘肃省	3206.2	7.4	3435.6	7.2	3700.3	7.7	3632.4	-1.8	4037.1	11.1
天津市	4210.4	0.5	4231.2	0.5	4218.2	-0.3	3582.9	-15.1	3769.8	5.2
新疆维吾尔自治区	3249.8	8.1	3429.1	5.5	3617	5.5	3062.5	-15.3	3584.6	17.0
海南省	1729.4	11.8	1852.7	7.1	1951.1	5.3	1974.6	1.2	2497.6	26.5
宁夏回族自治区	1253.7	10.9	1330.1	6.1	1399.4	5.2	1301.4	-7.0	1335.1	2.6
青海省	842.9	9.5	899.9	6.8	948.5	5.4	877.3	-7.5	947.8	8.0
西藏自治区	618.8	14.8	711.8	15.0	773.4	8.7	745.8	-3.6	810.3	8.6

资料来源：国家统计局。

我国线上线下消费渠道不断融合，消费新场景和新业态快速发展。国家统计局数据显示，2021 年全国网上零售额为 130884 亿元，同比增长 14.1%，占社会消费品零售总额的比重为 24.5%。其中实物商品网上零售额 108042 亿元，同比增长 12.0%。2022 年上半年，国内网上零售额同比增长 3.1%，实物商品网上零售额同比增长 5.6%，直播带货同比增长 58.2%，农产品网络零售同比增长 11.2%，成为消费增长的新亮点。

目前国内人均可支配收入也呈现上升势态。虽然 2017—2019 年国内居民人均可支配收入增速放缓，且受新冠疫情影响，2020 年国内居民人均可支配收入仅增长 2.1%。而 2021 年，国内居民人均可支配收入为 35128

元，比上年增长 8.1%。2022 年全国居民人均可支配收入为 36883 元，比上年增长 5.0%，增速有所提升，呈现出良好的发展形势（见图 1-2）。

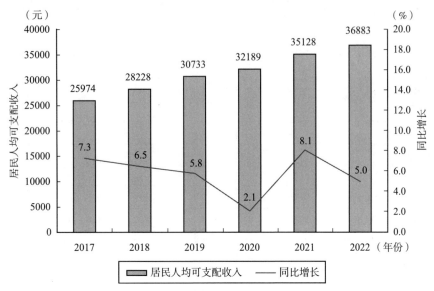

图 1-2　2017—2022 年国内居民人均可支配收入及同比增长率

资料来源：国家统计局。

　　然而，零售市场的发展存在着不确定性，尤其在近年来受新冠疫情的影响很大。根据国家统计局发布的数据，2022 年全年的社会消费品零售总额为 439733 亿元，比上年下降 0.2%。各月度的具体数据显示，2022 年 3 月、4 月、5 月、10 月、11 月、12 月的国内社会消费品零售总额均低于 2021 年当月的总额，其中 4 月同比下降达 11.1%。11 月的社会消费品零售总额 38615 亿元，同比下降了 5.9%。12 月的社会消费品零售总额为 40542 亿元，同比上升 1.8%（见图 1-3）。

　　在常态化疫情管理背景下，零售业的发展环境面临诸多变化。疫情期间，人们逐渐适应和习惯了线上购物，更多的购买活动转到了线上。疫情暴发后，居民消费理念也发生了变化，他们更为关注品牌，更重视商品的个性化特征，更强调健康理念。同时，社区团购迅速发展，涌现了许多品牌，例如橙心优选、多多买菜、美团优选、盒马集市等。此外，疫情防控加速了相关互联网与数字技术在零售消费场景中的应用，如二维码、App、感知技术、物联网、数字孪生等。线上线下全渠道融合促进了新零售的发展，体现了数字化、智能化的生态特征。

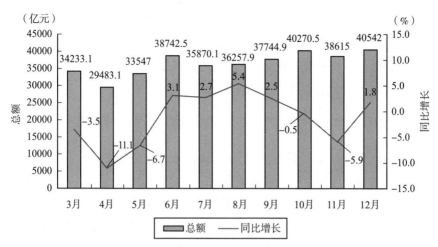

图1-3 2022年各月度社会消费品零售总额及同比增长率
资料来源：国家统计局。

政策环境对于促进零售市场发展亦出现利好。疫情发生以来，中央和地方各级政府部门出台/发布了相关政策法规，以规范市场、保障供给为基础，涉及食品药品安全、消费者权益保护等，以维护、促进零售行业的规范与可持续发展。2020年9月，国务院发布的《关于以新业态新模式引领新型消费加快发展的意见》明确指出"加力推动线上线下消费有机融合""从财政、金融、劳动保障等方面加大新型消费政策支持力度""到2025年，实物商品网上零售额占社会消费品零售总额比重显著提高"等。2022年4月，国务院办公厅发布《关于进一步释放消费潜力促进消费持续恢复的意见》，指出"适应常态化疫情防控需要，促进新型消费，加快线上线下消费有机融合，扩大升级信息消费，培育壮大智慧产品和智慧零售等"。

1.2 新零售的发展背景

1.2.1 新零售的概念和特征

在经济社会中，生产者和消费者通过零售实现连接。零售是市场最重要的经济活动，承载着价值传递和价值转移的重要功能。经济社会发展和技术进步的不断融合，促进了商业模式的不断更新，影响各行各业，其中也包括零售业。尤其随着数字技术和数字经济的快速发展，零售业态不断演进，出现了"新零售"。2016 年 10 月，阿里巴巴董事局主席马云在阿里云栖大会提出这一新的概念，并且认为"未来的十年、二十年，没有电子商务这一说，只有新零售"。进而，2017 年被阿里巴巴定义为"新零售"元年，标志着零售行业进入了一个新时代，新零售成为主导市场的新模式。

阿里研究院在其 2017 年发布的《新零售研究报告》中，将新零售定义为：以消费者体验为中心的数据驱动的泛零售形态。进而，阿里巴巴认为新零售的核心是实现由向消费者销售商品向服务消费者的转变，不管是线上还是线下的活动都应该以满足消费者的需求为目标。随着对新零售认识的不断加深，新零售的内涵涉及供应链重构、渠道重构、品牌关联重构、线上线下融合以形成完善的商业生态体系等。其中，供应链重构是指以数字化技术为支撑，对客户的需求进行快速响应，从下单、支付、物流配送、售后等环节提升供应链效率；渠道重构，是指对包括营销渠道和销售渠道的重构，实现以快速有效的方式将商品传递到消费者；品牌关联重构，是指如何实现品牌的创建、推广、提升，当然前提是能实现品牌价值与消费者之间的互动，能够建立起与消费者之间的有效关联；此外，为适应消费者消费习惯的变化，建立线上线下融合的商业生态体系是新零售发展的重要趋势。

新零售的主要特征体现在以下方面。

1. 线上线下渠道的融合

新零售作为第五次零售业革命，实现的是线上与线下渠道的渗透、合并与融合。线上线下渠道的有机融合是新零售模式的重要特征。企业突破传统商业模式的产品、时间、空间等边界的限制，整合线上无形资源和线下有形资源，实现商品、信息、技术、资源等的自由流通，即无边界管理。此外，实现消费者与企业之间、供应链各环节之间甚至消费者之间的无边界联接与沟通。新零售实现的目标是打造线上线下多位一体的融合式生态体系。

2. 以消费者为中心的服务体系

传统的零售模式是以产品为导向，新零售模式实现了以消费者需求为导向的转变。另外新零售以向消费者提供最大价值为目标，在定价原则方面实现以产品成本为依据向以让利消费者为依据的转变。因此，零售商需要全方位地构建满足消费者需求的服务体系，基于客户画像和全生命周期管理，搭建客户数据体系、客户服务体系、客户增值体系等，提升客户的体验价值、黏性、满意度、忠诚度。

3. 以数据驱动和数字技术赋能为基础

数字经济环境下，企业的运营决策将基于数据驱动，并将数字技术赋能运营的各环节。零售商应充分发挥数据的资产价值和数字化技术的功能价值，有效地整合利用交易环节产生的各类数据，为促成交易和更好地服务消费者提供信息与技术支持。通过有效地利用大数据、人工智能、区块链、物联网等数字技术，从品类选择、线下或线上店铺的布局、库存的优化管理、门店选址、精准营销、改善产品质量、供应链整合与协同、降低运营成本等方面全方位地提升企业运营绩效。

4. 零售赋能与能力输出

新零售背景下呈现的一项新的重要特征是零售赋能与能力输出。零售赋能是将数字化零售基础设施或数字化服务能力应用于零售行业，以提升零售企业的运营水平与服务能力。如社交平台发挥社交流量赋能优势，在零售业实施"去中心化赋能"，实现将用户、数据与连接三种要素与零售业的结合，为零售商提供直接触达用户的机会。而具有强大技术背景的网络零售商或电子商务平台，基于原有零售业务，通过整合输出各项能力，即为中小零售商或个体商家在品牌、营销、技术、供应链管理、金融、物流等各环节赋能，实现对分散的线下零售空间进行整合提升，从而提供零售升级的全方位解决方案。

5. 组织结构的扁平化与供应链的敏捷化

新零售模式的发展促进了零售企业的组织变革，组织结构呈现扁平化从而提升企业的协作化水平。为应对快速变化的市场需求，零售企业实施变革可以提升其组织韧性、决策效率和响应速度。具体来说，零售企业通过缩减管理层级与适度放权提升企业决策效率；供应链通过缩短中间环节而实施扁平化与敏捷化，如生鲜零售商更多通过产地直采以加强对供应链的管理，从而实现对生鲜商品的品质控制与成本管理；工业品零售商通过打造柔性化的供应链并提供定制化生产以满足消费者的个性化需求、降低企业库存、提升运营效益。

1.2.2 新零售的发展现状

1. 零售渠道多样化且呈现多业态融合的趋势

在数字经济背景下，消费者的购物需求呈现出多样化、个性化等特征，单一零售渠道满足不了这些需求。通过整合不同类型的渠道，并设计相应的服务，才能适应需求的变化。尤其对于品牌企业而言，基于自建或者合作的方式涉入多业态零售渠道，才能取得或维持其竞争力。

零售企业采取了差异化的竞争策略：电商巨头向线下延伸并开放平台资源；传统零售企业发展线上渠道，并依托线下提供服务；品牌企业夯实品牌和产品竞争力，以多种方式尝试拓展直营渠道业务规模以连接消费者；初创企业熟谙线上用户喜好，以更灵活更有效的模式参与竞争。总体而言，不同的 B2C 零售竞争策略具备相似的特征，即以数据为驱动围绕消费者提供服务。零售未来的发展方向将体现为线上线下融合的全渠道、多业态共生的生态体系等，如果只是简单地改造为线上交易的电子商务形式或线上导流线下体验/购买的 O2O 模式都满足不了零售市场的需求变化。

2. 消费者期望得到高响应性和定制化的产品/服务

消费者日益提高的消费服务期望，要求品牌企业能够快速响应波动的市场需求，并以灵活的方式交付订单；同时，提供个性化、定制化的产品/服务将成为未来重要的竞争手段。

一方面，常态化的促销使得市场需求波动更大。各式促销活动和平台推出的购物节贯穿全年，已成为常态；在促销期间大举消费，也成为中国消费者的习惯和生活方式，促销期间，销量可超过平日数倍甚至数十倍。另一方面，零售库存压力正重回品牌方一侧，促销前的备货，促销期间的超大单量以及之后的退换货需求，都给品牌企业的仓储和物流体系带来巨大的压力，甚至严重影响日常的销售与运营。

另外，消费者对订单交付的服务和时效要求高。订单交付是购物体验的重要环节，因而是影响消费决策的因素之一。当前消费者对订单交付的时效、便利性以及跨渠道体验要求不断提升。大量企业正投资于为消费者提供更快、更灵活的订单交付体验。不过，由于提供快速订单配送的成本压力大，更多品牌企业开始考虑投资于全渠道零售订单交付，包括从门店发货、发货至门店、门店自提等，促进线上与线下销售的共赢。

此外，个性化、定制化的消费需求将继续保持旺盛。个性化、追求品质和体验已成为消费趋势，这将深刻改变品牌企业供应链的组织和运营方式，促使其实现灵活、可靠的柔性生产和交付能力。更多的企业在原先生产标准化产品的基础上，慢慢培育生产定制化、个性化产品的能力。他们通过提供差异化的体验，影响并引导用户的生活和消费方式，使品牌在场景中与消费者互动连接，更好地转化销售。

3. 库存供应矛盾激化，侵蚀全渠道盈利

缺货是影响品牌企业全渠道零售盈利前景的最大问题，库存在物理上分散而在逻辑上共享，以及服务水平与物流成本之间的平衡，是企业需克服的两大主要矛盾。

传统零售管理模式将库存被分割为零散的逻辑库存池归属于不同渠道，由各渠道负责库存绩效指标。另外，中国幅员辽阔，而服务水平要求不断提升，品牌企业越来越多采取多点供应网络布局将库存部署到各级分仓。库存绩效责任、所有权及地理分布的分散，成为跨渠道库存统筹共享以及全渠道订单交付的最大障碍。正因如此，库存不平衡，缺货和滞销并存，成为品牌企业的常态。不合理的库存部署决策不仅直接导致销售机会损失，还会导致频繁库存调拨、过季退仓、不必要的库存清理等后果，既显著增加供应链成本，也影响供应链的服务水平。

4. 物流行业向集约化、共享化发展

物流行业将朝规模化、集约化和运营精细化的方向发展；中国社会化物流基础体系的成熟和开放，使得未来物流的竞争将围绕运营能力和价值链控制展开。

未来中国物流行业将呈现规模化和集约化程度继续提高；物流运营精细化、智能化和柔性化诉求增强；以服务能力衡量物流的商业价值；以数据驱动物流的运营和提升等趋势。

新零售需要的是能够快速响应市场变化和企业业务需求的敏捷物流，以满足"多批次少批量"和"直供消费者"为业务特征。正因如此，当前快递物流企业都致力于发展围绕电商物流的仓配、快递和同城物流能力；电商巨头也纷纷投资构建物流体系，在基础设施、服务和数据等领域同时发力。

需要指明的是，未来物流的竞争，将不再只强调拥有物流资产。物流基础设施将进一步成为开放化的社会资源，物流地产及运营市场的成熟即是佐证。

未来物流竞争将更侧重于运营，侧重于对客户及价值链的控制。比如菜鸟网络建设为一张开放的社会化仓配网络，旨在聚合物流资源并掌握大数据以提供增值服务；而京东面向社会开放其物流体系时，除仓储配送和快递外，一体化的供应链服务和物流云才是关键。

5. 数据驱动供应链转型和运营提升

数据从未如此重要，在全渠道零售中数据成为关键要素。端到端的数据采集和应用、数据的共享与融合，将促使零售供应链持续提升。

（1）端到端的数据采集和应用。领先零售企业尤其是电商平台企业，通过利用数据采集和分析能力以发挥其最大优势。如果参与全渠道零售竞争，企业必须抢占"用户"和"数据"这两大战略资产。两者相辅相成，而数据无疑是前提和基础，通过实时地采集大量数据可以为企业运营和供应链管理提供数据支撑。企业应用数据的趋势包括：一是数据采集由内部向外部延伸，由运营数据向用户和市场数据延伸，由结构数据向非结构数据延伸；二是利用实时数据进行管理，比如供应链生产进度监控、已销售产品的实施跟踪；三是将数据更多的应用于前瞻性、预测性的分析工作，而不再仅是历史的总结和绩效的评估。

（2）数据共享与融合。获得数据可视性后，企业往往发现对数据应用仍然无所适从。造成此问题的主要原因之一是企业缺乏完善的数据治理机制，即价值链各环节数据源自不同的系统，数据定义和结构不尽相同；数据责任不明确，数据质量无法保证；数据应用分散，且存在割裂化的问题。大部分传统品牌企业的数据应用水平停留在各环节数据的报表展示，数据应用局限在各部门内，数据并未被充分利用也未被有效地发挥其决策支持作用。对于零售业而言，通过共享的数据平台整合来自供应链各环节的数据甚至是多源异构数据，然后开展综合性的分析处理，分析的结果可返回给供应链各职能或被提供给相关部门，以有效地支持运营决策和提升运营绩效。

1.3　主要内容

本书以"新零售背景下实体零售与电子商务融合创新发展的路径"为研究主题，概括了零售消费市场的发展现状和新零售的发展背景，系统回顾了关于实体零售与电子商务融合创新发展的相关研究，以及当前疫情背景下零售业与居民消费的前沿研究成果。并梳理了实体零售四类业态的经营特点与全渠道现状。在此基础上，从居民消费和零售企业两个层面开展调研，分析了国内居民的消费基础、价值倾向、特征、差异与群体细分，以及实体零售企业应用电子商务实现全渠道转型的现状与问题。进而从行业与产业层面探索了实体零售与电子商务融合的驱动因素，理解和揭示了实体零售如何通过融合电子商务以促进数字化转型的内在机理。进而结合实体零售与电子商务的发展趋势，剖析了两者融合创新发展的路径。进一步对华润万家超市、银泰百货商场、罗森便利店、百丽专卖店四类零售企业的典型代表开展新零售转型的案例研究，为不同类型的零售企业开展实体零售与电子商务融合创新发展提供理论支持和实践启示。最后从政府支持、市场监管和企业发展等角度提出了实体零售与电子商务融合创新发展的对策措施。本书主要包括以下内容。

（1）零售市场的发展现状与新零售的发展背景。概括了我国社会消费品零售市场现状，从现状分析零售业面临的诸多外部环境变化。并从新零售的概念和特征、典型模式、未来趋势等方面概括了新零售的发展背景，突出了实体零售与电子商务融合创新发展的必要性。

（2）相关文献研究。根据现有研究回顾实体零售业的发展历程，深入分析推动零售业态变革的动力，重点梳理了多渠道战略中的渠道整合与渠道分离两种类型，以及影响消费者渠道选择的因素。进而回顾实体零售与电子商务融合创新发展的相关研究，阐释了实体零售中的多渠道零售、跨渠道零售和全渠道零售三种模式的概念，并梳理了现有研究中关于多渠道零售、跨渠道零售和全渠道零售的前沿主题。最后，梳理了当前疫情背景下零售业与居民消费的国内外前沿研究成果，了解疫情对零售市场的影响。通过文献梳理和研究，找准研究缺口，为后续研究提供理论基础和方向指导。

（3）实体零售业的经营特点与全渠道现状。划分四类实体零售业态，作为后续研究的基础。四种业态包括超市、便利店、百货店和专卖店。通过比较分析四种业态的经营特点，阐释了其传统零售转型面临的难题；并结合四种业态的优劣势，分析了其全渠道的现状。以此为后续研究奠定基础。

（4）零售消费市场的居民消费调研。以全国居民消费群体为调研对象设计了问卷，探究我国居民的消费基础、消费价值倾向、消费特征、消费差异与消费市场细分。通过有偿样本服务收集问卷共 2000 份，其中有效问卷 1971 份。通过统计分析和方差检验详细解读了居民消费的消费基础、消费价值倾向、消费特征和消费差异。运用潜在类别分析方法，根据居民消费三阶段（信息搜索、下单购买和售后评价）的渠道选择行为进行群体细分，并探究不同的群体是否存在消费价值倾向和购买商品类别方面的差异。

（5）实体零售企业全渠道转型调研分析。通过调查实体零售企业，分析我国实体零售业应用电子商务实现全渠道转型的现状与问题。通过有偿样本服务收集问卷共 542 份,其中有效问卷 500 份。从实体零售企业所属的细分业态、全渠道水平、全渠道转型相关因素等方面展开分析,围绕社会资本维度、双元能力、IT 能力、技术动荡、渠道资源柔性等因素,探究实体零售企业全渠道转型的影响因素。

(6)基于 LMDI 分解模型的实体零售融合电子商务的驱动因素研究。探索实体零售融合电子商务的驱动因素,揭示实体零售融合电子商务以实现数字化转型的内在机理。基于拓展的 Kaya 恒等式建立 LMDI 分解模型,通过整合传统的宏观驱动因素和反映科技发展的相关微观驱动因素,综合考量经济规模、产业结构、人口效应、研发强度、投资强度、研发效率对实体零售与网络零售融合的驱动效应。

(7)实体零售与电子商务融合创新发展的路径。从传统零售业、现代零售业、电子商务、新零售四个阶段分析了实体零售业的发展历程,提出了实体零售业的发展趋势,包括数字化趋势、线上线下融合趋势、店内消费体验重构趋势、前沿科技融入趋势。并结合案例分析回顾了电子商务的四个发展时期:萌芽时期、基础建设时期、快速发展时期和生态系统时期,发现了电子商务发展的驱动因素,以及电子商务发展的全球化、个性化、数据化和移动化趋势。通过界定新零售的内涵与零售新物种,研究了新零售时代实体零售与电子商务融合创新发展的路径。

(8)实体零售与电子商务融合创新发展路径的案例研究。从不同的理论视角出发,对四类零售业态的典型企业开展新零售转型案例研究,从而为不同类型的零售企业开展实体零售与电子商务融合创新发展提供理论支持与实践启示。包括:基于零售生态视角的华润万家超市转型案例研究;基于"人货场"视角的银泰百货转型案例研究;基于商业模式画布视角的罗森便利店转型案例研究;基于服务流程视角的百丽专卖店转型案例研究。

(9)实体零售与电子商务融合创新发展的策略。从政府支持、市场监管和企业发展三个角度,提出了实体零售与电子商务融合创新发展的策略。政府应该合理规划商业网点、促进零售企业规模化经营、改善零售电商发展环境、培养零售电商复合型人才、制定相关的网络安全法律法规;在市场监管方面,政府应该限制垄断行为、多部门协调做好消费者信息安全工作、规范市场秩序、规避不正当竞争;零售企业应该实施完善库存物流环节、提高商品质量、实施品牌差异化定位、提高服务质量、化解渠道冲突、渠道下沉、完善电商平台的商品展示功能等策略。

1.4 研 究 方 法

(1) 文献研究。从实体零售业的发展历程，实体零售与电子商务融合创新发展，多渠道、跨渠道和全渠道零售，疫情背景下的零售业与居民消费四个方面梳理了相关研究，重点阐释了实体零售中的多渠道零售、跨渠道零售和全渠道零售三种模式的内涵，回顾了现有研究中关于这三种模式的主要研究方向，把握了当下疫情对零售企业和居民消费的影响，为研究奠定理论基础。

(2) 调查研究。分别以国内居民消费群体和实体零售企业为调查对象，调查分析目前我国居民的消费基础、价值倾向、特征与差异，以及实体零售企业开展全渠道转型的现状与影响因素，包括实体零售企业所属的细分业态、实体零售企业的全渠道现状、实体零售企业全渠道转型的相关因素及其影响关系等多个方面。

(3) 统计分析。在调查国内居民消费群体和实体零售企业的基础上，对收集的问卷数据进行统计分析，结合饼图、条形图、折线图、多属性条形图、方差分析等定量分析我国居民的消费基础、价值倾向、特征与差异，以及实体零售业全渠道转型的现状与问题。

(4) 潜在类别分析（latent class analysis，LCA）。基于对国内居民消费的调研数据，根据居民消费三阶段（信息搜索、下单购买和售后评价）的渠道选择行为对消费者进行群体细分。通过确定最优的潜在类别数量，得到最佳分类模型。进一步利用卡方检验和 ANOVA 方差探索不同细分群体在消费价值倾向、购买商品类别下的特征差异。

(5) 对数平均迪氏指数法（logarithmic mean divisia index，LMDI）。在众多分解方法中，LMDI 在理论基础、适应性、完全性、不产生残差等方面更有优势，可以清晰地分解出主驱动力的总量、结构和效率对驱动结果的不同影响大小。本书基于拓展的 Kaya 恒等式和 LMDI 分解模型对近 10 年零售业发展的相关数据进行分析，综合考量了经济规模、产业结构、人口效应、研发强度、投资强度、研发效率等因素的驱动效应，从而探究实体零售与电子商务融合的驱动因素及其影响程度。

(6) 案例分析。以华润万家超市、银泰百货商场、罗森便利店、百丽专卖店为案例，从零售生态、新零售"人货场"三要素、商业画布、服务流程等多元理论视角出发，深入分析四类实体零售业态的新零售转型实践，为不同实体零售业态实现与电子商务融合的创新发展提供可参考的路径启示。

（7）扎根理论。收集华润万家超市、银泰百货商城、罗森便利店、百丽专卖店案例研究对象的相关资料，包括期刊文献、新闻报道、官方网站公开资料等。从零售生态、新零售"人货场"三要素、商业画布、服务流程等多元理论视角出发，根据扎根理论对资料数据进行开放式编码、主轴式编码和选择式编码，通过三级编码不断对相关资料进行概念化和范畴化，从而逐步形成理论模型。

（8）生态系统分析。结合生态系统理论研究华润万家超市新零售转型，将"新零售"的演化过程类比生态演化过程。构建华润万家超市"新零售"的生态体系，其中包括生产商、供应商、零售商、消费者构成的关键种群，培训机构、软件商、物流服务商等构成的支持种群，以及市场环境、政治环境等外部环境。

（9）商业模式画布分析。基于商业模式画布对罗森便利店新零售转型案例展开分析，从价值主张、客户细分、客户关系、渠道通路、核心资源、关键业务、重要合作、成本构成和收入来源九个方面阐释了罗森便利店新零售转型的商业模式，并据此总结出值得借鉴的实体便利店新零售策略。

（10）过程链网络分析（process chain network，PCN）。采用过程链网络分析方法，刻画百丽专卖店新零售转型前后的顾客服务过程，并通过关键点分析定位价值增长点。过程链网络分析从流程的角度系统地展示百丽专卖店的服务体系，相比于服务蓝图，过程链网络可以展示三个及以上主体间的互动，弥补了服务蓝图只能展示两个主体间互动的不足。

（11）比较研究。比较研究实体零售中超市、便利店、百货店和专卖店四类业态的经营特点，探讨它们面临的不同发展问题，并对每种业态的优势和劣势进行对比分析，提出对应的新零售转型策略。

（12）对策研究。根据实体零售与电子商务融合创新发展路径研究的结果，从政府支持、市场监管和企业发展三个角度，提出实体零售与电子商务融合创新发展的对策，为政府的监管和企业的发展提供参考。

1.5 学术创新

（1）本书是实体零售与电子商务领域的交叉研究，弥补现有文献中关于实体零售与电子商务融合创新发展研究的不足,为实体零售与电子商务的研究提供新的思路。

(2)从新零售背景出发,结合零售市场居民消费和零售企业的情况调研,以及实体零售融合电子商务的驱动因素,研究新零售时代实体零售与电子商务融合创新发展的路径。

(3)通过调查收集第一手数据,包括实体零售企业、居民消费心理和行为等数据,且通过有偿问卷的方式保证数据的质量和结果的可靠性。

(4)全面总结了实体零售业的发展阶段与趋势,系统分析了电子商务发展的趋势与规律,有助于为实体零售业融合电子商务的发展路径提供理论支撑。

(5)基于拓展的 Kaya 恒等式建立 LMDI 分解模型,通过整合传统的宏观驱动因素和反映科技发展的相关微观驱动因素,综合考量经济规模、产业结构、人口效应、研发强度、投资强度、研发效率对实体零售与网络零售融合的驱动效应,从产业角度揭示了实体零售与电子商务融合的驱动因素。

(6)综合运用生态系统理论、扎根理论、商业模式画布与理论、服务流程理论与 PCN 等理论与方法对实体零售业态进行研究,充分揭示实体零售与电子商务融合的内在逻辑,丰富相关领域的研究成果。

(7)从政府支持、市场监管和企业发展三个角度,全面深入提出实体零售与电子商务融合创新发展的策略。

1.6 研 究 价 值

(1)综合运用了零售业、电子商务、营销学、消费者行为、企业管理、产业经济等多个学科领域的理论和概念,总结分析了实体零售与电子商务相关的概念、性质、特征、模式和趋势,研究实体零售与电子商务融合创新发展的路径,能够促进多学科的交叉融合,具有重要的学术价值。

(2)针对现有文献中关于实体零售与电子商务融合创新发展研究的不足,在系统地梳理相关文献的基础上,从不同的理论视角出发,对四类零售业态的典型企业开展新零售转型的案例研究,从而为不同类型的零售企业开展实体零售与电子商务融合创新发展提供理论支持与实践启示,具有重要的理论价值和实践价值。

第 2 章　文　献　综　述

2.1　实体零售业的发展历程

2.1.1　实体零售业的几次变革

零售变革与创新的推进规律，在商品主导逻辑的经济时代，表现为技术变革—生产变革—零售变革—消费者变化。如今经济进入了服务主导逻辑的时代，体现为技术变革—消费者变化—零售变革—生产变革（李飞，2013）。由零售业经历的发展历程及其发展规律可知，科学技术的发展和消费者需求的变化成为促进零售业态变革的两大主要动力（Rabinovich & Bailey，2004；Pauwels & Neslin，2015；Wang et al.，2015）。

里格比（Rigby，2011）总结美国零售业的发展历史发现，大概半个世纪就成为一个发展周期。在每个周期末期，都会产生重大变革，促使新业态涌现，并取代旧的业态。随着大城市和铁路网络的快速发展，促使百货商店在一个半世纪前开始涌现。而随着汽车和高速公路的发展，导致大型购物中心在一个世纪前开始涌现。到 20 世纪 60 年代，随着折扣连锁店的发展，使得零售巨头快速兴起。当前，随着互联网零售的发展，促使零售电商平台迅猛发展。但也有近一半网络零售商，因没有紧跟科技的发展和日益变化的顾客需求濒临破产（Rabinovich & Bailey，2004；Pauwels & Neslin，2015；Wang et al.，2015）。

李飞（2013）总结了三次零售大变革（零售商—百货公司—全渠道零售）的动因：第一次变革的动因是手工技术和生产的发展；第二次变革的动因是工业技术的发展；第三次变革的动因是信息技术的发展。刘向东和汤培青（2014）认为，随着信息技术的不断发展，人们开始转向全渠道购物，因此零售商为满足顾客的全渠道购买需求进行全渠道营销/销售，最后企业为确保全渠道销售的实现而选择合适的采购和生产流程。李飞等（2018）认为，移动互联网技术的发展、计算机硬件技术的发展、消费者的转变是全渠道零售兴起的主要原因。随着移动互联网的快速发展，消费者能够随时随地、更加便捷地以更低的成本进行互联网搜索和对比，导致商品信息更加清晰，价格信息更加透明，顾客个人偏好更加明确（Bendoly et al.，2005；Emrich et al.，2015；刘煜等，2016；黄漫宇和李圆颖，2017）。也就是说，全渠道环境下的顾客行为已深入到购买流程的各个具体环节，查询商品、选择商品、购买商品、消费商品、反馈和传播商品都是通过全渠道的方式实现的（Kowalkowski et al.，2012；李飞，2015），这最终导致全渠道零售或营销，而移动网络和大数据分析等是这个过程的推动者。

2.1.2 零售商的渠道战略引致零售业变革

多渠道零售商的不同渠道之间相互存在影响。渠道间的蚕食效应和协同效应影响了零售商和消费者的多渠道购买行为（Deleersnyder et al.，2002；Neslin et al.，2006）。其中，蚕食效应是指受新渠道的影响，导致零售商原有渠道销量降低的效应（Avery et al.，2012）。学者们纷纷讨论了蚕食效应，如张沛然等（2017）研究了零售商线上、线下、目录渠道之间的蚕食效应；比亚洛戈尔斯基和纳伊克（Biyalogorsky & Naik，2003）和范·尼耶罗普等（Van Nierop et al.，2011）的研究均证实了线上渠道对线下渠道具有蚕食效应，线上渠道的引入会致使线下渠道的销量降低；保维尔斯和内斯林（Pauwels & Neslin，2015）指出，若零售商当前同时具有目录渠道和线上渠道，开发新渠道致使目录渠道的销量降低，这主要是因为目录渠道与新增渠道之间具有相似性。伴随移动商务的快速发展，移动渠道对现有渠道是否具有蚕食效应成为值得研究的新问题。

当然，零售商多种渠道之间也具有协同效应，渠道之间互相促进，导致消费者基数、市场份额、销售收入等方面实现上升（Berman & Thelen，2004）。并且零售商多种渠道之间也相互整合，在多渠道整合背景下，消费者更愿意产生购买行为（Van Birgelen et al.，2006）。新渠道的引入不仅能够减少消费者的信息搜索成本，同时也能够导致消费者更轻易受到营销活动的影响，产生更多的购买行为（Deleersnyder et al.，2002）。张沛然等（2017）认为，引入新增渠道时，蚕食效应和协同效应同时存在。保维尔斯和内斯林（2015）的研究表明，蚕食效应可以被协同效应补偿，使得新渠道的净增长效应成为正值。

多渠道战略包括渠道整合和渠道分离两类（Gulati & Garino，1999）。两类战略完全相反，极端的渠道整合是指要将零售商的所有渠道紧密整合在一起，实现零售网络的单一化和无缝化；极端的渠道分离是指将零售商的所有渠道完全独立开来，相互之间完全不产生影响。其中，渠道整合受到了更多研究者的关注。在多渠道零售发展初期，多渠道分离战略作为已有渠道的补充，零售商能获取新的消费群体，增加价值（Steinfield et al.，1999）。但从长期看，渠道分离战略降低了零售商运营效率，还会使得消费者发现各种渠道的商品和服务是不同的，据此导致消费者感知到的零售商品牌形象发生转变（Zhang et al.，2010）。

渠道整合的概念是当线上 PC 渠道成为新渠道时产生的（Zhang et al.，2010）。弗里德曼和福瑞（Friedman & Furey，2000）指出，销售渠道必须契合消费购买行为特征，渠道成功的关键因素是将真正的购买行为与消费者期望采用的购买渠道衔接起来。内斯林（2006）指出不同的消费者所需要的购买渠道不同，因此多渠道整合应当注重保证消费者能在不同的渠道获得一致的互动体验。佩恩和弗罗（Payne & Frow，2004）指出多渠道整合质量取决于各个渠道是否能够提供一致的、高水平的服务能力。多渠道的协同管理还包括商品、价格、服务、促销等方面的协同管理（齐永智和张梦霞，2015）。格鲁瓦尔等（Grewal et al.，2010）认为零售商应根据消费者对各个渠道的价格预期，尽量调控不同渠道的成本，维持成本与消费者价格预期之间的平衡。一旦实现不同渠道之间的价格协同，在不同渠道的同一种商品可指定不同的价格（Zhang et al.，2010）。商品信息一致性是指零售商各种渠道所展现的商品信息是一致的，例如商品的基本描述、价格、库存等信息（Stone et al.，2002）。消费者经常通过比较零售商不同渠道所展现的信息，判断不同渠道是否具有一致性（Jiang & Stylos，2015）。库什瓦哈和山卡尔（Kushwaha & Shankar，2007）指出，相较于单渠道消费者，多渠道消费者更加善于利用各种促销策略，且购买的数量和频次均高于单渠道消费者。多渠道协同服务质量是全渠道价值链管理的关键（齐永智和张梦霞，2015）。

跨渠道整合描述不同渠道间的协作、互补、一致、共享等行为（Berman & Thelen，2004；Bendoly et al.，2005），包括多种渠道间的整合（庄贵军等，2019）。跨渠道整合具有渠道功能分散性和整合方式多样性的特征，学者们提出的渠道活动或功能虽然各不相同，但都是围绕固定方式进行跨渠道整合，这些固定方式包括一致、共享、协作和互补四种。

跨渠道一致性是指各种渠道的销售信息、企业形象、服务水平等方面表现相近或相同。在相关研究中，学者们均指出企业应当充分考虑消费者的不同购物习惯，提供能够给予顾客一致购物体验的多种渠道（Goersch，2002；Oh et al.，2012；吴锦峰等，2016）。一致性购物体验是指消费者对企业提供的服务和消费的一种主观感受，消费者感受到的销售与传播信息是一致的。已有研究主要使用以下题项测量跨渠道一致性：公司网站与实体店的形象及定位是否相同（Goersch，2002）；公司在线上线下不同渠道销售的产品品牌是否相同（Wu & Wu，2015）；公司不同渠道的产品或服务的描述是否相同（Oh et al.，2012）；公司线上线下渠道的产品或服务价格是否相同（Oh et al.，2012）；公司不同渠道的促销信息是否相同（周飞等，2017）；公司不同渠道的品牌、商标和标语是否相同（张广玲等，2017）；公司网站或线上店铺的设计展示风格与线下实体店形象的市场定位是否相同（Goersch，2002）；公司不同渠道的营销信息是否相同（Cao & Li，2018）。

跨渠道共享性指企业在不同渠道之间采集并共享信息的程度（Kalakota & Robinson，2003；Berman & Thelen，2004）。企业跨渠道整合的重要基础是信息共享，一方面，对企业而言，企业需要收集整理各个渠道的消费者碎片化信息，以完善企业的客户信息系统（齐永智和张梦霞，2014）；另一方面，对消费者而言，消费者若想实现跨渠道购物的无缝对接，需要企业对各个渠道开放其客户信息系统。已有研究主要使用以下题项测量跨渠道共享性：公司是否根据消费者以往多渠道购买记录进行商品推荐（Goersch，2002）；消费者是否能够通过线上渠道查询实体店的位置或咨询商品的相关信息（Oh et al.，2012）；公司是否实现了顾客数据库的跨渠道整合（Cao & Li，2018）；公司是否实现知识的跨渠道共享（Cao & Li，2018）；公司是否实现物流信息的跨渠道整合（Cao & Li，2018）。

跨渠道协作性指多种渠道为服务顾客而互相协作的程度。在移动互联背景下，顾客在一次购物过程当中，会采用多种分销渠道、信息渠道和物流渠道及其组合（李飞，2013）。因此，企业应当充分考虑选择哪些渠道以及渠道间的相互协作，以保障顾客能够顺利地完成购物。已有研究主要使用以下题项测量跨渠道协作性：公司全部渠道是否能够提供其他渠道的电话、地址等信息（Goersch，2002）；公司线上渠道是否能够通过目录编号下单（Oh et al.，2012）；公司是否支持线上线下多种不同的支付手段（Wu & Wu，2015）；公司是否能够按照顾客地址将订单智能分派给对应的分销商/零售商进行配送（张广玲等，2017）；公司是否能够提供跨渠道联合服务（Cao & Li，2018）。

跨渠道互补性指各个渠道之间在功能上相互补充的程度（Goersch，2002；Bendoly et al.，2005；Schramm – Klein & Morschett，2006）。在多渠道背景下，各个渠道均表现出不同的功能和资源等优势，应当充分发扬不同渠道的优势并各取所长。不仅可以通过自有渠道与其他渠道的合作以弥补自身的不足，还可以进一步开发出更为完善的渠道。已有研究主要使用以下题项测量跨渠道互补性：公司是否销售特制规格的商品以满足特定需求（Goersch，2002）；公司线下实体店是否能够为线上购买的商品提供退换货及维修服务（Oh et al.，2012）；公司是否允许顾客线上下单、线下取货（周飞等，2017）；公司是否能够提供线上购买、线下自提服务（张广玲等，2017）等。

与传统销售渠道相比，在移动互联网背景下产生的全渠道零售特征鲜明。新渠道的出现刺激了消费者也影响了消费者对渠道的选择。在全渠道零售中，企业的成功要求渠道的优势必须体现商品特点和顾客需求偏好的匹配（Chopra，2018）。在全渠道背景下，随着移动技术的快速发展，零售商需要充分协调各个渠道，包括各个渠道的选品以及商品信息的传达。因此，零售商需要明确影响顾客选择购买渠道的因素，并结合顾客偏好与渠道间相关性实施差异化的营销方案。随着移动互联网与移动设备的快速发展，零售业的购物渠道越来越多样化与便捷化，但这也进一步增加了零售策略的复杂性（Park & Lee，2017）。顾客选择全渠道零售的影响因素包括以下两个方面：外部激励，例如安全性、实用性、时间压力；内部激励，例如易用性、对网络的享受和享乐取向（Frasquet et al.，2015）。查特吉和库马尔（Chatterjee & Kumar，2017）研究了纯在线零售和全渠道两种情况下消费者购买意愿的差异，发现顾客选择渠道的影响因素包括商品生命周期（非耐用性和耐用性）、商品类型（表达性和功能性）、零售商类型、人口统计变量（年龄、收入和学历即受教育程度等）。

2.1.3　消费者渠道选择的影响因素

产品是影响消费者的全渠道零售选择的一个重要因素，产品的价格、属性和类型等都会影响消费者对渠道的选择。在购买昂贵商品时，消费者更多选择电话渠道和传统渠道（如广播、电视广告等）和，而较少使用移动渠道；消费者选择渠道的影响因素还包括商品类型，例如价值和信息复杂性（Chopra，2018）；商品价格会影响消费者全渠道零售选择（Gensler et al.，2012），由于线上渠道能够展示其他购买者对于商品的评论，因此消费者一般会选择在线上渠道购买高信任或体验性的商品（Park & Lee，2017）。除此之外，消费者选择渠道的影响因素还包括商品复杂性（郭燕等，2018）。

消费者选择全渠道零售受到其个人特征的影响。消费者的冲动和触觉需求会对其渠道的选择产生极大影响。冲动的消费者更喜欢通过移动设备进行全渠道购物，而高触觉需求的消费者则更喜欢通过在线设备进行购物（Rodríguez-Torrico et al.，2017）。零售商的全渠道投资组合会受到消费者对便利性和即时满足感偏好的重要影响。若消费者对便利性越关注，送货上门和在线信息渠道占据更大市场份额的可能性就越大；反之，若消费者对即时满足越关注，那么就要求零售商要将渠道设置在与顾客邻近的位置（Chopra，2018）。卡赞科鲁和艾丁（Kazancoglu & Aydin，2018）研究发现，在全渠道情境下，影响消费者购买意愿的因素是安全性和有用性，且消费者习惯和个人创新是该影响关系的调节变量。同时，影响消费者全渠道购物意愿的因素还包括个人的努力预期、绩效预期、感知风险、感知信任、便利条件、互动需求、享乐动机、焦虑和隐私顾虑等。全渠道零售商应当分析消费者的需求和期望，创造一种新的、无缝的全渠道购物体验，从而改善消费者体验。此外，影响消费者全渠道零售选择的个人特征还包括性别、年龄（Park & Lee，2017）、购物经历、以往购买行为、社会关系网络等（Verhoef et al.，2015）。

消费者选择渠道会受到渠道特性的影响，包括渠道的类型整合、感知流利性、可见性、透明度、便利性、一致性等。渠道类型整合能够促进与改善不同类型渠道间的协作，从而为顾客打造一个无缝的购物体验；渠道感知流利性会受到渠道的服务配置质量（透明度和选择宽度）和整合质量（过程一致性和内容一致性）的影响，进而影响消费者的渠道选择；渠道可见性是指在库存、支付数据、材料来源等信息是可见的，能够使顾客的即时信息需求得到充分满足，实现顾客增值（Saghiri et al.，2017）。渠道特性包括渠道透明度、渠道便利性和渠道一致性，其作为外部因素是触发因素，通过内部因素，间接影响消费者的渠道选择；渠道价格优势直接影响消费者的渠道选择（Xu & Jackson，2019）。渠道透明度是指消费者全购物流程中的订单追踪能力；渠道便利性是指搜集信息的便捷性及购物的灵活性不受时间/地点的影响；渠道一致性表现为线下渠道和线上渠道的订单的履行者是否一致。全渠道零售商当帮助消费者理解如何整合及使用不同销售渠道，并为消费者提供尽可能多的可用渠道，来满足其消费需求（Shen et al.，2018）。此外，消费者选择全渠道零售的影响因素还包括渠道服务接触点（Wallace et al.，2004；Huré et al.，2017）、渠道印象（Falk et al.，2007；Verhagen & Dolen，2009）、渠道交易成本（Chintagunta et al.，2012）、渠道风险（Falk et al.，2007；Gensler et al.，2012）等。

消费者的渠道选择也会受零售商零售策略的影响。顾客购买意愿会受零售商的适应性销售行为的影响，其中产品类型是该影响路径的调节变量。适应性销售行为是指在与顾客的互动过程中销售人员基于顾客的需求偏好及时改变沟通方式，给予其最精准的商品信息。消费者的渠道选择会受零售商通信策略的影响，如短信、电子邮件、手机 App 推送消息、与消费者的沟通方式（Park & Lee，2017）等可推动其在移动渠道进行购买（Chopra，2018）。相较于非全渠道消费者，全渠道消费者的搜索和购买行为会有所不同（Verhoef et al.，2015），通过移动设备购买的消费者能够从不同渠道获知商品信息和建议，如亲戚朋友的口碑、零售商、竞争对手、顾客评论，甚至是零售商发布的内容等。所以，销售人员应当基于消费者行为来改变自己的沟通策略（Yurova et al.，2017）。

在消费者全渠道零售选择过程方面，可将消费者渠道选择行为分为渠道沟通、渠道决策和渠道评价三个过程（廖颖川和吕庆华，2019）。其中，渠道沟通是顾客选择全渠道零售的第一个步骤，应当注重明确与顾客的接触点。为改善全渠道绩效和消费者体验，全渠道零售应当联合管理多种渠道与顾客接触点。其中，顾客接触点指的是顾客和组织间的沟通（Verhoef et al.，2015），包括基于关系性和交易性的接触点，其载体包括数字的以及实体的。随着通信技术的快速发展，顾客能够随时随地选择产品/品牌（Rangaswamy & Van Bruggen，2005），其使用零售商开发的接触点越来越多（Ailawadi & Farris，2017），渠道使用的能力也在逐步增强（Bell et al.，2014）。消费者更喜欢那些最能适应他们特定购物体验要求的接触点，如礼品购买、移动购物等（Hansen & Sia，2015），以及可以根据消费者期望提供最高价值的接触点，如高效比价、方便快捷地获取订单、简便地反馈商务或服务信息等。

拉克等（Larke et al.，2018）通过深度访谈和案例研究，发现全渠道零售的关键是对多个顾客接触点的集成，包括组织结构、库存采购、IT 系统、顾客数据库等方面的集成。因为多渠道范围不宽，消费者的购物过程中的渠道整合不足，尚未完全考虑到渠道如何实现对消费者品牌体验的单独及联合影响（Cummins et al.，2016）。移动平台使消费者由单渠道视角转为全渠道视角，偏好转变为将所有渠道都视为品牌体验的一部分，为实现顾客价值，全渠道零售应当对多种接触点进行无缝的集成，企业的全渠道战略应当更加注重渠道和接触点（Verhoef et al.，2015）。

在全渠道零售模式中，顾客能够很轻松地由一个渠道转向另一个渠道。顾客能够在不同渠道分别实现商品搜索、订货、物流配送等环节，最大限度地保证消费者跨渠道决策过程中的信息可得性、可见性和一致性（Piotrowicz & Cuthbertson，2014；Saghiri et al.，2017）。顾客接触点的阻碍或壁垒被全渠道零售打破，导致渠道决策过程越来越繁杂。有学者提出"顾客感知渠道整合—顾客赋权—信任和满意—惠顾意愿"的渠道决策过程模型（Zhang et al.，2018），其中顾客对购物过程的感知以及信任和满意共同组成顾客赋权这个有机体。

消费者全渠道决策包括几个步骤：信息获取、客户交互、下单扩展（Tetteh & Qi，2014）和订单履行流程（Bell et al.，2019）。拉姆等（Lamb et al.，2018）指出全渠道顾客的增值决策过程包括预购、支付、收货和退货的四个阶段。预购阶段，顾客通过价格比较网站、社交媒体、口碑或网络口碑、手机 App、网站、销售目录等渠道获取商品相关信息；支付阶段，顾客既可以在线上支付，也可以在线下实体店进行支付；收货阶段，顾客可基于自身的便利性要求确定收货方式，包括时间和地点等；退货阶段，基于顾客角度，不同的退货方式可带来不同的价值创造。此外，布林约尔松等（Brynjolfsson et al.，2013）也开发得到一个渠道决策过程，该过程包括促销、商品、信息收集、订单履行与服务等。李飞（2014）提出包括动机、获取信息、决策、购买、评价的渠道决策过程。薛红等（2017）开发了一个包括消费前、中、后三阶段的全渠道决策过程，具体包含需求识别、信息搜寻、剖析选择、购买和购后行为。

零售商的渠道绩效评估是指从过程和结果双视角出发，系统地评价渠道效率和效应（廖颖川和吕庆华，2019）。

一方面，基于过程的渠道评价。在全渠道背景下，顾客对零售商服务的感知对于零售商服务策略的成功至关重要，其中，全渠道购物者是最有价值的客户（Verhoef et al.，2015）。全渠道零售的效果评估应当包括对企业绩效方面的评估与顾客心理方面的评估，具体包括企业市场份额、销售增长以及顾客满意度、感知信任等（Brynjolfsson et al.，2013）。其他研究者还研究了消费者赋权（Lemon & Verhoef，2016；Payne et al.，2017；Zhang et al.，2018）、渠道自我效能（Chiu et al.，2010）、消费者感知安全性和有用性（Kazancoglu & Aydin，2018）、线上渠道感知风险和服务质量（Herhausen et al.，2015）等顾客心理感知层面的渠道评价指标。胡雷等（Huré et al.，2017）基于定量和定性研究方法，从顾客视角出发，构建了全渠道购物价值模型，该价值由各个渠道接触点的购物价值催生出来，共包括享乐主义、功利主义和社会属性三个维度，全渠道强度在该影响路径中起到调节作用。

全渠道购物价值包含无缝体验与感知一致性、渠道交互中产生的复杂性、聚焦品牌体验在内的三个特征。已有研究表明结果导向的流利性体验和跨渠道集成是导致全渠道成功的核心因素，并行渠道的整合、跨渠道服务消费者、感知流畅性是区分多渠道和全渠道服务的关键（Cao & Li，2015；Saghiri et al.，2017）。有学者从消费者的角度出发，对消费者全渠道服务使用行为进行研究，结果表明，消费者更关心渠道的整合质量（包括渠道服务透明度、内容与过程一致性及渠道宽度）和渠道感知流畅性（即跨渠道中自然且可持续的体验程度）（Shen et al.，2018）。

另一方面，基于结果的渠道评估。消费者的最终消费购买行为（对于体验和品牌的评价及消费者购买意愿）是渠道评价的最直接体现形式。萨吉里等（Saghiri et al.，2017）通过研究发现，全渠道整合对搜索、购买及支付意愿有显著的间接影响，而感知风险、网络购物体验和感知服务质量对此起中介作用。渠道整合感知对消费者感知满意度和信任以及购物意愿都有影响，消费者赋权在其中起中介作用。在全渠道零售环境中，零售渠道被充分整合，消费者获得了前所未有的权力，这大大提高了消费者的信任度和满意度，也提升了消费者的购物意愿（Lemon & Verhoef，2016）。

全渠道选择可以带来消费者利益，例如品牌资产、数据质量、长短期效益分析等。在品牌评估方面，全渠道零售激发消费者的品牌参与意愿，即通过与品牌进行互动，消费者产生的正向的情感、行为和价值感知（Zhang et al.，2018）。品牌参与是一种动态的迭代过程，是通过与顾客主动地开展互动而创造的顾客体验所产生的一种心理状态（Hollebeek et al.，2014；Calder et al.，2016），它可以产生消费者效应（如态度预测、折中效应、稀缺原则、诱饵效应、锚定效应、从众效应、心理账户、罗森塔尔效应、光环效应、消费者能力等)、品牌效应(如品牌认可、品牌认同、品牌信任、品牌忠诚等)、内容效应(如商品评分评论、用户生成内容、口碑传播、再分享意愿等)、产品效应(如产品态度、产品推荐、购买频率等)、市场效应(如购买意愿、口碑传播意愿、支付意愿、转化率、占有率、市场水平变化等)(Payne et al.,2017)。研究体验评价,其指标包括客户盈利能力(Payne et al.,2017)、高效比价(Hansen et al.,2015)、渠道反馈与分享(Tao et al.,2018)等。

2.2 实体零售与电子商务融合创新发展

实体零售与电子商务的融合,属于多渠道零售。消费者能够获取同一零售商通过多种多渠道提供的商品和服务,节约时间、降低经济成本、节省精力、提升可靠度等(Coughlan et al.,2001)。相比于单渠道的消费者,多渠道的消费者表现出对零售商或品牌的忠诚度更高、满意度更高、黏性更强,他们愿意回访店铺、回购商品,对商品的重复购买率更高(Kumar & Venkatesan,2005;Lee & Kim,2008)。同时,多渠道零售具有协同效应的特质,从而提升零售商的销售收入、利润、客户数量和市场份额等(Berman & Thelen,2004)。两位学者(Lee & Kim,2010)认为,多渠道整合对零售企业产生强化效应有正向促进作用,即基于渠道丰富多样性的累积效应,提高各渠道的经营绩效。吴锦峰等(2014)研究证实了多渠道整合质量,即传统零售商为消费者提供无缝服务体验的能力,对消费者的线上购买意愿有显著的强化作用。

零售渠道,亦称分销渠道,它是指面向最终消费者的非生产性商品或服务从经营主体(如生产者或分销商)转移到其他主体(包括组织和个人)所经历的过程或路径(李飞,2012)。法国零售专家伯丁(Burdin,2017)基于空间维度把零售渠道分为四类:单渠道、多渠道、跨渠道和全渠道零售。单渠道是指零售商仅通过单一渠道向消费者提供商品/服务的行为,单一渠道可以是目录渠道或移动渠道或线上渠道以及传统的线下实体渠道等(张培然等,2017)。在多渠道零售初期,零售商同时通过多个渠道为消费者提供商品或服务,但多个渠道间通常是分离的,消费者一般通过某单一渠道完成购买过程或购买行为(李飞,2013)。随着技术的发展、应用的推广和消费者需求的升级,为了给消费者提供更好的体验,零售商逐渐开始整合各个销售渠道。通过对多渠道零售进行渠道整合，相较于相互分离的渠道，渠道间的互动更为频繁，"跨渠道零售"和"全渠道零售"的概念由此产生（张佩然等，2017）。

2.2.1 多渠道零售

关于多渠道零售的定义众多。其最初被定义为零售商家通过两个或两个以上的渠道向消费者提供商品、信息、服务和支持的过程，这些渠道包括线下实体渠道、目录渠道和线上网络零售渠道（Rangaswamy & Van Bruggen，2005）。列维等（Levy et al.，2009）认为多渠道零售是通过两个及以上的渠道向消费者出售商品或提供服务的一系列活动。刘易斯等（Lewis et al.，2014）将零售商同一时间通过两个及以上的整合渠道向消费者提供商品或服务的过程定义为多渠道零售。贝克和瑞格尔（Beck & Rygl，2015）进一步将多渠道零售定义为零售商通过两个及以上渠道提供商品和服务的行为，但同时指出零售商没有对各渠道实施整合，无法通过跨渠道方式为消费者提供零售服务。

伊尔约拉等（Yrjölä et al.，2018）综合探讨了多渠道、跨渠道和全渠道三种零售类型中的顾客价值主张，识别出多渠道、跨渠道和全渠道的顾客价值主张在创造价值方面的差异，以及它们满足的购物动机类型，提出了消费者购物动机、顾客价值观和多渠道零售策略的理论框架。在多渠道、跨渠道和全渠道三种零售类型中，多渠道是最基础的零售类型。多渠道的出现正在重塑消费者的购买行为和零售商的营销风格，消费者和零售商都能从多渠道环境中获取利益（Liu et al.，2018）。随着零售渠道形式种类越来越多，即从单一渠道营销向延伸至多渠道营销及全渠道营销，消费者购物变得更加方便，与之相对的，上下游零售商的分销管理也变得更加困难（Ailawadi & Farris，2017）。现有研究分别从多渠道零售的中下游渠道比较、多渠道零售的消费者细分、多渠道零售的定价与利润、多渠道零售的服务质量等不同角度对多渠道零售主题进行了探讨。相关研究见表2－1。

表2－1   多渠道零售研究现状

文献	零售类型	研究主题	研究发现
Yrjölä et al. (2018)	多渠道、跨渠道和全渠道	多渠道、跨渠道和全渠道中的顾客价值主张	提出了消费者购物动机、顾客价值观和多渠道零售策略的理论框架

文献	零售类型	研究主题	研究发现
Liu et al.（2018）	多渠道	多渠道零售的研究综述与展望	多渠道零售是一种取决于市场环境、零售商特征、渠道属性、产品类别、社会和情境因素以及客户异质性等因素的双赢游戏
Ailawadi & Farris（2017）	多渠道、全渠道	多渠道和全渠道的分销管理	提出了有助于可靠分析分销与营销目标之间关系的指标，包括营销人员（供应商和零售商）需要监控的指标，以及学术研究人员（理论和实证研究）应纳入模型的指标
Fornari et al.（2016）	多渠道	多渠道零售中的迁移与协同效应	从单一渠道零售到多渠道零售的渠道组合扩张会激活一种生命周期，网络零售和实体零售两种渠道在短期内具有迁移效应，但在长期内具有协同效应
Basak et al.（2017）	多渠道	"体验店"背景下多渠道零售的博弈分析	随着"体验店"展示水平的提高，传统和在线的零售商利润都会下降，从在线零售商的角度来看，高水平的展示并不是有益的，但从消费者的角度来看，"体验店"是有益的
Frasquet et al.（2017）	多渠道	多渠道零售中的线上与线下忠诚度	多渠道零售中线上忠诚度主要由线下忠诚度驱动，而线下忠诚度也受到品牌信任和品牌依恋的正面影响
Gao et al.（2021）	多渠道、全渠道	多渠道、全渠道零售对实体店的影响	高网购退货率会激励零售商降低实体店的规模，随着网上购物变得更加方便，零售商更愿意拥有规模更小的实体店
Méndez－Suárez et al.（2020）	多渠道	线上和线下广告对多渠道零售销售的影响	线上与线下广告增加了消费者进行品牌搜索查询的倾向，而品牌搜索查询与付费搜索广告相结合是影响多渠道零售业在网上或实体店销售的最相关变量
Kireyev et al.（2017）	多渠道	多渠道零售的定价策略	提出了在双寡头情境下使得多渠道零售商实现盈利的"自匹配"定价策略
Kuruzovich & Etzion（2018）	多渠道	网上拍卖与多渠道零售	卖家同时使用在线拍卖与其他渠道时，对任何单独渠道的研究可能会有偏差，研究在线拍卖时必须考虑多渠道销售过程所导致的偏差

续表

文献	零售类型	研究主题	研究发现
Ishfaq & Bajwa (2019)	多渠道	多渠道零售中在线订单履行的盈利能力	相对于降低订单交付成本，降低订单履行成本是零售商提高盈利能力的更好方法，与其他履行方式相比，降低订单履行成本更有助于提高实体店的盈利能力
Sands et al. (2016)	多渠道	多渠道零售中的消费者细分	根据感知渠道重要性、心理和人口特征确定了五个多渠道消费者群体，发现消费者对移动和社交媒体渠道重要性的认知存在两极分化
Park & Kim (2018)	多渠道	多渠道零售的消费者细分	从微观和宏观两个层面揭示了韩国和美国的多渠道零售消费者在购买偏好和购物模式上的差异
Frasquet et al. (2019)	多渠道	多渠道零售中投诉渠道的使用	"多渠道投诉者"和"重度多渠道投诉者"倾向于使用各种渠道进行投诉，"以网络为中心的投诉者"倾向于使用网站投诉渠道，"以商店为中心的投诉者"倾向于把商店作为唯一的投诉渠道
Ortlinghaus et al. (2019)	多渠道	风险感知对多渠道技术态度的影响	消费者越倾向于通过在线渠道购买，风险维度对多渠道技术态度的影响就越弱
Yang et al. (2017)	多渠道	多渠道零售环境下渠道整合对服务质量、满意度和回购意愿的影响	无论是在网络环境还是移动环境中，渠道整合对服务质量感知都有很强的正向影响，并进一步影响满意度和回购意愿
Bressolles & Liang (2019)	多渠道	多渠道零售商电子履行系统的绩效评价	识别出衡量多渠道零售商电子履行系统绩效的13个关键绩效指标，并确定这些关键绩效指标与顾客期望和经济绩效的关系
Acquila－Natale & Iglesias－Pradas (2020)	多渠道	多渠道零售中的服务质量测量	商店设计对单渠道行为和可靠性具有正向影响关系，履行性与多渠道行为相关
Ozuem (2020)	多渠道	多渠道零售的服务质量	基于社会影响理论，从顾客的角度对多渠道服务质量进行解释，提出了解释多渠道零售服务质量的模型

1. 多渠道零售中线上线下等渠道的比较研究

福纳里等（Fornari et al.，2016）研究网络零售商开设实体店如何影响整体零售额，通过实证研究表明，对于单一顾客而言，网购的概率在短期内会因零售商开设实体店而降低，但在长期内会趋于增加。巴萨克等（Basak et al.，2017）建立了"体验店"背景下传统零售商和在线零售商的博弈模型，通过对多渠道零售商在"体验店"条件下的行为进行分析，验证传统研究认为的"体验店"有利于在线零售商。弗拉斯奎特等（Frasquet et al.，2017）通过结构方程模型分析了跨文化背景下，多渠道零售中线下忠诚与线上忠诚之间的相互作用，以及品牌信任和品牌依恋对忠诚的直接和间接影响。还有学者认为在线零售渠道和线下实体店具有各自的优势和劣势，研究了在线渠道如何影响零售商关于实体店的决策，包括多渠道、全渠道零售商如何决定实体店的数量和规模（Gao et al.，2021）。门德斯·苏亚雷斯等（Méndez – Suárez et al.，2020）则比较了多渠道零售中的线上广告和线下广告，采用偏最小二乘结构方程模型（PLS – SEM），以欧洲一家电子消费品多渠道零售商的数据，研究线上广告（显示、重定向、社交媒体和付费搜索）和线下广告（电视和商店传单）对消费者进行品牌搜索查询的影响。

2. 多渠道零售的定价与盈利研究

基列耶夫等（Kireyev et al.，2017）建立博弈模型研究多渠道零售的定价策略，验证"自匹配"定价策略如何影响零售商的盈利。库鲁佐维奇和埃兹昂（Kuruzovich & Etzion，2018）利用搜索理论，建立实证模型研究在多渠道零售环境下卖家的定价决策和拍卖结果，利用 eBay 汽车拍卖公司的数据，实证检验卖家零售地点的质量如何影响卖家的拍卖结果。伊什法克和巴杰瓦（Ishfaq & Bajwa，2019）建立了在线订单履行的非线性混合整数利润最大化模型，利用美国一家大型零售商的数据，评估了多渠道零售商为满足在线订单而采用不同方案的盈利能力。

3. 多渠道零售的消费者细分研究

桑德斯等（Sands et al.，2016）研究多渠道零售中的消费者细分，利用聚类分析法研究了商店、互联网、移动和社交媒体渠道中消费者在搜索、购买和售后等阶段的行为差异。帕克和金（Park & Kim，2018）利用韩国和美国消费者在购买行为路径上的数据，利用聚类分析和关联规则挖掘，对消费者的购物模式和渠道偏好进行分类，将多渠道零售的消费者细分为多种类别，以分析各个类别的差异。弗拉斯奎特等（2019）将多渠道零售中的投诉者分为"多渠道投诉者""重度多渠道投诉者""以网络为中心的投诉者""以商店为中心的投诉者"，研究在售后阶段，多渠道购物者在投诉渠道使用方面存在的差异。也有研究同样从消费者的角度探讨多渠道零售，研究消费者的风险感知。奥特林豪斯等（Ortlinghaus et al.，2019）认为零售商的目标是通过提供多渠道技术来鼓励消费者使用多种渠道，以获取良好的零售效果，因此研究调查了消费者的不同风险感知对多渠道技术态度的影响，包括检查和保留、点击和收集、可用性检查等。

4. 多渠道零售的服务质量研究

杨水清等（Yang et al.，2017）研究网络环境与移动零售环境下，渠道整合对消费者自我调节过程的影响，以及消费者回购意愿的影响因素，通过实证分析验证了渠道整合对服务质量、满意度和回购意愿的影响。布列索莱斯和梁（Bressolles & Liang，2019）将顾客期望与经济绩效相结合，研究多渠道零售商电子履行系统的绩效评价，确定了衡量多渠道零售业电子履行系统绩效的关键绩效指标。阿奎拉·纳塔尔和伊格莱西亚斯·普拉达斯（Acquila - Natale & Iglesias - Pradas，2020）对服务质量和电子服务质量模型进行修正，并提出了一个包括店内体验、可靠性和实现、安全性和隐私性以及客户服务四个维度的模型测量多渠道环境下的零售服务质量。奥祖姆（Ozuem，2020）认为为了应对不断变化的消费者行为，多渠道零售企业应该学会如何为客户提供优质服务，因此基于社会影响理论，从顾客的角度对多渠道服务质量进行解释，提出了解释多渠道零售服务质量的模型。

2.2.2　跨渠道零售

总体而言，跨渠道零售可以理解为两层含义。第一层偏重渠道间的交互，例如跨渠道中的协同作用（Steinfield et al.，1999；Avery et al.，2012；Neslin et al.，2006）；第二层含义用来形容一种多渠道实施策略（张沛然等，2017）。贝克和瑞格尔（2015）指出零售商在两种及以上渠道中进行商品销售或提供服务的整个过程被定义为跨渠道零售，同时在此过程中，零售商可以自由选择部分渠道整合，消费者可以选择不完整的跨渠道交互购物。在跨渠道零售中，每条渠道仅完成部分零售功能（张沛然等，2017）。"单一渠道"—"跨渠道"的阶段转变是新的以"企业经营"为导向的零售战略的结果（李飞，2015）。这是一种以有限的渠道资源为基础，对一个或多个渠道简单地进行组合或整合，以满足企业收益最大化或成本最小化的经营目标。这三个阶段中涉及的零售渠道是彼此独立的，并没有被高效整合（Berman & Thelen，2004）。

跨渠道零售的相关研究见表 2 - 2，跨渠道零售研究同样关注线上和线下渠道的比较。吾尔维尔德等（Voorveld et al.，2016）研究线上和线下购买者在整个购买过程中使用跨渠道的差异，以及不同类型产品之间的差异，分析了 1000 多名消费者及其在最近一次购买中使用的 17 种渠道。布雷格尔曼斯和坎波（Breugelmans & Campo，2016）认为一个渠道中的促销可能会对另一个渠道中的购买行为产生实质性的负面影响，尤其是当不同渠道之间采取不同促销对策的时候，因此通过实证分析了跨渠道之间的促销影响效应。跨渠道零售研究也关注了退货的管理问题。拉迪和张（Radhi & Zhang，2018）针对实体店和线上店双渠道环境下客户通过同一渠道退货或跨渠道退货会影响零售商定价的问题，研究了零售商的最优定价策略，以及顾客偏好和顾客回报率对双渠道定价行为的影响。缪尔等（Muir et al.，2019）研究跨渠道零售环境下零售商的物流退货管理策略如何影响库存效率，提出在需求非平稳的环境下，零售企业需要根据退货政策和外部环境调整退货处理的物流结构。

表 2－2   跨渠道零售研究现状

文献	零售类型	研究主题	研究发现
Voorveld et al.（2016）	跨渠道	线上线下消费者的跨渠道消费行为差异	消费者在网购产品时使用的线上渠道比线下购买时多，但在网购产品时使用线下渠道的程度与线下购买产品时使用线下渠道的程度相同
Breugelmans & Campo（2016）	跨渠道	价格促销的跨渠道效应	一个渠道的促销对另一个渠道在促销期间的品类购买有负面影响；跨渠道的影响是不对称的；高促销频率对另一个渠道的促销效果有负面影响；跨渠道效应对连锁企业的忠诚顾客更具有负面影响
Radhi & Zhang（2018）	跨渠道	跨渠道的顾客回报及其对定价的影响	当具有显著消费者偏好的渠道具有更高的收益率时，分散渠道比采用统一定价策略的协调渠道更能为零售商带来巨大利润
Muir et al.（2019）	跨渠道	零售商的跨渠道退货管理策略	跨渠道退货政策对分散退货处理结构和库存效率之间的正关系具有放大效应，季节性需求变化对库存结果会产生强大的主效应和交互效应
Cao & Li（2018）	跨渠道	零售商跨渠道整合的决定因素	零售商的信息技术能力和自有品牌供应推动了其跨渠道整合，与高多样性或低多样性相比，中等程度的多样性更有助于跨渠道集成

文献	零售类型	研究主题	研究发现
Li et al. (2018)	跨渠道、全渠道	全渠道零售中顾客对跨渠道整合的反应	全渠道零售商的不确定性、身份吸引力和转换成本部分中介了顾客满意度对顾客保留的影响，同时完全中介了顾客满意度与替代品兴趣之间的关系
Li et al. (2017)	跨渠道	跨渠道竞争对顾客渠道迁移的影响	如果一家公司比竞争对手更晚引入在线渠道，客户以前从竞争对手的在线渠道购买产品，会增加其采纳这家公司在线渠道的可能性
Chen et al. (2019)	跨渠道	消费者对跨渠道应用程序的抵制行为影响因素	推迟、反对和拒绝三种抵制行为受到不同因素的影响，存在跨渠道协同效应，管理者应该对延迟者、反对者和拒绝者采取不同的策略

　　跨渠道零售研究的主题还包括跨渠道整合和消费者行为。在跨渠道整合方面，曹和李（Cao & Li，2018）认为对于多渠道零售商而言，决定是否实施以及在多大程度上实施跨渠道整合是一项关键而复杂的任务，从创新扩散的角度，提出了一个包括技术、组织和环境等因素的内聚力理论模型，利用美国零售业的数据验证这些因素如何影响零售商实施跨渠道整合。几位学者基于 PPM 模型（Push – Pull – Mooring），研究全渠道零售商的不确定性、身份吸引力和转换成本在顾客对跨渠道整合的反应中的影响作用，包括这些因素对顾客满意度与顾客保留之间关系的中介作用，对顾客满意度与替代品兴趣之间关系的中介作用（Li et al.，2018）。在消费者行为方面，几位学者认为消费者的多渠道购物行为也取决于竞争对手提供的渠道，通过对一家引入新网购渠道的企业进行研究，探讨消费者过去和现在从竞争对手渠道的购买行为对其渠道选择的影响（Li et al.，2017）。还有几位学者提出越来越多服务组织通过开发品牌应用（移动应用）将服务渠道扩展到移动端，但消费者对品牌应用程序普遍存在抵制，这种抵制可以分为推迟、反对和拒绝（Chen et al.，2019）。

2.2.3　全渠道零售

　　2009 年，美国国际数据集团（IDG）的零售研究报告最早出现了"全渠道零售"这个概念。报告指出，全渠道消费者是多渠道消费者动态演进的结果（Parker & Hand，2009）。新时代的消费者区别于过去的单一渠道购物的消费者，将关注并同时选择多个渠道（Parker & Hand，2009；Ortis & Casoli，2009）。直至贝恩咨询公司研究员里格比（2011）在《哈佛商业评论》上发表了题为"*The Future of Shopping*"的文章，全渠道零售才真正获得全球各界的关注。文中将全渠道零售定义为零售商将线下实体店的体验优势与线上购物的信息优势整合从而提升了顾客购买体验的策略（Rigby，2011；Lazaris & Vrechopoulos，2014；李飞，2015）。由此可见，在整合线上线下渠道优势的基础上，全渠道零售更要注意提升消费者的购买体验（Piotrowicz & Cuthbertson，2014；Cao & Li，2015；Xu & Jackson，2019）。在后续研究中，列维等（2012）扩展了全渠道零售的概念，认为全渠道零售是零售商基于对各零售渠道优势的整合，为顾客带来无缝消费体验的战略或策略。李飞（2015）通过拆词法对全零售进行解释，认为它是指零售企业采用所有或最多的零售渠道类型，直接向终端消费者售卖商品或提供服务，以帮助顾客实现其个人的或非商业的活动（李飞等，2018）。施蕾（2014）认为，消费者在选择购物渠道时，不是进行单选而是同时多选，不同的零售渠道可以互换使用，这揭示了零售渠道的"单渠道—多渠道—全渠道"的渠道转变。全渠道零售的根本含义是指消费者的全购物渠道（齐永智和张梦霞，2015）。"全渠道"阶段是一个新零售策略阶段，以"消费者体验"为导向，零售商通过对多渠道的高效完善和整合，在用户的各个体验阶段精准地传递顾客价值（Frambach et al.，2007；Amrouche & Yan，2012；Lamb et al.，2013）。

全渠道零售是指将零售渠道（如商店、在线和移动）整合以提供单一的、无缝的客户体验（Von Briel，2018）。全渠道零售系统由渠道阶段、渠道类型和渠道代理三个维度构成（Saghiri et al.，2017）。加利波格鲁等（Galipoglu et al.，2018）从跨学科的角度对全渠道零售研究领域的研究现状进行综述，采用多种方法对 70 篇相关论文进行内容分析和文献综述，并对其中 34 篇高被引论文进行共同引用分析，将研究主题总结为渠道需求侧、渠道供给侧、渠道管理与策略三种类型。具体而言，全渠道零售中的研究主题包括物流与供应链管理、线上与线下渠道管理、消费者行为、战略管理与未来趋势等，相关研究见表 2 - 3。

表 2 - 3　　　　　　　　　　　　全渠道零售研究现状

文献	零售类型	研究主题	研究发现
Von Briel (2018)	全渠道	全渠道零售的未来趋势	体验式零售是未来主流的新商业模式；线下门店的体验式服务也将成为主要竞争趋势；全渠道零售需要发展人力资源、改变组织心态；全渠道零售将提高运营效率
Saghiri et al. (2017)	全渠道	全渠道零售系统的概念框架	提出了一个由渠道阶段、渠道类型和渠道代理三个维度构成的全渠道系统概念框架，并通过多案例研究和专家访谈的方法，验证了概念框架的适用性
Galipoglu et al. (2018)	全渠道	全渠道零售的研究综述	从渠道需求侧、渠道供给侧、渠道管理与策略三个方面识别、评估和构建全渠道零售的研究现状
Melacini et al. (2018)	全渠道	全渠道零售的物流研究综述	许多关键问题仍然有待研究，包括零售分销网络的演变、多渠道的分类规划、商店在配送过程中发挥的物流作用等
Hübner et al. (2016)	全渠道	全渠道零售的物流管理	全渠道零售的物流规划可分为后端实现（如仓库和店内拣选）和"最后一公里"配送（如有人和无人送货），设计选择取决于国家具体情况、零售商具体情况和客户行为
Hübner et al. (2016)	全渠道	全渠道零售的分销系统	拓展配送模式，提高配送速度和服务水平，是实现全渠道正向和逆向配送的关键
Ma (2017)	全渠道	全渠道零售中顾客满意度及购买意愿的影响因素	配送时间的增加显著增加了顾客的模糊感和风险感，降低了顾客的满意度，也对购买意愿产生负面影响；免费送货降低了顾客在送货时间较长时的模糊感，但在送货时间较短时却强化了模糊感
Abdulkader et al. (2018)	全渠道	全渠道零售的配送问题	提出了优化全渠道零售配送系统的数学模型，并给出了两种求解方法（两阶段启发式算法和多蚁群算法）
Govindarajan et al. (2020)	全渠道	全渠道零售的库存管理	通过对美国大陆虚拟零售网络的实际数值研究，证明了在一定条件下，该算法对许多全渠道实体店具有渐近最优性
Rai et al. (2019)	全渠道	全渠道零售中的物流外包	食品零售商和非食品零售商之间存在着明显的差异，食品零售商倾向于通过内部实现物流服务，但非食品零售商倾向于与物流服务提供商密切合作

续表

文献	零售类型	研究主题	研究发现
Mena et al. (2016)	全渠道	全渠道零售的物流管理	分销属性、订单履行方法和订单交付服务之间具有密切的关联,零售商专注于整合其门店和分销中心的库存,并利用大型门店网络实现规模效益
Adivar et al. (2019)	全渠道	全渠道零售的供应链绩效评估	提出了包括四个维度(可持续性、效率和有效性、响应能力、灵活性)和七个视角(客户、运营、采购、财务、信息共享和信息技术、运输、环境)的综合绩效指标体系
Chopra (2016)	全渠道	全渠道零售的供应链构建	实体渠道用于满足可预测的需求,在线渠道用于提供多样性和碎片化服务需求,实体渠道还可以作为在线渠道的体验店和取货位置
Gao et al. (2017)	全渠道	全渠道零售的线上线下信息	实体体验店可能会促使零售商减少商店库存,这会增加可用性风险并减少商店光顾;如果虚拟店诱导过多的客户从实体店向在线渠道迁移,可能会增加在线退货,并损害利润
Wollenburg et al. (2018)	全渠道	全渠道零售中的顾客导向	提出了基于不同履行方式的跨渠道顾客导向理论,包括库存管理中的选项、交付模式、退货模式等
Bell et al. (2018)	全渠道	全渠道零售中线下体验店的需求和运营效益	线下实体体验店通过搭建多元化体验场景的方式,提升消费体验,扩大消费需求,促进消费升级,同时将线上消费者吸引至线下,通过全渠道运营提高用户转化率,进而实现效益增收
Kang (2018)	全渠道	全渠道零售的体验店、网络空间和用户生成内容	全渠道零售的体验店和网络空间对用户在社交媒体上的内容创造意图有正向影响,消费者的信息获取、价格比较和社会互动对体验店有正向影响,信息素养、社交互动和分类寻求对网络空间有正向影响
Park et al. (2021)	全渠道	全渠道零售的体验店优化	提出了一个衡量和最大化零售商店的预期展示效用的框架,并通过案例研究验证了所提出方法的实用性
Gao et al. (2017)	全渠道	全渠道零售中的在线购买和店内提货模式	并非所有的产品都适合店内提货,尤其是对店内销售情况良好的产品实施在线购买和店内提货模式可能不会带来利润

文献	零售类型	研究主题	研究发现
Murfield et al. (2017)	全渠道	全渠道零售的物流服务质量	在线上购买线下提货中，消费者满意度部分中介条件维度与忠诚度的关系，完全中介时间维度与忠诚度的关系；在直接线下购买中，消费者满意度部分中介及时性维度与忠诚度的关系
Paul et al. (2019)	全渠道	全渠道零售的配送能力共享策略	提出了全渠道零售配送能力共享策略，即如何在不同销售渠道的路线之间最大限度地共享容量，并提出了解决路线规划问题的有效方法
Xu & Jackson (2019)	全渠道	全渠道零售顾客退货渠道忠诚度影响因素	感知风险、购买—退货渠道一致性、货币成本和麻烦成本会影响顾客的退货渠道忠诚度，相对而言，感知风险对顾客回报渠道忠诚度的影响最大
Rodríguez – Torrico et al. (2017)	全渠道	全渠道零售的消费者行为分析	在全渠道环境中，在线设备和移动设备扮演着不同的角色，消费者的个人特征决定了在线和移动设备的使用，冲动型买家更喜欢移动渠道，对触控需求较高的消费者更喜欢在线渠道
Hoehle et al. (2018)	全渠道	全渠道零售中顾客对结账验证的容忍度	与不使用移动技术的传统自助服务场景相比，在结账过程中使用移动技术的场景下，顾客对验证的容忍度更高
Zhang et al. (2019)	全渠道	全渠道零售的服务质量测量	开发了包括商店外观、个人互动、效率、美学设计、隐私/安全、整合、个性化、履行性/可靠性八个维度的量表，实证结果表明，各维度对全渠道零售商的顾客满意度和忠诚度都有显著的正向影响，其中整合是最重要的因素
Xu & Jackson (2019)	全渠道	全渠道零售环境下的顾客渠道选择意向	渠道透明度、渠道便利性和渠道一致性对顾客感知行为控制具有正向影响，渠道透明度和一致性有助于降低顾客的感知风险。顾客感知行为控制和渠道价格优势对顾客渠道选择意愿有正向影响，感知风险对顾客渠道选择意愿有负向影响
Rosenmayer et al. (2018)	全渠道	全渠道零售的服务失败和补救	全渠道零售中，最常见的服务失败类型包括"实体"购物、送货、营销活动中的沟通和定价、商品质量和客户服务

续表

文献	零售类型	研究主题	研究发现
Bernon et al. (2016)	全渠道	全渠道零售的退货管理	在线零售的退货率是线下商店的两倍，零售商的全渠道退货管理尚未完全成熟，在网络设计和退货流程上面临挑战，提出了改进退货管理流程的策略
Zhang et al. (2018)	全渠道	全渠道零售中的订单取消和消费者退货	在线零售商布局线下门店，为达成线上线下同质同价，会导致线下营收下降，因此零售商需要结合实际，积极探索，规划好全渠道模式，以提升经营效益
He et al. (2020)	全渠道	全渠道零售的退货管理	在实施商店退货后，消费者可以在不支付额外成本的情况下享受更多的服务，零售商通过实施这一策略可以获得更高的利润
Larke et al. (2018)	多渠道、全渠道	零售商从多渠道向全渠道的转变	研究结果表明了战略实施过程的重要性、零售商品牌组合和品牌管理的重要性，以及调整和利用现有设施的必要性
Kim & Chun (2018)	全渠道	全渠道零售商的竞争策略	如果顾客对线上购物的接受程度不同，制造商会采用多渠道策略；如果顾客同质化，制造商更愿意采用全渠道策略；如果客户既不相似也不完全不同，则制造商会采用实体策略
Alexander & Cano (2019)	全渠道	全渠道零售中实体店的作用	实体店的角色似乎正在从交易场所演变为互动场所，这对传统的零售模式、零售场所和零售设计的概念提出了挑战

1. 全渠道零售的物流与供应链管理

全渠道零售在物流领域的研究主要包括配送网络设计、库存和容量管理、配送计划和执行三个维度，目前许多关键问题仍然有待研究，包括零售分销网络的演变、多渠道的分类规划、商店在配送过程中发挥的物流作用等（Melacini et al.，2018）。其中，关于多渠道零售的配送问题备受关注。胡布纳等（Hübner et al.，2016）通过与全渠道零售和物流专家的探索性访谈，以及回顾有关"最后一公里"订单履行和零售供应链管理的重要文献，提出了全渠道零售"最后一公里"订单履行的规划框架。胡布纳等（2016）还关注了全渠道零售的分销系统中交货和退货流程应如何组织，通过对全渠道零售商的半结构化访谈和领域专家的讨论，研究了全渠道零售的分销组织问题，提出拓展配送模式，提高配送速度和服务水平，是实现全渠道正向和逆向配送的关键。配送速度和服务水平的关键性还体现在其对顾客满意度、顾客购买意愿的影响。有学者通过情景角色扮演实验，验证了全渠道零售中配送时间和不确定性感知对顾客满意度及购买意愿的影响，以及感知不确定性对配送时间与顾客满意度及购买意愿之间关系的中介作用（Ma，2017）。

因此，全渠道零售的物流配送系统需要一套优化算法。阿卜杜勒卡德尔等（Abdulkader et al.，2018）研究全渠道零售配送系统中的车辆路径问题，将消费者分配到零售店的决策与车辆路线规划相结合，提出了优化全渠道零售配送系统的数学模型，并给出了求解方法。戈文达拉扬等（Govindarajan et al.，2020）则从库存管理的角度，构建模型分析全渠道零售的库存管理策略，提出了一种简单的、可扩展的多店选址问题的启发式算法，并验证了该算法的有效性。

在宏观层面上，拉伊等（Rai et al.，2019）探讨物流服务商如何参与全渠道零售商的物流运作，以及物流服务提供商应如何适应全渠道零售环境，识别了全渠道零售中的物流内包和外包机制。全渠道零售供应链的复杂性也决定了供应链管理的难度，梅纳等（Mena et al.，2016）通过对大型零售商供应链管理人员的访谈，并使用有关企业规模、商店和分销网络、在线销售、分销配置和订单交付的数据，分析分销属性、订单履行方法和订单交付服务之间的关联。阿迪瓦等（Adivar et al.，2019）通过对实体零售供应链与全渠道零售供应链的对比分析，提出了全渠道零售的供应链绩效评估指标体系，并建立模型分析成功的全渠道零售供应链的特征。

2. 全渠道零售的线上与线下渠道管理

实体渠道和线上渠道具有互补优势，对于构建既具有成本效益又能响应顾客需求的全渠道零售供应链具有重要作用，全渠道零售供应链混合结构应同时考虑这两种渠道（Chopra，2016）。全渠道零售中信息能够解决两种类型的不确定性，即产品价值不确定性和可用性不确定性，研究了零售商如何有效地向全渠道顾客提供一站式服务、顾客是通过线上还是线下收集信息，以及是通过线上还是线下购买产品（Gao & Su，2017）。沃伦堡等（Wollenburg et al.，2018）认为，在全渠道零售中，客户订单的履行需要大量的努力来整合物流网络和产品流，提供额外的履行渠道成本高昂，一种理想的选择是影响客户的渠道选择，即顾客导向，因此研究了如何帮助引导顾客跨渠道选择。现有研究也关注了全渠道零售的线下体验店

（Bell et al.，2018；Kang，2018；Park et al.，2021），以及全渠道零售的店内提货模式（Gao & Su，2017；Murfield et al.，2017；Paul et al.，2019）。

关于全渠道零售的线下体验店，贝尔等（Bell et al.，2018）探究了全渠道零售中线下体验店是否有利于两个最基本的零售目标：需求生成和运营效率，通过对一家眼镜零售商的数据进行实证，验证了需求生成和运营效率的效应，发现线下体验店不仅有助于提升品牌知名度，也有助于提升渠道知名度。康（Kang，2018）认为在全渠道零售中体验店和网络室是消费者的主要购物方式，探讨了全渠道消费者的心理特征（即信息获取、价格比较、社会互动、分类寻求和便利寻求）是否对体验店和网络空间产生影响，进而对用户内容创造意图产生影响。帕克等（Park et al.，2020）介绍了基于体验店的全渠道零售策略，认为在体验店收集有关产品的信息，并实现产品交付，特别适用于客户希望亲自体验产品以提高购买意愿的情况，适用于高价值、高运输成本的大型产品。

关于全渠道零售的店内提货模式，高和苏（Gao & Su，2017）对全渠道零售中的在线购买和店内提货模式建立分析模型，认为可通过提供库存的实时信息和减少购物成本这两种方式影响客户选择，但不是所有产品都适合店内提货的模式。穆菲尔德等（Murfield et al.，2017）采用基于调查的实证方法，收集关于两种不同全渠道零售场景体验的数据：线上购买线下提货和直接线下购买，探讨全渠道零售环境下，物流服务质量对消费者满意度和忠诚度的影响。保罗等（Paul et al.，2019）针对全渠道零售中的在线购买和店内提货模式，提出了一种配送能力共享策略，以及解决路线规划问题的有效方法，研究表明通过配送能力可以大幅度节省成本。

3. 全渠道零售的消费者行为

全渠道零售环境下消费者行为的一个重要问题是，顾客渠道选择意愿受到多种因素的影响，全渠道零售和供应链管理面临的一个挑战是全渠道零售环境的新特点和复杂性，即如何使顾客更加熟悉和适应全渠道零售环境，并使顾客充分利用全渠道零售（Xu & Jackson，2019）。罗德里格斯·托里科等（Rodríguez-Torrico et al.，2017）从消费者行为的角度出发，分析在全渠道零售中冲动性和触摸需求这两个个体特征如何影响消费者使用在线设备和移动设备，并考虑了人口统计学特征的影响。赫勒等（Hoehle et al.，2018）关注移动技术在全渠道零售中的应用以及实施挑战，介绍了三种新兴的零售店移动购物结账验证流程，研究全渠道零售中顾客对结账验证的容忍度。

全渠道零售消费者行为的复杂性带来了零售商的服务管理、退货管理和定价管理等方面的问题。在服务管理问题上，几位学者构建了全渠道零售环境下顾客感知服务品质量表，基于半结构化访谈的定性分析，提出了顾客满意度和忠诚度的预测模型，并利用问卷调查数据对模型进行验证（Zhang et al.，2019）。两位学者提出全渠道零售环境为顾客提供了在购买和退货时可供选择的多种渠道，通过建立结构方程模型，实证分析了影响全渠道顾客退货渠道忠诚度的因素（Xu & Jackson，2019）。罗森迈尔等（Rosenmayer et al.，2018）提出了包括服务失败、顾客抱怨和服务补救三个流程构成的全渠道零售服务失败和补救理论框架，对四家全渠道零售公司的客户投诉和回复等数据进行内容分析，验证了框架的有效性。在退货管理和定价管理问题上，贝尔农等（Bernon et al.，2016）研究在线零售对消费者退货水平的后续影响，以及零售商在网络配置和退货管理流程方面的退货管理策略。在全渠道零售业务中，如果产品不符合预期，在付款前消费者可以取消订单，或者在付款后选择退货，通过比较网络零售商的纯网络策略和全渠道策略，给出了最优定价和库存决策（Zhang et al.，2018）。在循环经济时代，消费者可以将不满意的产品退回给零售商并全额退款，退回的产品可以作为翻新产品转售，基于此建立了博弈模型，研究在基础情景和全渠道策略下零售商的最优订货和定价决策（He et al.，2020）。

4. 全渠道零售的战略管理与未来趋势

全渠道零售的战略管理主要包括从多渠道向全渠道的转变和零售商的竞争。拉克等（2018）通过对零售企业高管的深入访谈，采用单案例研究方法分析了零售商从多渠道向全渠道转变背后的动机和战略决策，以及对实施全渠道模式有直接影响的因素。两位学者研究全渠道零售商的竞争策略，分析了由"渠道冲突"引起的两种竞争效应，一是企业现有零售渠道与新的在线渠道之间的竞争效应，二是供应链中制造商与零售商之间的竞争效应（Kim & Chun，2018）。

关于全渠道零售的未来趋势，冯·布里尔（Von Briel，2018）提出了由18位零售业专家组成的四阶段德尔菲法，总结全渠道发展现状并探索行业发展方向，识别出全渠道发展机遇及面临的主要挑战、关键技术、服务设计、消费升级趋势及特征。亚历山大和卡诺（Alexander & Cano，2019）从体验、与其他渠道的整合、技术的作用和消费者的期望等方面探讨实体店业态的现状，并探讨了实体店的未来趋势。

2.3 疫情背景下的零售业与居民消费研究

新冠疫情对我国经济产生了重大冲击，不仅降低了居民消费能力和意愿，转变了居民消费结构和方式；而且居民消费方式的改变直接影响了零售行业发展。兰虹和赵佳伟（2020）认为疫情推动了新零售发展，加速了渠道变革，但传统零售行业仍面临诸多挑战。郑江淮等（2020）研究认为，疫情将加速零售商业模式的变革，"宅经济"、下沉市场、无人配送等需求结构的改变将会重塑未来零售业的商业模式。作为新型商业模式，新零售同样受到了疫情的冲击，为了探究疫情防控背景下新零售模式与消费市场的关系，本节通过梳理与疫情相关的消费品零售市场研究，为课题后续研究提供理论依据。

2.3.1 疫情对我国零售行业的影响研究

新冠疫情转变了居民的生活和工作习惯，在生活方式、工作方式、消费特征、消费行为等方面带来了影响和改变，也冲击了消费市场，影响了消费结构，还给零售企业带来了诸多困境：企业资金链周转紧张、物流运输受阻、零售企业出口影响大、缺乏风险管理能力的企业生存困难等，这些都给零售行业发展带来了直接的影响。

以检索式"SU＝'疫情＊零售'＋'防疫＊零售'＋'新冠＊零售'"，在中国知网检索出期刊论文 95 篇、学位论文 2 篇，以此探索疫情对零售企业的影响。通过对所检索的文献进行分析与梳理，最后共得到 66 篇文献用于分析。总体而言，国内关于疫情背景下零售相关研究成果较少，研究主题可分为对传统零售行业和新零售行业的研究。

1. 疫情背景下传统零售企业相关研究

关利欣（2020）认为新冠疫情给我国的消费市场造成严重冲击，同时也反映出我国经济存在的一些问题。为在后疫情时代进一步发挥消费对经济的促进作用，需持续完善现有消费体制，并增强消费的可持续发展能力。范亚辰和谭静（2020）认为疫情虽然扰动了消费，但将促进消费结构的提质升级。通过数字化转型赋能新时代消费体系，降低我国经济对外部消费市场的依赖，促进国内消费市场的蓬勃发展。李庆满和阎秀丽

（2021）探索疫情影响下实体零售面临的困境与挑战，基于危机管理和商业模式理论分析谊品生鲜供应链升级及数字化转型的机制，提出推动传统零售行业转型升级的对策建议。朱海娟和张宇（2021）通过发放问卷获取数据，基于平衡计分卡理论探索实体零售经营受疫情影响的程度。研究发现，疫情对企业内部运营管理影响不大，但对消费者的消费行为和结构造成严重冲击。

　　在疫情持续冲击和新兴技术升级的双重作用下，传统零售行业纷纷探索数字化转型，加速数字化布局进程（李桂芳，2020；钟雨龙和陈璋，2021）。刘杰（2021）研究疫情影响下实体零售面临的困境，并提出推动零售行业转型升级的对策建议，包括营销策略、渠道发展、经营模式等。黄漫宇和余祖鹏（2022）的研究对零售业态创新方向进行了趋势判断：现有业态的冲突和消费新特点的出现将催生零售新业态，餐饮零售化的跨界经营渐成趋势，社区商业创新空间巨大，实体零售企业将通过全渠道整合来建立与消费者的全触点连接，"宅家"型业态发展前景看好，农贸市场数字化转型在即。在疫情的持续冲击下，我国网上零售业态蓬勃发展，市场规模持续扩大，零售企业应利用好此次庞大的在线化市场需求持续激活的机会，积极推进供应链转型，布局数字化多元发展之路，从而增强企业的可持续发展能力。

　　刘建荣（2022）以某书店为研究案例，探究其在疫情影响下，为提供差异化的产品及服务体验而开展的转型升级过程。刘美霞和高中理（2021）以跨国零售企业为研究对象，总结分析其供应链运营成本上升的原因，并构建"目标国嵌入→本土化经营→跨境零售出口企业绩效提升"的模型，通过实例应用，表明跨国企业需要利用本土化经营成本较低的优势提高运营效益。李文莉等（2022）以最小化运输和配送成本为目标，构建车辆路径优化的数学模型，并优化局部搜索算法。结果证明，其模型和算法能够为零售企业降低运营成本、提高运营效率提供决策支持。

　　2. 疫情背景下新零售相关研究

　　兰虹和赵佳伟（2020）从新零售之轮理论、组织变迁理论等理论出发，从技术变迁、市场整合和消费者阶层变动视角分析疫情下新零售行业面临的发展机遇；再从全球供应链危机、消费者场景体验建设滞后等角度分析新零售行业面临的挑战，认为疫情推动了新零售发展，加速了渠道变革，但传统零售行业仍面临诸多挑战。丁路等（2020）探究了疫情影响下新零售产生的变化以及未来可能产生的变化，指出虽然疫情使经济受到了短期且不可避免的冲击，但促使新零售加快融入人们的生活。李亚兵和夏月（2021）从当前零售企业表现出深度线上化、社群化与碎片化、无人化、平台化四大特征中对存在的风险进行识别，通过网络爬虫和专家加权打分法评估零售企业的商业模式创新风险。研究发现，生鲜电商在疫情被普遍知晓后关注度显著提升；线上零售、直播、短视频和社群营销模式受疫情的影响发展最为迅速，不同于其他模式的是，在疫情趋于常态化后关注度仍在增加。陈燕萍和戴金山（2022）针对目前社区新零售在盈利模式、功能定位、供应链管理等方面存在的问题，提出从发展趋势上看，坚持民生导向、强化供应链管理及实现数字化运营能够行稳致远；具体措施上，考虑从产业链管理、科技创新及服务增值角度进行优化。李少莹和陈立平（2022）提出社区新零售存在盲目扩张、品类雷同等问题，转型势在必行；并通过回顾疫情前社区新零售发展现状，以美团网为研究对象，总结出社区新零售发展的主要影响因素，包括补齐消费场景以培养消费习惯、门店为核心的互联网辐射模式、业务布局协同化、技术赋能运营管理等。

2.3.2　疫情对我国居民消费的影响研究

疫情对国内经济社会各方面都产生了重要影响，其中许多学者认为疫情对于经济的影响是最大的。疫情不仅影响了居民的消费能力和消费意愿，而且致使消费结构和方式也发生巨大的变化。

为探索疫情对居民消费的影响，本书聚焦于新冠疫情暴发以来在国内主流学术检索中被检索的期刊文献，以检索式"SU＝'疫情 * 消费'＋'防疫 * 消费'＋'新冠 * 消费'"，检索时间范围为 2019 年 12 月 16 日至 2022 年 10 月，在中国知网数据库检索出文献 313 篇、学位论文 17 篇。通过文献梳理发现，相关研究主题主要集中在疫情对消费水平的影响、疫情对消费结构的影响、消费券相关研究等。

1. 疫情对消费水平的影响

对于人们的日常生活而言，消费状况是最能体现经济状况好坏的指标，而人们消费状况与能力最直观的表现就是消费水平。因此众多学者广泛开展了关于疫情对居民消费水平影响的相关研究，并进一步积极探索疫情背景下提升消费水平的对策。

时春蕾和袁小代（2020）研究疫情对深圳市福田区居民消费水平的影响，发现受疫情影响，该地区居民的消费水平和收入水平均呈现下降态势。薛文杰（2021）研究发现，疫情使得山西省农村居民的收入降低、刚需性消费水平增加，为了保障基本生活需求，居民更倾向于储蓄。卫彦琦（2021）指出城市居民对消费市场的依赖度相对于农村居民更高，因此疫情对于城市居民消费的负面影响较大，对于农村居民消费的负面影响较小。刘洪波等（2022）利用国家统计局关于居民消费的重点调查数据，构建双重差分（DID）模型，深入探究疫情对居民消费的影响程度及其时间变化趋势，以及各项影响因素的贡献大小，研究发现疫情暴发后居民消费下降的主要影响因素是疫情对经济社会环境和居民消费心理的影响。

2. 疫情对细分品类下居民消费的影响

疫情对居民在食品、服装、旅游和电力等领域消费水平的影响是目前国内学者关注的热点。

刘润雅等（2020）采用 Logistic 回归模型进行单因素分析和多因素分析，研究疫情管控期间儿童的果蔬消费情况及其影响因素，发现疫情管控期间食物购买不便对儿童果蔬消费造成了较大影响，低收入家庭抗风险能力更低。田明等（2020）开展新冠疫情之下保健食品行业消费调查分析并提出政策建议，发现疫情期间保健食品消费常态化、保健食品消费群体多元化、保健食品消费理性化。刘起林和韩青（2021）通过问卷调查，研究疫情对猪肉消费水平的影响，发现疫情初期的猪肉消费降低，疫情后期的猪肉消费回升，并且消费渠道逐渐趋向从线下转为线上。在多地出现冷冻食品携带病毒的环境下，张俸铭（2021）探究了居民对于冷冻食品的消费意愿和水平，研究发现在疫情期间，居民对于冷冻食品的消费意愿和水平较低。陈廷贵和仲艳秋（2021）基于感知收益—感知风险理论框架，研究疫情对进口海鲜消费的影响，通过模糊集定性比较分析（fsQCA）方法开展了疫情下感知收益、感知风险、知识、信任和总体态度对进口海鲜消费的影响路径组态研究。周莹等（2022）建立了疫情对居民膳食消费影响的理论架构，通过实证研究发现受疫情影响，江苏省农户食物的实际摄入量与推荐摄入量的偏差变大，总体膳食多样性水平降低。

刘青等（2020）分析疫情对于我国电力消费的影响，发现疫情对电力消费的消极影响显著。宋磊（2021）围绕疫情对于青年群体网络消费意愿和水平的影响因素进行了研究。魏山森和梁建芳（2021）研究疫情对服装可持续消费关注度的影响，发现疫情在一定程度上提升了公众对服装可持续消费的关注度；在后疫情时期，人们对于旧衣改造及捐赠的关注度下降，转向关注旧衣回收这一可持续行为。刘雷和史小强（2021）以刺激—

机体—反应为理论框架，结合动机—机会—能力模型与技术接受模型，以体育旅游的消费者为研究对象，构建在疫情防控常态化背景下体育旅游消费行为的影响机制模型。孟明浩等（2022）分析疫情暴发前后自然保护区游客生态旅游行为特征、需求特征，疫情暴发后生态旅游产品陈述性偏好、显示性偏好的人口学特征差异，以及生态旅游产品陈述性偏好对显示性偏好的作用路径。

3. 疫情对消费结构的影响

疫情不仅影响了居民的消费水平，也影响了消费结构，诸如疫情期间线上消费比例大增，扫码支付、刷脸支付、无线支付等新支付科技赋能，无人售货机等自助消费设备数量增加；"互联网+"满足个性化消费升级等。近年来，我国主要面临的消费问题是消费结构，因此学者们广泛开展了疫情期间消费结构变化的相关研究。

王一鸣（2020）发现疫情后消费结构发生变革与升级，商品消费呈高端化态势，服务消费占主导地位。周晓轩等（2020）通过微观数据研究疫情对消费结构的影响，结果显示居民消费结构从"生存型"转变为"发展享受型"的进度变缓。范亚辰和谭静（2020）发现由于疫情对居民外出活动的限制，基础必需品的消费需求明显增长，而享受型消费需求则显著降低。李柳颖和武佳藤（2020）以居民家庭为研究对象，发现居民消费意愿受疫情影响有所下降，极少人会产生"报复性消费"行为，且居民在疫情后选择减少消费的主要原因在于预期收入减少、产生预防性储蓄动机和理性消费倾向。

段翘楚和刘晓光（2021）从高层次与服务性消费两方面开展消费品弹性分析，通过扩展线性支出系统（ELES）模型评价不同地区的消费升级状况。陆婷（2021）基于人均消费支出和价格指数两个视角，探究疫情背景下苏州市消费结构的优化升级路径。陈星如（2021）研究安徽省发生疫情后的居民消费结构转变态势，研究结果显示食品、医疗和消费升级类商品的支出显著增加。王琪延和张珊（2022）基于微观数据开展疫情对居民消费影响的实证研究，通过分位数回归模型和反事实分解模型，研究新冠疫情影响下居民消费结构的跨期变化，研究表明疫情缩小了收入差距对消费水平的影响，且消费者异质性也会引起消费结构的变化。

4. 疫情与线上消费的关系

新冠疫情的出现促进了线下消费向线上消费的转变，一些学者开展了疫情与线上消费的关系研究。朱启荣等（2020）基于全球贸易分析

（GTAP）模型开展研究，结果显示疫情对消费支出水平、收入水平、GDP等产生了较大的消极影响。张捷（2020）基于问卷调查对疫情期间线上消费水平进行研究，结果显示居民宅家推动线上消费更加火爆，居民也更加喜欢"数智化"的消费方式。傅娟（2021）研究指出，在疫情期间我国非接触类消费较接触类消费更优，线上消费较线下消费更优。刘尚希等（2021）采用 PSM-DID 等政策评估方法，以佛山市的大数据样本为基础，实证检验数字消费券的经济社会效应，发现通过数字消费券这种新渠道，财政政策可以真正发挥"四两拨千斤"的杠杆作用，同时促进消费和复工复产。

5. 疫情背景下消费券相关研究

疫情不仅导致当前消费降低，而且通过影响居民收入的预期进一步约束未来消费。倘若不加以外力干预，居民将很难产生报复性消费行为（甘犁等，2020）。因此，为了恢复居民消费，充分发挥消费的拉动作用，政府必须有所作为。由于当前财政收支矛盾日渐突出，政府为促进消费，应当首选恰当的消费券政策（王成和 Jamal Khan，2020）。消费券是财政资金拨付给居民的一种消费补贴凭证，居民可到店面使用消费券进行购物，其抵扣方式包括全额抵扣和部分抵扣，从而实现刺激消费的目标。当前，疫情已逐步得到有效管控，各个国家着手推行大规模的经济刺激计划，其中消费券成为当下一个有价值的研究领域。

（1）消费券政策研究方面。余丽生（2020）通过梳理消费券发放的历史，研究得到消费券的发放特点、经济杠杆、放大效应、政策目标等。王容（2020）研究发现"满减类"消费券是效果最好的消费券，能够在短时间内有效提振经济。李博硕（2020）从消费券发放的形式和渠道、使用效果、存在问题等方面开展研究，得出消费券的内部逻辑以及可能的风险，并给出有效建议。柳思维（2020）对国内外通过发放消费券刺激经济的经历进行对比分析，说明了在疫情背景下发放消费券的特殊缘由，并进一步提出消费券发放的对策措施。

（2）消费券政策的影响及作用评估方面。林毅夫等（2020）基于双重差分和三重差分模型，对国内疫情时期通过发放消费券刺激消费的效果进行检验，结果显示发放消费券城市的商品交易高于未发券城市，因此得出消费券能够刺激消费的结论。王晓飞（2020）运用 Python 程序获取与消费券相关的新浪微博文本数据，通过舆情分析反映消费者预期变化趋势，发现消费券对消费者正面情绪的舆论引导作用显著，有效提振了消费信心，该研究为持续发挥消费券政策效应、促进消费提质扩容提供经验依据。北京大学光华管理学院宏观政策课题组等（2020）与蚂蚁金服合作，开展定量评估研究，研究结果显示消费券的拉动作用在消费水平较低的群体中更显著，同时西部地区的拉动作用比东部发达地区更大等。刘颖和马龙（2020）通过问卷调研，发现贵州贵阳消费券发放存在商家变相涨价获利、不法分子炒卖套现、消费券使用意愿较低、消费券吸引力度不足等问题，并据此提出相关的建议措施。孙克竞和汤廷玥（2022）依据全国 9 个省份共 56 个城市的月度数据为研究样本，基于多期双重差分模型、三重差分模型及合成控制法分析消费券的总体政策效果与定向发行的影响特征，结果表明在疫情持续冲击且政府长期多次发行的情况下，消费券仍能有效刺激消费。

6. 后疫情时代刺激消费面临的困境和相关对策

刘义强等（2020）采用熵权法开发了民生水平评价体系，发现疫情使得青海省居民消费水平受到了较大的短期冲击。张文兵和袁怀宇（2021）研究了后疫情时代刺激消费水平存在的障碍和相关措施，研究结果显示政府目前施行的刺激消费政策并没有明显的长期效果。史本叶等（2021）运用罕见灾难风险开展研究，研究指出消费灾难风险会导致产出和消费降低，但能够刺激投资。

杨继瑞和薛晓（2020）提出在城乡社区消费共同体中着力打造"少扎堆"的非接触型消费新场景，可以有效促进消费回补和潜力释放。张越和曾江（2020）提出疫情背景下促进消费的举措：应发挥消费在转变经济增长模式、优化产业结构、提升人民生活水平等方面的积极意义，以财政政策、货币政策、物价政策、信贷手段等方式支持公共消费与居民消费的扩大，从而保障我国经济增长的可持续性。王帅文和梁勇（2020）以中小银行为切入点，指出中小银行可从产品、渠道、业务和风控等方面发力，加强消费金融产品的创新，开发无接触式金融服务，扩展线上渠道和新客群，加强对重点行业和中小微企业的信贷，推动消费需求的快速恢复。依绍华（2022）通过对当前消费市场总体情况的分析，进一步深入研究影响消费增长的因素，包括服务性消费支出受到影响、防范型储蓄动机增强抑制购买力释放、居民消费信心不足等，并据此提出相应的政策建议。

2.3.3　疫情影响零售消费的国外相关研究

与新冠疫情相关的消费者购物行为研究揭示了各类因素对消费者行为

的影响，例如商店关闭、产品供应不足、政策限制条例、消费者心理恐慌等（Grimmer，2022）。谢思（Sheth，2020）研究认为疫情背景下有四个主要因素影响着消费者行为和习惯，即社会背景（例如工作场所以及与邻居和朋友互动方式的变化）、新技术的实施（包括网上购物和送货上门）、新冠疫情的管控措施和条例，以及难以预测的新冠疫情形势发展。

1. 影响消费行为的因素

在消费者行为的转变方面，恩戈等（Ngoh，2022）通过调研和分析485 名美国居民的调查数据，对新冠疫情发生前后的消费者渠道购物行为进行细分，从而揭示了新冠疫情对消费者购物渠道选择的影响。居民对新冠疫情引起的健康恐惧和对财务状况危机的恐惧是改变消费者购物行为的主要心理因素，居民会出于避免和应对风险的考虑改变他们的购物行为（Truong & Truong，2022）。特兰（Tran，2021）认为对新冠疫情流行病的恐惧会增加网络购物的意向，因为网络购物可以最大可能地保证消费者和周围社区的健康安全环境。消费者对病毒的风险感知会导致负面的消费行为和态度（Bae & Chang，2021）。类似地，艾格尔等（Eger et al.，2021）发现新冠疫情让消费者减少了到实体店内选购商品的购物频率。网购感染新冠的风险较低，因为它不涉及与他人的身体接触，因此网购被视为是替代实体店购物的选择，消费者对网购的偏好增加。

此外，谢思（2020）指出消费者会面临行动限制时会随机应变地用新的消费习惯取代旧的习惯，比如转向网上零售渠道。疫情期间的个人压力迫使消费者创造一种新的零售购买常态，包括更高的数字参与和增加网络购物（Jiang & Stylos，2021）。有学者进一步对第二波新冠疫情大流行的研究也揭示了对病毒的恐惧与选择网络购物存在关联（Chopdar et al.，2022；Eger et al.，2021）。两位学者发现新冠疫情相关的新闻文章和谷歌搜索与食品的网络销售额呈正相关，从而认为消费者行为的变化也容易受到媒体报道的影响。而在购买的物品类别方面，顾客倾向于购买更多的谷物、新鲜水果、蔬菜和冷冻食品（Chang & Meyerhoefer，2021）。

部分学者也聚焦疫情背景下具体品类的购物行为展开研究。格拉修依斯等（Grashuis et al.，2020）发现新冠疫情的趋势对日用品杂货的购物偏好有影响。当新冠疫情蔓延时，顾客不太愿意在商店购物。另外，随着新冠疫情传播速度的降低，购物渠道对于消费者购物的重要性也随之降低，换而言之，此时消费者对不同的购物渠道没有明显偏好。哈德勒等（Hadler et al.，2021）基于2020 年11 月的一项调研，发现46%的受访顾客选择使用网络购物的方式购买日用杂货。同时也指出年轻人倾向于购买更健康的食品，对零食和非易腐食品的需求更高。然而梅赫洛利亚等（Mehrolia et al.，2021）指出了一个例外，他们发现在第一波的新冠疫情大流行中，相当多的印度顾客决定不通过在线渠道订购食品，因为他们对食品配送的安全性存在恐惧。

研究还指出无法预测的相关管控措施或条例对消费者的首选购物渠道产生巨大影响。例如，拉托等（Laato et al.，2020）强调，政府通过暂时关闭学校、餐馆、一些商店和公共服务来进行安全封锁，这引发了人们对随之而来产生的一些生活干扰的恐惧，从而改变其行为反应。马丁·纽宁格和鲁比（Martin – Neuninger & Ruby，2020）以及赫尔等（Hall et al.，2021）认为政府相关因素，例如封锁期和旅行限制，是新西兰网上购物激增的主要原因。霍布斯（Hobbs，2020）认为，加拿大最初发布的居家限制措施导致了网上食品零售的兴起。

新冠疫情背景下，消费者对品牌也存在不同的反应和行为。根据心理逻辑契约理论，消费者基于他们认为品牌所做的隐性承诺与品牌形成心理契约。因此，具有高社会责任定位的品牌如果被认为在新冠疫情期间违背了自身的定位承诺，则可能会特别受到消费者的惩罚和排斥（Kirk & Rifkin，2020；He & Harris，2020）。例如，在 2020 年 3 月，即第一波新冠疫情发生期间，对全球 12000 名消费者进行的特别调查中，2/3 的消费者表示他们未来的购买决策将受到品牌如何应对新冠疫情的强烈影响。同时调查结果还显示 1/3 的受访者已经基于他们认为的对新冠疫情危机的不恰当反应而主动放弃购买某些品牌。另外，潘塔诺等（Pantano et al.，2020）认为，在新冠疫情危机中已经不再选择特定品牌的消费者，如果后来品牌或商店调整举措后让消费者觉得具有同理心，尽心帮助消费者，那么消费者可能更愿意重新购买。

2. 疫情与线上消费的关系

自新冠疫情暴发以来，商店场所的可及性降低，再加上消费者对健康的更大关注，其后果是对替代实体商店的消费渠道的需求明显增加。除了在线零售的显著增长外，其他不需要物理接触的零售渠道也越来越受欢迎，例如实体店送货上门业务的增长相对以往更加显著（Amazon，2020；Kirk & Rifkin，2020）。

鉴于网上零售渠道在新冠疫情大流行期间的关键作用，学者广泛研究了新冠疫情对网络购物的影响。这些研究的重点是疫情的暴发如何影响网络购物（Gao et al.，2020），以及网上渠道如何帮助人们应对新冠疫情导致的危机（Hao et al.，2020）。随着新冠疫情在全球的蔓延，学者在不同国家地区开展了相关研究，以更好地了解新冠疫情对在线零售的全球影响（Gao et al.，2020；Jiang & Stylos，2021）。相关研究使用了不同国家的调查数据，包括中国、美国、韩国、印度、孟加拉国、也门、德国、意大利、斯洛伐克、捷克等。这些研究发现了网上购物的关键促进因素，例如网上购物的非接触优势（Showrav et al.，2021；Prasad & Srivastava，2021；Lo et al.，2021）、居民对感染新冠的恐惧（Prasad & Srivastava，2021；Lo et al.，2021；Alhaimer，2021；Eger et al.，2021）以及媒体和社会带来的主观规范影响（Moon et al.，2021；Koch et al.，2020）。此外，一些研究强调了人口统计学变量对网上购物决策的影响，例如年龄、教育、地区、种族、家庭中的儿童数量等（Moon et al.，2021；Lo et al.，2021）。科赫等（Koch et al.，2020）强调了享乐动机和经济状况的在疫情背景下对网购行为的作用。而阿尔·哈塔米（Al‐Hattami，2021）指出了感知技术匹配、满意度和信任对网上购物行为的影响。几位学者从疫情期间的网购经验和实体店购物所需花费的时间的角度研究了对网购的影响（Chen et al.，2021）。阿尔海默尔（Alhaimer，2021）关注了风险因素，特别是病毒感染风险和违规出行的处罚风险如何影响顾客的网购选择。阿莱莫等（Alaimo et al.，2020，2022）着重研究新冠疫情期间顾客网上购物的满意度，研究发现，消费者的教育程度、对网上购物的熟悉程度和使用的方便程度对购物满意度有显著影响。

有研究发现，在新冠疫情期间，消费者适应新技术（例如网上购物和使用人工智能）的意愿增加（Kim，2021）。虽然网络购买食品和日用品在新冠疫情发生前就已经被广泛采用，然而在新冠疫情暴发期间，许多之前未采用过网络渠道的消费者进行了首次尝试（Hwang et al.，2020）。潘塔诺等（2020）指出新冠疫情让消费者开始审查自己的购物习惯，让他们发现了以前从未使用过的一些服务的好处。例如，一些消费者正在转向网上购物，发现了送货上门、站点取货和无现金支付的安全和好处。希尔科瓦和克拉洛瓦（Jílková & Králová，2021）报告了捷克所有代际人群都存在类似现象，即政府实施的规定导致了网络购物需求的增加，现有顾客开始更频繁地使用网上渠道，而年长和不太懂技术的一代则作为新顾客开始首次尝试网上购物（Hwang et al.，2020；Pantano et al.，2020）。

3. 疫情对消费行为的长期影响

有研究也指出了新冠疫情对于消费者长期购物消费习惯的影响。两位学者认为，历史表明，危机时期往往会导致整个社会的重大转变，并建议关注消费者行为的三个阶段：反应、主动应对、长期适应（Kirk & Rifkin，2020）。另有研究指出许多因新冠疫情的相关限制而转变的顾客可能在长期内继续使用在线渠道，也有可能会随着新冠疫情的形势变化重新回到传统渠道（Beckers et al.，2021；Mehrolia et al.，2021）。萨兹等（Szász et al.，2022）基于 23 个国家的 GPS 人口流动数据和同期的疫情政策数据，深入探讨了疫情期间在线购物的驱动因素以及与疫情相关的冲击是否会在长期视角下持续加速在线零售的增长。时间序列分析的结果表明，在大多数被调查国家中疫情导致的在线零售增长趋势会逐渐平缓，总体上会经历引入、锁定和逐步淘汰三个阶段。因此，新冠疫情对在线零售的长期影响仍然是一个争论的话题（Hobbs，2020）。

4. 恐慌性冲动购买行为

疫情导致的恐慌性购买行为也是重要的消费者行为变化之一。感知到的产品稀缺会极大地影响消费者的选择，消费者表现出明显偏离其通常购物行为的囤积行为（Hamilton et al.，2019；Laato et al.，2020）。例如虽然在线日用品杂货购物在过去十年稳定增长，但在新冠疫情期间，其增幅明显加大（Pantano et al.，2020）。恐慌性购买（即由于恐惧而订购超过家庭短期需要的食物）是灾难期间消费者的常见反应，与传统渠道相比，恐慌性购买更多地与食品的网络零售渠道相关（Hao et al.，2020）。与对疫情的感知风险程度较低的消费者相比，感知风险程度较高的消费者在新冠疫情期间表现出恐慌性购买行为，对零售商的战略决策反应较差（Sheng et al.，2022）。基于此，格思里等（Guthrie et al.，2021）基于反应—模仿—适应模型（Kirk & Rifkin，2020）研究了新冠疫情的第一个月内法国消费者的反应，他们发现恐慌性购买的存在，即消费者急剧增加基本产品的在线购买。随后的阶段是居民为应对危机导致与非必需品有关的网上订单增加。纳依姆（Naeem，2021）通过对 40 名英国消费者进行电话访谈，研究了导致新冠疫情期间恐慌性冲动购买行为的心理因素，构建了由恐惧感、风险感知和顺应性倾向三个维度构成的顾客冲动购买心理学研究框架。结果显示，弱势群体、对疾病的恐惧、对商品短缺的恐惧、对价格上涨的恐惧以及为应对居家而额外购买的社会倾向，增加了顾客的恐慌性冲动购买行为。

5. 疫情对零售行业的影响

在全球范围内，各规模的企业贸易环境都受到了新冠疫情危机的巨大影响（Roggeveen & Sethuraman, 2020），在社会层面上，该流行病的流动效应已经影响了经济和社区。封锁、边境关闭、社会距离限制、居家工作、转向网络购物和提供服务（例如站点取货、送货上门、在线咨询和课程等），都使人们的日常生活方式发生了重大变化（Mortimer et al., 2020），同时也催生了更广泛的零售和消费服务行业。消费者现在可以获得比以往更多的关于产品、服务、品牌和企业的信息（Hagen et al., 2022）。这意味着消费者在新冠疫情期间能获得更多的信息，具有更多的选择，同时在产品个性化、沟通和整体购物和服务体验方面也提出了更多不同以往的要求（Paul & Rosenbaum, 2020）。因此，在新冠疫情常态化背景下，零售商和服务型企业如何采取策略以应对上述挑战是不可忽视的议题（Beckers et al., 2021; Paul & Rosenbaum, 2020; Pantano et al., 2020）。

与此同时，政府有关疫情的限制措施也对零售商产生不可忽视的影响。里尔登等（Reardon et al., 2021）提供了几个案例，说明亚洲和拉丁美洲的食品零售企业重新配置整个食品供应链，从而加强他们的电子商务业务，以应对早期封锁政策。贝克尔等（Beckers et al., 2021）基于对比利时小型零售商的调查发现在第一波新冠疫情大流行中，政府实施的限制措施使网上订单增加了一倍。为了配合需求的增加，在大流行之前没有使用在线渠道的零售商中，有一半在新冠疫情发生的最初几个月首次开设了在线渠道。基于对相关文献的回顾，预测为了满足政府的规定，网上零售和非接触式的分销方法将在新冠疫情期间将会大大增加（Kirk & Rifkin, 2020）。

在零售商和服务型企业应对疫情挑战的举措方面，学者们开展了广泛研究，主题包括：零售商和服务机构如何在（全球和局部）不确定的时期运作；如何应对消费者需求的突然和急剧变化，例如恐慌性购买和稀缺效应（Hamilton et al., 2019）；如何应对供应链的冲击影响（Ivanov, 2020）；如何满足消费者购买行为和需求的变化，例如获得服务方式的转变等（Mortimer et al., 2020）。在应对这些挑战的策略方面，潘塔诺等（2020）强调了零售商和服务型企业的四大重点领域：重新思考"敏捷"零售、零售商在社会中的新角色、以消费者为核心、数字化。随着更多的人面临居家限制，中小型企业能否以灵活的方式对产品和服务的提供作出反应变得非常重要。由于新冠疫情导致购物环境的改变，零售商在为消费者提供日用品和服务方面的重要作用被放大。同时，许多企业不得不迅速调整他们与消费者的沟通方式，并采用新的渠道，例如数字通信和社会媒体营销，与他们的客户接触（Salam et al.，2021）。汉尼宁等（Hanninen et al.，2021）指出在澳大利亚的中小企业贸易环境尤其受到消费者人口结构变化、购买模式转变（例如短期恐慌性购买和库存短缺）、网络购物的显著增长以及新技术和数字营销发展的影响。

第3章 实体零售企业的经营特点与全渠道现状

我国零售行业呈多元化发展态势，通过提供多样化和差异化的产品/服务，满足消费者多层次、细分的消费需求。中国的零售业态最初以百货店为主，1981 年，广州友谊商店开设了中国的第一家超市。1992 年 7 月，外资开始获准正式进入中国零售市场。家乐福、沃尔玛、欧尚、特易购、乐天玛特、卜蜂莲花、伊藤洋华堂及永旺等外资超市纷纷名列中国零售百强。步入 21 世纪，商超业态呈快速增长和蓬勃发展的态势。后来经过不断发展，零售行业竞争日渐激烈，为提供差异化的产品与服务，继而演变出大卖场、便利店等零售业态。此外，伴随着居民生活水平的提升，零售企业开始着眼中高端产品、专精深服务，由此专卖店业态应运而生。例如，服装专卖店 Zara、H&M、C&A、Uniqlo、Hollister、Bershka、Stradivarius 等海外品牌在中国迅猛扩张，以苏宁电器和国美电器为代表的家电专卖店逐渐遍布全国。

零售是主要面向最终消费者（如居民等）的销售活动。零售业态是指零售企业为满足不同的消费需求进行相应要素组合而形成的不同商业模式。它是零售企业适应市场竞争日益激烈的产物，是商品流通领域优胜劣汰原则的体现。目前，零售可分为四大业态：超市、百货店、便利店及专卖店。通过对以上企业类型的分析与总结，反映不同零售企业的经营特点。

3.1 实体零售企业的类型及经营特点

3.1.1 超市

超市一般是指商品开放陈列、顾客自我选购、排队收银结算，以经营生鲜食品水果、日杂用品为主的零售企业。超市的特点主要表现为品类需求高、品牌意识低，通过强化商品结构，扩大覆盖面，营造生活圈。基于地域特征的角度，我国超市的发展首先从经济发达的大城市起步，逐步向城市周边地区扩散。

1. 超市经营特点

（1）选址在住宅区、主要道路和商业区。

（2）以居民为销售主体对象，大约 10 分钟可到达。

（3）商店营业面积约 1000 平方米。

（4）主要由消费频率高的商品组成，商品周转率高。

（5）采取自选式购物方式，进出口分开，结算在出口收银台统一进行。

（6）每天营业时间不少于 11 小时。

（7）设置停车区域。

2. 超市经营的现状

结合目前的发展情况分析，超市经营的现状如下：

（1）受宏观经济转型及电商冲击，实体超市销售增速放缓，关店潮涌现。

在相对疲软的国内整体经济大环境和电子商务对实体超市的冲击亦愈发明显的影响下，实体超市企业整体毛利水平下滑，进入调整转型期。由此，超市及大型超市减慢开店增速，在连锁百强中超市企业的新门店数量增速明显放缓，进入"微利时代"。受租约到期、结构性调整、盈利能力偏弱及行业转型等因素的影响，许多超市企业翻新店铺或主动关闭店铺。关闭门店造成的相关一次性费用（如租赁违约损失、门店装修摊销等）又进一步导致了实体超市企业整体利润率的降低。

近几年，广州的大型超市关店的消息不断。2016 年 1 月 10 日，广州家乐福金沙店宣布关店；2016 年 2 月 29 日，广州百佳超市中旅店宣布结业，它是百佳在广州开的第一家分店，具有历史意义，同月广州百佳超市康王路店也正式宣布结业；2017 年元旦前夕，广州百货珠江新城店宣布提前终止租赁合约，从珠江新城撤店；2017 年 3 月 2 日，开店近 15 年的沃尔玛广州天利店停止营业；广州百佳超市珠江俊园分店也于 2017 年 3 月 7 日结业；同年，具有 80 年历史的励红百货宣布多宝分店于 12 月 28 日暂停经营；永旺中环广场店宣告于 2017 年 12 月 31 日终止营业；2019 年 5

月 31 日，已开业七年的永旺天银店（东圃广场店）也正式撤店。①

永旺作为广州环市东商圈的大型超市，从中环撤场。中环广场管理公司表示，将不再引入百货业态，未来的经营方向以体验为主。永旺在"天银店终止经营顾客告知书"上也表示，此次撤店是因公司优化战略布局。

（2）短期运营负债虽仍是主要融资渠道，但超市企业对供应商和预付卡的资金依赖呈下降趋势。

在行业调整转型期，虽然整体行业销售业绩和盈利水平发生显著变化，但资金结构变化不大，主要外部融资仍旧停留在供应商账款及预收卡券款等流动负债项目上。应付账款周转天数表示企业从购买存货开始到付清供应商欠款的平均周转天数。超市库存量大、品类多，库存持有成本高，因此为缓解资金压力，超市通常采用延期付款的方式，其中应付账款周转天数一般为两三个月。但近年来，应付账款周转天数已开始呈现下降趋势，2013 年超市上市公司的应付账款周转期为 80 天，2014 年和 2015 年的周转期为 76 天，2016 年中国连锁经营协会调研显示，近半数供应商认为零售商付款账期执行较 2015 年变差，这反映了在整体信贷紧缩的环境下，超市企业进一步获取供应商融资的空间已较为有限，这亦是超市零售企业和供应商长期博弈的结果。此外，发行消费储值卡也是超市重要的资金来源之一，但近几年的预收账款占收入比例逐步下降，2013 年为6.9%，2014 年为 6.4%，2015 年进一步下降为 6.1%。

（3）提高运营水平成为超市的首要任务，企业增长模式向精细化管理发生转变。

研究显示，为了应对逐渐疲软的经济环境，传统超市纷纷展开转型探索之路：第一，强化内部经营管理，采取措施提高企业经济效益，包括优化奖惩机制与绩效评估方法、加强预算管理及改进产品销售策略等。第二，推进供应链结构变革，例如超市通过采取基地直采、农超对接方式保障货源充足；打造自有品牌降本增效等。通过加强供应链管理，重塑供应链，提高物流整体效率，同时能够更便捷地洞察顾客需求，并将需求变动的信息传递出去，以实现对顾客需求的快速反应。这些变化逐步将零售企业发展模式从追求规模经济效益的粗犷型增长转变为以提升效率和效益为中心的集约型增长，这将对提升供应链运作效率和指导生产起到积极作用。

---

① 突然！广州又一家家乐福宣布停业！全市仅剩最后 1 家店！［EB/OL］. https：//new. qq. com/rain/a/20230624A0609C00.

在当前超市转型的关键时期，"供应链公司"被频频提及，最早提出这一概念的是永辉超市。永辉通过打造超级供应链后台，为前台的零售终端赋能，转变为经营生态圈和生态共建的赋能型组织。其实质可以概括为供应链平台对企业（Supply Chain Platform to Business，S2B）的新型互联网商业模式。其中，S 是指集成的供应链平台，B 代表大平台对应的数万甚至亿万级的企业端。

永辉超市成立于 2001 年，是国内超市行业龙头，上市以来跨区域扩张迅猛，营收利润稳步增长，是国内第一家将生鲜农产品引入超市的商业零售企业，被国家七部委誉为中国"农改超"推广的典范。永辉超市在成立之初以生鲜农产品作为业务主线，并以此进行业务拓展，不断完善零售企业供应链上的各个流通环节，形成独具特色的零售经营之术。通过消费者需求精准洞察，并依托自身强大供应链的特色与优势，永辉于 2017 年打造出"餐饮 + 超市"于一体的新零售业态，提供咏悦汇、生活厨房、健康生活有机馆和静候花开花艺馆等 8 个细分工坊。永辉采用"源头直采 + 产地加工 + 物流集配"的供应链体系，该体系缩减了中间环节，最大限度地降低了生鲜产品供应链的损耗成本。

永辉超市应用多项技术如智能硬件、电子价签等助力实体店"数智化"转型，提升消费者智能体验，搭建企业资源计划（Enterprise Resource Planning，ERP）系统，在销售终端、仓储管理等领域广泛使用 RFID、GPS 等当今世界领先的科技成果，通过大数据和云计算链接前后端，实现将碎片化的需求和"云化"的资源供给高效地匹配，从而借助信息科技实现精细化管理，提升经营管理绩效，进而打造成为科技型零售企业。永辉依托现代物流和信息技术，以产业发展为基础，实现农业和食品工业的有效融合，发展成为零售龙头企业。截至 2022 年底，永辉超市已在全国 29 个省份 550 个市开设 1033 家门店，在中国连锁企业百强榜上排名第六。[①]

盒马鲜生在加强供应链管理，收集消费者需求方面也做出了很好的范例。以日日鲜为例，每包蔬菜恰好为一盘菜量，当天未销完进入餐饮区制成餐饮，同时，盒马鲜生依托大数据处理技术，分析当日汇总的线上线下消费数据，并以此制订下一日销售计划，并于当日下午四点前实现与合作农场基地供应商对接，既满足了消费者对商品的高要求，避免了食材的浪费，在此基础上也实现了精细、柔性的供应链管理。

---

① 永辉的自我革新：全面"触电"科技数字化升级加速［EB/OL］. https：//www. yonghui. com. cn/show？Id = 75630.

（4）三四线城市发展迅速，成为企业发展重点。

2012 年以后，虽然绝大多数连锁百强的上榜企业仍来自一二线城市，但成本增长、市场饱和以及竞争激烈等因素迫使企业纷纷转战三四线城市。不仅沃尔玛、麦德龙等外资企业纷纷将目光锁定在三四线城市，本地连锁超市也积极向中小型城市扩张，如步步高、永辉等。德勤对零售企业的调研结果显示，永辉超市在过去五年间的平均销售增长率为 15%，是销售增长最快的超市上市公司之一，旗下门店已渗透到县城，其于 2013 年期间筹建的 161 家门店中，有 34% 落户三四线城市。凯度消费者指数 2016 上半年报告显示，快速消费品市场呈现一定的回暖，这主要归功于十大超市零售业（家乐福、永辉超市、新华都、红旗连锁、步步高、联华超市、卜蜂莲花、人人乐、中百集团、广百股份）业绩在三四线城市的突出表现。

（5）超市向多渠道全渠道模式转型，O2O 产业链逐渐完整，支付技术及社交媒体营销带来全新的客户体验。

随着电子商务的快速发展，零售企业线上线下协同融合已是大势所趋。超市零售企业正在向"门店 + 社交媒体 + 移动端 App"的全渠道商业模式转型，通过渠道整合和顾客互动，消费者可以从线下门店、线上平台、品牌官网、社交媒体等多个渠道获得一体化无缝式的消费体验。

此外，移动支付技术的不断创新为消费者提供高效便捷的支付流程，大大促进移动端网民规模和交易额的高速增长。超市的消费场景是重要的移动支付运用场景。据银联公布的数据显示，截至 2018 年 4 月底，全国就已有 6 万家超市开通银联移动支付。移动支付为广大消费者提供了二维码支付、IC 卡闪付、手机闪付等多样化的支付解决方案，给百姓生活提供全方位、无障碍的消费新感受。2018 年 9 月，华润万家、大润发等 11 个品牌连锁超市联系银联在各地开展满减活动。"美好生活 365，生活高手超市节"活动开展后，刺激消费的效果显著，永辉、华润万家等超市营业额实现翻番，甚至创六倍增长佳绩。[①]

百度、阿里巴巴、腾讯三大互联网巨头凭借各自平台流量优势，积极与大型传统超市零售商合作，全面搭建 O2O 生态链。此次"新零售"战争中，百度聚焦人工智能（AI）领域，用人工智能实现大型传统超市零售商生产与服务模式的转变；而阿里巴巴则与百联、新华等大型超市达成战

---

① 逾 6 万家超市便利店开通银联移动支付［EB/OL］. https：//m. mpaypass. com. cn/news/201805/24092637. htm.

略合作，其中，阿里巴巴和百联的合作不仅在线下零售方面，更是基于大数据和互联网技术，在零售业态、技术研发、供应链整合、会员系统、金融支付和物流体系等领域全面融合；沃尔玛、永辉、武商联则选择腾讯转型智慧零售新伙伴，且永辉在引入腾讯线上流量之际，还得以让刚刚起步的"新零售"模式——永辉"超级物种""永辉生活"的开拓得到腾讯的支持。除与互联网巨头合作外，传统超市零售企业也采用自建平台大力发展线上业务，以步步高和大润发为代表，步步高商城定位于做湖南本地的O2O 商城，实行全渠道（整合 PC + 手机 App + 微信购物 + 线下渠道）、全业态、全品类和双线零售战略；大润发的 B2C 电商网站"飞牛网"于2014 年正式上线，以弥补线下实体门店货架受限的情况。此外，华润万家、联华超市、农工商等也相继建立了各自的线上销售平台。

案例分析

传统零售转型的难题

2019 年 10 月 29 日，永辉超市发布其前三季度的财报，根据其公布财报的内容，旗下超市前三季度的营收达到 635.43 亿元，同比增长20.59%。在传统零售超市受到电商猛烈冲击的严峻形势下，永辉超市的这一表现即使对比同行的企业的表现也非常亮眼。作为中国传统零售行业的领头企业，永辉超市对于转型道路的探索也从未停止，该企业旗下拥有永辉生鲜、超级物种等新零售电商。然而，永辉超市在新零售的道路上可谓困难重重，2019 年前三季度的财报表现得如此亮眼，其原因在于 2018年的同期时间，永辉云创为其母公司贡献了 2.8 亿元的亏损。

是什么让永辉作出了转型的尝试？近年来，我国生鲜市场的发展势头良好，从 2014 年到 2019 年，我国生鲜电商的交易规模从 300 亿元增长至2900 亿元，五年间的飞速发展也彰显了我国生鲜电商市场的巨大潜力。作为传统零售业企业的领头羊，永辉作出了尝试，孵化超级物种，对标阿里巴巴在 2016 年创立的盒马鲜生，欲在竞争激烈的新零售电商行业中抢占一席之地。尽管生鲜市场看似蓬勃发展，交易规模增长势头正盛，永辉云创仍无法止亏为盈，也昭示着这一行业并非表面那么美好。①

----

① 永辉超市 2019 年营收 848.77 亿新增门店 205 家 [EB/OL]. https：//www. yonghui. com. cn/show？ Id = 74814.

相较于一开始定位就是新零售电商的盒马鲜生，作为传统零售转型代表的超级物种，面临着诸多问题。首先，线下实体的超市的货物摆放位置有着诸多讲究，主要的目的是让顾客在店内停留的时间更长，看到的商品种类尽可能多，以增加本店的销售额。然而，这样的战略在O2O模式中出现了问题，线上下单后店内分拣效率低，配送时间拉长，最终影响的是消费者的购物体验。盒马鲜生店内的每一个商品都附有相应的电子标签，顾客可以通过扫码支付直接购买商品，无须设计传统超市的复杂路线。其次，盒马鲜生的电商业务和线下的实体店共享仓储物流，降低了仓储成本，相较于传统零售企业，盒马鲜生在线上订单分拣配送订单的效率高许多。再次，盒马鲜生背靠阿里巴巴，有着天然的流量优势和线上经营优势，其线上销售占其总销售的比例超过60%，而超级物种该比例仅为27%，这一现象也表明如何将线下流量转化为线上流量，是传统零售业企业在探索转型道路上的一个难题。最后，超级物种目前的配送仅由店员负责，配送成本高这一问题，也亟待解决。①

3.1.2　百货店

百货店是指在一个商店内，分区经营若干不同大类商品，并各自开展采购、运营、管理和销售的零售业态，百货店是国内最早开放的流通行业之一，百货业作为零售业的一种主力业态，在我国已经存在上百年历史。近二十年来，中国百货业经历的巨大变化，从以商品为中心的计划经济到以顾客为中心的市场经济转变，商品更加精致，品牌档次不断提升，购物环境更加舒适，服务也越来越细致。这一系列的变化不仅映衬中国百货行业的不断调整，也体现了其发展进步的成果。

百货商场定位为综合化零售业态，经营商品品类齐全，满足消费者多种选购需求；产品质量可靠；店铺销售服务人员提供周到的服务，这些是百货店区别于其他零售业态的主要特征。

1. 百货店经营特点

（1）选址在都市繁华区和交通要道。

（2）商店营业面积超过5000平方米。

（3）商品结构以服装、家电、日用品为主，品类齐全、批量小、利润高。

---

① 盒马鲜生的新零售模式：线上线下高度融合［EB/OL］. https://zhuanlan. zhihu. com/p/47426400#: ~: text.

（4）商店装修高档、设施豪华。

（5）柜台销售与自选销售方式相结合。

（6）以固定价格销售，且提供退货服务。

（7）服务功能齐全。

2. 百货店经营现状

目前，在电商的冲击下，百货店面临严峻的考验，整体销售额增幅明显回落。百货店型的零售业发生着多方面的变化，呈现出以下特点。

（1）经营模式转变，从联营到自营。

20 世纪 90 年代，联营的经营模式被广泛应用，即百货公司提供经营场所，实行统一收银方式，按照商品的销售收入抽成。随着市场环境的不断变化，联营模式的弊端也越来越突出。虽然在联营模式下，百货公司没有库存，无须承担存货风险，但也因此丧失了商品零售定价权。由于百货公司不直接参与商品的开发、销售、管理等环节，从而造成百货公司的核心竞争力下降。同时近年来，超市和专卖店的迅速崛起，以及分销渠道逐步成熟的环境下，品牌商的渠道策略也开始发生很大变化，对百货公司的依赖程度正在降低。

面对这种挑战，百货店联营模式的同质化弊端日益暴露，变革转型迫在眉睫，而自营商业模式在"提高核心竞争力""提升经济效益"等方面表现出独特的竞争优势。此番改变使得百货业在整个零售业激烈竞争的环境下，既保持了一定的盈利能力又稳固发展。中国百货业协会、RET 睿意德商业地产行业研究中心发布的 2016 年百货业行业报告解读显示，新一轮的淘汰、调整和重组启动，除了常见的业态调整之外，联营模式利润已触天花板，百货业 76.6% 开始实行自营模式。例如，中国首家自营高端精品生活百货店——HI 百货，采取独家经销，即"包销"模式，背靠广州正佳集团零售实力，在包销地区广东省内享有专营权，自负盈亏；大商股份开展"直销直营"模式，通过缩减中间环节，提高内部运营效率；统一经营，降低成本，提升运营效益；万达集团，其旗下自营项目居多，有万达百货、万达影城、万达大玩家、万达宝贝王、万达酒店等。①

（2）从单一业态向多业态发展，重视业态组合，打造体验式消费。

在超市、专卖店、专卖店等模式的激烈竞争下，百货业为了生存及发

---

① 品牌故事｜HI 百货 [EB/OL]. http：//www. hilifestyle. cn/? page_id =43.

展，开始进行多业态发展。百货业在选择"百货＋超市＋便利店"的业态结构上比较集中，弥补了百货公司中低档产品销售被超市分割的影响，同时也有一些百货公司进行了新业态的尝试。例如，北京新燕莎、上海一百先后推出奥特莱斯折扣店，作为中国百货龙头的王府井也在全力发展奥特莱斯模式。2013 年，王府井百货收购拥有赛特购物中心和奥特莱斯等知名商场的春天百货，并于 2014 年宣布革新商业模式，摒弃传统百货模式，融合多元场景，推进消费者"一站式"购物体验，打造高端消费新业态；2015 年，王府井将多家自有百货转型为以"高端引领品质生活"为核心理念的奥特莱斯；2016 年王府井百货和春天百货联合创建的首家奥特莱斯在西安开业，这是一家涵盖"餐饮、娱乐、休闲、购物"等诸多业态的凸显差异化购物体验的情境式、一站式的商业中心，取得了较好的市场效果。此外，中国奥特莱斯强调多业态融合和品牌布局，致力于打造复合型购物形式，整合都市文化休闲旅游。通过建设多元化体验场景，吸引消费者驻足，进而提升客户体验价值，增强消费黏性。百货公司在巩固百货业态市场份额的同时，大力开发新型业态，不仅增强了企业的竞争能力，还取得了较好的经营业绩。①

（3）发展区域向二三线城市延伸。

随着经济的不断发展，城镇及农村居民家庭人均可支配收入及比例逐年上升，二三线城市正在成为百货公司，特别是区域型百货公司的重点地区。近十年来，中国城市化进程以每年 1% 的速度提升，快速的城市化进程，向市场输送了新的消费群体，也为百货行业的生产及发展提供空间。以北京王府井百货为例的全国性百货，发展区域从一线城市逐步向具有潜力的二三线城市转移。以深圳天虹和广州广百百货为代表的区域性百货，门店网点主要分布在本省或周边省市，也在这十年中跨区域扩张，转投二三线城市。由于二三线城市的百货市场潜力很大，大多消费者的实际可支配收入可能并不低于一线城市，所以无论是全国性百货还是区域性百货，都将二三线城市作为发展重点。

（4）行业集中发展、减少同质化竞争。

虽然中国百货业发展历史较长，但规模普遍较小，行业集中度偏低，因此行业仍存在较大的扩展空间，通过资本手段提高市场占有率，扩大企业规模。扩张性兼并使得百货业从直接投资到通过资本手段谋求发展，实

---

① 王府井：百货向左，奥莱向右｜奥莱业态镜像探究［EB/OL］. https：//zhuanlan. zhihu. com/p/163331995.

现门店数量及销售规模的快速增长。例如，上海百联集团于 2004 年收购第一百货、华联商厦、华联超市、友谊股份、物贸中心 5 家上市公司的部分股权，自此在全国各地拥有近 5000 家商店，涵盖百货、超市、便利店、专业店等多种零售业态；2013 年王府井集团控股股东——王府井国际，在香港联交所收购在京拥有赛特购物中心、赛特奥特莱斯等知名商场的春天百货集团，使全国布局的百货连锁版图迅速扩张；2014 年 3 月，北京翠微百货以发行股票与支付现金的方式购买当代商城和甘家口大厦全部股权，通过规模化、精细化、科学化发展，在市场竞争格局中占据优势；2019 年初苏宁易购正式收购万达百货有限公司下属全部 37 家门店，双方战略互投，苏宁收割万达线下流量，同时万达也借势开展数字化转型。①

百货业集中发展，可以实现统一采购、统一管理、统一核算、统一配送，降低成本费用，从而使得盈利能力提高。在兼并的同时，百货业对门店进行整合，减少同质化门店，细分市场，明确定位，以主题百货、时尚百货、综合百货、高端百货、社区百货等定位，实现门店之间差异性发展。

（5）受电商冲击，百货开启"全渠道"发展。

受"双十一""双十二""6·18"等购物狂欢节活动及淘宝、天猫、京东、拼多多、微店等网上购物渠道的冲击，百货公司销售增幅开始逐年回落。而电子商务的蓬勃发展使得百货公司成为传统实体零售的补充和降本增效的辅助手段。

以百货店为主体的零售企业中，全渠道布局比较早、比较深入的，首推大商集团和银泰商业，前者务实接地气，后者创新变化很快。作为国内百货行业龙头企业，大商集团在 2014 年依托强大的实体店体系和移动端电商平台"天狗网"，大力发展 O2O 模式，向全渠道零售商迈进，并于2015 年与中国银联达成合作关系，共同打造实体新电商综合支付服务。银泰百货的银泰网、银泰天猫旗舰店、移动手机应用程序银泰网及银泰限时尊抢，完全打通线上线下，通过对消费者购物历史偏好的收集，通过手机号码，把消费者的线上购物属性与线下链接起来。阿里巴巴更成为银泰商业单一最大股东，延续银泰百货的全渠道发展。除了大商集团和银泰商业之外，王府井百货正全面推进整合线上线下资源的全渠道建设项目，2014年王府井百货与腾讯达成战略合作协议，助力其在移动支付领域竞争力提

---

① 回顾中国十大并购事件（2004 年）：百联集团整合上市公司 ［EB/OL］. https://zhuanlan.zhihu.com/p/358058254.

升，双方促进线上线下融合发展，持续推进全渠道建设，并于 2016 年 6 月 20 日募集 29.7 亿元资金，部分用于全国购物中心业态布局，以及王府井 O2O 全渠道建设。

经历几年发展可以看出，全渠道发展已经逐渐成为当下的行业常态，也将成为许多实体零售商的未来发展方向。

（6）服务观念转变，以顾客为中心。

在百货业转型的过程中，还有一个不容忽视的特点就是服务观念的转变，从"以商品为中心"转变为"顾客为中心"。随着市场的发展，人均收入水平的提高，人们对百货公司的服务理念以及购物体验更加重视。服务目的从"促销"转变成"为顾客提供解决方案"，如提供残疾人"无障碍购物"、外籍顾客语言服务等。

广百百货作为广东省百货业中的龙头企业，这几年坚持以顾客需求为导向，提出 4C 特色服务。4C 是指 Customer（顾客）、Consideration（体谅）、Create（创新）、Consultant（顾问），这是广百通过多年的服务实践经验和探索而创造出来的服务模式，这也成为顾客对广百品牌服务信任的法宝。广百在重视企业网店扩展与规模扩张的同时，重视强化门店管理，提倡精细管理和服务，实现两者的有机融合，促使企业逐渐发展壮大，被称为华南地区龙泰百货企业。

（7）高端百货开始复苏，提升消费者购物体验。

在 2016 年，低迷的高端消费市场开始慢慢复苏，随着消费者购买力的提升，当消费者需要购买一件上万元的奢侈品一般不会选择电商，毕竟越贵重的东西越需要眼见为实。同时产品差异化经营、门店布局优化、体验式服务的消费升级也是尤为重要的。例如特色的餐厅、溜冰场、电影院、美容院、游乐场、KTV、游泳馆、早教服务、健身俱乐部、养生馆等休闲项目的增加，希望通过提供消费者更好的购物体验以增加聚客能力，旨在为消费者提供"一站式"的购物体验，延长消费者在百货店中逗留的时间。①

广州高端商场太古汇自 2011 年开业以来，云集 180 余家知名品牌，入驻多家全球奢侈品牌，其中近 40% 的品牌首次进入广州并落户太古汇。即使在 2016 年国内奢侈品行业销售低迷，市场陷入寒潮的情境下，广州太古汇销售额仍以 10% 的增速完成零售行业的逆袭，成为奢侈品百货商场

---

① 抓住高端化的时代红利［EB/OL］. https：//zhuanlan. zhihu. com/p/649508487.

的黑马。广州太古汇现已成为国内高端奢侈品行业增长最稳定的商场。根据太古地产发布的财报显示，截至 6 月底，集团旗下商场营收利润普遍呈现双位数增长，综合对比各商场开业时间、各城市奢侈零售潜力等数据，广州太古汇综合表现最佳。此外，行业预测广州太古汇未来仍将保持稳定持续的增长态势。根据相关机构对北京 SKP、上海恒隆广场、上海 IFC、广州太古汇和深圳万象城的客流量对比分析，发现广州太古汇客流量排名最高。广州太古汇之所以能够成为高端百货中的标杆，重要原因是清晰精准的市场定位。与北上深相比，广州零售市场仍有潜在的发展空间，此前广州太古汇管理负责人表示，未来广州太古汇将积极探索数字新模式，打造行业发展新动能。

2018 年 3 月 31 日，全球第四座 K11 购物艺术中心在广州东塔正式开业。广州 K11 商业楼 2 ~ 8 层，商业建筑面积 7 万平方米，融合多种业态，将"艺术、人文、自然"的理念与广州本土文化相结合。目前，广州 K11 已引进超过 50 家广州首店。广州 K11 在商业模式上也带来了创新，让"博物馆零售"商业模式第一次在广州落地，其极具艺术活力的空间和创意丰富的活动，为市民打造沉浸式购物艺术体验。[①]

3.1.3 便利店

便利店是一种传统的零售方式，主要是为青少年、上班族等特定群体提供便利服务。它的便利性主要体现在商店位置的便利性，距离上靠近消费者，居民徒步 5 ~ 10 分钟可达。相较于其他零售业态，便利店规模较小、数量较多、覆盖面广。2020—2022 年，超市、百货业态的销售额呈现明显的下滑态势，其中百货业态尤为明显。在经济持续低迷的环境下，便利店行业销售额仍保持稳健持续的增长，目前处于健康发展区间。商务部数据报告显示，从业者认为便利店行业发展前景可观，对该行业抱有较高信心。

1. 便利店经营特点

（1）商店位于居民区、学校、主干道沿线、车站、医院、企业和机构所在地。

（2）商店营业面积 50 ~ 150 平方米，商品陈列利用率高。

（3）居民步行 5 ~ 10 分钟可达，80% 的顾客出于某种目的前往。

（4）商品结构主要由即食性食品、日常用品等组成，具有即时消费和

---

① 全球第四座 K11 购物艺术中心在广州东塔正式开业 [EB/OL]. https：//news. sina. com. cn/c/2018 – 04 – 02/doc – ifysvivn3557124. shtml.

应急响应的特点。

（5）营业时间长，多为 15～24 小时，且全年无休。

（6）采取自选式购物方式，实行进出口统一的设置。

2. 便利店经营特征

便利店的稳步增长、政策支持和资本提振使便利店业态成为零售业的焦点。通过对便利店业态的资料分析归纳，发现便利店经营有以下特征。

（1）多因素驱动便利店发展。

经济的快速发展、消费主力军的崛起、政策扶持以及资本增持等诸多因素驱动便利店业态持续稳健地增长，且驱动因素的进一步影响将促使便利店行业迈入新发展阶段。

由于经济发展不平衡、区域文化差异、幅员辽阔等原因，中国便利店行业的市场集中度提升空间较大。从便利店的分布来看，区域化明显，便利店主要分布在沿海和中西部地区；城市分布不均，上海、广州、深圳等地便利店数量最多，已超过 5000 家，但大部分地区的便利店总数不足 1000 家，因此多数城市便利店仍有巨大的增量空间。与一线城市相比，较低的劳动力和租金成本也使二三线城市的成长性更强，因此，区域协调发展、消费升级和消费习惯的转变有望帮助便利店市场实现规模扩张。[①]

从当下国内外市场的发展状况可知，便利店行业的发展趋势与国家社会经济发展和城镇化水平紧密相关。国外数据显示，便利店行业导入期到成熟期阶段的转变由人均 GDP 数额增长决定。因此对于中国而言，经济高速发展助力便利店行业快速发展，即便是温和增长的经济趋势也能支撑该行业发展。

消费需求增长为便利店行业的发展提供动力支持。经济增长激发消费潜力，中国经济快速发展为年轻一代消费群体（18～35 岁）创造更多就业机会的同时，也刺激了消费需求。与传统消费群体不同，年轻一代群体具有更强的消费能力和消费意愿。相关数据显示，便利店的消费主力军已发生转变，渐趋于年轻化，如全家 20～40 岁的消费群体已达 88.4%；7 - Eleven "80 后""90 后"的消费人群占比也高达 88%（见图 3 - 1）。机构预测，年轻一代消费需求未来仍旧会保持稳定快速的增长，同时，作为便利店的消费主力军，年轻化群体不断扩大的消费需求也将成为便利店行业快速发展的重要动力。

---

① 区域经济发展不平衡［EB/OL］. http：//www. wendangku. net/doc/6117191653. html.

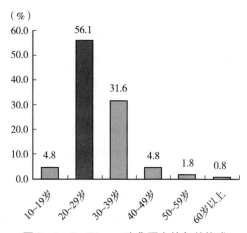

图 3 - 1　7 - Eleven 消费顾客的年龄构成

资料来源：7 - Eleven，德勤研究。

在零售市场中，便利店不仅表现出提供便捷服务的特征，而且满足了消费者碎片化时间购物的需求，主要以 10 分钟内到店购物的顾客群体为主，这也是便利店行业的独特性体现。7 - Eleven 披露的数据报告显示，便利店消费者群体中 65% 的消费者是在移动途中或工作间歇时间进入便利店购物，86.8% 消费者是以到达零售店大约花费 10 分钟路程为原因而选择便利店购物（见图 3 - 2）。

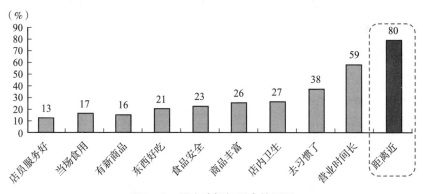

图 3 - 2　顾客选择便利店的原因

资料来源：7 - Eleven，德勤研究。

政策的支持也是便利店行业蓬勃发展的重要因素。国家多次出台便利店政策性文件，使得该行业得以规范化发展。例如，2019 年 7 月商务部办公厅发布《关于推动便利店品牌化连锁化发展的工作通知》和《关于征集品牌连锁便利店发展典型案例的通知》，要求各地制定规模化、品质化的工作部署；2020年初，商务部发布了便利店发展新政——《关于推动品牌连锁便利店加快发展的指导意见》，该意见指出要提高城市公共服务覆盖水平，完善基础设施建设，促进消费升级，更好地发挥便利店生活性服务业的服务作用。

持续稳定发展、高频的消费、便捷服务的属性使得越来越多"局外人"开始介入便利店行业，行业的发展趋于多元化。在这样的大背景下，大量资本纷纷涌入，便利店行业发展呈现积极态势。主要有三种便利店模式获得融资：创新型便利店、无人便利店和服务商。便利蜂获得数亿元融资，成为创新型便利店融资的标志性事件；无人便利店以缤果盒子和小麦便利店的超过1亿元融资为代表（见表3-1）。服务商获得融资也是当下一个重要的趋势，服务商通过为广大的社区店、夫妻店输出技术资源、供应链资源、管理资源，来赋能这些小型零售商户，进而提升平台整体的效能，庞大的店铺基数也为服务商模式提供了想象的潜力。

表3-1　　　　国内便利店及相关企业融资案例（不完全统计）

便利店品牌	融资时间	融资情况	业务模式
小麦便利店	2017年7月	1.25亿元首轮融资	无人便利店
拼便宜	2017年4月，2017年7月	完成百万级天使轮和千万级第二轮融资	B2B服务商
货圈全	2017年7月	Pre-A 1000万美元融资	B2B服务商
F5未来超市	2017年6月	A+轮3000万元融资	无人便利店
缤果盒子	2017年5月	A轮超过1亿元融资	无人便利店
Today	2017年5月	A+轮3000万元融资	便利店
爱便利	2017年3月	2亿元B轮融资	B2B服务商
便利蜂	2017年2月	A轮数亿元融资	便利店
中商惠民	2016年9月	获得13亿元B轮融资	B2B服务商

资料来源：公开信息整理，德勤研究。

综上所述，便利店能够满足顾客便利性消费需求，并且在政策推动和资本布局的双重作用下，便利店行业的增长态势仍保持相对稳定，该行业也将继续探寻成长和扩展之路。

（2）数字化转型。

在新兴技术赋能和疫情的影响下，数字化思维和数字化手段已渗透到零售行业，同样地，这也将推动便利店实体零售催生新服务，演化新业态。

一方面，便利店需要依托数字化技术与消费者建立更直接、更全面的接触，获取目标群体的用户特征、购物特点、消费偏好，进而基于数据特点与企业定位，优化产品品类、营销策略等，为消费者提供更便捷、更精准的服务。以 7 - Eleven 为例，其早在 1999 年同雅虎等公司达成战略合作，以图书营销和电子商务融合布局线上销售业务，而后与巨头公司结盟，共同构建线上网络商城，该商城不仅售卖图书，还提供旅游服务、演唱会门票、CD 等多样化的产品销售业务，并于 2011 年推出"Seven 安心送货服务"的移动贩卖方式，而后于 2015 年推出新型网购配送服务，这标志着 7 - Eleven 的 O2O 业务愈加成熟。如今 7 - Eleven 通过网络平台提供数字会员卡的形式提升游戏化的消费体验，建立与顾客从一个简单的续杯活动到更多参与方式、更多积分方式、更多省钱方式以及更多从活动中获得价值的方式。[①]

另一方面，数字化转型驱动零售行业的线性供应链向网状供应链转变，网状供应链各个节点能够通过数字化核心技术实现互联互通。便利店企业实现这一体系转变，能够增加企业的组织柔性，适应市场快速变化的需求，进行更加高效、精准地运营。以 7 - Eleven 为例，其将 IT 的应用与业务流程的革新融为一体，总共进行了六次大的信息系统升级：第一次聚焦在电脑订货系统；第二次聚焦在 POS 系统；第三次聚焦在单品管理；第四次聚焦在综合信息系统的整顿；第五次聚焦在供应链平台的开放化；第六次聚焦在大数据运营，以信息为中心管理商品。

从以卖方为主导的市场开始，7 - Eleven 就引入 POS 信息系统，结合现有资源与技术，以应对多元化需求和解决供应难题，协同企业内部上下游部门，洞察消费者需求。且 7 - Eleven 独创了"单品管理"，即日复一日地对每个单品进行假设和验证，在门店备足顾客所需的畅销品，剔除滞销品，提高订货准确度。进化到如今的买方市场时，7 - Eleven 对 IT 的使用也在逐步进化完善，其应用 ID - POS、网络优化和客户关系管理系统以整合制造、配送和销售，围绕消费者需求实现精准运营。数字化技术赋能

①　连锁便利店物流配送管理模式分析——以 7 - ELEVEn 为例［EB/OL］. https：//www. doc88. com/p - 7317494801714. html.

7 - Eleven 供应链智慧升级，促进供应链上下游协同融合，提升该企业的运作效率和整体竞争力，最终实现降本增效。

（3）行业多元化发展。

便利店行业持续稳定发展及高频消费的特征吸引了投资者目光，使得越来越多的"局外人"介入便利店行业。电子商务企业也逐步构建线下门店，以实现二者联合运营，其中线下门店聚焦服务与体验，助力企业流量转化，提高整体经济效益，以阿里巴巴集团为例，其收购多个线下零售渠道，且线下商品全年保持与天猫商城实时同款同价，实行线下扫码线上付款模式；新型零售物种加速出现，如盒马鲜生、7FRESH、超级物种等，其多元化的消费场景和新业态的快速演进使得商超新物种与传统便利店存在一定程度的业务交叉，这无疑给本就竞争激烈的便利店业态带来更大的挑战；电商企业纷纷入局，多元服务商涌现，以无人便利店和服务商两种形式为主，如 F5 未来商店、缤果盒子、便利蜂等无人便利店和拼便宜、爱便利、货圈全等 B2B 服务商，其通过将现存资源整合重组，主动重塑和引导市场现有结构。

3.1.4　专卖店

专卖店是指专精于某一类品牌产品的零售业态。专卖店的发展相比于超市和百货行业起步较晚，但发展却最为迅速。在过去二十年里，连锁百强企业的销售总规模由人民币 18 亿元上升至人民币 21000 亿元，上升幅度达到 1166 倍。[①]

1. 专卖店经营特点

（1）选址在繁华商业区、百货店或购物中心内。

（2）商店营业面积根据产品类型而定。

（3）商品结构以经营某类专业产品为主，品类丰富、高毛利。

（4）采取定价销售与面销相结合方式，可以退货。

（5）目标多为流动顾客，主要满足消费者对某类商品的选择性需求。

（6）店铺人员提供专业化、深度化的产品服务。

2. 专卖店经营业态

本书仅选取专卖店企业中最具代表性的两种业态进行分析，包括服饰专卖店和家电专卖店。

---

① 2020 年中国连锁百强榜单发布 ［EB/OL］. http：//www. ccfa. org. cn/portal/cn/xiangxi. jsp? id＝442665&type＝1.

（1）服饰专卖店。服饰专卖店是增长最为快速，增长幅度最大的零售企业类型，近 20 年来的销售复合年均增长率高达约 26%。尽管在近 5 年来，由于市场日趋成熟以及一些新兴技术的冲击，增长率有一定下降，但是服饰专卖店在不断地创新和实践中保持增长，10% 的销售复合年均增长率、平均净利润以及平均净资产收益率仍领先于其他零售业态。结合现状分析，服饰专卖店经营主要呈现以下特点。

第一，线下扩张放缓，布局线上发展。2011 年至今，服饰实体店扩张的速度大幅下降，高额的用人成本和租金成本让实体店的增加举步维艰，净利润的空间一再被压缩。其间，服饰专卖店企业收入和净利润在受到电商冲击小幅下滑后，通过发展网络销售线下线上双驱动，取得了在 2015 年和 2016 年的收入和净利润小幅的回升。服饰专卖店企业不再盲目地追求企业规模扩大，停止了扩张，而是选择性地发展，并关闭了一些销售不好的门店，对于新开的实体店位置选择更为谨慎，调整布局，并将战略发展重点放在互联网销售上。与 Zara、H&M 等快时尚品牌相比，Uniqlo 在中国的网络旗舰店早在 2008 年就以 Uniqlo 淘宝商城店铺和外部网店同时发布的形式上线，并与天猫合作实现了线上天猫下单、线下门店取货，打通线上线下商品库存，更以"智慧门店"等方式优化了原有的物流、仓储、备货等体系，已连续五年（2015—2019 年）在天猫"双 11"服饰类榜单中夺冠，做到了真正的全渠道营销，线上线下完全整合统一。优衣库打造的新零售业态以线上线下协同融合促进引流为主导逻辑，即线上线下同价，线上下单——快递或门店自提，线下试衣——线上下单快递到家。而连接线下线上最有力的桥梁是电子 POP 优衣"码"，它就像是商品的"身份证"，帮助用户获取商品信息和对应库存情况，还提供门店位置信息查询服务。[①]

第二，利用技术提升顾客购物体验。服饰专卖店利用新兴技术，提升实体店顾客体验，包括获取位置信息、大数据预测消费行为和引导消费路径等。实体店销售的不仅是实物产品，更多的是提供服务和消费体验，服饰专卖店企业找到了转型之路。例如，红豆服饰于 2016 年 6 月在国内开了第一家体验旗舰店，除了提供一个非常开阔舒适的购物环境以外，同时提供电子试穿、个性化定制以及店内咖啡等增值服务，提升顾客的购物体验。随着网购的普及，很多人抱怨网购的衣服不合身、版型不合适等问

---

① H&M、UNIQLO 和 C&A，快时尚品牌在中国开始分化 [EB/OL]. https：//zhuanlan. zhi-hu. com/p/22908189.

题，优衣库率先在网店引入虚拟试衣系统，在虚拟试衣间里，可以选择身形相近的模特进行线上试衣，由此增加用户的体验感和新鲜度。值得关注的还有快速消费服饰行业的扩张与发展，Zara、H&M 以及优衣库在中国的迅猛扩张也为服饰专卖店企业带来启示，通过强大的供应链及配送支持，以小批量和多样化对市场作出快速反应以满足客户的需求，从而实现收益。

（2）家电专卖店。家电专卖店的发展路径与服饰专卖店有所不同，家电专卖店的发展起步更晚，但初期增速更快，且更加集中，基本上呈现苏宁电器和国美电器两家独大的市场格局。由于家电行业产品的标准化特性，其不同于服饰专卖店行业，难以从顾客个人喜好及设计理念等寻找新的突破口和利润来源，因此家电行业近年来受新技术及网络销售的冲击最大。家电专卖店呈现以下特点。

第一，实体店扩张放缓，线上线下联动发展。2011 年至今，家电专卖店的整体增速趋于稳定，同时净利润受到人力成本和租金成本大幅上升的影响而下滑。家电专卖店企业不再盲目扩张，而是对门店进行整合，线上线下联动发展。例如，苏宁电器于 2013 年 3 月 13 日正式宣布更名为"苏宁云商"，宣布开始进行线上线下渠道融合的"店商 + 电商 + 零售服务商"模式。同时，随着家电连锁企业建立的网络销售平台日趋成熟，网络销售占比逐年提高。根据《2016 中国家电网购分析报告》，2016 年京东等电商平台家电零售额已经超过苏宁电器和国美电器线上线下家电业务之和，可见网络销售在中国的发展势头的强劲程度。《2018 中国家电网购分析报告》指出，2018 年我国家电零售占据家电行业 35.5% 的市场份额，其中除与家庭装修紧密相关的产品外，其他产品的线上渗透率均超过 30%，线上平台已成为家电零售市场的重要渠道。①

第二，智能手机产业链带动发展。除了网络销售的影响以外，人工智能的发展也影响家电专卖店。近年来，智能手机与消费者的生活联系越来越紧密，智能手机的产业链也带动了家电专卖店企业的发展，主营手机、电脑等电子产品的宏图高科，于 2017 年上半年，宏图高科所销售的苹果手机的收入已占其总销售收入的28%，通过销售高毛利、高周转率的电子产品，宏图高科的年均净利率领先于其他家电专卖店。

第三，从单一业态向多业态延伸。家电专卖店企业也向多业态延伸，

---

① 报告：2018 年家电网购市场规模达 5765 亿［EB/OL］. http：//it. people. com. cn/n1/2019/0225/c1009 - 30900446. html.

不再拘泥于所在产业，例如苏宁电器除了提供家电销售以外，还销售服饰、母婴用品、化妆品、书籍以及家居用品，避免了单一业态形成的竞争风险，苏宁的多业态布局实际上是对消费者多层次需求的解读。

2017 年十一期间，苏宁召开闭门会议，提出了 2018 年要新开 5000 家互联网门店的目标，这几乎是巅峰时期最高开店纪录的 10 倍。借助原有线下的优势，苏宁正通过多业态布局，深度挖掘线下流量。

以智慧零售为核心，苏宁已经形成了"两大、一小、多专"的业态产品族群。截至 2018 年 5 月底，苏宁极物已落地两个月，正打造"极致"精品生活；零售云苏宁易购县镇店接近 600 家店；苏宁小店覆盖了全国 48 座城市，开了 500 家店。

国美电器也在零售业态创新路上不断进行探索，国美黑天鹅中央大街生活馆于 2018 年 8 月 31 日正式开业，黑天鹅生活馆不再是普通的家电卖场，而是一个以"家·生活"场景为主题，囊括了家电、家装、家居、百货、影院、游戏、书店、红酒、咖啡、生鲜水果等多种业态，通过丰富的多业态场景，提升消费者购物体验。苏宁和国美在中国零售业升级与迭代过程中，都将具有样本式的战略意义。①

3.2　实体零售企业的全渠道现状

全渠道即全场景，聚合了不同流量，丰富了购物体验。同时，企业的业务增加了条线，形成了网状链接，流程体系的复杂程度大大提高。需要更好地总结行业和企业自身在电商发展过程中的经验教训，保持心态上不急不躁，以剥茧抽丝的耐心寻找运行规律，发现解决方案。本书针对超市、百货店、便利店、专卖店这四种业态，分析不同业态的优势及其全渠道发展特点。

3.2.1　超市

1. 超市的主要优劣势

超市的主要优势包括高频消费、贴近生活和以量取胜。高频消费方面，超市售卖的日用生活品和食品是典型高频业态，只是受到电商冲击，

---

① 创新案例 | 零售数字化转型先行者——苏宁［EB/OL］. https：// zhuanlan. zhihu. com/p/ 368165186.

RFM 变形，即"最近一次消费（Recency）"拉长、"消费频率（Frequency）"减少、"消费金额（Monetary）"降低。超市目前所做的强化生鲜品类、开发自有品牌、通过线上引流等，从根本上来说，都是为了改善这三个指标。贴近生活方面，企业做好了，顾客不断重复消费，客流稳定，黏性很强。因此，超市除了传统的商品售卖功能，可以搭载与生活服务相关的其他商品或服务，如鲜花、餐食、生活缴费、到家服务、废旧回收等。以量取胜方面，与其他业态相比，超市的利润率更低，但尽管只有 1% 左右的净利润率，凭借几十亿元、几百亿元的销售额，仍然有几千万元、几亿元的净利润。然而，如果毛利率或净利润率为负，亏损额也是巨大的。

超市的主要劣势包括重运营、资金占压多和标准化、来自线上压力大。重运营，资金占压多方面，超市企业表面上看起来店数众多，商品琳琅满目，但门店大多为租赁，且每年租金持续上涨，成本压力巨大；满场商品的背后是巨额的应付账款，即使账期达到 60 天或 90 天。标准化，来自线上压力大方面，超市销售的商品除小部分是生鲜等非标商品，其他包装食品、酒水饮料、生活日用品等，电商都有很强的替代性。加之消费升级，恩格尔系数中食品的消费比例下降，导致这几年超市，特别是大卖场的客流量和客单价不断下降。另外，超市的消费是目的性购买，无"可逛性"，体验元素很少，加之大量标准化产品，所以在各个业态中受电商冲击比较大。

2. 超市的全渠道特点

目前超市的全渠道有以下特点。

一是 PC 官网基本没有购物功能，大部分官网只是信息传递和官方宣传的手段，属于本企业自有的 PC 购物网站少，大多转为移动化。

二是小程序广泛被使用，其中以会员卡、礼品卡、扫码购最为普遍，有的直接将小程序开发为购物商城，但有的小程序登录还不太方便，功能还不完善。

三是到家成为标配，有的到家服务通过自建，更多是与外部第三方合作，饿了吗、多点、美团等在"零售到家"服务中展开激烈竞争。

四是整体回归理性，回顾电商发展，超市行业追了两波热点：自建平台，但仅在现有技术资源的基础上，不借助外部资源，最终难以推进全渠道转型；热点海外购，多家企业建立了海外购电商，但效果并不理想，随着政策等因素的变化，业务大多收缩。目前行业氛围整体笃行务实，从企业实际需要和资源能力出发，不盲目跟风。

3.2.2 百货店

1. 百货店的主要优劣势

百货店的主要优势包括区位好、轻运营和商品强体验。区位好方面，百货店多设在城市区域繁华地段，能够利用密集人流来刺激消费。轻运营方面，百货店以品牌联营模式为主，将具有优势和竞争力的诸多品牌汇聚旗下，因此，没有商品库存挤压，占用资金；且人员精简，联营模式无须投入大量人力、物力等。商品强体验方面，百货店的各入驻品牌能够提供专业化服务，且经营的商品种类多样，可以满足顾客多样化的需求。

百货店的弱势也很明显，如商品经营能力弱，源于长期的联营出售经营模式，这是双刃剑；商品价格高，与其他实体零售店同样，商品价格普遍高于线上平台；与顾客的体验互动性弱，零售业态单一化，缺乏更注重消费者感受的"体验业态"。

百货店企业开展全渠道，正是基于以上优劣势展开。

2. 百货店的全渠道特点

目前百货店的全渠道有以下特点：PC 电商功能弱化，PC 渠道中，大多只是官方信息的介绍或移动电商的导流入口，无购物功能；App 总体下载量较大，具备一定的线上流量资源；注重人和场，在人、货、场三个要素中，百货店缺乏对品牌货物的掌控力，这源于长期的联营模式，因此传统百货店的全渠道建设更加注重对人和场的重构；"看不见的战争"在中台，渠道的前端只是入口，各个入口的数据整合、业务衔接，需要强大的数据中台和业务中台，目前整体运营质量稳步提高。

3.2.3 便利店

1. 便利店的主要优劣势

便利店是近年来各业态中增幅最快的，其主要优势包括高频消费、毛利较好和快速扩张。高频消费方面，传统便利店主打香烟饮料品类，现代便利店以解决顾客一日三餐为能事。因此，一周多次光顾，甚至一日几次光顾也不足为奇。这些吸引顾客前来的速食品（盒饭、饭团、关东煮等），特别是企业的专有商品，是与线上形成差异化、保持便利店快速发展的关键因素。毛利较好方面，便利店是一种提供便利服务的零售业态，顾客愿意为便利消费支付相对高一些的价格，因而企业可以获得较高毛利。快速扩张方面，在支撑体系相对完善的情况下，便利店是一种易于复制的业态，特许加盟是复制的主要手段。通过特许加盟，加盟方承担房租及部分运营成本，大大减轻总部资金压力；加盟者自我管理、自我激励，从而提升单店管理效率；可以在多个市场同步展开，快速形成市场规模和品牌效应。因此，便利店公司对加盟商"请进门、扶上马、送一程、伴一生"，可以实现双赢局面。

便利店的主要劣势包括租金高且涨幅大、体系要求极为健全、当前对资本依赖较大和竞争多元化。租金高且涨幅大方面，便利店的选址要求较高，且同等面积的店面，也是快餐、饮品、美容理发等高毛利行业的选择，竞争激烈。在一线城市主要商业区，便利店租金普遍超过 10 元/平方米，并且近几年一直保持着一定的增幅。由于资本持续关注便利店发展，并且近来政策也在促进，优质区位的店铺越来越成为稀缺资源，未来租金成本上涨压力仍然突出。体系要求极为健全方面，便利店以规模取胜，加盟又是实现大规模的手段。因此，对于支撑体系和能力要求很高，最核心的四大能力即信息系统及全渠道营销能力、常温及冷链供应链能力、鲜食商品和自有品牌开发能力、内部培训督导管理体系。四大体系，如同高楼四个基柱，一个质量不佳，大厦可能全盘倾覆。建立四大体系，需要一定的管理积累，更需要大量的资本投入。当前对资本依赖较大方面，目前中国便利店处于规模冲刺阶段，需要大量资本用于物流、信息系统等方面的基础建设，以支撑成千上万的门店。与此同时，资本也发现便利店的投资价值（包括网点、会员、与电商结合点等），资本与便利店公司结合的案例明显增加，如春晓资本与每一天、红杉与见福、腾讯高瓴组合与便利蜂、阿里巴巴与喜士多、旷世与好邻居等。竞争多元化方面，便利店拓展了餐饮、饮品、票务、生活缴费等多种业务，以致成为"全民公敌"。除了同行的竞争，到家服务、快餐、咖啡店等，都对便利店的业务产生影响。另外，近年来无人与自助领域发展较快，虽然短期内市场份额还十分有限，但随着技术进步、人工成本的提高，这一领域的发展可能提速，应引起重视。

2. 便利店的全渠道特点

目前便利店的全渠道有以下特点：因有众多网点资源，便利店的重点主要还是在实体门店上，PC 电商较少；App 的数量在各个业态中占比较低，有的尽管开发上线了 App，也没有进行大规模的推广；便利店公司也很少入驻平台，这与商品品类较少的特性有关。

3.2.4　专卖店

1. 专卖店的主要优劣势

专卖店业态品类涵盖范围广，既有家电、家居等大型专卖店，也有手机通信、果蔬、婴童用品等中小型专卖店。主要优势是在某类垂直领域中，商品种类、规格、花色齐全，可选择性强。同时这也成为专卖店的劣势，即品类深度足够，但横向宽度有限，在流量稀缺的今天，如果不能和其他品类形成互补，问题会更加明显。

2. 专卖店的全渠道特点

目前专卖店的全渠道有以下特点：在电商发展初期，垂直品类普遍采用的是切入电商的方式，多年发展下来，主要专卖店的电商大多具有一定规模，App 平均下载量较大；专卖店以专精于某一类商品为主，因而店铺为获得流量增长，需要其他渠道辅助，包括微商、社区、小程序、官网、第三方平台等，属于渠道最完整的零售业态；同时为了补足品类宽度的不足，入驻电商平台获取流量也是一项重要的选择，对于平台而言也是重要补充，类似购物中心中入驻的专卖店主力店。从发展趋势上看，一是专卖店与电商的结合将会越来越紧密，各个品类中，这是一种最迫切需要全渠道流量的业态；二是品类延伸，除了主业的核心品类外，大幅向外延伸，甚至是全品类、全场景、全渠道。

第4章　零售市场全国居民消费调研分析

消费，作为经济领域的关键主题，是实现社会生产的保障，也是经济和社会安全发展的重要因素。在现代市场经济机制的发展进程中，人类的生存和发展离不开消费。近年来，随着数字经济的渗透、新冠疫情的发生及其形势的变化，居民的消费情况发生改变。

本书以国内居民消费群体为调查对象，设计调查问卷，从调研样本的基本属性、消费能力、消费价值倾向、疫情背景下的居民消费特征等方面展开分析。通过见数调研平台提供的有偿样本服务收集问卷共 2000 份，其中有效问卷 1971 份（调查问卷详见附录 B）。

4.1　调研样本的基本属性

本书调研样本的基本属性维度包括性别、年龄、月平均收入、教育背景、所在省份（直辖市）、居住地类型、居住情况、婚姻状况、生育状况（是否有小孩）、职业。基于收集获得的有效问卷，统计各属性下样本的频数和占比，见表 4 - 1。

表 4 - 1　　　　　　　　　样本描述性统计

基本特征	分类	人数/人	占比/（%）
性别	女	1248	63.3
	男	723	36.7
年龄/岁	18 ~ 25	555	28.16
	26 ~ 30	518	26.28
	31 ~ 40	758	38.46

续表

基本特征	分类	人数/人	占比/(%)
年龄/岁	41 ~ 50	103	5.22
	51 ~ 60	37	1.88
月平均收入	30001 元及以上	30	1.52
	15000 ~ 30000 元	206	10.45
	10001 ~ 15000 元	376	19.08
	5001 ~ 10000 元	871	44.19
	2001 ~ 5000 元	265	13.44
	2000 元及以下	223	11.31
教育背景	博士	24	1.22
	硕士	252	12.79
	本科	1413	71.69
	专科	220	11.16
	高中/中专/技校/职高及以下	62	3.15
省份	广东省	1053	53.4
	山东省	114	5.8
	山西省	76	3.9
	江苏省	73	3.7
	浙江省	53	2.7
	河南省	53	2.7
	黑龙江省	50	2.5
	湖北省	43	2.2
	江西省	42	2.1
	河北省	41	2.1
	上海市	38	1.9
	湖南省	38	1.9
	广西壮族自治区	37	1.9
	四川省	36	1.8
	辽宁省	32	1.6
	福建省	32	1.6
	北京市	23	1.2
	安徽省	22	1.1

续表

基本特征	分类	人数/人	占比/（%）
省份	贵州省	21	1.1
	陕西省	20	1.0
	天津市	16	0.8
	吉林省	13	0.7
	重庆市	12	0.6
	云南省	12	0.6
	海南省	6	0.3
	宁夏回族自治区	5	0.3
	内蒙古自治区	4	0.2
	新疆维吾尔自治区	3	0.2
	香港特别行政区	1	0.1
	青海省	1	0.1
	甘肃省	1	0.1
居住地类型	城区/城镇	1882	95.48
	乡村/农村	89	4.52
居住情况	与家人同住	1376	69.81
	与他人合租/集体宿舍	425	21.56
	独居	170	8.63
婚姻状况	已婚	1176	59.67
	单身	795	40.33
是否有小孩	是	1097	55.66
	否	874	44.34
职业	个体经营者	70	3.55
	公务员或事业单位人员	180	9.13
	其他	58	2.94
	企业员工	905	5.92
	企业中高层管理人员	415	21.06
	学生	343	17.40

　　在接受调查的国内居民消费群体中，广东省是受访者最主要的居住所在省，占比达到53.4%。其次为山东省和山西省，分别占比5.8%和

3.9%（见表 4 - 1 和图 4 - 1）。三个省的受访者数量与其常住人口规模类似。根据第七次全国人口普查的结果，广东省常住人口为 126012510 人，是国内人口最多的省，其次是山东省，常住人口为 101527453 人，两省人口均过亿。

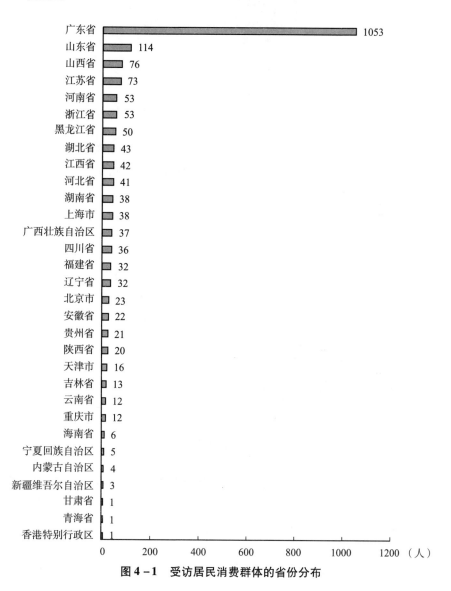

图 4 - 1　受访居民消费群体的省份分布

受访者中，男性消费者占比为 36.7%，女性消费者占比为 63.3%（见图 4 - 2），女性消费者比男性消费者占比高 26.6 个百分点，在消费市场中占据了更大的比例。

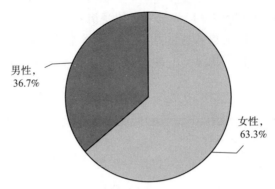

图4-2　受访居民消费群体的性别分布

31~40岁居民是消费市场的主力军，占比达到38.46%，其次是18~25岁和26~30岁的居民，占比分别为28.16%和26.28%（见图4-3），体现了消费市场年轻化的特点。

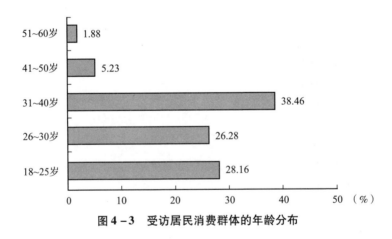

图4-3　受访居民消费群体的年龄分布

受访居民消费群体的学历分布呈现橄榄形，受访者以"本科"为主，占比达到71.69%，其次是"硕士"，占比为12.79%，而"专科""博士""高中/中专/技校/职高及以下"学历的占比相对较少（见图4-4）。

"企业员工"是受访居民消费群体中的主力军，占比为45.92%（见图4-5）。另外，中等收入群体占绝大多数，月平均收入在5001~10000元的人数占比达到44.19%，其次是10001~15000元，占比为19.08%（见图4-6）。

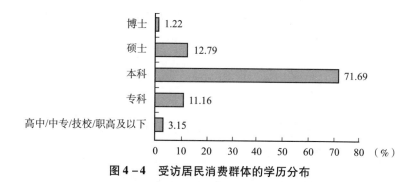

图 4-4　受访居民消费群体的学历分布

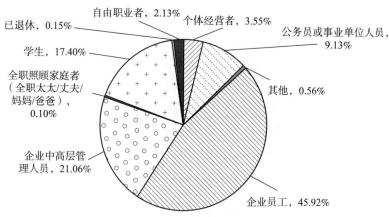

图 4-5　受访居民消费群体的职业分布

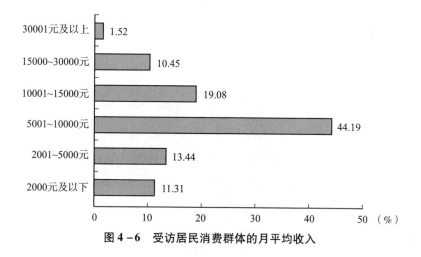

图 4-6　受访居民消费群体的月平均收入

受访居民消费群体的居住地类型主要是"城区/城镇"，占比达到 95.48%，而"乡村/农村"占比仅有 4.52%（见图 4-7）。居住情况主要是"与家人同住",占比为69.81%,"与他人合租/住集体宿舍"和"独居"的占比分别为21.56%和8.63%(见图4-8)。

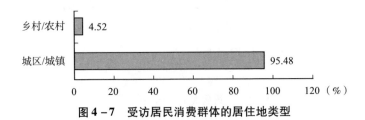

图4-7 受访居民消费群体的居住地类型

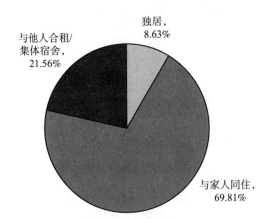

图4-8 受访居民消费群体的居住情况

受访居民消费群体的婚姻状况分布较为平均,已婚占比59.67%,单身占比40.33%(见图4-9)。

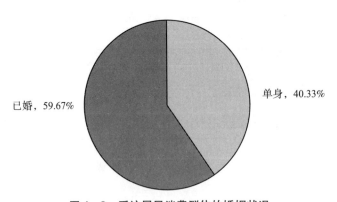

图4-9 受访居民消费群体的婚姻状况

　　调查样本的生育状况分布同样较为平均，已有子女的群体占比55.66%，未有子女的群体占比44.34%（见图4-10）。

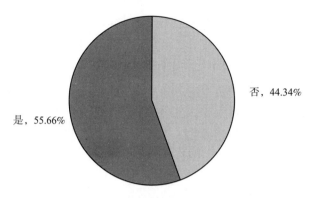

否，44.34%

是，55.66%

图4-10　受访居民消费群体的生育状况

4.2　居民消费基础

　　居民的消费基础在购物行为上主要体现为以下两方面：是否拥有充足的时间与条件进行购物，以及是否有进行精确、有效购物的基础。每个方面又可以分为实体店购物和网络购物两种情况，据此设计问卷并收集数据。

4.2.1　居民消费时间与条件

　　本书采用李克特7级量表测量居民对于该问题的情感倾向，程度划分为"完全不同意""不同意""不太同意""中立""基本同意""同意""完全同意"。

　　对于是否有充足时间与条件去实体店购物，统计得到的持有各种态度的分布如图4-11所示。结果显示，绝大部分居民对于是否有时间与条件去实体店购物都是持同意的态度，其中有条件去实体店购物的比例已经超过90%。可见即使是在互联网时代下，大部分居民还是拥有线下购物的时间与条件的。但是需要引起注意的一点是，在是否有时间进行实体店购物这部分受访居民中，有40%是选择基本同意的，这个选择中蕴含的态度就是虽然认为自己有时间进行线下购物，但是购物频次或次数不会太多，基本上不会超过一个月两次，也就是说快节奏的生活以及日益繁重的工作、学习任务等日常的事务还是让居民能够选择的线下购物的时间缩短了一部分。

而对于是否有充足时间与条件进行网络购物，统计得到的持有各种态度的分布如图 4 - 12 所示。结果显示，绝大部分居民对于是否有时间与条件进行购物都是持同意的态度，二者的占比基本都在95%以上，完全不同意回复的甚至没有出现。同时，完全同意和同意的回复占比相较于实体店购物也更大，均超过75%。由此可见，互联网时代几乎所有居民都有网络购物的能力，即使是那些无法去实体店购物的居民，其中大多数也可以进行网络购物，即只要居民有意愿，就可以开展网络购物。

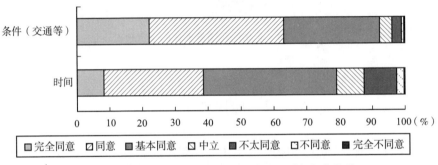

图 4 - 11　受访居民消费群体的实体店购物时间与条件情况

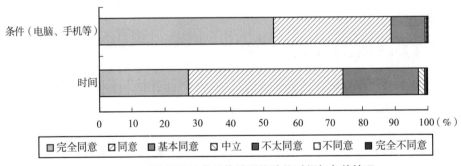

图 4 - 12　受访居民消费群体的网络购物时间与条件情况

综上可知，即使生活忙碌，大部分居民也还是拥有充足的时间进行实体店购物，同时也有前往目的地的交通手段；而网络购物由于其便捷性与省时性，只要是使用互联网的居民，就有时间和条件进行网络购物。

4.2.2 居民购物经验基础

对于居民购物经验基础的调研，同样采用李克特 7 级量表测量居民对于该类问题的情感倾向，程度划分为"完全不同意""不同意""不太同意""中立""基本同意""同意""完全同意"。

对于居民实体店购物经验与基础的调查，问卷将其细分为三个主要问题：是否擅长在实体店中找寻商品，是否能够快速定位并找到想要的商品，以及是否拥有大量实体店购物经验。统计得到的结果如图 4 - 13 所示。结果显示，在实体店购物中，有几乎 70% 的居民认为自己具有快速定位与找到商品的能力，并且认为自己有比较丰富的实体店购物经验。而选择同意与完全同意的比例，三个问题上都没有超过 40% 的，说明当前互联网时代有相当一部分的全国居民实体店的购物能力相较于几十年前是有所下降的，或者说可能存在相比于过去的自己能力有所下降的情况。实体店购物次数减少是很大的原因，一个过程减少被使用的次数就会影响熟练度。

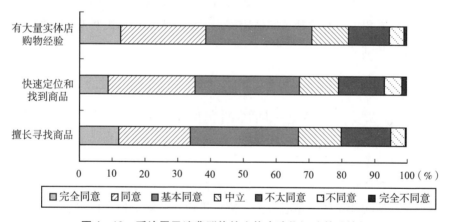

图 4 - 13 受访居民消费群体的实体店购物经验基础情况

对于居民网络购物经验基础的调查，问卷也将其细分为三个主要问题：是否擅长在网购中搜索与了解商品，是否可以快速定位与找到商品，以及是否拥有大量网络购物经验。统计得到的结果如图 4 - 14 所示。结果显示，超过 95% 的居民认为自己网络购物经验比较丰富，超过 90% 的居民认为自己有能力迅速定位商品。由此可见，绝大部分居民熟悉并擅长网络购物能力，拥有足够的网络购物能力；同时在互联网持续普及和当前疫情影响的情势下，网络购物在日常消费购物的比重将继续扩大，居民的熟练度将会进一步得到提升。

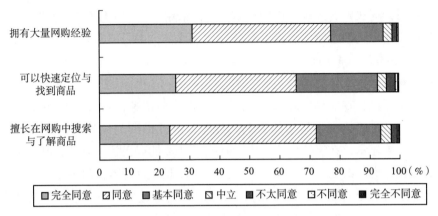

图4-14　受访居民消费群体的网络购物经验基础情况

综上可知，在整体上受访居民的购物经验基础普遍比较稳固。基于调研也发现，在当前社会情况下，居民对于网络购物流程的熟练程度和网络商品的熟悉程度已经要超过实体店购物，即绝大部分居民具有较好的网络购物经验基础。

4.3　居民消费价值倾向

消费价值理论是一种营销理论，它通过关注消费价值，预测、描述和解释消费者的选择行为以此阐明消费者消费行为的动机。本书基于消费价值理论，从功能价值、情感价值、社会价值、认知价值、体验价值五个维度来理解居民的消费价值倾向。通过收集居民消费价值倾向的一手调研数据，尝试分析和发掘居民在各个价值维度的选择行为，并以此洞察他们的消费行为动机。需要指出的是，居民的消费价值倾向越积极，理论上表明他们进行购物的意愿更加强烈，购物行为将更加频繁。

围绕上述五个价值维度，居民消费价值倾向的情况如下。

4.3.1　功能价值

功能价值是指消费者在消费过程中对可供选择的商品或服务的功能特性、实用特性或物理特性产生的效用价值感知，也就是说消费过程中的商品或服务通过其显露的功能属性、实用属性或物理属性获得功能价值。

本书将功能价值划分为三个子维度：质量、价格、省时省力。同样采用李克特 7 级量表测量国内居民的消费价值倾向，程度划分为"完全不同意"到"完全同意"共 7 种。

根据收集的数据，统计得到各维度的分布情况如图 4 – 15 所示。由图 4 – 15 可知，质量维度对于居民而言是最重要的维度，98.1% 的受访居民消费时看重商品的质量，并愿意为此对比不同渠道的商品，花费更多的时间进行选择。价格维度是居民消费时第二看重的功能价值维度，95.5% 的居民消费时关注商品是否实惠，且更愿意为此花费时间对比不同渠道的商品价格。对消费者而言，省时省力维度的重要性虽小于质量和价格维度，但仍有 88.9% 的居民倾向于选择更加省时省力的更便利的购物方式。根据调研情况可见，企业开展线上业务为消费者提供更加便利的服务是十分有必要的。

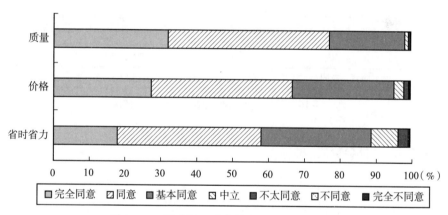

图 4 – 15　国内居民消费的功能价值倾向情况

4.3.2　情感价值

情感价值是指消费者在消费过程中对可供选择的商品或服务唤醒某种感觉或情感状态的能力产生的感知价值。当可供选择的商品或服务与某种特定的感觉产生联系或当其催生或延续某些感觉时，该商品或服务就拥有了情感价值。

本书采用李克特 7 级量表测量居民的消费价值倾向，程度划分为"完全不同意""不同意""不太同意""中立""基本同意""同意""完全同意"。"基本同意"及以上可视为对命题持有积极情感，"中立"及以下可视为消极情感。

　　根据收集的数据，统计得到题目各选项的分布情况如图 4-16 所示。由图 4-16 可知，96.5% 的居民认为购物是快乐的，且有 95.1% 的居民愿意花时间进行购物。87.0% 的居民认为购物是一件轻松的事情，并不会令人感觉疲惫。而且，83.1% 的居民觉得购物是一种缓解情绪低落的方式。综上所述，购物对于绝大多数居民而言能带来高的情感价值，可以让他们获得正面的情感效用。

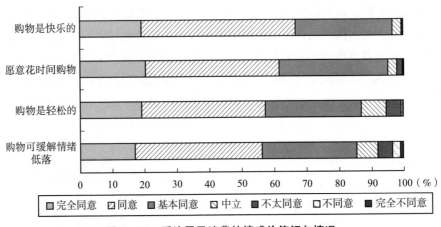

图 4-16　受访居民消费的情感价值倾向情况

4.3.3　社会价值

　　社会价值是消费者从可供选择的商品/服务与一个或多个特定社会群体的关联中获得的感知效用。换言之，商品或服务通过与社会经济群体、族群文化群体等社会群体产生的联系拥有与该群体相关的社会价值。

　　根据收集的数据，统计得到题目各选项的分布情况如图 4-17 所示。由图 4-17 可知，总体而言，与对功能价值和情感价值的感知相比，居民消费对社会价值的感知明显降低，有 60.8% 的受访居民喜欢在消费时与他人产生互动，60.5% 的居民喜欢在购物过程中获得来自销售人员、客服或同伴等的意见或关注，而有 65.8% 的受访居民经过对比后，更倾向于选择更可能获得他人认同的购物方式。超过半数的居民在消费时希望能够和他人进行互动，获得他人的意见或关注，这种价值需求在线下消费时可以通过实际的人际交互得到较好的满足，而如今线上消费中的直播消费、社群消费等社交型消费的兴起也能使得线上消费具有一定的社交临场感，提高消费者的感知社会价值。

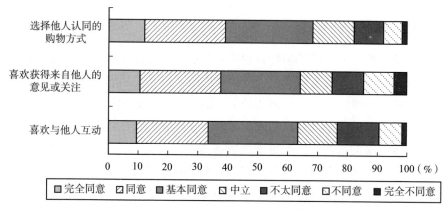

图 4-17　受访居民消费的社会价值倾向情况

4.3.4　认知价值

认知价值是指消费者在消费过程中从可供选择的商品或服务激发好奇心、提供新颖性或满足知识渴望的能力中产生的感知效用。

根据收集的数据，统计得到题目各选项的分布情况如图 4-18 所示。由图 4-18 可知，总体而言，相较于社会价值，居民消费时更注重认知价值，但又不如对功能价值和情感价值般注重。91.5% 的居民注重搜集不同品牌和产品参数等信息，以增加相关知识。有 82.2% 的居民愿意尝试新上市的商品，81.4% 的居民愿意尝试新的购物方式或购物渠道。通过这些数据占比结果可知，居民对新产品或服务的接受程度较高，且喜欢通过搜集商品信息来增加相关知识，满足自身的好奇心与对相关知识的渴望。

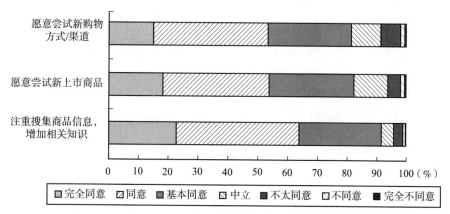

图 4-18　受访居民消费的认知价值倾向情况

4.3.5　体验价值

此外，本书还考虑了消费者的体验价值。随着经济生产力的发展和人们需求不断升级，经济社会由以产品为中心的产品经济时代发展到以服务为主导的服务经济时代。在此背景下，消费者体验成为焦点之一，强调用户从直接使用或间接观察商品或服务的互动体验中获得体验价值。

根据收集的数据，统计得到题目各选项的分布情况如图 4-19 所示。由图 4-19 可知，有 80.8% 的居民更信任购买前可以实际体验或触摸到的商品，84.3% 的居民觉得购买实际体验后的商品更舒心，80.7% 的居民认为购买实际体验后的商品会更可靠。基于这些数据占比可知，大多数居民觉得实际体验之后再再购买是更加稳妥的购物方式。但仅有 23.8% 的居民更倾向于只有在实际体验后才愿意购买，有 38.4% 的居民认为判断商品是否值得购买的唯一方法是实际体验它。

大多数居民更信任体验后购买的商品，但仅有少数居民认为应该购买体验后的商品。产生这种差异的原因可能是实际体验后的商品更可靠，这是消费者普遍的观念，也合乎情理。表明受访居民在消费时对产品或服务的体验较为关注，希望能够切身体验产品或服务。因此，体验经济迎合了居民的体验消费价值需求，具有发展潜力。但是线上购物渠道的兴起为消费者提供了更多的消费方式选择，为了取得线上购物的"利"，如产品种类多、省时省力等优点，多数居民愿意付出无法实际体验商品而增加购物风险的"弊"，这就要求企业拥有线上消费渠道能够满足这种消费需求。

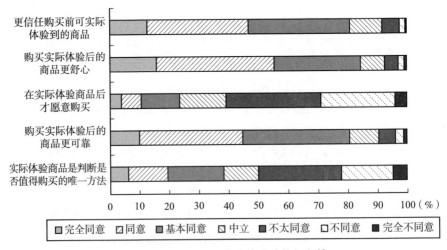

图 4-19　受访居民消费的体验价值倾向情况

4.3.6　总体情况

同样采用李克特 7 级量表测量受访居民的消费价值倾向，程度划分为"完全不同意"到"完全同意"等 7 个等级。为更好地进行数据可视化展示，此处将这 7 个选项分别用 1、2、3、4、5、6、7 表示，计算每个价值维度的平均值和标准差生成的误差条形图，如图 4 – 20 所示。此处，依旧将功能价值分为质量维度、价格维度和省时省力维度进行分析。

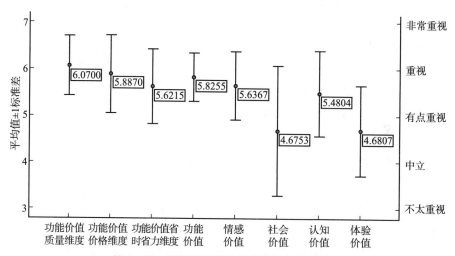

图 4 – 20　受访居民消费的价值倾向总体情况

由图 4 – 20 可知，从平均值来看，受访居民消费时最为注重的是功能价值，且对该价值的感知倾向较其他四个价值而言更为集中，即对于功能价值，居民消费时的重视程度普遍较高。功能价值中，居民消费时最为重视质量维度，其次是价格维度，然后才是省时省力维度。且通过标准差的刻度可看出，质量维度的平均分值不仅更高而且分值的分布更为密集。这些数据表明相较于价格敏感型消费者，受访居民更倾向于为质量敏感型消费者。这一迹象符合如今国内消费需求升级，消费者从"价格敏感"向"质量敏感"转变的趋势。

国内居民消费时其次看重的是情感价值，而且情感价值的标准差较小，表明大多数居民认为购物应该是快乐轻松的，是一种缓解低落情绪的方式。这表明居民对购物活动抱有积极的情绪，具有购物热情。其次是认知价值，相较于情感价值，认知价值的标准差更大，这符合不同的消费者对新事物的接受程度和好奇程度不同的特点。但从总体上而言，居民消费时是倾向于接受新事物的，认为其能满足他们的好奇心和对知识的渴望。再随后依次是体验价值和社会价值，在它们均值负一个标准差的范围内，出现了调查者认为该价值不太重要的数据，即价值倾向程度小于 4，而前面的三个价值均没有出现这种情况。这表明，居民消费的功能价值、情感价值和认知价值倾向几乎都维持在较高的水平，但从体验价值开始出现了些许分歧，有一部分居民不太重视消费时的体验价值和社会价值，尤其是社会价值。社会价值的标准差大，表明居民在社会价值倾向程度上出现较大的区别，且出现部分居民认为社会价值不重要的情况，这可能与居民的个人特征，如人格特征的内外型人格有关。

综上所述，居民消费时普遍倾向于高的功能价值、情感价值和认知价值，他们看重商品质量，且喜欢通过不同购物渠道的比对购买更优惠的商品或服务，便利性亦为其考虑的因素。他们认为购物是轻松快乐的，愿意花时间购物，且乐于接受新商品或服务。这些都是居民消费存在的共性，反映了消费者的共同特征。

而在体验价值和社会价值方面，居民的倾向程度有较大的区别，不再是较为统一地重视这些价值。这可能与个人的购物习惯和人格特性有关。喜欢网络购物的消费者可能更加看重消费时的功能价值，比如方便、可比较商品价格和质量等，而不太看重消费时的体验功能。对于消费时的社会价值，内向型人格可能更加关注自己内心的声音而不太需要外界的声音，因而不太重视与跟他人互动相关联的社会价值。

4.4　疫情背景下的居民消费特征

本书进一步从疫情前后消费结构变化、疫情下的消费自由度、疫情相关感知风险三个方面分析常态化疫情防控背景下居民消费特征。

4.4.1　疫情前后消费结构对比

居民的消费行为容易受到外部环境变化的制约，新冠疫情（以下简称疫情）对消费活动造成了不可忽视的影响。中国经济发展进入新常态叠加疫情影响，居民的风险意识上升，预防性储蓄增大以及消费结构不断优化。埃森哲发布的《2022 中国消费者洞察》显示，2020 年居民消费倾向降至历史低点 62%，而人均存款同比增加 0.75 万元；2021 年，消费倾向回升至64%，但仍低于疫情前水平。基于此，本问卷从购物消费的总体变化、线上线下购物频次变化以及购物渠道变化三个维度探究疫情前后国内居民消费结构变化。

1. 购物消费的总体变化

调查数据显示，90.31%的居民认为疫情对自身的购物消费有影响（见图4－21）。其中，33.79%的居民认为疫情发生后购物消费轻微减少，21.77%的居民认为疫情后自身的购物消费有一定的减少；有10.65%的居民认为疫情发生后，购物消费明显减少。在认为疫情对消费购物起促进作用的人群中，16.59%的居民认为疫情后，消费购物有轻微的增加；5.68%的居民认为疫情后，消费购物增加的程度只是一般；1.83%的居民认为对比疫情前，疫情后的消费购物明显增加了。

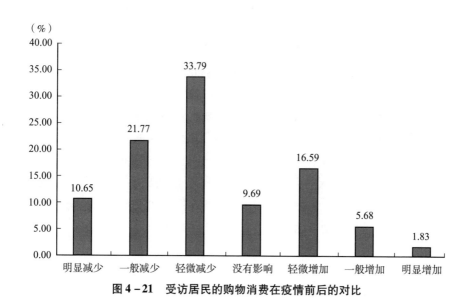

图4－21 受访居民的购物消费在疫情前后的对比

2. 线上线下购物频次变化

线上线下购物频次变化情况如图4－22所示。实体店购物频次数据显示：疫情前，受访居民消费群体的实体店购物频次主要集中在周频次，其中每周至少购物一次的占比为30.4%，每周多次购物的占比为35.9%；每天都进行实体店购物的人数占4.0%，而从不购物的人数占0.1%。疫情后，在受访居民消费群体的实体店购物频次数据中，每天购物、每周至少购物一次、每周多次购物的人数占比相较于疫情前相应减少，分别变为0.9%、18.0%和6.6%；每月多次的占比为23.2%，每月至少一次购物占比增加幅度较大，为 16.2%；几个月一次的占比增加最为明显，为28.3%，增加了 25.4%。

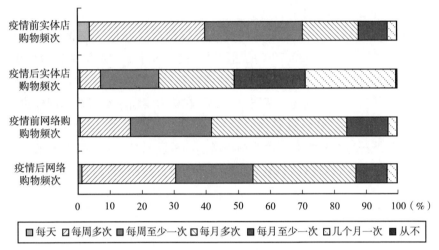

图 4-22　受访居民的线上线下购物频次在疫情前后的对比

网络购物频次数据显示：疫情前，居民的消费群体的网络购物频次主要是每周至少一次和每月多次。其中，每周至少一次的占比为 25.4%，每月多次的占比为 42.2%；每周多次和每月至少一次的分布较均匀，分别为15.6% 和 12.9%；每天、几个月一次和从不购物的占比很小，分别为0.9%、2.9% 和 0.1%。疫情后，居民网络购物频次更加频繁，每周多次和每月多次的占比变动较为明显，每周多次的占比明显增加，为 29.1%；每月多次占比明显减少，为 32.1%。

3. 购物渠道变化

疫情的影响加速了消费渠道的新一轮变革。人们居家时间增多，工作、社交、购物、娱乐活动也转移到"家场景"，使得消费者网络行为更为活跃。从图 4-23 所示的数据可以看出，居民消费群体在疫情前更倾向于去实体店购物，实体店购物的占比约为 73%；疫情后，居民消费渠道主要集中在线上，网络购物的占比 94.2%，远高于去实体店购物的比例。对比疫情前后不同消费渠道的分布：疫情前，居民选择实体店购物和网络购物各频次分布较为均匀，其中，明显网购较多、网购较多一些、两者差不多、实体店购物较多一些以及明显实体店购物更多的占比分别为 8.9%、17.2%、23.7%、29.5% 和 20.3%。疫情后，居民消费群体网络购物频率增加，其中，明显网购较多和网购较多一些的占比分别为 51.7%、

34.7%，而实体店购物较多一些以及明显实体店购物更多的占比分别降至4.2%、1.5%。

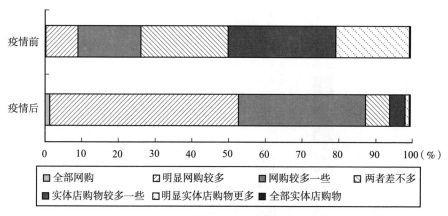

图 4 - 23　受访居民的购物渠道变化

4.4.2　疫情防控背景下的消费自由度

消费自由度是指消费者自主选择购物消费的商品和渠道的能力，分为商品选择自由度和消费渠道选择自由度两个维度。疫情防控背景下研究商品选择自由度即研究消费者能够自主决定是否购买以及购买哪些商品；研究渠道选择自由度则是研究消费者是否自由选择购买商品的渠道（实体店或网络购物）。

1. 商品选择自由度

受访居民消费群体中，94.82%的消费者认为疫情防控状态下自己能够自主选择是否购买以及购买的商品，3.10%的消费者认为自主选择消费对象受到限制，有2.08%的消费者在能否自主选择是否购物以及购买商品的问题上保持中立（见图4-24）。其中，28.31%的居民消费者基本同意自己能自主决定是否购买及购买哪些商品；44.85%的居民同意；21.66%的居民完全同意；2.49%的居民不太认为自己能自主选择消费对象；0.61%的居民认为自己不能自主选择是否购买以及购买的商品。

2. 消费渠道选择自由度

受访居民消费群体中，88.22%的消费者认为疫情防控状态下自己能自主选择购买商品的消费渠道；7.97%的消费者认为自己自主选择购买消费商品的渠道受到限制；有3.81%的消费者则保持中立（见图4-25）。其中，23.64%的居民基本同意自己能自主选择消费的渠道；39.42%的居民对此问题表示同意；25.16% 的居民表示完全同意；仍有 6.19% 的居民不太认为自己能自主选择消费的渠道；0.61% 的居民认为自己根本不能自由选择消费的渠道。

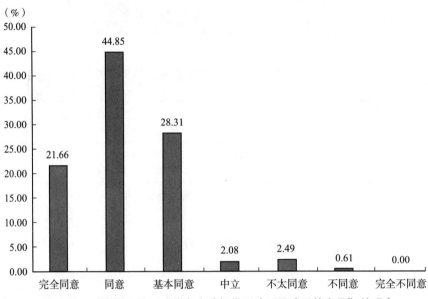

图 4 - 24　受访居民关于"能自主选择是否购买及购买的商品"的观点

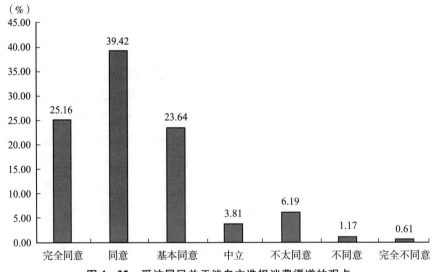

图 4 - 25　受访居民关于能自主选择消费渠道的观点

4.4.3　疫情防控背景下的感知风险

本书将居民消费与疫情相关的感知风险划分为三个维度：一是与消费者相关的风险，即购物消费让消费者感染的风险；二是与商品相关的风险，包括商品缺货、涨价、品质下降；三是与服务相关的风险，包括物流、退换货、售后服务。围绕上述三个维度，对居民消费者的感知风险展开分析。

疫情发生后，受访居民消费群体普遍担心商品缺货、涨价及商品品质下降等问题（见图 4 - 26）。其中，有点担心、担心及非常担心商品涨价的占比为 79.4%，而有点担心、担心及非常担心商品缺货的居民总占比为 69.1%；而对于商品品质下降的问题，有点担心占比 29.1%，担心占比 22.0%，非常担心占比 7.6%。在物流及售后方面，有点担心、担心、非常担心网络购买的商品因物流问题无法按时送达的总占比为 86.1%，其中，27.4% 的居民表示有点担心，38.7% 的居民表示担心，20.3% 的居民表示非常担心；担心退换货困难的居民总占比为 76.9%，其中，32.4% 的居民表示有点担心，31.7% 的居民表示担心，11.8% 的居民表示非常担心；担心售后服务难以保障的居民总占比为 65.98%，其中，26.26% 的居民表示有点担心，31.00% 的居民表示担心，12.8% 的居民表示非常担心；在商品带来的感染风险的问题上，担心实体店购物带来感染风险居民的占比为 79.2%，担心物流包裹带来感染风险的居民总占比为 62.6%。

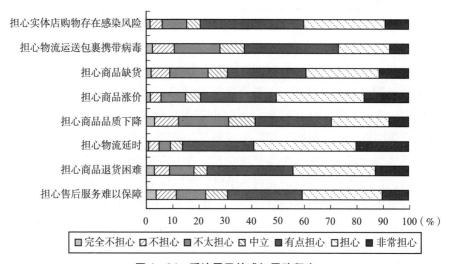

图 4 - 26　受访居民的感知风险程度

4.5 居民消费差异分析

本书依照人口学变量对数据集进行分类，分析不同类型的居民群体在消费基础、消费价值倾向以及消费特征上是否存在统计学上的显著性差异，以及疫情前后居民消费特征是否存在显著差异。

4.5.1 居民消费基础差异

本节通过 SPSS 对变量重新编码并按照变量的取值个数分别应用独立样本 T 检验、配对样本 T 检验和 ANOVA 单因素方差分析，研究疫情对于居民消费基础的影响在实体店购物和网络购物两个维度上的差异是否具有显著性。对是否有时间去实体店（网购）和是否有去实体店（网购）的条件分别在实体店购物和网络购物两个维度上计算平均值，进行配对样本 T 检验；对"根据自身购物经验判断"的结果分别在实体店和网络购物两个维度上计算平均值，同样进行配对样本 T 检验，结果如表 4 – 2 所示。

表 4 – 2　　　　居民购物的时间与条件及购物能力配对 T 检验结果

消费基础	实体店购物	网络购物	T	P
时间与条件	5.41 ± 0.94	6.19 ± 0.63	-33.99	0.000
购物能力	4.89 ± 1.20	5.88 ± 0.78	-32.09	0.000

结果显示，居民在购物的时间与条件上显著性为 0.000，远小于 0.05，即居民在实体店购物和网络购物上拥有的时间与条件具有统计学意义上的显著性差异。这是一个符合实际的结果，尤其是出现了疫情之后，居民很少有时间去实体店购物；同时由于受访居民年龄段大多在 20～40 岁，而学生群体以及刚刚工作的年轻职工占据很大一部分，该群体经济来源还不算特别稳定，很有可能会缺少去实体店的交通工具，比如汽车、电动车等；相反随着互联网的发展和手机、电脑等电子产品的普及，年轻人使用网络进行购物的频率明显增加，无论是否有时间进行购物、是否拥有购物的条件，还是购物的整体基础上，居民在网络购物维度上的表现都显著地高于实体店购物。

4.5.2　居民消费价值倾向差异

本节研究居民的消费价值依据某一具体人口学变量分类后各类别的均值差异是否具有显著性，对所有人口学变量采取同样的检验方式。如果该人口学变量下只分为两类，就采用独立样本 T 检验，否则采用 ANOVA 单因素方差分析。对于每个价值维度，对相关的问题的问卷结果计算平均值作为因变量。结果见表 4 - 3 ~ 表 4 - 10。

如表 4 - 3 所示，在五个价值维度中仅有情感价值在性别上的差异不显著，其余四个维度上都是具有显著差异的，在整体消费价值观念上的差别也非常显著。综上所述，性别对于消费的价值观念具有比较明显的影响。在社会引导或者企业提升居民消费价值倾向时，对于男性和女性应当采取不同的引导与提升方式，并且引导与激活的力度也要有所区别。女性受访居民在情感价值倾向上的积极性更高一些，销售平台需要营造轻松欢乐的购物氛围，提升女性消费意愿；对于男性需要突出产品功能性，提供新颖的购物渠道，并且可以采取社交营销的方式，比如建立微信群，将具有相同爱好的居民遵照其意愿拉进群聊，在与他人的沟通中能进一步提升男性居民的消费意愿。

表 4 - 3　　　　　　　　　各消费价值在性别上的差异显著性

价值类型	男	女	T	P
功能价值	5.87 ± 0.46	5.78 ± 0.51	4.08	0.000
情感价值	5.61 ± 0.70	5.67 ± 0.72	-1.95	0.052
社会价值	5.05 ± 1.22	4.62 ± 1.40	7.11	0.000
认知价值	5.64 ± 0.83	5.45 ± 0.88	4.68	0.000
体验价值	4.73 ± 1.02	4.61 ± 1.00	2.48	0.013
总消费价值	5.38 ± 0.52	5.23 ± 0.59	5.93	0.000

如表 4 - 4 所示，居民各个消费价值倾向中体验价值的 P 值大于 0.05，即表示在年龄段上没有显著差异外，其余价值倾向在年龄段上均存在显著差异。综上所述，年龄对于消费价值观念具有比较明显的影响。在引导消费倾向时，需要针对不同年龄段消费者采取不同的方式，企业也需要作出针对性的销售策略。18 ~ 25 岁的受访者反馈出的消费价值积极程度的均值是最低的，这个年龄段大多是学生或是年轻职工，一方面是购物经验不

足，购物行为还不够成熟，导致在购物过程中遇到各种麻烦，甚至是被欺
骗；另一方面是由于学生与职工的特点，他们在购物时更加注重效率和结
果，而非享受过程，所以价值倾向积极性比较低。

表 4 - 4　　　　　　　　各消费价值在年龄段上的差异显著性

价值类型	18~25 岁	26~30 岁	31~40 岁	41~50 岁	51~60 岁	F	P
功能价值	5.75 ± 0.54	5.79 ± 0.48	5.88 ± 0.47	5.85 ± 0.42	5.80 ± 0.56	6.73	0.000
情感价值	5.44 ± 0.84	5.69 ± 0.66	5.78 ± 0.59	5.62 ± 0.55	5.57 ± 1.05	19.83	0.000
社会价值	3.99 ± 1.35	4.81 ± 1.33	5.27 ± 1.13	5.07 ± 1.10	5.07 ± 1.40	85.27	0.000
认知价值	5.04 ± 0.91	5.57 ± 0.80	5.81 ± 0.74	5.74 ± 0.70	5.50 ± 1.01	74.57	0.000
体验价值	4.63 ± 0.84	4.75 ± 0.99	4.62 ± 1.12	4.60 ± 0.85	4.52 ± 1.50	1.73	0.140
总消费价值	4.97 ± 0.57	5.32 ± 0.54	5.47 ± 0.52	5.38 ± 0.44	5.29 ± 0.54	72.27	0.000

　　如表 4-5 所示，居民各个消费价值倾向以及整体消费价值倾向在月
平均收入水平这一变量上 P 值都小于置信度 0.05，即都是具有统计学意
义上的显著差异。从整体上来看，月收入低于 5000 元的居民在消费价值
倾向上反馈出的积极度都较低，经济方面的因素使得这部分居民在购物时
更加追求实用、便捷以及快速完成，会将情感、体验和社会等方面的价值
的优先级降低。国家与社会在引导消费价值倾向时需要对于这部分居民群
体格外细致，可以通过帮助收入水平较低的地区发展基础设施、提供场
地、减免租金等方式优化低收入居民群体购物体验，各大销售平台也需要
对这部分居民采取功能、效用导向型的营销策略。

表 4 - 5　　　　　　　　各消费价值在月平均收入上的差异显著性

价值类型	2000 元及以下	2001~5000 元	5001~10000 元	10001~15000 元	15001~30000 元	30001 元及以上	F	P
功能价值	5.71 ± 0.51	5.77 ± 0.53	5.82 ± 0.45	5.88 ± 0.53	5.86 ± 0.50	5.75 ± 0.53	4.26	0.001
情感价值	5.35 ± 0.80	5.44 ± 0.84	5.68 ± 0.63	5.77 ± 0.66	5.88 ± 0.67	5.77 ± 0.74	20.85	0.000
社会价值	3.89 ± 1.29	4.11 ± 1.36	4.92 ± 1.28	5.14 ± 1.23	5.27 ± 1.20	5.03 ± 1.31	50.89	0.000

续表

价值类型	2000 元及以下	2001 ~ 5000 元	5001 ~ 10000 元	10001 ~ 15000 元	15001 ~ 30000 元	30001 元及以上	F	P
认知价值	4.97 ± 0.84	5.13 ± 0.89	5.63 ± 0.82	5.68 ± 0.83	5.81 ± 0.73	5.82 ± 0.87	43.47	0.000
体验价值	4.67 ± 0.79	4.71 ± 0.90	4.70 ± 0.91	4.68 ± 1.16	4.38 ± 1.34	4.49 ± 1.07	3.88	0.002
总消费价值	4.92 ± 0.54	5.03 ± 0.59	5.35 ± 0.52	5.43 ± 0.55	5.44 ± 0.55	5.37 ± 0.59	43.36	0.000

如表 4 - 6 所示，居民各个消费价值倾向中，社会价值和体验价值的置信度 P 值都大于 0.05，而功能价值也非常接近 0.05，总消费价值的 P 值也远高于 0.05，可以得出居民消费价值倾向的几个方面在教育背景上的差异是不显著的，而在情感价值和认知价值上的差异性是显著的。但与之前几个人口学变量相对比可以看出，居民消费价值倾向在教育背景上的差异显著性相对较低，即可以不用对于教育背景采取针对性引导方式与销售策略，而是采取统一的策略即可。不过关于分析结果的准确性，需要注意的是，在收集到的反馈之中，除了本科之外，其他教育背景的样本量都较少，会导致结果可能出现一定的偏差。

表 4 - 6　　　　　　　　各消费价值在教育背景上的差异显著性

价值类型	高中及以下	专科	本科	硕士	博士	F	P
功能价值	5.84 ± 0.48	5.76 ± 0.57	5.82 ± 0.48	5.86 ± 0.51	5.60 ± 0.56	2.48	0.042
情感价值	5.48 ± 0.64	5.70 ± 0.70	5.65 ± 0.48	5.86 ± 0.51	5.60 ± 0.55	3.75	0.005
社会价值	4.83 ± 1.32	4.92 ± 1.24	4.77 ± 1.36	4.69 ± 1.39	4.50 ± 1.46	1.11	0.351
认知价值	5.19 ± 1.14	5.50 ± 0.88	5.54 ± 0.86	5.55 ± 0.83	5.42 ± 0.71	2.51	0.040
体验价值	4.92 ± 0.84	4.75 ± 0.99	4.65 ± 1.00	4.60 ± 1.18	4.56 ± 1.10	1.51	0.196
总消费价值	5.25 ± 0.48	5.30 ± 0.53	5.28 ± 0.57	5.30 ± 0.63	5.11 ± 0.64	0.68	0.610

如表 4 - 7 所示，居民各个消费价值倾向中，仅有体验价值在居住情况上没有显著性的差异，其余价值倾向在居住情况上都具有统计学上显著的差异。从整体均值上来看，与他人合租的受访者在消费价值倾向上表现出了最低的积极性；而与家人同住的受访者表现出了最高的积极性，可能

的原因是需要为家人考虑购买的物品，提高了他们消费价值的积极性。因此，销售平台可以适当增加家庭套装、亲情套装类别的商品数量和商品质量，进一步提升与家人同住类型居民的购物积极性。

表 4 - 7　　　　　　　　各消费价值在居住情况上的差异显著性

价值类型	与家人同住	与他人合租	独居	F	P
功能价值	5.84 ± 0.48	5.76 ± 0.49	5.70 ± 0.57	9.37	0.000
情感价值	5.75 ± 0.62	5.39 ± 0.81	5.47 ± 0.89	49.39	0.000
社会价值	5.00 ± 1.25	4.19 ± 1.43	4.43 ± 1.42	69.43	0.000
认知价值	5.69 ± 0.79	5.11 ± 0.92	5.21 ± 0.96	91.25	0.000
体验价值	4.67 ± 1.08	4.59 ± 0.76	4.75 ± 0.95	1.76	0.172
总消费价值	5.39 ± 0.53	5.01 ± 0.56	5.12 ± 0.63	87.74	0.000

如表 4 - 8 所示，居民消费价值倾向中只有体验价值在婚姻状况上不具有显著性差异，而其余维度都具有显著性的差异，总消费价值倾向也具有显著的差异。其中，已婚受访者的消费价值倾向更显著地具有积极性。价值标向与营销策略需要针对性地制定来服务不同类型居民。各大销售平台对已婚居民，可以增加与家庭、亲情有关联的产品，可以将男士用与女士用商品绑定销售；而对于单身居民，可以增加适合单人使用的商品，可以与单身居民进行精神沟通，并且可以进行诸如孤独营销等具有鲜明特点的营销方式，激发单身居民的购物兴趣。

表 4 - 8　　　　　　　　各消费价值在婚姻状况上的差异显著性

价值类型	单身	已婚	T	P
功能价值	5.76 ± 0.51	5.85 ± 0.48	- 4.34	0.000
情感价值	5.45 ± 0.80	5.79 ± 0.60	- 10.04	0.000
社会价值	4.21 ± 1.40	5.16 ± 1.17	- 15.85	0.000
认知价值	5.18 ± 0.90	5.76 ± 0.76	- 14.88	0.000
体验价值	4.64 ± 0.84	4.67 ± 1.11	- 0.74	0.462
总消费价值	5.04 ± 0.57	5.45 ± 0.51	- 15.91	0.000

婚姻状况与是否有小孩相关性比较高，调查结果显示消费者各个情感价值倾向的均值也大体上一致。如表 4 - 9 所示，只有体验价值不存在显

著性差异，其余都存在显著性差异。可能的原因是为自己的小孩购物时各方面的体验会给人不同的感受，产生不一样的心境，以及购物的认真程度、耐心程度都会有所增加，最终出现这样的结果。价值标向与营销策略需要针对性地制定来服务不同类型居民。各大销售平台在母婴商品上需要注重功能性和产品质量，并且无论是网站还是线下门店都要营造出亲子氛围，从而提升有小孩这一类居民的消费体验，增加销量；另外，鉴于小孩对于居民消费价值倾向积极性的巨大提升，国家与政府也要鼓励生育，提供补贴，完善相关的基础设施，提供生育方面的科学知识普及，激励更多没有小孩的居民加入有小孩的居民行列，将有助于提升居民整体消费价值倾向积极性。

表 4 - 9　　　　　　　　各消费价值在是否有小孩上的差异显著性

价值类型	否	是	T	P
功能价值	5.76 ± 0.51	5.85 ± 0.48	-5.08	0.000
情感价值	5.48 ± 0.80	5.79 ± 0.59	-9.69	0.000
社会价值	4.25 ± 1.42	5.20 ± 1.13	-16.17	0.000
认知价值	5.22 ± 0.90	5.76 ± 0.76	-14.27	0.000
体验价值	4.63 ± 0.84	4.67 ± 1.13	-1.11	0.266
总消费价值	5.06 ± 0.57	5.46 ± 0.51	-15.99	0.000

如表 4 - 10 所示，居民消费价值倾向中仅有功能价值在职业上不存在显著性差异，其余价值倾向 P 值都远小于置信度 0.05，即都具有显著性差异，说明职业对于居民消费价值倾向是具有明显影响的。其中学生的平均整体消费价值倾向积极性最低，可能原因是经验不够丰富以及学业繁重，使得购物时更多考虑了功能性与便捷性，并且更加注重结果，而非享受购物过程。价值标向与销售策略需要针对性地制定来服务不同类型居民，对于学生群体尤其需要特殊的销售方式来进行积极引导。各大销售平台可以在网站上以及线下门店设立学生专区，专区中的商品是专门定位学生群体的，可以有效提高学生的购物积极性；服务人员可以选择年龄较小的，这样与年轻居民群体沟通起来比较亲切与轻松，不会产生代沟。

表 4 - 10　　　　　　　　各消费价值在职业上的差异显著性

价值类型	公务员	企业员工	企业管理层	学生	F	P
功能价值	5.80±0.41	5.83±0.47	5.84±0.54	5.74±0.53	1.61	0.118
情感价值	5.66±0.66	5.66±0.68	5.85±0.60	5.38±0.83	11.38	0.000
社会价值	4.68±1.30	4.90±1.31	5.27±1.14	3.86±1.32	31.67	0.000
认知价值	5.45±0.88	5.64±0.81	5.79±0.76	5.00±0.85	27.65	0.000
体验价值	4.60±1.04	4.61±0.96	4.67±1.26	4.63±0.82	3.70	0.000
总消费价值	5.24±0.54	5.33±0.55	5.49±0.52	4.92±0.54	28.02	0.000

综上所述，疫情背景下，不同类型居民的消费价值倾向在教育背景分类下是不具有显著差异的，面对不同学历的居民，社会可以营造比较统一的价值观；而在其余分类标准下，居民消费价值倾向从整体上来看都是具有比较显著的差异性的，在国家与政府制定政策规定以及企业确定营销策略时，需要对居民进行细分，在不同分类标准下根据不同类型居民的特点采用差异性并且最适合他们特点的引导与营销方式。

4.5.3　居民消费特征差异

本节研究疫情背景下居民的消费特征在不同人口学变量分类下的均值差异显著性。本节使用数据继承于4.4节，对所有人口学变量采取同样的检验方式。如果该人口学变量下只分为两类，就采用独立样本 T 检验，否则采用 ANOVA 单因素方差分析。其中各大消费特征指标分数通过以下方式计算得出：实体店购物频次变化和网购频次变化为疫情后频次与疫情前频次之差；渠道改变程度为疫情后网购的频繁程度（实体店购物的不频繁程度）与疫情前网购频繁程度之差；商品选择自由度为居民是否能够自主选择商品的观点的反馈平均值；感知风险程度为疫情是否让您产生以下困扰的反馈平均值。对于每个特征，对相关的问题的问卷结果计算平均值作为因变量。结果见表4-11。

表 4 - 11　　　　　　　各消费特征在性别上的差异显著性

消费特征	男	女	T	P
实体店购物频次变化	-1.57±1.18	-1.39±1.13	-3.48	0.001
网购频次变化	0.33±1.29	0.28±1.25	0.91	0.362

续表

消费特征	男	女	T	P
渠道改变程度	1.76 ± 1.60	-1.65 ± 1.44	1.54	0.124
商品选择自由度	5.83 ± 0.81	5.68 ± 0.98	3.75	0.000
感知风险程度	3.07 ± 1.15	3.03 ± 1.01	0.67	0.505

　　由表 4 – 11 可知，疫情背景下居民消费特征中实体店购物的频次变化均值和商品选择自由度均值在性别上具有显著差异，其余消费特征在性别上的差异都是统计学上不显著的。整体上看，疫情导致居民实体店购物频次减少、网购频次增加、购物渠道的变化幅度比较大，各大厂商要完善自己的电子商城与购物网站，吸引居民线上消费。男性居民群体实体店购物频率降低幅度更加明显，销售商在门店中可以适当减少男性用品的库存，而在线上购物平台增加男性用品数量。女性居民群体在商品选择上自由度明显更低，可能原因是女性的购物车中通常包含比较固定的食品和日常用品。

　　如表 4 – 12 所示，疫情背景下居民消费特征均值在年龄段上全部都是具有显著差异性的，即疫情对于每个年龄段的居民造成的影响程度是不一样的。中年年龄段的居民实体店购物频次下降幅度最大，并且购物渠道由线下转变为线上的改变程度也最大，可能的原因在于这个年龄段原本的购物频次就比较高，家庭中大部分物品都是由这个年龄段的居民进行采购的，所以疫情对于中年居民的实体店购物频次和购物渠道变化的影响也就最大。政府和社会需要捕捉到这个特点，采取差异性的措施与策略。

表 4 – 12　　　　　　　　各消费特征在年龄段上的差异显著性

消费特征	18 ~ 25 岁	26 ~ 30 岁	31 ~ 40 岁	41 ~ 50 岁	51 ~ 60 岁	F	P
实体店购物频次变化	-1.18 ± 0.98	-1.32 ± 1.07	-1.70 ± 1.23	-1.88 ± 1.24	-1.22 ± 1.42	25.50	0.000
网购频次变化	0.21 ± 1.23	0.31 ± 1.27	0.39 ± 1.24	-0.05 ± 1.35	0.57 ± 1.56	4.18	0.002
渠道改变程度	1.29 ± 1.35	1.63 ± 1.50	1.97 ± 1.51	2.11 ± 1.60	1.70 ± 1.91	19.37	0.000

消费特征	18～25 岁	26～30 岁	31～40 岁	41～50 岁	51～60 岁	F	P
商品选择自由度	5.36 ± 1.03	5.81 ± 0.93	5.95 ± 0.74	5.74 ± 0.77	5.88 ± 1.24	37.66	0.000
感知风险程度	3.15 ± 0.94	3.18 ± 1.09	2.92 ± 1.13	2.79 ± 0.95	3.08 ± 1.09	7.99	0.000

如表 4 - 13 所示，居民各个消费特征在月平均收入上都是具有统计学上的显著差异性的，即月平均收入会明显影响疫情对于居民消费特征影响的程度。中高收入水平的居民实体店购物频次减少最明显，网购频次增加幅度最明显，渠道改变程度也最为明显。因为该群体购物支出占比较大，原本购物频次也较高，疫情的影响会更加明显。政府和社会需要捕捉到这个特点，采取差异性的措施与策略。各大厂商要大幅扩大自己线上平台中等价位的商品占比，小幅扩大奢侈品占比，激励中高收入居民的消费。

表 4 - 13　　　　　各消费特征在月平均收入上的差异显著性

消费特征	2000 元及以下	2001～5000 元	5001～10000 元	10001～15000 元	15001～30000 元	30001 元及以上	F	P
实体店购物频次变化	- 1.19 ± 0.98	- 1.27 ± 1.04	- 1.62 ± 1.25	- 1.40 ± 1.09	- 1.42 ± 1.06	- 1.23 ± 0.77	7.92	0.000
网购频次变化	0.28 ± 1.23	0.07 ± 1.36	0.23 ± 1.18	0.61 ± 1.29	0.27 ± 1.42	0.60 ± 0.81	7.45	0.000
渠道改变程度	1.31 ± 1.28	1.31 ± 1.53	1.86 ± 1.54	1.85 ± 1.44	1.65 ± 1.53	1.50 ± 1.25	9.39	0.000
商品选择自由度	5.15 ± 1.05	5.41 ± 1.03	5.80 ± 0.79	5.93 ± 0.89	6.07 ± 0.83	6.20 ± 1.01	39.12	0.000
感知风险程度	3.14 ± 0.94	3.09 ± 0.87	2.91 ± 1.02	3.14 ± 1.17	3.27 ± 1.29	3.38 ± 1.15	6.38	0.000

如表 4 - 14 所示，疫情背景下居民消费特征中仅有商品选择自由度和感知风险程度在教育背景上没有显著性差异，其余特征均具有统计学意义上的显著性差异。不同学历的居民对于商品的选择自主性和对于风险的感知程度受疫情的影响程度相当。其余方面，针对不同学历的居民消费者需

要采取差异性措施与策略进行引导，各大厂商在线上商城中可以上架更多高深知识含量、具有高雅情趣的产品来服务博士生群体。

表 4 -14　　　　　　　各消费特征在教育背景上的差异显著性

消费特征	高中及以下	专科	本科	硕士	博士	F	P
实体店购物频次变化	- 1.18 ± 1.15	- 1.60 ± 1.27	- 1.47 ± 1.15	- 1.31 ± 1.00	- 1.21 ± 1.06	3.12	0.014
网购频次变化	0.15 ± 1.53	0.12 ± 1.29	0.36 ± 1.23	0.17 ± 1.31	1.88 ± 1.08	3.30	0.010
渠道改变程度	1.40 ± 1.68	1.80 ± 1.53	1.75 ± 1.49	1.35 ± 1.49	1.88 ± 1.08	4.72	0.001
商品选择自由度	5.96 ± 0.79	5.78 ± 0.72	5.72 ± 0.94	5.71 ± 0.98	5.60 ± 1.18	1.28	0.275
感知风险程度	3.20 ± 0.94	3.02 ± 1.07	3.05 ± 1.07	3.02 ± 1.03	3.44 ± 1.17	1.17	0.320

如表 4 - 15 所示，疫情背景下居民各个消费特征中仅有网购频次的变化在居住情况上不具有显著性差异，其余特征均具有显著差异，即不同居住情况的居民其整体消费特征受到疫情的影响明显不同。与家人同住的居民实体店购物频次减少幅度最大，网购频次增加幅度最大，渠道改变程度也最明显，因为与家人同住的居民日常需要采购的物品比较多，花销更大，疫情的影响就会更大一些；而感知风险程度最低，因为与家人同住，对于各种风险会更加敏感，会采取各种必要的措施将风险扼杀在摇篮之中，另外家人也会帮忙处理风险，这逐渐形成一种模式，所以与家人同住的居民对于风险不会过于担心。而独居居民由于只有自己，并没有他人帮忙处理风险或者是分散风险，所以对于购物中的各种风险会存在更加焦虑的情绪。政府和社会需要捕捉到这个特点，采取差异性的措施与策略，尽量维护稳定的物价，并且制定相关规定去规范企业的各方面行为。疫情下各大厂商要能够自觉健全物流系统保证快递包裹的安全，并且遵守行业规范，不胡乱哄抬价格，保证商品质量。

表 4 – 15　　　　　　各消费特征在居住情况上的差异显著性

消费特征	与家人同住	与他人合租	独居	F	P
实体店购物频次变化	− 1.52 ± 1.16	− 1.36 ± 1.17	− 1.12 ± 0.94	11.01	0.000
网购频次变化	0.31 ± 1.29	0.31 ± 1.17	0.14 ± 1.28	1.54	0.215
渠道改变程度	1.81 ± 1.53	1.54 ± 1.38	1.16 ± 1.45	16.70	0.000
商品选择自由度	5.87 ± 0.85	5.31 ± 1.02	5.72 ± 0.97	62.98	0.000
感知风险程度	3.02 ± 1.12	3.05 ± 0.91	3.30 ± 0.97	5.26	0.005

　　如表 4 – 16 所示，疫情背景下居民消费特征在婚姻状况上都具有统计学上的差异显著性，即疫情对于婚姻状况不同的居民其消费特征造成的影响具有比较明显的差异。婚姻状况与居住情况具有比较大的相似性，一般来说，已婚居民的居住情况都是与家人同住，而未婚居民的居住情况大多为独居或者与他人合租。除了风险感知以外，已婚居民在其余消费特征上的得分都要高于未婚居民，原因同居住情况。政府和社会需要捕捉到这个特点，采取差异性的措施与策略。各大厂商可以在线下门店中减少家庭套装和亲子套装相关商品的库存，在线上网站上架与宣传更多品种家庭与亲子套装的产品供已婚居民家庭选择。

表 4 – 16　　　　　　各消费特征在婚姻状况上的差异显著性

消费特征	单身	已婚	T	P
实体店购物频次变化	− 1.31 ± 1.06	− 1.55 ± 1.20	4.65	0.000
网购频次变化	0.18 ± 1.23	0.38 ± 1.28	− 3.49	0.000
渠道改变程度	1.44 ± 1.40	1.87 ± 1.55	− 6.25	0.000
商品选择自由度	5.44 ± 0.99	5.93 ± 0.82	− 11.63	0.000
感知风险程度	3.11 ± 0.94	3.01 ± 1.14	2.21	0.028

　　如表 4 – 17 所示，疫情背景下居民消费特征在是否有小孩上都具有统计学上的差异显著性，即疫情对于有无小孩的居民其消费特征造成的影响具有比较明显的差异，这与婚姻状况的相似程度非常高。政府和社会需要捕捉到这个特点，采取差异性的措施与策略。各大厂商可以在线下门店中减少家庭套装和亲子套装相关商品的库存，在线上网站上架与宣传更多品种家庭与亲子套装的产品供有孩子的居民家庭选择，尤其是涉及婴幼儿的商品，要保证质量，网站上加强宣传，建立溯源系统，将产品原料的来历

都标明，让有孩子的居民放心购买。

表 4 –17　　　　　　　各消费特征在是否有小孩上的差异显著性

消费特征	否	是	T	P
实体店购物频次变化	-1.34 ± 1.09	-1.55 ± 1.19	4.17	0.000
网购频次变化	0.20 ± 1.22	0.38 ± 1.29	-3.19	0.001
渠道改变程度	1.45 ± 1.43	1.89 ± 1.54	-6.47	0.000
商品选择自由度	5.50 ± 0.98	5.92 ± 0.83	-10.47	0.000
感知风险程度	3.13 ± 0.98	2.98 ± 1.12	3.11	0.002

　　如表 4 – 18 所示，疫情背景下居民消费特征在职业上都具有统计学意义上的差异显著性，即疫情对于职业不同的居民其消费特征造成的影响具有比较明显的差异。企业员工实体店购物频次减少程度和网购频次增加程度最明显，因为疫情使得出行更加困难，耗时更长，企业员工的空闲时间相对最少，所以由实体店购物转变为网络购物。政府和社会需要捕捉到这个特点，采取差异性的措施与策略，完善相关法律，加强监管力度，限制企业加班时长，尽量减少超长工作时间的公司，给企业员工更多自由的时间。学生群体商品选择自由度最低，这是符合社会实情的结论，大部分学生在校园中生活，对于形形色色的商品种类需求是最低的；其次是公务员，因为他们工作内容比较固定，生活也相对稳定，一定程度上会导致公务员居民对商品种类的要求不高。

表 4 –18　　　　　　　各消费特征在职业上的差异显著性

消费特征	公务员	企业员工	企业管理层	学生	F	P
实体店购物频次变化	-1.48 ± 1.11	-1.62 ± 1.20	-1.39 ± 1.12	-1.22 ± 1.02	6.2	0.000
网购频次变化	0.16 ± 1.42	0.32 ± 1.16	0.31 ± 1.37	0.23 ± 1.21	1.98	0.045
渠道改变程度	1.55 ± 1.52	1.86 ± 1.50	1.69 ± 1.57	1.36 ± 1.30	4.29	0.000
商品选择自由度	5.68 ± 0.95	5.82 ± 0.80	5.99 ± 0.87	5.19 ± 1.04	23.26	0.000
感知风险程度	3.03 ± 0.93	2.97 ± 1.06	3.19 ± 1.22	3.15 ± 0.91	2.79	0.005

　　综上所述，疫情背景下居民消费特征在各个人口学变量分类的基础上

大致都具有显著性差异。这意味着性别、年龄、职业、学历、居住情况等居民群体的人口变量学属性下需要不同的服务策略和侧重点，不能一刀切，以帮助不同群体更好地在常态化疫情背景下购物。

4.5.4　总体情况

在居民消费基础方面，居民在实体店购物和网络购物上的消费基础具有统计学意义上的差异显著性，居民可以进行网络购物的时间/条件和基础都显著地优于实体店购物。

在居民消费价值倾向方面，除了教育背景，居民的整体消费价值倾向在其余所有人口学变量上都具有统计学意义上的差异显著性。具体而言，性别方面，男性比女性有更积极的总体消费价值倾向；年龄方面，31~40岁居民有明显最积极的总体消费价值倾向，而18~25岁居民有着相对最消极的总体消费价值倾向；月收入方面，15001~30000元月收入的居民有着明显最积极的总体消费价值倾向，而月收入2000元以下的居民有着相对最消极的总体消费价值倾向；教育背景方面，具有专科和硕士学历的居民有着更积极的总体消费价值倾向，而具有博士学历的居民其总体消费价值倾向相对最消极，但是差异不明显；居住情况方面，与家人同住的居民有着明显更加积极的总体消费价值倾向；婚姻状况方面，已婚居民的总体消费价值倾向比未婚居民更加积极；是否有小孩方面，有小孩的居民的总体消费价值倾向比没有小孩的居民更加积极；职业方面，企业管理层有着明显更积极的总体消费价值倾向，而学生的总体消费价值倾向相对更消极。

在居民消费特征方面，绝大部分的居民消费特征在各个人口学变量上是具有统计学意义的差异显著性的。具体而言，性别方面，男性居民实体店购物频次变化和商品选择自由度都明显高于女性居民，而其余消费特征男性与女性居民差异不大；年龄方面，各个消费特征在不同年龄段上的差异都具有统计学意义上的显著性；月均收入方面，各个消费特征在不同收入水平上的差异都具有统计学意义上的显著性；教育背景方面，专科学历居民的实体店购物频次变化明显最大，具有博士学历的居民网购频次变化和购物渠道改变程度明显最大，而其余消费特征在教育背景上未展现出具有统计学意义上显著的差异性；居住情况方面，除了网络购物频次变化外，其余消费特征在不同居住情况上都具有统计学意义上的差异显著性；婚姻状况方面，已婚居民实体店购物频次变化，网络购物频次变化以及购物渠道改变程度都明显大于未婚居民，商品选择自由度也明显高于未婚居民，而未婚居民的感知风险程度要明显高于已婚居民；生育情况上和婚姻情况呈现出相近的结果；职业方面，各个消费特征在不同职业上都具有统计学意义上的差异显著性。

4.6　基于消费渠道选择行为的消费市场细分

本书引入潜在类别分析（Latent Class Analysis，LCA）理论对消费者旅程中的渠道选择行为进行研究，寻找潜在的消费者类别即消费者细分群体，并分析各细分群体的渠道选择行为和特征。

4.6.1　研究设计

多渠道零售下，消费者可以通过零售商提供的不同销售渠道进行购物。随着零售渠道的发展，消费者开始在每个购买阶段采用多元的渠道组合（Neslin et al.，2006）。消费者旅程（customer journey）将整个购买过程分为信息搜索、下单购买和售后评价三个阶段（Sands et al.，2016；Tueanrat et al.，2021）。本书在区分产品类别的基础上探索上述三阶段消费者的渠道选择行为。

考虑到消费渠道的选择与购买商品的类型有关。因此，根据耐用性、购买频率、价格、功利性和享乐性（Li et al.，2020），选取了三个产品类别：日常食品/日化用品等快消品、电脑/手机等电子产品、衣服。其中，快消品属于便利型商品（convenience goods），特征是耐用性和价格较低、购买频率较高（Holton，1958）。电子产品是典型的搜索型商品（search goods），耐用性和价格较高，购买频率较低，此类商品在购买前比较容易获取相关信息，并容易根据产品描述辨别其质量（Nelson，1974）。衣服则是典型的体验型商品（experience goods），具有享乐性，消费者只有在购买和使用后才能对其质量或性能进行评估（Nelson，1974）。

在问卷设计中，受访者被问及是否有购买上述三种产品中其中一种的购买经历。为提高回答的有效性，进一步让受访者选择其中比较有完整印象的经历，以此为基础作答一系列关于购买该特定商品的问题。购买经历分为信息搜索、下单购买和售后评价三个阶段，具体设计见表 4-19。

表 4 – 19　　　　　　　　　消费者旅程中的渠道选择行为变量

消费的三阶段		选项内容	变量
信息搜索	过程	先去实体店体验和了解该商品，然后进一步在网上搜索或对比商品	SSO
		先上网了解该商品，然后进一步到实体店体验或了解商品	SOS
		仅实体店体验或了解该商品	SS
		仅网上搜索了解该商品	SO
	具体渠道	通过电商平台（如淘宝、京东、拼多多）了解该商品	SEC
		通过品牌官方网站/官方小程序/官方 App 了解该商品	SBO
		通过直播短视频平台（如抖音、快手）了解该商品	SLIVE
		通过网络社交平台（如微信、微博、小红书等）了解该商品	SNET
下单购买		实体店下单购买	PS
		电商平台（如淘宝、京东、拼多多）下单购买	PEC
		品牌官方网站/官方小程序/官方 App 下单购买	PBO
		直播短视频平台（如抖音、快手）下单购买	PLIVE
		网络社交平台（如微信、微博、小红书等）下单购买	PNET
售后评价		通过电商平台进行了评论或评价打分	FEC
		通过微博微信等社交媒体平台进行了评价分享或抱怨	FNET
		以其他方式对产品或相关服务过程进行了评价	FOTH
		没有进行评价	FN

　　根据受访者的实际渠道使用经历对消费者进行细分，将具有相关选择偏好的消费者归为一类。基于 LCA 的消费者渠道选择行为细分研究框架如图 4 – 27 所示。

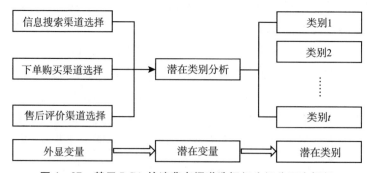

图 4 – 27　基于 LCA 的消费者渠道选择行为细分研究框架

4.6.2　研究方法

潜在类别分析（LCA）是潜在变量分析的一种，是将潜在变量理论与分类变量相结合的一种统计分析技术，是探讨存在统计学关联的分类外显变量背后的类别潜在变量的最佳技术（McCutcheon，1987；Sands et al.，2016）。LCA 的目的在于利用最少的潜在类别数目解释外显分类变量之间的关联，并使各潜在类别内部的外显变量之间满足局部独立的要求。

其中潜在变量与外显变量也称潜变量与显变量。外显变量是指能够直接观测、统计的变量。与外显变量不同，潜变量往往是假设的概念，仅存在于研究者的头脑或理论中。为了研究这些抽象的概念，研究者使用外显变量对潜变量进行操作化，同时使用统计模型来估计外显变量与潜变量之间的关系，进而使用可观测的外显变量来间接估计不可直接观测的潜变量。一个潜在变量往往对应着多个外显变量，可看作对应的多个外显变量的抽象和概括，外显变量则可视为特定潜在变量的反映指标。

就此各领域的研究者开发了一系列的统计分析模型，这些方法被统称为潜变量模型（Latent Variable Model，LVM）（Muthén，2001；Everett，2013）。根据变量的分布形态不同可以将其分为连续型和离散型。连续型变量可以取任意值；而离散型变量的取值范围是有限的，如二分变量等。潜变量和显变量均存在连续型和离散型两种形式，所以按照分布形态不同也可以将潜变量模型分为如表 4 - 20 所示的四种。本书的外显变量是二分变量，潜变量为类别型，因此利用 Mplus 采用潜在类别分析技术进行后续数据分析（Muthén & Muthén，2017）。

表 4 - 20　　　　　　　　　　　潜变量模型类别

潜变量	外显变量	
	类别	连续
类别	潜在类别分析 （Latent Class Analysis）	潜在剖面分析 （Latent Profile Analysis）
连续	潜在特质分析/项目反应理论 （Latent Trait Analysis/Item Response Theory）	因素分析 （Factor Analysis）

4.6.3　结果分析

1. 基于消费者渠道选择行为的消费者细分

以信息搜索、下单购买和售后评价三阶段渠道选择行为的数据进行潜在类别分析。首先设定潜在类别数量从 2 开始逐一增加，进行模型拟合与参数估计。比较不同潜在类别数量下 Mplus 计算得到的模型适配指标，选出最佳模型，从而进一步输出得到最佳模型的参数估计结果，基于此分析各类别的特征。

不同潜在类别数量下的模型适配指标结果见表 4 – 21。根据 AIC、BIC、pBLRT、Entropy 等多个模型适配标准进行最佳模型的判断（Masyn，2013）。其中 AIC（Akaike information criterion）和 BIC（Bayesian information criterion）是以设定参数下的模型估计真实模型损失的信息量，因此数值越小表示模型拟合得越好；Entropy 指数取值范围 0 到 1，越接近 1，模型分类越准确。通常 Entropy 大于 0.8 则表明分类的准确率超过 90%，结果可信度高；BLRT（bootstrapped likelihood ratio test）是用于确定潜类别个数用的参数判断，其 p 值达到显著水平，则表明 k 个类别的模型显著优于 k – 1 个类别的模型。

虽然最佳模型一般是 AIC、BIC 值最低的模型，但在总体样本数量较大的情况下，AIC、BIC 往往会普遍随着类别数量而不断降低，导致无法确认最佳模型。在这种情况下，数据的拐点可用于最佳模型的判定，拐点表明当进一步增加类别数量仅能带来少量的边际增益（Masyn，2013）。根据模型适配指标结果，在类别数量为 4 时出现拐点。Entropy 的结果表明所有模型的解释能力均较好。此外，当类别数量为 4 时，最小聚类包含超过 5% 的样本量。分类后最小的聚类样本占比不宜过低，以确保类别具有可解释的意义，避免出现过度提取。基于上述这些因素，类别数量为 4 的模型被认为是最佳模型，即消费者被分为四类的结果最好。

表 4 – 21　　　　　　　　　　LCA 模型拟合适配指标

类别数量	LL	AIC	BIC	BLRT（p）	Entropy	分类后样本比例分布/（%）
2 – Segment	– 14179.608	28429.217	28624.737	0.001	0.997	18.6/81.4
3 – Segment	– 13269.543	26645.087	26941.160	0.001	0.985	18.4/33.1/48.5
4 – Segment	– 12500.433	25142.865	25539.492	0.001	1.000	7.5/16.0/28.1/48.4
5 – Segment	– 11985.527	24149.055	24646.235	0.001	0.997	7.5/16.8/16.0/23.5/36.2

续表

类别数量	*LL*	*AIC*	*BIC*	*BLRT*（*p*）	*Entropy*	分类后样本比例分布/（%）
6 – Segment	– 11743. 106	23700. 212	24297. 945	0. 001	0. 996	7. 5/7. 7/10. 5/11. 4/29. 3/33. 6
7 – Segment	– 11536. 484	23322. 969	24021. 256	0. 001	0. 998	6. 0/7. 4/7. 5/9. 9/11. 4/28. 3/29. 5
8 – Segment	– 11223. 105	22732. 209	23531. 050	0. 001	0. 987	3. 8/7. 4/8. 6/10. 0/11. 2/11. 6/17. 9/29. 5
9 – Segment	– 11028. 173	22378. 345	23277. 739	0. 001	0. 991	3. 0/4. 9/6. 0/7. 5/9. 9/10. 1/11. 4/17. 9/29. 3
10 – Segment	– 10986. 926	22331. 852	23331. 799	0. 001	0. 978	2. 8/4. 0/5. 5/5. 9/7. 5/8. 7/9. 8/11. 4/17. 9/26. 5

　　基于上述模型拟合适配的结果，设定潜在类别数量为 4，根据消费者旅程三阶段下的渠道选择行为对收集的数据样本进行潜在类别分析，得到参数估计的结果如表 4 – 22 所示，表中数据反映了四类细分群体渠道选择行为的概率估计。

表 4 – 22　　　　　　　　四类细分群体的 LCA 概率估计结果

变量	类别 1 线上购物 （48. 5%）	类别 2 线下体验， 线上了解与购买 （28%）	类别 3 线上了解， 线下体验与购买 （16%）	类别 4 线下购物 （7. 5%）
SSO	0	1	0	0
SOS	0	0	1	0
SS	0	0	0	1
SO	1	0	0	0
SNET	0. 591	0. 673	0. 614	0
SEC	0. 93	0. 911	0. 88	0
SLIVE	0. 352	0. 363	0. 323	

续表

变量	类别1 线上购物 （48.5%）	类别2 线下体验， 线上了解与购买 （28%）	类别3 线上了解， 线下体验与购买 （16%）	类别4 线下购物 （7.5%）
SBO	0.342	0.441	0.544	0
PS	0.001	0.058	0.614	0.952
PEC	0.84	0.77	0.304	0.048
PBO	0.097	0.146	0.076	0
PLIVE	0.053	0.024	0	0
PNET	0.008	0.002	0.006	0
FEC	0.727	0.778	0.386	0.163
FNET	0.097	0.226	0.193	0.048
FOTH	0.077	0.203	0.247	0.095
FN	0.259	0.168	0.396	0.741

结果显示的四类细分群体及其基本特征如下。

（1）类别1：线上购物（48.5%）。

基本特征表现为网上搜索了解商品，然后通过电商平台下单购买（0.84），并在电商平台进行售后评价（0.727）。其中网上搜索了解商品的具体渠道较大概率为电商平台（0.93）和网络社交平台（0.591）。

（2）类别2：线下体验，线上了解与购买（28%）。

基本特征表现为先实体店体验和了解该商品，然后进一步在网上搜索或对比商品，最后通过电商平台下单购买（0.77），并在电商平台进行售后评价（0.778）。其中网上搜索了解商品的具体渠道较大概率为电商平台（0.911）和网络社交平台（0.673）。需要指出的是，相较于其他类别，该群体通过品牌官方网站/官方小程序/官方App下单购买商品的概率明显较高（0.146）。

（3）类别3：线上了解，线下体验与购买（16%）。

基本特征表现为先网上了解过该商品，然后进一步到实体店体验或了解商品，而后较大概率实体店购买（0.614），但同时也存在一定概率通过电商平台下单购买（0.304）。其中网上搜索了解商品的具体渠道较大概率为电商平台（0.88）、网络社交平台（0.614）和品牌官方网站/官方小程序/官方App（0.544）。相较于其他类别，该群体通过品牌官方网站/官方小程序/官方 App 了解商品的概率较高（0.544）。

（4）类别 4：线下购物（7.5%）。

基本特征表现为实体店体验或了解商品，然后在实体店下单购买（0.952），并大概率不会进行售后评价（0.741）。

2. 细分群体的人口学与消费价值倾向特征

探索上述四类细分群体在消费价值倾向维度（功能价值、情感价值、社会价值、认知价值、体验价值）上是否存在统计学意义上的组间显著差异，利用 SPSS 进行卡方检验和 ANOVA 方差分析。

消费价值倾向的问卷数据含 22 个题项，需对消费价值倾向的数据进行预处理，以获得各维度下的单一数值。可靠性分析的结果显示，整体量表的克隆巴赫 Alpha（Cronbach's α）值为 0.797，且删去任一题项均无法让 α 明显增加，因此问卷内部一致性较好。根据因子分析的结果，删去因子载荷低于 0.5 的 2 个题项，最终保留得到 20 个题项作为消费价值倾向相关维度的后续分析数据。最终的因子分析得到的旋转后的因子载荷结果如表 4 – 23 所示。

表 4 – 23　　　　　　　消费价值倾向量表的因子分析结果

题项	功能价值（质量）	功能价值（价格）	功能价值（省时便利）	情感价值	社会价值	认知价值	体验价值
我注重购买的商品质量是否可靠	0.863						
我会对比评估不同渠道销售的商品质量哪个更可靠	0.503						
我注重购买的商品价格是否实惠		0.824					
我会对比后选择商品价格更实惠的购物渠道		0.841					
我会对比后选择更便利的购物方式			0.702				
我会对比后选择更节省时间的购买方式			0.794				
我会对比后选择更不费精力的购物方式			0.790				
购物让我感到快乐				0.764			

续表

题项	功能价值（质量）	功能价值（价格）	功能价值（省时便利）	情感价值	社会价值	认知价值	体验价值
我愿意花时间购物				0.734			
购物是一件轻松的事情				0.668			
购物是一种让我缓解情绪低落的方式				0.530			
我喜欢在购物时与他人产生互动					0.851		
我喜欢在购物过程中获得来自销售人员/客服/同伴等人的关注或意见					0.881		
我会对比后选择更可能获得他人认同的购物方式					0.803		
我愿意尝试新上市的商品						0.822	
我愿意尝试新颖的购物方式/渠道						0.819	
我更加信任购买前可以实际体验/触摸到的商品							0.840
购买实际体验后的商品让我觉得更舒心							0.842
我认为购买实际体验后的商品会更可靠							0.836
判断商品是否值得购买的唯一方法是实际体验它							0.643

注：提取方法为主成分分析法。旋转方法为凯撒正态化最大方差法。KMO 取样适切性量数为 0.792。

　　根据表 4 - 23 因子分析的结果，计算各个消费价值维度下的均值用于后续分析。该值表示消费者对此维度的重视程度（采用 7 点量表，数值越大表示越受重视）。针对基于消费渠道选择行为的四类细分群体类别，以及消费价值倾向维度的重视程度，开展 ANOVA 方差分析，探究不同的消费者细分群体是否存在消费价值倾向上的显著差异，结果见表 4 - 24。

表 4 - 24　　　　　　　　消费价值倾向的 ANOVA 方差分析结果

消费价值倾向维度	均值	基于消费渠道选择行为的细分群体				F	p 值
		类别 1	类别 2	类别 3	类别 4		
功能价值（质量）	6. 17	6. 13	6. 18	6. 21	6. 27	2. 097	0. 099
功能价值（价格）	5. 873	5. 882	5. 931	5. 834	5. 687	3. 988	0. 008
功能价值（省时便利）	5. 608	5. 551	5. 662	5. 737	5. 499	6. 383	0. 000
情感价值	5. 6504	5. 6052	5. 7215	5. 6290	5. 7228	3. 773	0. 010
社会价值	4. 776	4. 538	5. 060	5. 100	4. 553	26. 286	0. 000
认知价值	5. 420	5. 365	5. 545	5. 345	5. 469	4. 029	0. 007
体验价值	4. 656	4. 331	5. 030	4. 925	4. 778	73. 871	0. 000

如表 4 - 24 所示，基于消费渠道选择行为的四类消费者细分群体除了在功能价值的质量维度不存在显著性差异外，在其他价值维度均存在显著差异（$p < 0.01$）。为了更直观地体现差异，计算每类细分群体在每个消费价值维度下的均值估计与总体样本均值之间的差，结果如表 4 - 25 所示。

表 4 - 25　　　　　　　　四类细分群体的消费价值倾向差异

消费价值倾向维度	基于消费渠道选择行为的细分群体			
	类别 1	类别 2	类别 3	类别 4
功能价值（质量）	- 0. 036	0. 011	0. 040	0. 106
功能价值（价格）**	0. 008	0. 058	- 0. 040	- 0. 186
功能价值（省时便利）***	- 0. 057	0. 054	0. 129	- 0. 109
情感价值**	- 0. 045	0. 071	- 0. 021	0. 072
社会价值***	- 0. 238	0. 284	0. 324	- 0. 222
认知价值**	- 0. 055	0. 125	- 0. 075	0. 049
体验价值***	- 0. 325	0. 375	0. 269	0. 122

注：** $p < 0.01$，*** $p < 0.001$。

类别 1（线上购物）的消费者群体对于消费价值各个维度的重视程度均低于总体均值。具体而言，通过线上渠道购物的消费者群体最不看重的是消费的体验价值，这也恰恰符合客观现实，即线上渠道无法实现对商品的实际体验。其次，消费的社会价值也明显不受线上购物的消费者群体重视。事实上，线上渠道难以为消费者提供与他人互动产生的社会性获得，因此选择线上购物的消费者不看重消费的社会价值也符合现实逻辑。

类别2（线下体验，线上了解与购买）的消费者群体在价格、省时便利、情感价值、社会价值、认知价值和体验价值的重视程度均高于总体均值，说明对于上述价值的重视度较高。具体而言，采取"线下体验且线上了解与购买"这一消费方式的消费者是唯一重视价格的群体，即这类消费者对于价格是敏感的，属于价值敏感型消费者。体验价值和社会价值是这一类群体最看重的消费价值维度。此外，该群体有较高的认知价值倾向，即对新颖的产品或购物方式接受能力相对较高。

类别3（线上了解，线下体验与购买）的消费者群体较重视消费的省时便利、社会价值和体验价值，同时对价格、情感价值和认知价值重视程度较低。具体而言，采取"线上了解且线下体验与购买"这一消费方式的消费者对消费省时便利性的重视程度是四类消费者群体中最高的。类别3的消费者群体在倾向于选择省时便利的购物方式的情况下选择了"线上了解且线下体验与购买"这一跨渠道消费方式。虽然跨渠道消费方式（类别2和类别3）与单一渠道消费方式（类别1和类别4）相比往往更费时，但"线上了解且线下体验与购买"（类别3）相比于"线下体验且线上了解与购买"（类别2）是更省时便利的，因为后者通常需要额外的商品物流配送时间。因此，倾向于重视消费的省时便利性的消费者会偏好"线上了解且线下体验与购买"的跨渠道消费方式。

类别4（线下购物）的消费者群体对价格、省时便利、社会价值的重视程度明显较低。具体而言，该群体是四类消费者群体中最不重视价格和省时便利性的。此外，该群体重视消费的体验价值，但却并不重视社会价值。而对于其他三类消费者群体而言，体验价值和社会价值是正相关的，即重视体验价值也会重视社会价值。采取线下渠道购物的消费者群体却在这两个维度上具有相反的表现。可见单纯进行实体店购物时，消费者的目的更可能是去实际体验商品，而非为了寻求在实体店购物中与他人的社会互动。

3. 不同商品类型下的细分群体分布

本书对于消费者渠道选择行为的调研考虑了购买商品的类型。根据耐用性、购买频率、价格、功利性和享乐性等特性，选取了三种商品类型，即日常食品/日化用品等快消品、电脑/手机等电子产品、衣服。通过卡方检验和列联表分析，探究购买不同类型的商品是否存在明显不同的渠道选择行为，结果如表4-26所示。其中，细分群体类别代表不同的渠道选择行为模式。结果显示 p 值小于0.001，可知消费者购买不同商品时的渠道选择行为模式存在显著差异。

表4-26　　　　　　　　商品类型与细分群体类别的卡方检验

项目	值	自由度	渐进显著性（双侧）
皮尔逊卡方	134.943	6	0.000
似然比	137.463	6	0.000
有效个案数	1971		

通过列联表（见表4-27）统计四类细分群体在三种商品类型购买下的占比分布，探究具体差异表现。为了更直观地展现分布差异，利用柱形图（见图4-28）进行可视化。

表4-27　　　购买商品类型与基于消费渠道选择行为的细分群体的列联表

商品类型		基于消费渠道选择行为的细分群体				总计
		类别1 线上购物	类别2 线下体验， 线上了解 与购买	类别3 线上了解、 线下体验 与购买	类别4 线下购物	
快消品	计数	401	160	66	69	696
	商品类型下 的占比/（%）	57.6	23.0	9.5	9.9	100.0
	细分群体下 的占比/（%）	42.0	28.9	20.9	46.9	35.3
电子产品	计数	218	191	159	14	582
	商品类型下 的占比/（%）	37.5	32.8	27.3	2.4	100.0
	细分群体下 的占比/（%）	22.8	34.5	50.3	9.5	29.5

续表

商品类型		基于消费渠道选择行为的细分群体				总计
		类别1 线上购物	类别2 线下体验, 线上了解 与购买	类别3 线上了解, 线下体验 与购买	类别4 线下购物	
衣服	计数	336	202	64	91	693
	商品类型下 的占比/(%)	48.5	29.1	13.1	9.2	100.0
	细分群体下 的占比/(%)	35.2	36.5	28.8	43.5	35.2
总计	计数	955	553	316	147	1971
	商品类型下 的占比/(%)	48.5	28.1	16.0	7.5	100.0
	细分群体下 的占比/(%)	100.0	100.0	100.0	100.0	100.0

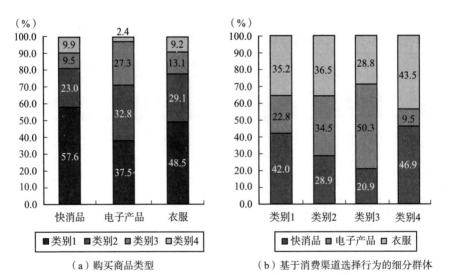

（a）购买商品类型　　　　（b）基于消费渠道选择行为的细分群体

图 4 - 28　购买商品类型与基于消费渠道选择行为的细分群体的占比分布

如表 4 - 27 和图 4 - 28 所示，从商品类型下的占比来看，消费者购买快消品和衣服时的渠道选择类似，主要通过线上购买（57.6% 和 48.5%），其次是先线下体验后线上购买（23.0% 和 29.1%），仅少部分会采用先线上了解后线下购买（9.5% 和 13.1%）以及纯线下购买（9.9% 和 9.2%）的方式。相比之下，购买电子产品时，采用先线下体验后线上购买的比例明显较高（32.8%），先线上了解后线下购买的比例也高于购买其他两类商品的同比（27.3%），而纯线下购买的比例则最低（2.4%）。可见购买电子产品时，线上渠道的重要性更高，消费者偏向于采用跨渠道的购物方式。

从细分群体下的占比来看，类别 3（先线上了解后线下购买）和类别 4（线下购买）下的分布差异较大。先线上了解后线下购买的渠道行为模式消费者超过一半为购买电子产品（50.3%），明显高于购买快消品和衣服。恰好相反的是极少数消费者通过线下渠道购买电子产品（9.5%），消费者通过线下渠道购买的商品多数为快消品或衣服。

4.6.4　研究小结

以信息搜索、下单购买和售后评价三阶段渠道选择行为的数据进行潜在类别分析，消费者被分为四类细分群体。

类别 1 是通过线上渠道购物的消费者群体，占总体样本的 48.5%。消费方式表现为：主要通过电商平台和网络社交平台了解商品，然后在电商平台下单购买，并在电商平台进行售后评价。该群体不追求消费的体验价值和社会价值，同时对情感价值、认知价值、功能价值重视程度也低于总体消费者的平均水平。在购买的商品类别方面，全阶段线上渠道购物的商品主要是快消品（42%）和衣服（35.2%），以及一定比例的电子产品（22.8%）。

类别 2 是线下体验且线上了解与购买的消费者群体，占总体样本的 28%。消费方式表现为：先实体店体验和了解该商品，然后进一步通过电商平台和网络社交平台搜索或对比商品，后通过电商平台下单购买，并在电商平台进行售后评价。需要指出的是，相较于其他细分群体，虽然该群体大概率会通过电商平台下单购买，但同时品牌官方网站/官方小程序/官方 App 下单购买商品的概率明显高于其他三个消费者群体。在消费价值倾向方面，体验价值和社会价值是这一类群体最看重的消费价值维度。同时，该群体是唯一重视价格的，且有较高的认知价值倾向，即对新颖的产品或购物方式接受能力相对较高。在购买的商品类别方面，该消费者群体主要购买的商品为衣服（36.5%）和电子产品（34.5%）。

类别 3 是线上了解且线下体验与购买的消费者群体，占总体样本的

16%。消费方式表现为：先网上了解过该商品，然后进一步到实体店体验或了解商品，而后较大概率实体店购买，但同时也存在一定概率通过电商平台下单购买。其中网上搜索了解商品的具体渠道主要为电商平台、网络社交平台和品牌官方网站/官方小程序/官方 App。在消费价值倾向方面，群体较重视消费的省时便利、社会价值和体验价值，但对价格、情感价值和认知价值重视程度较低。在购买的商品类别方面，采取该购物方式的消费者群体主要购买的是电子产品（50.3%）。

类别4是通过线下渠道购物的消费者群体，占总体样本的7.5%。消费方式表现为：实体店体验或了解商品，然后在实体店下单购买，并大概率不会进行售后评价。在消费价值倾向方面，价格、省时便利、社会价值均不受该群体重视。需要指出的是，该群体重视消费的体验价值，但却并不重视社会价值。而对于其他三类消费者群体而言，体验价值和社会价值是正相关的，即重视体验价值也会重视社会价值。采取线下渠道购物的消费者群体却在这两个维度上具有相反的表现。可见单纯进行实体店购物时，类别4的消费者群体并不像类别2和类别3寻求在线下渠道中与他人的社会互动。在购买的商品类别方面与类别1类似，该消费者群体主要购买的商品为快消品（46.9%）和衣服（43.5%）。然而类别4中电子产品的购买占比（9.5%）则明显少于类别1（22.8%）。

第5章　实体零售企业全渠道转型调研分析

随着信息技术的快速发展以及消费者主权时代的到来，全渠道零售正成为全球零售企业打造竞争优势的利器。越来越多的中国传统零售商纷纷向多渠道、全渠道的方向转型升级，试图借此摆脱困境，但在实体零售企业开始全渠道转型的过程中，零售企业在转型思路、理念等方面仍存在很多困难。因此，理解传统实体零售企业困境，学习全渠道数字化转型理论路径，提高实体零售企业收入，摆脱困境，成为实体零售企业全渠道转型的关键问题。

本书以国内实体零售企业为调查对象，设计调查问卷，从调研样本的基本属性、企业所属细分行业、全渠道水平、全渠道转型相关因素等方面展开分析。通过见数提供的有偿样本服务收集问卷共 542 份，其中有效问卷 500 份（调查问卷详见附录 C）。

5.1　调研样本的基本属性

本书调研样本属性维度包括被调查者所属省市、职位、教育背景、企业性质、企业成立年限、企业规模、企业所属零售细分行业。基于收集获得的有效问卷，统计各属性下样本的人数和占比，见表 5-1。

表 5-1　　　　　　　　　　样本描述性统计

基本属性	分类	人数/人	占比/（%）
省份	宁夏回族自治区	1	0.2
	内蒙古自治区	3	0.6
	天津市	3	0.6

续表

基本属性	分类	人数/人	占比/(%)
省份	海南省	4	0.8
	新疆维吾尔自治区	4	0.8
	陕西省	5	1.0
	甘肃省	6	1.2
	云南省	6	1.2
	安徽省	7	1.4
	贵州省	7	1.4
	吉林省	7	1.4
	黑龙江省	8	1.6
	重庆市	10	2.0
	广西壮族自治区	12	2.4
	湖南省	13	2.6
	江西省	13	2.6
	辽宁省	14	2.8
	湖北省	19	3.8
	北京市	21	4.2
	河南省	22	4.4
	山西省	24	4.8
	福建省	28	5.6
	四川省	28	5.6
	江苏省	32	6.4
	河北省	33	6.6
	山东省	33	6.6
	上海市	34	6.8
	浙江省	34	6.8
	广东省	69	13.8
职位	高层管理人员	46	9.2
	中层管理人员	111	22.2
	基层管理人员	140	28.0
	一般员工	203	40.6

续表

基本属性	分类	人数/人	占比/(%)
教育背景	博士	6	1.2
	硕士	58	11.6
	高中及以下	66	13.2
	大专	109	21.8
	本科	261	52.2
企业性质	合资企业	31	6.2
	外资企业	35	7.0
	国有企业	40	8.0
	民营企业	394	78.8
企业成立年限	≤5	92	18.4
	6~10	162	32.4
	11~15	92	18.4
	≥16	154	30.8
企业规模	员工人数<20	102	20.4
	20≤员工人数<100	142	28.4
	100≤员工人数<300	78	15.6
	300≤员工人数<1000	69	13.8
	员工人数≥1000	109	21.8
企业所属零售细分行业	超市	69	13.8
	便利店	91	18.2
	商场	112	22.4
	专卖店	228	45.6

在接受调查的实体零售企业受访者中,广东省是企业受访者最主要的所在省市,占比达到 13.8%。其次为浙江省和上海市,占比均为 6.8%(见表 5-1 和图 5-1)。

如图 5-2 所示,企业受访者中,一般员工人数最多,占比为 40.6%,是企业维持运营的主力军。基层管理人员与中层管理人员次之,分别占比 28.0% 和 22.2%,均比高层管理人员占比高近 15 个百分点。四类职位员工中,管理人员占比超过 50%,说明调查结果代表企业管理层对企业的总体判断与规划,且总体受访者比例符合企业内部各类职位分布，可参考性较强。

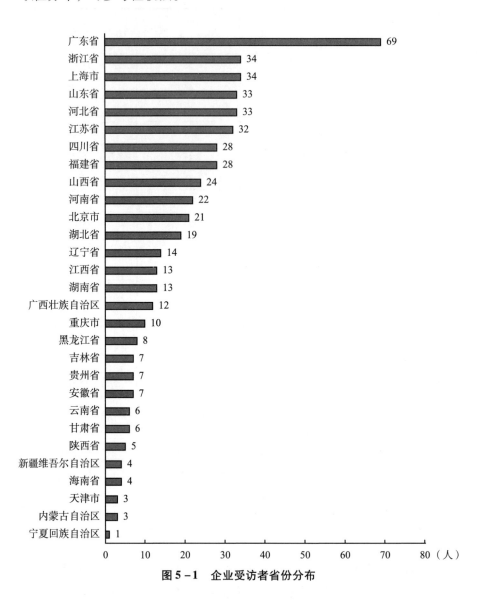

图 5-1　企业受访者省份分布

　　企业受访者的学历分布呈现橄榄形，受访者以"本科"为主，占比达到 52.2%，其次是"大专"，占比为 21.8%，而"硕士""博士""高中及以下"学历的占比相对较少（见图 5-3）。

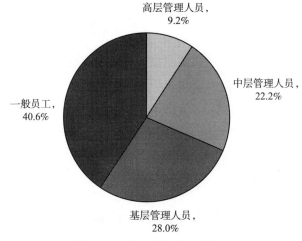

图 5 - 2　企业受访者职位分布

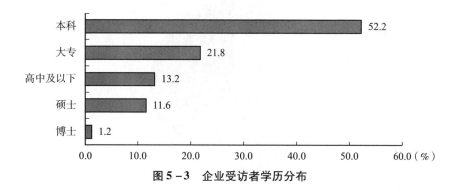

图 5 - 3　企业受访者学历分布

如图 5 - 4 所示，民营企业是实体零售企业的主力军，占比达到 78.8%，其余三类企业是国有企业、外资企业与合资企业，占比相差不大，分别为 8.0%、7.0% 与 6.2%，体现了民营经济是我国社会主义市场经济的重要组成部分，实体零售企业要进行全渠道数字化转型，民营企业起着关键作用。

如图 5 - 5 所示，被调查的实体零售企业中成立年限为 "6 ~ 10 年" 与 "≥16 年" 的企业最多，分别占比 32.4% 和 30.8%。成立年限在 "≤5 年" 与 "11 ~ 15 年" 的实体零售企业排在第二位，均为 18.4%。说明被调查的实体零售企业多为能抵抗市场风险波动并迅速主动作出反应的稳健企业，符合本书对全渠道转型企业的特性要求。

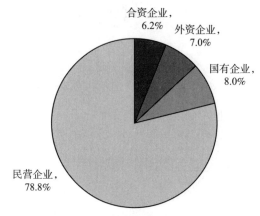

图 5 – 4　实体零售企业性质分布

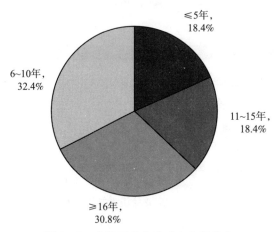

图 5 – 5　实体零售企业成立年限分布

　　如图 5 -6 所示，被调查的实体零售企业的规模大小主要是"20≤员工人数 <100"的小型企业，占比达到 28.4%，在市场经济体制下，民营企业中的个体企业形式数量庞大，是实体零售企业的主力军。"员工人数≥1000"的特大型企业与"员工人数 <20"的小微企业次之，分别占比 21.8% 和 20.4%，实体零售企业呈两极分化，两成实力雄厚企业稳坐行业前列，而两成新兴力量小微企业厚积薄发。"100≤员工人数 <300"的中型企业和"300≤员工人数 <1000"的大型企业占比分别为 15.6% 和13.8%。

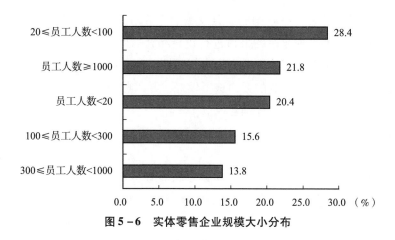

图 5 - 6　实体零售企业规模大小分布

被调查的实体零售企业中，"专卖店"类零售企业（如海尔、UR、优衣库）占实体零售企业近一半，是实体零售市场的主力军，占比达到45.6%。剩余三类零售企业占比依次递减，"商场""便利店""超市"类零售企业占比分别为22.4%、18.2%、13.8%（见图 5 - 7）。

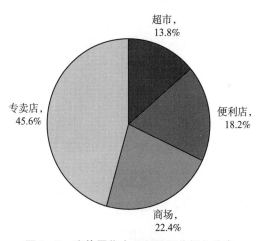

图 5 - 7　实体零售企业所属细分行业分布

5.2　实体零售企业全渠道的基本情况

全渠道这一概念引起业界的广泛关注，始于贝恩公司合伙人里格比（2011）发表在《哈佛商业评论》的文章 *The Future of Shopping*。全渠道是指零售商通过多种渠道与顾客实施整合式互动，包括网站、实体店、服务终端、直邮和目录、呼叫中心、社交媒体、App、移动设备、上门服务。本书将对实体零售企业在各渠道进行销售/营销活动的开展情况进行调查研究。通过收集实体零售企业全渠道开展情况的一手调研数据，尝试分析和对比不同零售细分行业的渠道选择偏好，并以此为不同细分行业的实体零售企业全渠道转型提供详细建议。

5.2.1 总体情况

根据收集的数据，统计得到实体零售企业的各渠道销售/营销分布情况如图 5-8 所示。由图可知，线下实体店对于实体零售企业而言依旧是最重要的渠道，91% 的实体零售企业在进行商品销售/营销时优先选择线下实体店、批发档口，并愿意为此花费更多的门店成本进行售卖。微信是实体零售企业进行销售/营销时第二选择的渠道，47% 的实体零售企业进行商品销售/营销时选择成本低且传播速度快的社区电商的形式，对于小微企业及小型企业而言，没有门店成本将意味着背负较小的资金压力，收益速度快。对实体零售企业而言，借助于硬件设施完善且消费群体众多的阿里旗下平台进行商品销售/营销，更加省时省力，36% 的实体零售企业倾向于在阿里旗下平台开设网店。另外，实体零售企业还会选择通过官网、自营 App、快手/抖音直播、拼多多、其他购物平台、跨境电商平台、

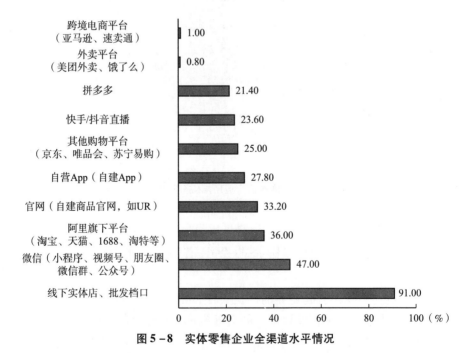

图 5-8　实体零售企业全渠道水平情况

外卖平台等进行商品销售/营销，但仍然有 19.2% 的企业渠道单一，仅通过线下实体店进行商品销售/营销。根据这一情况，引导企业进行全渠道转型并为其提供转型依据是十分有必要的。

5.2.2　零售企业各细分业态对比

根据收集的数据，统计得到各类零售企业在各渠道进行销售/营销的分布情况如表 5 - 2 和图 5 - 9 所示。总体上，对于四类零售企业而言，线下实体店都是进行商品销售/营销的首选渠道，且比例都超过 25%，实体零售企业在发展全渠道建设的同时，线下渠道的地位依旧是不可撼动的；且"专卖店"与"超市"类实体零售企业全渠道发展情况相较于另外两类，范围更广、建设更深入。

表 5 - 2　　实体零售企业各行业细分业态全渠道水平对比情况　　单位：%

渠道类型	专卖店	便利店	超市	商场
线下实体店	25.77	39.34	30.14	32.41
微信	12.44	18.01	17.35	19.14
阿里旗下平台	14.74	11.37	6.39	8.33
官网	10.90	5.69	15.98	10.49
自营 App	6.67	8.06	13.70	12.35
其他购物平台	10.90	4.27	3.65	7.10
快手/抖音直播	8.85	6.16	9.13	4.94
拼多多	9.10	6.64	2.28	5.25
跨境电商平台	0.51	0.00	0.46	0.00
外卖平台	0.13	0.47	0.91	0.00

"专卖店"类实体零售企业相较其他三类企业，通过线下实体店渠道进行销售的企业最少，占比 25.77%；而选择依附于阿里旗下平台进行销售的实体零售企业占比更大，阿里旗下平台是"专卖店"类实体零售企业的第二渠道选择，且选择其他购物平台与跨境电商平台渠道进行售卖的企业比例明显高于其他三类企业，分别占比 10.9% 与 0.51%；同时，"专卖店"类实体零售企业依附于微信进行销售/营销的比例更低，占比 12.44%，位列第三。

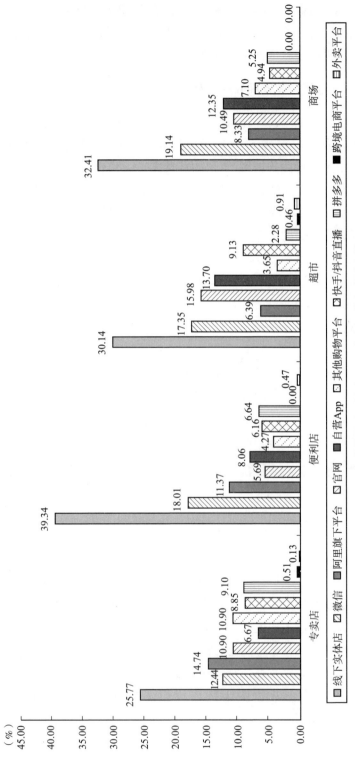

图 5 - 9 实体零售企业各行业细分全渠道水平对比情况

在四类实体零售企业中,"便利店"类实体零售企业选择通过线下实体店渠道进行商品售卖占比最大,为39.34%;且"便利店"类实体零售企业全渠道发展水平最低,其商品销售/营销渠道集中于线下实体店、微信、阿里旗下平台三大渠道,渠道资源分布不均。

除了总体占比最大的线下实体店与微信两个渠道以外,"超市"类实体零售企业更注重自身官网与自营 App 的建设,占比分别为15.98%与13.7%;且相较于"便利店"与"商场","超市"类实体零售企业商品种类更丰富、库存量更大,更适合通过快手/抖音平台直播渠道,特别是外卖平台进行商品售卖。

基于"商场"类实体零售企业的特有属性,线下实体店必然是其最主要的销售/营销渠道,占比32.41%;同时通过"微信"渠道中的小程序指引服务,能辅助企业更好地销售商品;且与"超市"类实体零售企业类似,"商场"类实体零售企业也注重自身官网与自营 App 的建设,占比分别为10.49%与12.35%;但值得注意的是,此类实体零售企业并未开拓跨境电商平台和外卖平台渠道。

5.3　实体零售企业全渠道转型的相关因素

本书围绕与实体零售企业全渠道转型相关的六个因素展开分析,具体包括社会资本、双元能力、IT 能力、技术动荡、渠道资源柔性、企业绩效表现。

5.3.1　社会资本维度

本书选用社会资本来衡量企业自身及其供应链上各企业的合作情况。社会资本是指一个人或社会单元所拥有的、来源于关系网络的各种资源总和（Nahapiet & Ghoshal, 1998）。本书将社会资本划分为三个子维度:结构维度、关系维度和认知维度。结构维度是指旨在接触网络中产生的社会互动,主要关注社会系统和整体关系网络的属性;关系维度分析了行为者或公司通过其互动历史发展起来的个人关系的特征,侧重于基于个人关系的特征;认知维度代表了在各方之间提供共享的表征、解释和意义系统的资源,代表了网络中的参与者解释、理解、感知和评估环境的方式。

实体零售企业的社会资本是指实体零售企业自身及其供应链上各企业的合作情况。结构维度代表实体零售企业其供应链上各企业的合作情况,关系维度代表实体零售企业与合作伙伴（如供应商、客户、行业协会、科研院所等）之间是否相互尊重、信任和帮助；认知维度代表企业员工与合作伙伴的员工是否都有共同愿景并为之努力。本书采用李克特7级量表测量实体零售企业的社会资本，即企业自身及与供应链上其他企业的合作情况，程度划分为"非常不同意""不同意""比较不同意""一般""比较同意""同意""非常同意"。为更好地进行数据可视化展示，此处将被调查企业员工选择"非常不同意""不同意""比较不同意"或"一般"选项设置为企业在该维度情况表现较弱，选择其他选项则为企业在该维度表现良好。受访企业在双元能力、IT能力、技术动荡、渠道资源柔性和企业绩效表现其他五个方面的表现亦同样采用此方法处理。

　　根据收集的数据，统计得到各维度的分布情况如图5-10所示。由图可知，实体零售企业在关系维度中表现最好，92.6%的实体零售企业与供应链上其他企业之间相互尊重、信任、帮助，私人关系较好。实体零售企业在认知维度中表现仅次于关系维度，92.4%的实体零售企业与供应链上其他企业的员工都拥有共同的目标并愿意为之努力。实体零售企业的结构维度虽然情况不如以上两个维度，但仍有83.44%的实体零售企业与供应链内外其他企业保持良好关系和广泛交流。根据这一情况，实体零售企业与供应链内外其他企业合作情况总体较好，但更关注自身员工文化建设与个人关系维护，还需进一步打通供应链内外企业交流渠道，减少信息不对称，提高供应链效率。

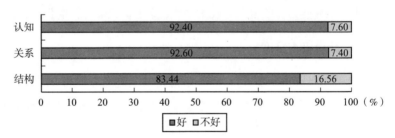

图5-10　实体零售企业社会资本表现情况

5.3.2　双元能力

　　本书选用双元能力来衡量企业在创新方面的表现。双元能力是指企业在权衡复杂情景时，同时具备并应用两种相互冲突行为的能力（Rothaermel & Alexandre，2009），这些冲突包括效率与柔性、渐进与突变、开发与探索、协同与适应、大规模与小规模、低成本与差异化、全球化与本土化、集权与分权、短期与长期等。双元能力是企业在长期创新发展实践中练就的平衡能力，也是领导者个体适应变化环境的决策能力和灵活应对能力，它直接影响着企业的创新能力。本书将双元能力划分为两个子维度：利用能力和探索能力。利用能力是指企业依靠既有资源提高现有业务、流程、知识的行为，与筛选、改进、选择、实施等具体活动有关，强调对现有产品和服务进行拓展、对现有技术进行提升、对现有分销渠道进行改进，其本质是对现有惯例的适应和修改，是一种渐进式动态能力；探索能力则是指企业脱离现有资源发现新业务、新流程、新知识的行为，它与搜索、发现、变异、试验等具体活动有关，强调开发新的客户和消费需求，提供新产品、新服务、新技术平台及新的分销渠道，其本质是对组织惯例的变革和升级，是一种颠覆性的动态能力（March，1991）。

实体零售企业的双元能力是指实体零售企业个体适应变化环境挑战时所具备的自我调整创新能力。利用能力指实体零售企业基于现有渠道与资源，对原有渠道及其营销方式进行利用和改进的创新能力；探索能力是指实体零售企业能够探索更多的新渠道，并基于新渠道尝试新的营销方式和服务的创新能力。

根据收集的数据，统计得到各维度的分布情况如图 5 – 11 所示。由图可知，总体上，实体零售企业创新能力强。利用能力对于实体零售企业而言是最重要的创新能力，88.4%的实体零售企业在进行创新时，优先选择依靠既有资源提高现有业务、流程、知识，通过对现有产品和服务进行拓展、对现有技术进行提升、对现有分销渠道进行改进来进行创新，以此节约更多的成本。探索能力也是实体零售企业不可或缺的创新能力，81.64%的实体零售企业选择脱离现有资源，去发现新业务、新流程、新知识，通过开发新的客户和消费需求，提供新产品、新服务、新技术平台及新的分销渠道来进行创新，这样的创新虽然成本更高，但创新程度更大，效果更显著。因此，实体零售企业大部分创新能力强，且优先基于现有资源进行创新。

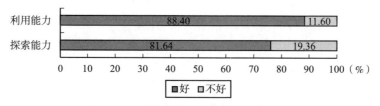

图 5 – 11　实体零售企业双元能力表现情况

5.3.3 IT 能力

本书选用 IT 能力来衡量企业在 IT 方面的建设情况。IT 能力代表了一个企业拥有 IT 知识并有效地利用这些知识来管理在公司中产生的信息的程度（Tippins & Sohi，2003）。本书将 IT 能力划分为三个子维度：IT 知识、IT 运营和 IT 对象。IT 知识指公司拥有 IT 对象的技术知识的程度；IT 运营指公司使用 IT 来管理市场和消费者信息的程度；IT 对象包括软件、硬件和支持人员，IT 对象都是因为它们支持信息的获取、处理、存储、传播和使用。

实体零售企业的 IT 能力是指实体零售企业拥有 IT 知识并有效地利用这些知识来管理在公司中产生的信息的能力。IT 知识是指实体零售企业拥有 IT 专业知识，并能灵活创新的能力；IT 运营是指实体零售企业能灵活运用 IT 知识与系统帮助企业更好地进行运作，收集、获取、分析和管理市场信息和客户信息的能力；IT 对象是指实体零售企业拥有独立的 IT 部门、负责人、软件，并愿意为之投入大量资金的能力。

根据收集的数据，统计得到各维度的分布情况如图 5 - 12 所示。由图可知，实体零售企业在 IT 运营维度的建设情况更好，78.55% 的实体零售企业都经常使用 IT 系统收集、获取、分析和管理市场信息与客户信息。IT 知识维度是实体零售企业在 IT 方面建设情况较好的维度，71.8% 的实体零售企业拥有扎实的 IT 专业知识并了解如何进行创新。略低于 IT 运营与 IT 知识两个维度，仅有 69.72% 的实体零售企业在 IT 对象维度建设情况较好，拥有独立的 IT 部门与负责人，并愿意为其投入大量资金。根据这一情况，实体零售企业需要在学会更多 IT 知识并灵活运用的同时，专门设立独立 IT 部门与负责人也是十分有必要的。

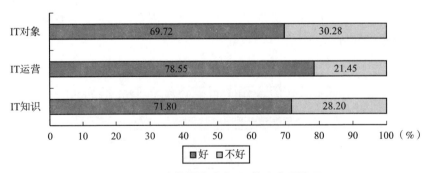

图 5 - 12　实体零售企业 IT 能力表现情况

5.3.4　技术动荡

本书选用技术动荡来衡量企业所在行业的技术变化情况。技术动荡是指技术的快速变化，创造了不确定性，但也带来了新的机会（Narver et al.，2004）。本书利用贾沃斯基和科利（Jaworski & Kohli，1995）设计并经过前人检验的成熟量表进行度量，将技术动荡划分为四个子维度：技术变化迅速、提供机遇、实现创新、发展重要。

实体零售行业的技术动荡是指实体零售行业技术的变化情况。四个子维度分别代表：实体零售行业的技术正在迅速变化；技术变革为实体零售企业提供了巨大的机遇；通过技术突破，实体零售企业可以实现在产品/服务的创新理念；对实体零售企业而言，技术发展相当重要。

根据收集的数据，统计得到各维度的分布情况如图 5 - 13 所示。由图 5 - 13 可知，尽管有 12.8% 的企业忽视技术发展的重要性，仍有 87.2% 的实体零售企业都认为技术发展相当重要。其中，85% 的企业认为通过技术突破可以实现在产品/服务的创新理念；83% 的企业认为技术变革为企业提供了巨大的机遇；81.6% 的企业认为企业所在行业的技术正在迅速变化。因此，实体零售行业技术变化迅速，对企业影响大且对企业发展有促进作用。

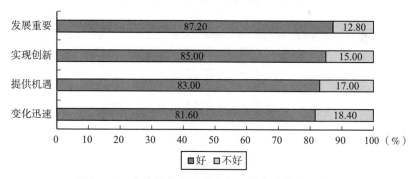

图 5 - 13　实体零售企业所在行业技术动荡表现情况

5.3.5　渠道资源柔性

本书选用渠道资源柔性来衡量企业在资源整合/运用方面的表现情况。资源柔性是指一种资源可以应用于更大范围的替代用途的程度，从而允许公司更好地、轻松地将其资源从一种用途转换到另一种用途

（Combs et al.，2011）。而渠道资源柔性在研究中被定义为一种资源可以应用于更大范围的替代用途的程度，从而允许公司更好地、轻松地将其资源从一个渠道转换到另一个渠道。本书将渠道资源柔性划分为四个子维度：资源应用广泛、转换难度低、转换时间短、转换成本高。四个维度都分别代表实体零售企业的核心资源被广泛应用于各渠道营销、销售、信息共享、物流、售后等方面，实体零售企业的核心资源在渠道间流通转换的难度较低，实体零售企业的核心资源在渠道间流通转换的时间很短，以及实体零售企业的核心资源在渠道间流通转换的成本很高。

根据收集的数据，统计得到各维度的分布情况如图 5 - 14 所示。由图可知，87.2% 的实体零售企业都认为对核心资源应用广泛。70% 的企业认为将核心资源从一个渠道转换到另一个渠道难度低，69.6% 的企业认为转换时间短，但仍然有 46.6% 的实体零售企业认为转换成本高。因此，绝大部分的实体零售企业都能够将核心资源在渠道间灵活地进行转换，但如何降低转换成本是转换过程中的核心问题。

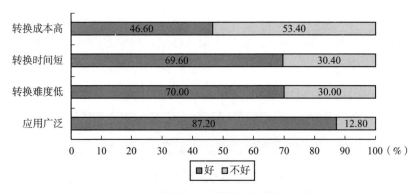

图 5 - 14　实体零售企业渠道资源柔性表现情况

5.3.6　企业绩效表现

本书选用企业绩效来衡量企业在近三年内在绩效方面的表现。企业绩效能非常直观地反映出企业经营的好坏，以及全渠道转型等企业战略转变对企业的影响。本书基于墨菲等（Murphy et al.，1996）的工作，从三个维度测量企业绩效：效率（投资回报率、资产收益率）、增长（销售增长、员工数增长、市场份额增长）和利润（销售回报率、净利润率、毛利率）。

根据收集的数据，统计得到各维度的分布情况如图 5 - 15 所示。由图可知，实体零售企业在企业效率维度表现最好，72.5%的企业都对企业的投资回报率与资产收益率感到满意。利润维度是实体零售企业表现第二好的维度，70.33%的企业对销售回报率、净利润率以及毛利率感到满意。实体零售企业在增长维度的表现较差，仍有 34.8%的企业对企业的销售增长、员工数增长以及市场份额增长感到不满意。因此，实体零售企业需要重点关注如何提高企业增长速率，全渠道转型是否能提高实体零售企业增长情况，是衡量全渠道转型是否成功有效的关键。

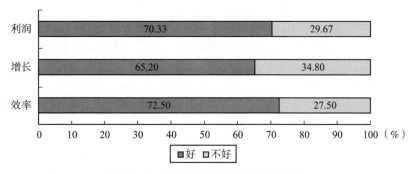

图 5 - 15　实体零售企业绩效表现情况

5.4　实体零售企业全渠道转型因素的影响关系

基于课题组收集获得的 500 份实体零售企业全渠道转型问卷调研数据，探究实体零售企业全渠道转型相关的因素（社会资本、双元能力、IT 能力、技术动荡、渠道资源柔性、企业绩效表现）之间的影响关系。

5.4.1　研究设计

研究设计如图 5 - 16 和图 5 - 17 所示，以探究实体零售企业全渠道转型因素的影响关系。

分析框架一（见图 5 - 16）中，自变量为社会资本。此维度包含三个子维度，分别为结构维度、关系维度和认知维度。调节变量为 IT 能力，包括三个子维度，分别为 IT 知识、IT 运营和 IT 对象。中介变量为渠道资源柔性，具体包括四个子维度，分别为"企业的核心资源广泛应用于各渠道""核心资源在渠道间流通转换难度低""核心资源在渠道间流通转换时间短""核心资源在渠道间流通转换成本高"。因变量为企业绩效表现，包括效率、增长和利润三个子维度。这些变量的测量题项如表5－3所示（为便于分析结果的呈现，各变量采用括号中缩写进行表示）。

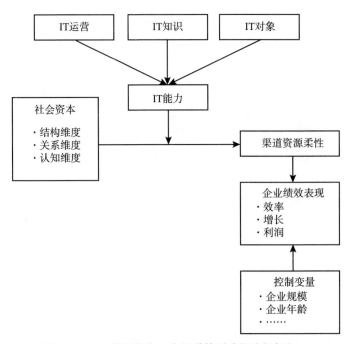

图5－16　实体零售企业全渠道转型路径分析框架一

分析框架二（见图5－17）中，自变量为双元能力。此维度包含两个子维度，分别为探索能力和利用能力；调节变量为技术动荡，具体包括四个子维度，分别为"企业所在行业的技术变化迅速""技术变革为企业提供巨大机遇""技术突破使企业的产品/服务创新理念实现""技术发展对企业相当重要"。同样地，中介变量为渠道资源柔性，具体包括四个子维度，分别为"企业的核心资源广泛应用于各渠道""核心资源在渠道间流通转换难度低""核心资源在渠道间流通转换时间短""核心资源在渠道间流通转换成本高"。因变量为企业绩效表现，包括效率、增长和利润三个子维度。这些变量的测量题项见表5－3。

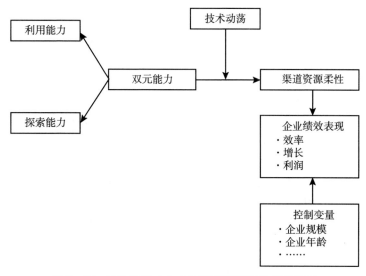

图 5 - 17　实体零售企业全渠道转型路径分析框架二

表 5 - 3　　　　　　　　　　　　　　相关变量

变量		测量题项	数据说明
社会资本 （social capital）	结构维度 （structural social capital）	（1）我们企业与供应链上其他企业保持良好的关系。 （2）我们企业频繁与供应链上其他企业交流。 （3）我们企业在供应链中拥有重要地位，扮演了核心角色。 （4）我们企业与供应链外企业建立了广泛的联系。 （5）供应链上其他企业之间关系密切	7 点打分，1 ~ 7 表示程度从"完全不同意"到"完全同意"
	关系维度 （relational social capital）	（6）我们企业与合作伙伴（如供应商、客户、行业协会、科研院所等）之间相互尊重。 （7）我们企业与合作伙伴之间相互信任。 （8）我们企业与合作伙伴之间经常相互帮助	
	认知维度 （cognitive social capital）	（9）我们企业与合作伙伴有共同的目标/愿景。 （10）我们企业努力维持/达成与合作伙伴的共同目标/愿景。 （11）我们企业的员工与合作伙伴的员工都支持合作关系	
双元能力 （channel ambidexterity competency）	探索能力 （exploration）	（1）我们企业能够掌握新渠道的组织和管理方法。 （2）我们企业能够掌握新渠道的内在属性和特点。 （3）我们企业能够基于新渠道尝试新的营销方式。 （4）我们企业能够提供面向消费者的新服务（例如支持到店自提或同城线下配送等）。 （5）我们企业拥有比竞争对手更多的新渠道	

续表

变量		测量题项	数据说明
双元能力 (channel ambidexterity competency)	开发能力 (exploitation)	(6) 我们企业更愿意把资源和精力投入利用和改进原有渠道上。 (7) 我们企业将会继续改进基于现有渠道的营销方式。 (8) 我们企业在不断地整合共享中整体供应链运行效率会有提升。 (9) 我们企业能够更清晰地把握消费者的需求	
IT 能力 (IT competence)	IT 知识 (IT knowledge)	(1) 总体上，我们企业的技术人员非常了解 IT 系统。 (2) 我们企业拥有扎实的 IT 专业知识。 (3) 我们企业对 IT 方面的创新非常了解。 (4) 我们企业了解如何运用 IT 系统建立/维护与合作伙伴（如客户、供应商等）之间的关系	7 点 打分, 1 ~ 7 表 示 程度从 "完 全 不 同 意" 到 "完 全同意"
	IT 运营 (IT operations)	(5) 我们企业经常利用 IT 系统收集和获取市场信息。 (6) 我们企业经常使用 IT 系统分析市场信息。 (7) 我们企业已经设置了 IT 程序自动从网上收集客户需求等信息。 (8) 我们企业经常使用 IT 系统来管理客户信息	
	IT 对象 (IT objects)	(9) 我们企业拥有独立的 IT 部门。 (10) 我们企业拥有 IT 负责人。 (11) 我们企业每年都会在 IT 方面做大量的资金投入。 (12) 我们企业会在需要时定制或开发合适的软件应用。 (13) 我们企业员工都通过内部的同一 IT 网络/系统进行沟通	
技术动荡 (technological turbulence)		(1) 我们企业所在行业的技术正在迅速变化。 (2) 技术变革为我们企业提供了巨大的机遇。 (3) 通过技术突破，我们企业可以实现在产品/服务的创新理念。 (4) 对我们企业而言，技术发展相当重要	
渠道资源柔性 (channel resource flexibility)		(1) 我们企业的核心资源被广泛应用于各渠道营销、销售、信息共享、物流、售后等方面。（例如广告促销、物流配送等）。 (2) 我们企业的核心资源在渠道间流通转换的难度较低。 (3) 我们企业的核心资源在渠道间流通转换的时间很短。 (4) 我们企业的核心资源在渠道间流通转换的成本很高	

续表

变量		测量题项	数据说明
企业绩效表现（firm performance）	效率（efficiency）	（1）我们企业对投资回报率感到满意。 （2）我们企业对资产收益率感到满意	7 点打分，1~7 表示程度从"完全不同意"到"完全同意"
	增长（growth）	（3）我们企业对销售增长感到满意。 （4）我们企业对员工数增长感到满意。 （5）我们企业对市场份额增长感到满意	
	利润（profit）	（6）我们企业对销售回报率感到满意。 （7）我们企业对净利润率感到满意。 （8）我们企业对毛利率感到满意	

5.4.2　信度和效度检验

开展数据分析前需对量表进行信度和效度检验。信度考察量表所有题项的一致性，效度则具体考察每一题项的能效性，即每一题项对于量表而言是否发挥重要作用。

1. 信度检验

首先通过计算量表的 Cronbach's α 来检验量表的内部一致性。Cronbach's α 大于 0.9 表示量表的内部一致性非常高；当系数为 0.7~0.9 时，代表量表内部一致性较好；而当系数低于 0.7 时则说明量表中各个题项不一致程度较高，量表需要修订。经检测，删除 Cronbach's α 系数小于 0.7 的题项 Q40（"我们企业的核心资源在渠道间流通转换的成本很高"），最终保留了 48 个题项。测量题项构成的整体量表 Cronbach's α 为 0.97（见表 5-4），说明量表信度较好。各概念量表 Cronbach's α 均大于 0.7（见表 5-5），说明内部一致性较好。

表 5-4　　　　　　　　　　整体量表的信度检验（n-500）

可靠性统计		
Cronbach's α	基于标准化项的 Cronbach's α	项数
0.969	0.970	48

表 5-5　　　　　　　　　　各概念量表的信度检验（n-500）

概念		测量题项	CITC（总相关系数）	Cronbach's α
社会资本（social capital）	结构维度（structural social capital）	Q1	0.62	0.896
		Q2	0.629	

概念		测量题项	CITC （总相关系数）	Cronbach's α
社会资本 （social capital）	结构维度 （structural social capital）	Q3	0.574	0.896
		Q4	0.536	
		Q5	0.567	
	关系维度 （relational social capital）	Q6	0.643	
		Q7	0.686	
		Q8	0.647	
	认知维度 （cognitive social capital）	Q9	0.642	
		Q10	0.661	
		Q11	0.636	
双元能力（channel ambidexterity competency）	探索能力（exploration）	Q12	0.729	0.902
		Q13	0.741	
		Q14	0.696	
		Q15	0.578	
		Q16	0.66	
	开发能力（exploitation）	Q17	0.648	
		Q18	0.63	
		Q19	0.701	
		Q20	0.657	
IT能力 （IT competence）	IT知识 （IT knowledge）	Q21	0.793	0.962
		Q22	0.842	
		Q23	0.815	
		Q24	0.804	
	IT运营 （IT operations）	Q25	0.79	
		Q26	0.803	
		Q27	0.771	
		Q28	0.767	
	IT对象 （IT objects）	Q29	0.815	
		Q30	0.818	
		Q31	0.828	
		Q32	0.784	
		Q33	0.726	

续表

概念		测量题项	CITC （总相关系数）	Cronbach's α
技术动荡 （technological turbulence）		Q34	0.647	0.855
		Q35	0.702	
		Q36	0.744	
		Q37	0.698	
渠道资源柔性 （channel resource flexibility）		Q38	0.364	0.703
		Q39	0.61	
		Q40	0.629	
企业绩效表现 （firm performance）	效率（efficiency）	Q41	0.817	0.948
		Q42	0.812	
	增长（growth）	Q43	0.834	
		Q44	0.668	
		Q45	0.821	
	利润（profit）	Q46	0.856	
		Q47	0.85	
		Q48	0.811	

2. 效度检验

本书采用主成分分析法对 10 个自变量进行了探索性因子分析，如表 5-6 和表 5-7 所示的结果显示：KMO 取样适切性量数大于 0.5，并且巴特利特球形度检验显著性小于 0.05，表示量表适用探索性因子分析。因子分析的结果将 48 个题项分为六个维度，此结果与研究设计问卷时六类影响因素的划分相契合，说明研究问卷设计达到预期成效，各因子的载荷均高于 0.5，效度较好。

表 5-6　　　　　　　　　　**KMO 和巴特利特检验结果**

KMO 取样适切性量数		0.968
巴特利特球形度检验	近似卡方	18297.448
	自由度	1128
	显著性	0.000

表 5 - 7　　　　　　　　　　　旋转后因子成分矩阵

测量题项	因子载荷					
	成分 1	成分 2	成分 3	成分 4	成分 5	成分 6
Q1	0.817					
Q2	0.814					
Q3	0.802					
Q4	0.78					
Q5	0.75					
Q6	0.747					
Q7	0.738					
Q8	0.737					
Q9	0.736					
Q10	0.734					
Q11	0.717					
Q12	0.705					
Q13	0.688	0.322				
Q14	0.479	0.304		0.459		
Q15	0.474		0.314	0.383		
Q16	0.416	0.309	0.328	0.406		
Q17		0.835				
Q18		0.831				
Q19		0.81				
Q20		0.803				
Q21		0.779				
Q22		0.771				
Q23		0.744				
Q24		0.693				
Q25			0.752			
Q26			0.749			
Q27			0.705			

续表

测量题项	因子载荷					
	成分 1	成分 2	成分 3	成分 4	成分 5	成分 6
Q28			0.688			
Q29			0.655			
Q30			0.631			
Q31			0.603			
Q32			0.579			0.409
Q33			0.415			0.361
Q34				0.663		
Q35				0.647		
Q36				0.636		
Q37	0.354			0.588		
Q38		0.365		0.547		
Q39				0.538		
Q40	0.478			0.513		
Q41	0.375	0.344		0.502		
Q42	0.345	0.322		0.473	0.385	
Q43	0.306	0.344		0.466		0.337
Q44	0.4			0.454		
Q45					0.825	
Q46					0.789	
Q47			0.301			0.58
Q48	0.321		0.374			0.5

注：提取方法为主成分分析法。旋转方法为凯撒正态化最大方差法。

5.4.3　整体现状分析

均值和标准差可反映各维度的整体现状，统计结果见表 5 - 8。

表 5 - 8　　　　　　　　各维度下的均值与标准差

维度	均值	标准差
结构维度	5.51	0.80
关系维度	5.91	0.79

续表

维度	均值	标准差
认知维度	5.84	0.78
探索能力	5.61	0.85
开发能力	5.57	0.82
IT 知识	5.16	1.20
IT 运营	5.39	1.14
IT 对象	5.07	1.42
技术变化迅速	5.46	1.14
提供机遇	5.51	1.08
实现创新理念	5.62	1.15
技术发展重要	5.80	1.19
资源广泛应用	5.68	1.04
资源转换难度低	5.01	1.19
资源转换时间短	5.07	1.19
企业效率	5.09	1.14
企业增长	4.92	1.18
企业利润	4.98	1.20

实体零售企业的总体情况而言，各维度均值在5上下浮动，说明综合水平较高。企业的社会资本，即企业与供应链内外企业合作情况，三个维度均值均大于5.5，且标准差均小于0.8，说明实体零售企业无论是对外与供应链内外企业的合作关系，还是对内企业内部自身架构关系均较好，且实体零售行业内各企业状况相差不大。企业的双元能力，即企业在面临转型创新时，利用已有资源以及脱离现有资源进行创新的能力，两个维度均值均接近5.6，且标准差均小于0.85，可见实体零售企业灵活应对转型创新能力较好，并能同时具备利用现有资源进行重组的能力和开发新资源的能力，且实体零售行业内各企业状况相差不大。

实体零售企业的IT能力，即企业在IT方面的建设情况，略差于企业的社会资本与双元能力。IT能力的三个维度均值大于5小于5.4，且标准差大于1小于1.5，说明实体零售企业自身具备的IT能力虽好但仍需提高，且实体零售行业内各企业情况差异大，强弱对比明显。而实体零售行业的技术动荡，即技术的快速变化、技术的不确定性，四个维度介于 5.46 ~ 5.8，行业整体技术变化很快，动荡性较强，但标准差在 1.1 上下波动，技术的变化对不同规格、不同性质企业的影响强度是有差异的。

实体零售企业的渠道资源柔性，即企业在资源整合/运用方面的表现情况，企业核心资源广泛应用的均值为 5.68，各企业明显能将核心资源分配在各渠道上，但资源转换难度低、时间短的均值为 5.01 和 5.07，说明各企业却不能灵活快速地将资源在各渠道间进行转换，同时标准差介于 1.04 ~ 1.19，实体零售行业的各企业对于核心资源的转换能力还是存在部分差异。企业绩效表现均值介于 4.92 ~ 5.09，且企业增长的均值是所有均值中最低的，为 4.92，说明实体零售行业的企业整体绩效增长都很困难，急需新的创新转型，帮助提高企业绩效，同时标准差介于 1.14 ~ 1.20，该行业企业的绩效情况参差不齐。

5.4.4　相关性分析

采用 Pearson 相关分析检验各个因素之间的相关关系，计算得到的相关系数及其显著性见表 5 - 9。

由表 5 - 9 的结果可知，对于分析框架一而言，企业的 IT 能力中的 IT 知识、IT 运营与 IT 对象三个维度都对社会资本及渠道资源柔性有正向影响；社会资本的三个维度（结构维度、关系维度、认知维度）都与渠道资源柔性呈现正向显著相关关系；且渠道资源柔性与企业绩效正相关。综上可知，企业提高社会资本，其渠道资源柔性将会升高；企业 IT 能力提高，其社会资本与渠道资源柔性都将提高；企业渠道资源柔性升高，相应的企业绩效会提高。

对于分析框架二而言，企业所在行业的技术动荡对企业的双元能力（利用能力与探索能力）以及渠道资源柔性都具备显著的正向影响；双元能力的两个维度都与渠道资源柔性呈现正向显著相关关系；且渠道资源柔性与企业绩效正相关，即企业渠道资源柔性升高，其企业绩效将会得到提高。综上可知，企业提高双元能力，其渠道资源柔性将会升高；行业的技术动荡提高，企业双元能力与渠道资源柔性都将提高；企业渠道资源柔性升高，相应的企业绩效会提高。

表5-9　相关性矩阵

维度	结构维度	关系维度	认知维度	探索能力	开发能力	IT知识	IT运营	IT对象	技术变化迅速	提供机遇	实现创新理念	技术发展重要	资源广泛应用	资源转换难度低	资源转换时间短	企业效率	企业增长	企业利润
结构维度	1																	
关系维度	0.643	1																
认知维度	0.63	0.724	1															
探索能力	0.567	0.503	0.506	1														
开发能力	0.514	0.476	0.453	0.835	1													
IT知识	0.501	0.387	0.372	0.811	0.803	1												
IT运营	0.421	0.416	0.429	0.53	0.537	0.546	1											
IT对象	0.439	0.456	0.445	0.551	0.565	0.507	0.574	1										
技术变化迅速	0.437	0.469	0.476	0.626	0.618	0.555	0.576	0.639	1									
提供机遇	0.349	0.4	0.43	0.554	0.575	0.549	0.538	0.586	0.665	1								
实现创新理念	0.56	0.543	0.51	0.641	0.631	0.595	0.489	0.551	0.593	0.552	1							
技术发展重要	0.578	0.527	0.557	0.64	0.654	0.601	0.514	0.586	0.642	0.586	0.795	1						
资源广泛应用	0.452	0.419	0.422	0.506	0.558	0.541	0.436	0.476	0.529	0.434	0.594	0.578	1					
资源转换难度低	0.325	0.252	0.262	0.36	0.292	0.327	0.205	0.229	0.269	0.193	0.419	0.381	0.319	1				

续表

维度	结构维度	关系维度	认知维度	探索能力	开发能力	IT知识	IT运营	IT对象	技术变化迅速	提供机遇	实现创新理念	技术发展重要	资源广泛应用	资源转换难度低	资源转换时间短	企业效率	企业增长	企业利润
资源转换时间短	0.37	0.295	0.322	0.365	0.322	0.327	0.272	0.318	0.326	0.218	0.464	0.447	0.343	0.659	1			
企业效率	0.457	0.446	0.438	0.512	0.499	0.416	0.354	0.485	0.496	0.377	0.589	0.637	0.443	0.413	0.443	1		
企业增长	0.434	0.428	0.394	0.509	0.505	0.433	0.356	0.49	0.5	0.407	0.569	0.601	0.412	0.375	0.395	0.798	1	
企业利润	0.432	0.428	0.398	0.499	0.519	0.421	0.341	0.455	0.483	0.363	0.528	0.596	0.403	0.364	0.377	0.804	0.843	1

注：以上 p 值都小于 0.01，相关性显著。

5.5　研究小结

（1）线下实体店依旧是实体零售企业最重要的销售/营销渠道，微信与阿里旗下平台两个渠道的重要性次之。"专卖店"类实体零售企业全渠道发展水平最高，线上的购物平台及电商平台是此类企业销售/营销的主营渠道。相对地，"便利店"类实体零售企业全渠道发展水平最低，渠道资源分布不均，线下实体店渠道是此类企业销售/营销的主营渠道。"超市"类与"商场"类实体零售企业更注重自身官网与自营 App 的建设，其中"超市"类实体零售企业更适合通过快手/抖音平台直播渠道，特别是外卖平台进行商品售卖，而"商场"类实体零售企业因为其特有属性，线下实体店渠道必然是最主要的销售/营销渠道。

（2）实体零售企业全渠道转型前，企业与供应链内外企业合作情况均较好，且实体零售行业内各企业状况相差不大；实体零售企业在关系维度中表现最好，说明实体零售企业与供应链内外其他企业合作更关注自身员工文化建设与个人关系维护，还需进一步打通供应链内外企业交流渠道，减少信息不对称，提高供应链效率。实体零售企业在面临困境，灵活应对并转型创新能力较好，能同时具备利用现有资源进行重组的能力和开发新资源的能力，且实体零售行业内各企业状况相差不大；实体零售企业会优先基于现有资源进行创新。

（3）行业环境对实体零售企业全渠道转型影响大。实体零售企业自身具备的 IT 能力虽好但仍需提高，且实体零售行业内各企业情况差异大，强弱对比明显；实体零售企业在 IT 运营维度的建设情况最好，能经常使用 IT 系统收集、获取、分析与管理市场信息与客户信息。而实体零售行业技术变化迅速，动荡性较强，但技术的变化对不同规格、不同性质企业的影响强度有差异，对企业发展有促进作用。

（4）实体零售企业全渠道转型中，各企业明显能将核心资源分配到各渠道上，但仍有30%实体零售企业不能灵活快速地将资源在各渠道间进行转换，且一半的实体零售企业认为转换成本高，如何降低转换成本是转换过程中的核心问题。

（5）实体零售企业全渠道转型后，实体零售行业的企业整体绩效中，企业的效率（投资回报率、资产收益率）和利润（销售回报率、净利润率、毛利率）都表现较好，但企业的增长（销售增长、员工数增长以及市场份额增长）很困难，同时行业中企业的绩效表现情况参差不齐。

（6）实体零售企业的社会资本对企业的渠道资源柔性有显著的正向影响，且企业的 IT 能力与社会资本及渠道资源柔性都呈正相关。实体零售企业的双元能力对企业的渠道资源柔性也呈现正向显著相关关系，且企业所在行业的技术动荡对双元能力及渠道资源柔性都具备显著的正向影响。渠道资源柔性与企业绩效表现呈正相关。

第6章 实体零售与电子商务产业融合的驱动因素研究

6.1 研究背景

零售业是保障和改善民生的基础产业之一。随着互联网技术蓬勃发展以及消费者消费观念与习惯的转变，我国传统零售业无论是销售额、营业收入、营业利润都处于增速放缓的趋势。传统零售业的发展遇到了瓶颈和阻碍，而电子商务逐渐成为产业的发展方向，实现两者的融合可助力传统零售业的数字化转型。国家统计局数据显示，2014年全国网络零售交易额28211亿元，占社会消费品零售总额的10.7%；2022年，全国网上零售额13.79万亿元，占社会消费品零售总额的比重达到27.2%。电子商务正逐步与传统零售业走向更深的融合，产生更大的经济效益和社会效益。因此，深入理解实体零售与电子商务融合发展的内在逻辑，研究如何推动两者融合发展进入新阶段、为零售业发展提供科学决策是重要的研究课题。

近年来，国内外学者对实体零售、实体零售转型进行了大量的探索，并取得了一定的成果。然而，有关实体零售的研究仍然集中在实体零售的发展现状、存在的问题和实体零售未来发展方向等方面（杨守德和杨慧瀛，2018）；对实体零售转型的研究主要聚焦在零售渠道的分类、零售模式以及实体零售如何实现线上线下融合（Benoit et al.，2019）。在研究方法方面，我国实体零售的研究相对薄弱，现有研究主要采用定性分析；在研究视角方面，基于产业融合角度对实体零售与电子商务融合发展的研究相对较少。关于产业融合的研究，国外起步较早，但多从定性的角度分析产业的可持续发展，定量研究相对较少；国内关于产业融合发展的研究起步相对较晚，侧重于定量分析，主要运用耦合协调理论和灰色关联模型等开展研究。目前，有不少学者基于产业融合角度对文化产业和体育产业（陈炜，2015）、文化产业和旅游产业（李丽和徐佳，2020）之间的作用机制和融合水平进行了较为充分的分析，但对于实体零售与电子商务融合发展水平和动因分析存在研究缺口。鉴于实体零售与电子商务融合发展的驱动因素与驱动机制的研究现状，本书基于产业融合中宏观和微观的视角，引入 Kaya 恒等式和 LMDI 分解模型，研究近10年来实体零售与电子商务融合发展的动力机制。

Kaya 恒等式和 LMDI 分解模型最初用于对能源消费与碳排放的驱动因素进行分解分析，并测算出各类因素对应的贡献值（Ang et al.，1998）。利用 LMDI 分解模型能有效清晰地分解出主驱动力的总量、结构和效率对驱动结果的不同影响。近年来，学者们开始基于拓展的 Kaya 恒等式和 LMDI 分解模型研究其他领域的相关问题，如用于研究财政支农支出对农业经济增长的驱动关系（辛冲冲和陈志勇，2017），行业规模效应、结构效应和强度效应对行业就业人口的不同驱动程度（辛冲冲和陈志勇，2018），以及技术广度、技术融合深度、技术规模和技术交叉融合强度对技术融合度的驱动程度（苗红等，2019）。本书提出利用 Kaya 恒等式和 LMDI 分解模型对近10年零售业发展的相关数据进行分析，进而挖掘实体零售与电子商务融合的驱动因素及其影响程度；最后结合各驱动因素为实体零售与电子商务的融合发展提出相关管理建议。

6.2　研究思路与模型构建

实体零售融合电子商务以实现数字化转型的内在机理需要寻求深度解析，探究两者融合的驱动因素是现存的研究缺口。本书基于拓展的 Kaya 恒等式建立 LMDI 分解模型，通过整合传统的宏观驱动因素和反映科技发展的相关微观驱动因素，综合考量经济规模、产业结构、人口效应、研发强度、投资强度、研发效率对实体零售与网络零售融合的驱动效应。研究思路如图6-1所示。

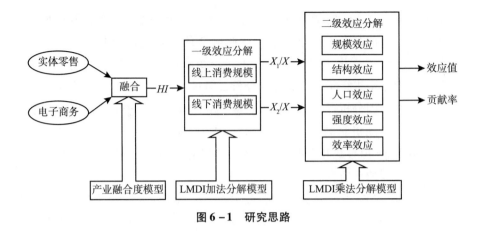

图 6 - 1　研究思路

6.2.1　产业融合度模型

对于两个或者多个产业融合发展程度的测算，一般会选取测算产业融合度的计量方法。赫芬达尔指数起源于产业经济学领域，是一种测算产业集中度的综合指数（胡金星，2007）。借鉴现有的产业融合度模型，基于中国零售市场中线下和线上两个竞争主体销售额占行业总销售额百分比数据，构建我国实体零售与电子商务产业融合度模型，表达式为

$$HI = \left(\frac{X_1}{X}\right)^2 + \left(\frac{X_2}{X}\right)^2 \qquad (6-1)$$

其中，X 表示社会商品总零售额，X_1 表示线上零售额，X_2 表示线下零售额；HI 为两者的融合度，$HI \in [0, 1]$，HI 值越小表示两者融合程度越高，反之则两者融合程度越低（Gambardella & Torrisi，1998）。

6.2.2　产业融合驱动因素分解模型

1. 一级效应加法分解

对数平均迪氏指数法（LMDI）是一种完全的、不产生残差的分解分析方法，可以清晰地分解出主驱动力的总量、结构和效率对驱动结果的不同影响大小。在众多分解方法中，LMDI 在理论基础、适应性等方面更有优势（孙才志等，2013）。本书采用 LMDI 分解我国实体零售与电子商务融合发展的驱动因素。综合考虑融合度模型的结构，一级效应分解中将影响实体零售与电子商务融合度变化的因素分解为线上消费规模效应和线下消费规模效应，以测度网络经济规模的扩大，实体零售的变动对实体零售与电子商务融合度的影响。

对式（6 - 1）两边取指数，表达式为

$$\exp(HI) = \exp\left(\left(\frac{X_1}{X}\right)^2\right) \cdot \exp\left(\left(\frac{X_2}{X}\right)^2\right) \qquad (6-2)$$

为方便描述，不妨使用函数标记式（6 - 2），即

$$G = f_1 \cdot f_2 \qquad (6-3)$$

LMDI 的加法分解可反映各因素对融合度的单位贡献实值，对照式（6 - 3），融合度的 LMDI 的加法分解形式为

$$\Delta G = \Delta f_1 + \Delta f_2 \qquad (6-4)$$

其中，总效应 $\Delta G = G_t - G_0$ 表示从基期到 t 年实体零售与电子商务融合度的变化值，称为总效应 ΔG，Δf_1 表示由线上消费规模变化引起的融合度变化，Δf_2 表示由线下消费规模引起的融合度变化。

2. 二级效应乘法分解

充分借鉴已有研究对实体零售与电子商务融合程度加深的影响因素的分析成果（毛磊等，2022），运用 Kaya 恒等式和 LMDI 分解模型将影响一级效应变化的因素分解为规模效应、结构效应、人口效应、强度效应与效率效应，以测度经济规模的扩大、产业结构的变动、技术水平的提高、研发强度和投资强度的变化以及科技转化效率的提升对实体零售与电子商务融合度变化的影响。分解模型中各变量的定义如表 6 - 1 所示。

表 6 - 1　　　　　　　　　　　变量的定义

变量	定义	变量	定义
$X_1/$亿元	网络销售总额	IS	产业结构效应
$X/$亿元	社会商品零售总额	ES	经济规模效应
$P/$亿	人口	PI	人口效应
$GDP/$亿元	国内生产总值	RE	研发效率
$R/$亿元	研发支出	RI	研发强度
$I/$亿元	固定资产投资	II	投资强度

基于此，一级效应中线上消费规模效应和线下消费规模效应变化可表示为

$$\frac{X_1}{X} = \frac{X_1}{GDP} \cdot \frac{GDP}{P} \cdot \frac{P}{X} \cdot \frac{GDP}{R} \cdot \frac{R}{I} \cdot \frac{I}{GDP}$$

$$= IS_1 \cdot ES \cdot PI \cdot RE \cdot RI \cdot II \qquad (6-5)$$

$$\frac{X_2}{X} = \frac{X_2}{GDP} \cdot \frac{GDP}{P} \cdot \frac{P}{X} \cdot \frac{GDP}{R} \cdot \frac{R}{I} \cdot \frac{I}{GDP}$$

$$= IS_2 \cdot ES \cdot PI \cdot RE \cdot RI \cdot II \qquad (6-6)$$

式（6-5）和式（6-6）中，$IS_1 = X_1/GDP$、$IS_2 = X_2/GDP$ 分别为线上消费总额与国内生产总值之比和线下消费总额与国内生产总值之比，表示产业结构效应；$ES = GDP/P$ 为人均生产总值，表示经济规模效应；$PI = P/X$ 为我国常住人口与零售总额之比，表示零售总额的单位增加值所占用的人口数量，一定程度上反映零售业技术和生产效率，在模型中用于表征人口效应；$RE = GDP/R$、$RI = R/I$、$II = I/GDP$ 分别定义为研发效率、研发强度和投资强度（研发效率是指每单位研发支出的产出，反映了研发投资对产出的转化能力；研发强度是指每单位固定资产投资的研发支出；投资强度是指单位产出的固定资产投资）。

6.3   实体零售与电子商务产业融合度测算

选取 2010—2021 年我国的零售数据进行分析，数据主要来源于 2010—2021 年的《中国统计年鉴》。首先，将社会商品总零售额数据划分为线上零售额与线下零售额；然后，根据前述产业融合度计算方法得到我国实体零售与电子商务融合度，如表 6-2 所示。

表 6-2   实体零售与电子商务融合度

年份	X_1	X_2	X	HI	年份	X_1	X_2	X	HI
2010	5091	151907.4	156998.4	0.93725	2016	51556	280760	332316	0.73785
2011	7826	176092.6	183918.6	0.91852	2017	71751	294510.6	366261.6	0.68495
2012	13110	197197	210307	0.88310	2018	90065	290922	380987	0.63897
2013	18642	219167.9	237809.9	0.85551	2019	106324	305325	411649	0.61685
2014	27908	234486	262394	0.80991	2020	117601	274380	391981	0.57999
2015	38773	262157.8	300930.8	0.77551	2021	130884	309939.2	440823.2	0.58249

赫芬达尔指数是一个负向指标，指数越小则表示产业融合程度越高；反之则融合程度越低。根据学者的研究（Gambardella & Torrisi, 1998）将融合度区间划分为：当 $0.2 < HI < 0.36$ 时，为高融合度区；当 $0.36 < HI <$

0.5 时，为中高融合度区；当 $0.52 < HI < 0.68$ 时，为中融合度区；当 $0.68 < HI < 0.84$ 时，为中低融合度区；当 $0.84 < HI < 1$ 时，为低融合度区。

根据表 6 - 2 可知，2010—2021 年我国实体零售与电子商务融合度均在 0.52 以上，说明两者的融合程度相对较低，经过十年的发展，目前处于中融合度区。从具体的年份来看，2013 年前，实体零售与电子商务融合度在各年度的值均达到了 0.84，处于较低的融合程度。2017 年至今，实体零售与电子商务融合度数值在中融合度区维持了较长时间；总体来看，近十年来采取的促进实体零售与电子商务融合发展的政策成效已逐步显现，国内实体零售与电子商务的融合程度在逐年加深，反映在产业融合度数值上是从 0.93725 下降到了 2021 年的 0.58249，已经从低融合度阶段发展进入中融合度阶段。

从融合度变化幅度来看，2017 年以前融合度下降的速度呈增长态势，2010—2017 年融合度下降幅度为 30.58%；2017 年至今，融合度下降的速度趋缓，2017—2021 年融合度下降幅度为 15.72%，2021 年下降速度创新低，仅为 0.43%。

6.4　融合发展驱动因素分析

6.3 节分析了 2010—2021 年我国实体零售与电子商务融合发展水平，本节采用面板数据研究当前影响我国实体零售与电子商务融合发展的主要因素。根据 LMDI 分解模型的结构特征，分两级研究融合发展驱动因素。

6.4.1　一级效应分解

本书采用 LMDI 加法模型分解我国实体零售与电子商务融合度，分解方法为

$$\Delta f_1 = \frac{\Delta G}{(\ln G_t - \ln G_0)} \ln\left(\frac{f_{1,t}}{f_{1,0}}\right) \tag{6-7}$$

$$\Delta f_2 = \frac{\Delta G}{(\ln G_t - \ln G_0)} \ln\left(\frac{f_{2,t}}{f_{2,0}}\right) \tag{6-8}$$

其中，Δf 代表由各因素导致的融合度的变动，下标 t 和 0 分别代表期末和期初，研究的基期为 2010 年，通过这两个变动效应指标可衡量某一时期内各因素对融合度变化的有单位贡献实值和贡献率，结果如表 6 - 3 所示。

表 6 – 3　　　　　　　　　　　　一级效应分解结果

年份	总效应	线上消费	线上 贡献率/（%）	线下消费	线下贡 献率/（%）
2010—2011	– 0.04737	0.001919929	– 4.05	– 0.049292842	104.05
2011—2012	– 0.13457	0.007043744	– 5.23	– 0.141614076	105.23
2012—2013	– 0.20038	0.012486258	– 6.23	– 0.212862024	106.23
2013—2014	– 0.30525	0.024595885	– 8.06	– 0.329846869	108.06
2014—2015	– 0.38124	0.036652339	– 9.61	– 0.41789209	109.61
2015—2016	– 0.46150	0.053274451	– 11.54	– 0.514778606	111.54
2016—2017	– 0.56927	0.084220033	– 14.79	– 0.653490774	114.79
2017—2018	– 0.65842	0.121038307	– 18.38	– 0.779456484	118.38
2018—2019	– 0.69987	0.143427641	– 20.49	– 0.843295417	120.49
2019—2020	– 0.76693	0.190967415	– 24.90	– 0.957901654	124.90
2020—2021	– 0.76245	0.187204132	– 24.55	– 0.949656516	124.55
2010—2021	– 4.98726	0.86283	– 147.86	– 5.85009	1247.86

　　图 6 – 2 为我国实体零售与电子商务融合度变动总效应的一级分解图。由图 6 – 2 可知，驱动我国实体零售与电子商务融合发展的主要因素是线下消费规模效应。根据表 6 – 3 测算结果可以发现，线上消费规模效应多为正值，表明线上消费对融合度增加具有抑制作用；线下消费规模效应多为负值，表明线下消费促进融合度的增加。

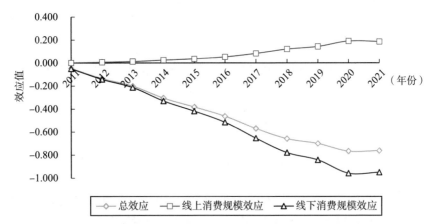

图 6 – 2　实体零售与电子商务融合发展变动总效应加法分解趋势

表 6 - 3 中，融合度变化的总效应为负，但 2020—2021 年融合度增加。这与新冠疫情强烈冲击我国的整体消费有关，疫情期间居民消费减弱，行业发展减缓导致实体零售与电子商务的融合程度下降。2020 年之前，总效应均为负值，说明我国实体零售与电子商务融合程度不断深入，这与网络经济快速发展背景下，国家政策支持发展实体零售以及各零售企业商业模式转变有关。结合各驱动效应数据来看，2010—2021 年，线上消费规模效应累计达 0.86283，年均贡献值达到 13.44%，累计绝对贡献率为 147.86%；线下消费规模效应的绝对年均贡献值达到 113.44%，累计绝对贡献率为 1247.86%。可见，考察期内线下消费规模效应对我国实体零售与电子商务融合的作用强于线上消费规模效应的作用，线下消费作为实体经济的基石发挥的作用依旧强劲，实体零售在社会消费品零售总额中依然占有很大比重，线上消费规模的迅速增加在促进实体零售与电子商务的融合发展中发挥的作用越来越突出。

6.4.2　二级效应分解

基于式（6 - 5）和式（6 - 6），在基期 0（以 2010 年为基期）和报告期 T 的线上、线下消费规模可以表示为以下乘法模式：

$$\frac{\left(\frac{X_1}{X}\right)^T}{\left(\frac{X_1}{X}\right)^0} = \frac{IS_1^T}{IS_1^0} \times \frac{ES^T}{ES^0} \times \frac{PL^T}{PL^0} \times \frac{RE^T}{RE^0} \times \frac{RI^T}{RI^0} \times \frac{II^T}{II^0}$$

$$= D_{1,is} \times D_{es} \times D_{pl} \times D_{re} \times D_{ri} \times D_{ii} \qquad (6 - 9)$$

$$\frac{\left(\frac{X_2}{X}\right)^T}{\left(\frac{X_2}{X}\right)^0} = \frac{IS_2^T}{IS_2^0} \times \frac{ES^T}{ES^0} \times \frac{PL^T}{PL^0} \times \frac{RE^T}{RE^0} \times \frac{RI^T}{RI^0} \times \frac{II^T}{II^0}$$

$$= D_{2,is} \times D_{es} \times D_{pl} \times D_{re} \times D_{ri} \times D_{ii} \qquad (6 - 10)$$

式（6 - 8）和式（6 - 9）分别反映了线上消费变化、线下消费变化幅度与驱动因素变化幅度的关系，通过更进一步的指数分解，能够精确计算各个因素导致的总变化量。采用 LMDI 乘法模型分解线上消费规模效应与线下消费规模效应的驱动因素可得

$$D_{is} = \exp\left(W_{is}^* \ln \frac{IS^T}{IS^0}\right), \; D_{es} = \exp\left(W_{es}^* \ln \frac{ES^T}{ES^0}\right), \; D_{pi} = \exp\left(W_{pi}^* \ln \frac{PI^T}{PI^0}\right)$$

$$(6 - 11)$$

$$D_{re} = \exp\left(W_{re}^* \ln \frac{RE^T}{RE^0} \right), \quad D_{ri} = \exp\left(W_{ri}^* \ln \frac{RI^T}{RI^0} \right), \quad D_{ii} = \exp\left(W_{II}^* \ln \frac{II^T}{II^0} \right)$$

$$(6-12)$$

式 (6-11) 和式 (6-12) 符号不区分线上消费规模和线下消费规模，实际计算中会区分线上消费和线下消费，且由于研究不做细分行业研究，权重值均为1。

根据式 (6-9)~式 (6-12)，得到我国线上消费规模变动的分解因素效应，见表6-4。

表6-4　　　　　　　　我国线上消费规模增长驱动效应分解结果

年份	总效应	结构效应	规模效应	人口效应	效率效应	强度效应（1）	强度效应（2）
2011	1.312	1.298	1.178	0.858	0.963	1.133	0.917
2012	1.922	1.970	1.291	0.755	0.896	1.112	1.004
2013	2.417	2.545	1.412	0.673	0.858	1.069	1.091
2014	3.280	3.510	1.523	0.614	0.847	1.021	1.156
2015	3.973	4.556	1.621	0.538	0.833	1.012	1.186
2016	4.784	5.592	1.746	0.490	0.816	1.035	1.184
2017	6.041	6.981	1.935	0.447	0.810	1.098	1.125
2018	7.290	7.931	2.127	0.432	0.801	1.219	1.025
2019	7.965	8.725	2.275	0.401	0.763	1.581	0.828
2020	9.252	9.392	2.332	0.422	0.712	1.851	0.759
2021	9.156	9.264	2.630	0.376	0.703	2.015	0.705
平均值	5.218	5.615	1.825	0.546	0.818	1.286	0.998

注：强度效应（1）表示研发强度，强度效应（2）表示投资强度。

我国线上消费规模变动的总效应乘法分解趋势如图6-3所示。

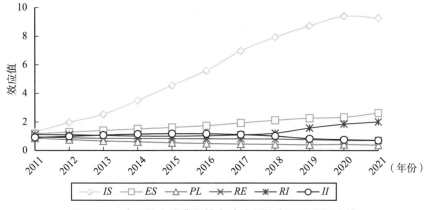

图 6－3　我国线上消费规模变动的总效应乘法分解趋势

我国线上消费规模变动驱动因素贡献率如图 6－4 所示。

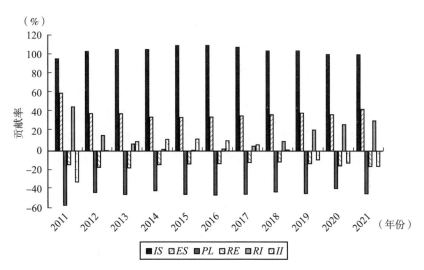

图 6－4　我国线上消费规模变动驱动因素贡献率

结合表 6－4、图 6－3 和图 6－4，对产业结构、经济发展、人口效应、创新效率、研发强度、投资强度对我国线上消费规模变动的驱动效应作进一步分析。从表 6－4 可知，2010—2021 年，我国线上消费规模强度平均每年较基年 2010 年增加 5.218，整体呈上升的变化趋势。效应分析除了人口效应、效率效应和投资强度效应对线上消费规模强度增加的平均效应没有超过 1，产业结构效应、经济效应和研发强度三个因素的平均效应均超过 1，平均效应依次为 5.615、1.825 和 1.286，说明当前产业结构优化、经济发展和技术进步对我国线上消费规模增加存在着显著的正向作用，其中产业结构优化的效果最为明显，而我国人口的发展现状、研发效率和投资强度对线上消费规模增长的发展作用不明显。

（1）产业结构。考察期内（即 2010—2021 年），产业结构调整对线上消费规模强度的增加具有显著正向影响，对线上消费规模变化的影响占主导地位。2010—2021 年产业结构的效应均为正值，产业结构对线上消费规模强度增加的平均影响效应为 5.615，累计贡献率为 1149.17%。具体年份上，2013—2017 年产业结构对线上消费规模增长的促进效果最为明显，平均贡献率为 107.89%，其中，2016 年的贡献率最高，达 109.96%；2017—2021 年贡献率逐年下降，2020 年降低至 100.53%。产业结构调整是指生产资源在具有不同技术、效率和利润的产业部门之间进行分配，引起不同部门之间产出份额的变化。根据新古典增长理论，结构调整是经济可持续增长的重要来源，也是转变发展模式的根本途径。在国内学者研究的基础上（李骏阳，2016），我们认为零售产业结构调整是传统实体零售部门与网络零售部门之间生产要素的流动。随着互联网技术的发展及移动端的普及，我国实体零售业市场份额在不断萎缩，面临产能过剩等问题。零售数据表明，我国每年的网购额已经可以满足新增社会消费品零售总额的要素，我国零售业业态逐渐由实体零售向虚拟零售结构调整，随之生产要素逐渐向网络零售倾斜。此外，电子商务等高附加值的互联网产业迅速发展，进而持续推动虚拟零售的发展，对线上消费规模增加的作用越来越明显。

（2）经济发展。在规模效应方面，2010—2021 年，经济发展对我国线上消费规模强度的增加表现为正向促进作用，贡献率累计为 440.52%，其中，2014—2017 年经济发展对线上消费规模增长的贡献率较低，平均效应值为 35.68%，2015 年后贡献率逐年增长，2021 年为 43.66%。一般来说，经济发展与生产力提升的作用是相互的，经济发展水平越高，用于研发投入的经费越多，生产力也将不断提升，从而带动产业的发展。马克思流通经济认为流通是由生产决定的（谢莉娟等，2021），因此经济发展能够提升流通效率，进而促进居民消费的扩容升级。2010 年以来，面对经济危机后国际经济的复杂局面，出口贸易受阻，给我国的经济造成了很大的影响，我国经济由高速增长转入中高速增长。经济增速的放缓使得生产力提升的速度减慢，从而导致经济规模对线上消费规模增长的效应值降低。2015 年是我国经济发展进入新常态的分界点，经济发展方式由高速发展转变为高质量发展，新发展格局以国内大循环为主体，构建的商贸流通体系有效促进了我国的消费，该阶段经济规模对线上消费规模增长的贡献作用增强。2020—2021 年，受新冠疫情影响，经济规模的作用减弱。

（3）人口效应。人口效应是抑制我国线上消费规模增长的主要驱动因素，其效果导致线上消费规模效应增长速率仅为 0.546。在绝对量上，2010—2021 年人口效应对我国线上消费规模强度累计贡献率为 −489.69%，单位人口对消费的效应值基本维持在 0.546 的水平，人口对于线上消费规模强度增长的红利贡献逐渐消失。从 1992 年起，我国人口内在增长率由正转负，开始积蓄人口负增长能量，人口同步进入惯性正增长阶段。随着我国人口结构在 2010 年前后发生转变，人口正增长惯性即将消耗殆尽。人口负增长影响技术进步和不利于刺激有效需求，从而影响我国经济的发展。从人口红利的角度分析，王京滨和乔慧玲（2022）的研究表明随着 2013 年前后中国人口抚养比由下降转为提高，传统意义上的人口红利趋于消失。人口红利对经济将产生负向影响。因此，在考察阶段，人口效应对我国线上消费规模强度是负效应。

（4）研发效率。2010—2021 年，研发效率对线上消费规模强度增加抑制作用的总贡献率为 155.43%，对线上消费规模强度增加的平均效应值为 0.818。研发效率代表研发投入与研发产出间的转换关系，是技术效率的表现，2010 年以来，我国经济发展减缓，投入产出比下降，研发经费利用效率变低，研发效率水平逐年下降，2021 年的研发效率仅为 2010 年研发效率的 70.3%。网络零售的发展得益于现代科技的发展，现代科技的发展得益于研发效率的提高，考察期内研发效率的下降导致线上消费规模强度的增加受到抑制。

（5）研发强度。技术进步是推动我国网络消费的关键因素，许多研究（Shao et al.，2016）通常将研发支出作为技术的替代指标，本书使用研发强度反映技术进步对我国线上消费规模强度增加的影响。考察期间研发强度对线上消费规模强度表现为一个正向效应，总效应为 14.15，对线上消费规模强度增加的总贡献为 171.07%。研发强度的贡献率与时间呈 U 型关系，从 2011 年的 45.98% 下降到 2015 年的 0.84%，2015 年后逐年上升，从 2.20% 上升至 31.64%。研发强度的效应值与研发支出和固定资产投资息息相关，我国在"十五""十一五"期间大搞基础设施建设，"十二五"期间大规模基础设施基本结束，固定资产投资占经济的比重下降。"十二五"是我国战略性新兴产业建设的转折点，战略性新兴产业、服务业的发展被列入"十二五"规划，是我国投资建设的重点。2010—
2021 年中国研发支出总量显著增加，年增长率达 13.36%，远高于同期
GDP 年均增长率，反映出我国在经济发展中重视科技研发创新。公共研发
补贴可以提高技术创新企业的研发水平。因此，考察期间研发强度对线上
消费规模强度的增长具有正向贡献作用，但总体来看，贡献作用较小。有
研究表明政府研发经费投入不足以有效推动中国目前较低的创新质量（陈
亚平和王胜华，2021），创新质量水平尚较低，难以和研发投入形成互动
效应，政府研发经费绩效不高，只能间接带动企业增加研发经费投入。

（6）投资强度。2010—2021 年，投资强度引起的线上消费规模强度的
平均变动为 0.998，总贡献率为 - 15.64%，整体表现为抑制作用。图 6 - 4
可以看出，投资强度的影响是波动的，2010—2011 年投资强度对线上消费
规模的增加的抑制效果达 31.94%；2012—2018 年间累计正向贡献为
53.55%；2018—2021 年累计抑制作用为 37.25%。考察期间，我国固定
资产投资规模不断扩大，但投资方向不同产生的经济效益不同，导致投资
强度对线上消费规模强度增加的效应不同。本书从固定资产投资构成的宏
观层面分析，能够从总体上洞察微观层面的企业投资的去向。"十二五"
以前，固定资产投资构成中主要是投资规模的扩大，增长主要依赖量的扩
大，而非技术的更新与改造；"十二五"期间，我国固定资产投资将呈现
低速常态化、消费引领化趋势特征，对新型基础设施投资需求快速增加，
新型基础设施是提供数字转型、智能审计、融合创新等服务的基础设施体
系，与新产业、新业态、新商业模式及新产品、新服务联系紧密。因此，
投资强度对线上消费规模增长的效应呈现上升后下降的不规则演变，近年
来受新冠疫情影响，投资强度对线上消费规模增长的效应明显减弱。

我国线下消费规模变动的总效应乘法分解趋势如图 6 - 5 所示。

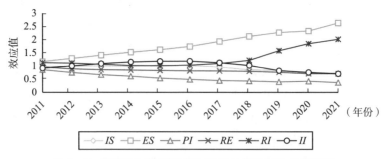

图 6 - 5　我国线下消费规模变动的总效应乘法分解趋势

整体上，线下消费规模强度逐年下降，从 2010 年的 0.97 下降到 2021 年的 0.70，下降幅度累计达 27.33%，并且数据表明疫情加剧了线下消费强度的下滑。图 6 - 6 是通过乘法分解结果计算的每个因素的贡献率。绝对累计贡献率从高到低依次为：人口效应（6599.37%）、经济规模（6028.92%）、研发强度（2440.27%）、研发效率（2083.41%）、产业结构（529.55%）和投资强度（356.86%），其中，经济规模和研发强度促进线下消费强度的增加，产业结构调整、人口效应、研发效率和投资强度抑制线下消费强度的增加。

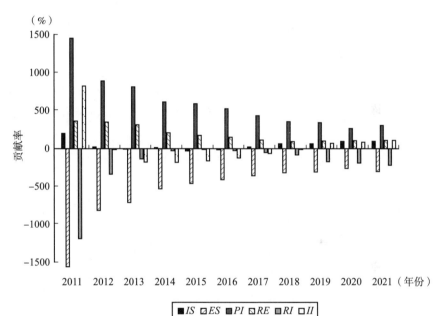

图 6 - 6　我国线下消费规模变动驱动因素贡献率

2010—2021 年，经济规模对线下消费强度的总效应为 20.07，累计贡献率达 6028.93%，说明当前经济发展是促进实体零售消费规模增长的主要因素。以工业化和城市化为特征的经济发展需要进行大量商品生产和商品流通活动，2003—2013 年，我国商贸流通业享受着经济高速增长、城镇化以及消费人口等多方面的红利，得到了迅速、巨大的发展，实体零售也因其粗放式扩张而占据了零售业的主要份额。随着国民经济市场化进程加快，进入市场流通的物质性商品和服务性商品不断增加，资金流通的规模进一步扩大，实体零售规模增长。有先前十年的发展基础，经济进入"新常态"以来，经济发展对实体零售持续发挥主要作用，实体零售整体步入低速增长的"新常态",实体零售逐步实现从粗放式扩张到内涵式增长的转变。产业结构是抑制线下消费规模强度增长的主要因素,我国经济发展上行压力大,经济发展进入常态化,产业结构调整通过提高生产要素配置效率,进而促进全要素生产率的提升。"十一五""十二五"期间,经济发展方式转变要求商贸流通业的流通方式从传统流通方式向现代流通方式转变,国家把推进信息化放在优先位置,政策上鼓励和促进电子商务等先进流通业态的发展(梁霄和郝爱民,2011),政府招商引资和补贴向网络消费倾斜,电子商务快速发展,网络消费逐渐成为常态。一方面政府投入与社会资本的投入减少,另一方面电商的迅猛发展使得电商对实体零售冲击的广度和深度逐步增强,实体零售的发展因此受到抑制。人口效应对线下消费规模强度的影响主要体现在人口红利的消失使得人口增长对线下消费规模强度的增长的效应逐年减少,人口增长的边际效应减少。

考察期内,研发强度对线下消费规模强度为正效应,累计贡献2440.27%。2011年后随着消费增长速度走平,城市化率已提升至相对高位,以及居民线上使用习惯逐步提升的趋势下电商加快对实体零售的分流,实体零售业在网络购物爆发式增长的巨大压力下加速调整转型,加快线上线下融合发展。"互联网+零售"已经处于国家级战略高度,2015年《"互联网+"流通行动计划》明确指出:支持大型实体零售企业利用电子商务平台开展网上订货实体店取货等业务(王玉香和徐洪波,2021)。互联网日益成为中国零售产业转型升级的新动力。"互联网+"的政策红利使得各行各业纷纷加入互联网化的行业,互联网与实体经济找到了优势互补的契合点,实体零售逐步与电子商务实现融合,国家对传统零售业转型的经费投入带动企业的研发活动,传统的零售企业在业务流程再造的基础上有效地配置资源,将网络渠道和实体渠道整合为一条统一的渠道,进而推动整个零售行业的线上线下融合,促进实体零售零售额的增长。

6.5　研究小结

本书采用我国经济发展的面板数据,在测算2010—2021年实体零售与电子商务融合度变化的基础上,运用Kaya恒等式和LMDI分解模型,分阶段考察各驱动因素对融合度变化的影响,综合上述分析与实际情况可以发现:我国实体零售与电子商务融合发展水平逐渐提高零售业中实体零售份额占优导致在两产业融合过程中实体零售业发挥的作用显著，电子商务对实体零售的冲击在一定程度上抑制了实体零售与电子商务融合的进程，但随着"互联网＋"的政策引导及网络零售日益规范化，电子商务的发展助推了产业融合的加深，并且这种促进作用发挥的作用越来越大。实体零售融合电子商务是实体零售与电子商务优势互补的过程，实体零售与电子商务产业各自的发展是产业融合加深的基础，产业结构调整对网络零售增长的影响最显著，经济规模对实体零售发展的影响最显著，国家投资和研发支出对两个产业发展的效果不明显，人口红利的消失使得人口效应抑制两个产业的发展。

基于上述发现，提出以下建议。

第一，宏观经济因素的常规因素是促进实体零售与电子商务融合发展最重要因素，我国经济的良好发展是线上消费强度持续增强、实体零售与电子商务融合加深的重要途径。中国零售业与电子商务必须经历一个结构和技术上的融合过程。这个目标可以通过改变中国的经济增长模式来实现。特别是，应当促进循环经济和数字化经济发展战略，以便最大限度地促进实体零售与电子商务的融合。

第二，零售企业和科技企业的资本和研发投资决策在促进实体零售与电子商务融合方面起着关键作用。因此，政府应加强财政政策对零售企业数字化转型的促进作用，制定相关的财税政策和激励措施，使企业更加重视将投资方向转向数字化转型。

第三，市场资金的投入可以带动产业聚集，赋能产业发展、促进产业结构转型升级，推动新零售的发展。因此，政府应持续引导市场融资向零售业出资，充分发挥市场化优势。

第7章 实体零售与电子商务融合创新发展的路径

7.1 实体零售业发展阶段与趋势

7.1.1 实体零售业发展历程

以时间点进行阶段划分，零售行业的发展经历了传统零售业、现代零售业、电子商务和新零售四个阶段（见表7-1）。

表7-1 零售业发展历程

时间	零售业态	主要特色	触发点
1850年以前	传统渠道	最传统的业态，开店门槛低，常常是家庭性质的模式经营，对管理与经营的要求低	人类的基本需求
1850—1990年	现代渠道	应市场需求，出现各式不同的现代渠道业态，如超市、大卖场、便利店、折扣店等。管理的复杂度高，技术门槛提升	连锁管理的发展
1990—2016年	电商	随着互联网渗透率的提升，电商成为新渠道，甚至是某些品类最重要的购买渠道。新的管理与经营模式产生，与传统线下渠道截然不同	互联网与数字化技术的发展
2016年至今	新零售	线上与线下不再是两条平行线，渠道呈现融合趋势，为消费者提供完整并全面的选择	新技术/新模式的出现，如大数据分析、AI等

资料来源：普华永道："新零售"时代，零售企业的致胜之道［EB/OL］. https://www. sg-pjbg. com/baogao/69634. html.

第一阶段，传统零售业（1850 年以前）：受制于技术的发展，在此阶段，工业化生产还未实现规模化，零售业态主要以"前店后厂"的私人手工作坊和杂货店（Mom-and-Pop Stores）为主。

第二阶段，现代零售业（1850—1990 年）：随着工业革命进程的不断推进及大规模生产的逐步实现，原来的手工工场或者作坊等家庭式生产组织形式逐渐难以满足大规模的机械化作业的需要，集厂房、机器设备、原料和能源等一切生产资料于一体并统一管理工人、工业生产过程的工厂制产生。传统零售业向现代零售业转型的标志是 1850 年零售商店这一新业态的出现。现代零售业主要特征之一是通过连锁店布局形式实现了更广阔消费人群的覆盖，此外是在供给端实现了商品销售的规模化、陈列的集中制和管理的系统化。随后伴随时代发展，现代零售业衍生出各种形式的零售业态，如 1930 年出现在美国纽约的"超级市场"，其开放式货架开创了消费者自助选购商品的全新购物体验。初期的超级市场以销售食品为主，兼售少量杂货。

我国第一个小型超级商场——广州友谊商店自选超级商场于 1981 年 4 月 12 日开始营业。最初开办时，普通市民需要凭借外汇券才能进入超级商场购买货品。由于广州是著名的侨乡，很多市民都持有外汇券，不少人拿着外汇券涌入超市。更多的人即使没有外汇券，也想来一睹新鲜，商场不得不采取措施限制人流。由于友谊商店出售大量市场上买不到的稀缺商品，一些畅销商品在开业时就被抢购一空，商店只能不断补充库存。

当时受欢迎的有上海产的熊猫牌炼奶、金稻牌丝苗米、梅林牌午餐肉这些其他商场中很难买到的商品。自 1950 年以来，零售业开始演变出各种各样的新业态，如便利店、专卖店和购物中心等。随着消费者购物需求和偏好的变化，零售业在产品多样性、品类专业化、产品质量及购物便捷性等各方面都得到了改善（见图 7-1）。

1946 年，世界上诞生了第一家真正意义上的便利店——"7 - Eleven"。总部主导型的加盟体系，是便利店发展的原动力。日本是将便利店发扬光大的国家。便利店实际上是零售业一种系统化的业态发展。在之前未出现 POS 机时，零售店会采用"SASIMI 调查"的方法来盘点；即按照单品管理要求，每天挑选一些品种进行盘点（包括销售数量和剩余库存），并核对数量、计算毛利。而"7 - Eleven"便利店的创始人在此方法基础上进行改进，对便利店销售统计、商品库存以及票据处理等相关程序进行简化，与多类伙伴展开密切合作，最终开发了销售管理、库存管理等系统软件，并首创商品分色标记体系。在铃木的领导下，"7 – Eleven" 的店铺数量为日本第一，平均销售额比同行高出 20%。

19世纪50年代
连锁商店

20世纪30年代
超级市场

20世纪50年代
便利店/专卖店/
购物中心

（1）统一管理、规模化
运作体系；
（2）分布范围扩大，临
近居民属区

（1）开放式货架，开创
自助购物新体验；
（2）信息系统发展

细分业态显现，支
持专业化、品质化、
快节奏等消费需求

图 7 – 1　现代零售业发展与演变历程

资料来源：普华永道："新零售"时代，零售企业的致胜之道 ［EB/OL］. https：//www. sg-pjbg. com/baogao/69634. html.

在中国，自 1992 年 "7 – Eleven" 被引入深圳，"便利店" 这一零售业态在中国的发展已达 30 多年。根据相关报告数据显示，截至 2016 年，中国便利店销售份额大于 1% 的品牌共计 17 家，而 4 家非内陆品牌共占比 17.6%，本土便利店 13 家占比为 47%，并且当前本土便利店 33% 的集中度还远低于日本 50% 以上的集中度。根据中国连锁经营协会发布的《2021 中国便利店发展报告》，2021 年全国便利店销售额 3492 亿元，便利店门店规模达到 25.3 万家，其中易捷、美宜佳、昆仑好客为门店数量的前三名。

美国、英国和澳大利亚是购物中心的早期探索者和实践者，尤其美国是购物中心发展的先驱国家。很多专家认为由休·帕拉沙 1931 年在美国得克萨斯州达拉斯市开发的达拉斯海兰帕克中心（Highland Park Shopping Village）是第一个经规划的购物中心。而中国购物中心的概念最开始却源于 20 世纪 80 年代末期，其主要原因是市场竞争环境激烈，百货商店不得不开始尝试购物中心的探索，但问题是百货店的转型升级并未改变经营模式，仅仅是在原有基础上实现了一些功能上的丰富。直到中国改革开放与城镇化建设后，一批具有战略眼光的投资人才真正开始了对中国购物中心的探索，购物中心作为一种新型房地产投资方式的出现是以广州天河城广场、上海港汇广场和上海恒隆广场等商城涌现为标志。

第三阶段，电子商务（1990—2016 年）：1990 年后，随着互联网的普及，电子商务模式开始盛行，颠覆了"线下渠道为王"的传统商品分销，零售业从线下转向线上。2003 年 7 月 7 日，阿里巴巴 CEO 马云宣布，阿里巴巴将投资 1 亿元把淘宝网打造成中国最大的个人网上交易平台。2003 年 10 月，支付宝上线，提供担保交易，解决用户支付安全问题。当时，中小产业集群是我国实体经济的重要组成部分，对淘宝网的发展起到决定性的作用。在 2006 年，淘宝已经占据在线拍卖领域 72% 的市场份额。2009 年，淘宝已成为中国最大的综合卖场，全年交易额达到 2083 亿元。

而在 2005 年，京东开始探索从连锁店到电子商务的转型之路，率先在 3C 和家电产品上实现了电商渠道的销售。2008 年京东电商渠道销售的商品种类进一步扩大，增加日用百货商品，完成了从 IT 电商向全能百货商城的转变。2008 年京东商城的销售额达到 13 亿元，首次超越当当、卓越亚马逊成为中国最大的自主 B2C 网站。在遭遇到物流瓶颈后，京东开始将重心放在了物流仓储体系的建设上，不断加大对供应链能力的投入、成立控股物流子公司、购买新的仓储场所等物流体系的建设，从而发展成为自有的物流体系。

线上渠道的发展使购物场所和时间不再局限和固定，极大地丰富了消费者的购物灵活性。同时，随着科技进步、网络及智能手机的普及，手机成为消费者接触市场最重要的媒介。移动端购物成为驱动电子商务进一步增长发展的新动力。根据普华永道《2017 年全零售研究报告》显示，被调研的消费者（$N = 905$）中，约 52% 的受访者每周至少使用移动端进行网购一次，40% 的受访者每周至少使用 PC 端进行网购一次。同时线上渠道与线下渠道边界开始模糊，全渠道融合的"新零售"模式日益完善。

第四阶段，新零售（2016 年至今）：2016 年阿里巴巴董事局主席马云首次提出"新零售"的概念。"新零售"成为热点话题，"新零售"概念开始渗透到各个消费品细分行业，深刻影响着各品牌商及零售企业。以"盒马鲜生""超级物种"为代表的零售企业纷纷开始尝试"新零售"模式，并不断推动新零售向成熟发展。

永辉努力打造了一个"优质生鲜餐饮＋零售＋体验式消费"的零售新物种，即超级物种。具体而言，是以强大的全球生鲜供应链系统完成高品质生鲜食材的提供，通过线下新场景体验完善其消费功能丰富与体验感强的特征，并以门店为中心提供三公里半径的配送到家服务。在商品的供给上，融合特色物种，致力于满足不同消费人群在生鲜领域的消费需求。在场景体验上，将食材售卖与餐饮体验结合，打造了私厨研发团队，为客户提供餐饮品尝体验，并有机融合了不同消费口味的特点，不断迭代用户的消费体验。

7.1.2 实体零售业发展趋势

随着互联网的普及、电子商务的发展，消费者接收的信息来源更多、速度更快，基本实现了实时掌握各类资讯。"泛在商务"已经深入人心，消费者能不受时间、空间等限制，以任何合适或方便的方式进行购物。纵观整个零售行业，传统业务模式受到颠覆式冲击，传统的实体零售不再能满足广大消费者的需求，实体零售迫切需要转型。

1. 数字化趋势

全球零售商正快速形成共识，即对于消费者而言，购物无关实体店与网店之间的博弈，亦非不同渠道之间的角逐。相反，消费者并不在意渠道。购物过程及前期调研是一个不断变化的动态过程，消费者往往线上线下来回切换。

数字化对消费支出的影响巨大。德勤《2016 年全球零售力量：跨越新数字化鸿沟》报告发现，消费者在实体店每消费 1 美元就有 56 美分受数字化交互作用的影响。此外，根据德勤全渠道机遇研究，综合运用网络、移动端以及实体店等不同渠道的消费者，其购物支出是仅在实体店购物的消费者的两倍以上。

据统计，数字化对 57% 的中国零售市场（以零售销售占比计算）产生了深远的影响，由此可见，未来零售企业的成功将受到数字化能力的影响。这意味着零售商必须贯穿全渠道进行充分且全面的规划，合理制定战略并付诸实施，无论最终销售是发生在实体端还是网络端。对零售商而言，打造无缝购物体验已并非锦上添花而是势在必行。正因如此，世界各地零售商均加大力度投入网络端与数字化。

耐克在 2013 年推广上线 Nike + 数字平台，通过该平台，耐克推出了多项能够对用户运动数据进行量化的个性化产品，例如通过为跑步人群创建公共服务账号 Nike + Run Club，引发社交网络集群效应。此外，对于不同运动场景，耐克根据消费者不同的运动习惯信息数据实现广告的精准投放，并优化门店线下布局选址，甚至可以根据数字平台上用户规模的扩大推测市场走势。

2. 线上线下融合趋势

聚焦国内零售业发展现状，网络零售在经历迅速增长的阶段后，增速开始放缓，实体零售主要业态经营回暖。商务部发布的零售业态销售数据显示，2017 年，零售四大业态的销售额均实现正增长，零售增速显著回升，便利店、专卖店、超市和百货店各业态的销售额增速分别为 8.3%、6.2%、3.8% 和 2.4%。网络零售与实体零售的发展现状迫使零售企业开始重新审视网络零售与实体零售间的关系。

在网络零售快速发展阶段，由于零售企业资源有限及未能实现资源的合理分配，企业往往独立运行其线上业务和线下业务，线上与线下零售被视为此消彼长的关系；网络零售的迅猛发展不断蚕食既有的零售市场份额，导致了零售企业内部网络零售业务与实体零售业务之间、外部网络零售商与实体零售商之间的直接竞争关系。

当线上零售发展逐步平稳，零售企业开始探索线上零售与线下实体零售的关系。具体而言，线上与线下的渠道关系由相互排斥转为融合协作，网络零售商和实体零售商意识到，线上渠道的数据流量和线下渠道的空间体验可以共创新的零售价值。

案例分析

优衣库——玩转线上线下营销

早在 2008 年，优衣库就开始了其线上线下营销策略的探索。其线上线下的营销策略在几次营销事件中均取得了不错的效果。

（1）亮点引爆，激活线上。2008 年，优衣库采取网络整合营销中的趣味原则，通过引入"UNIQLOCK"时钟主题，将当季服饰与美女运动结合，通过间隔 5 秒自动播放随机影片，增强消费者对广告的观看兴趣。事实证明，这一设计获得全球 200 多个国家超 2 亿人的广告浏览量。随后 2009 年，优衣库陆续推出日历主题，利用季节差异与音乐服饰的结合，帮助消费者了解不同月份售卖的商品。2012 年，在"UNIQLOCK"的基础上迭代形成"UNIQLO WAKE UP"App，获得了 196 个国家和地区的用户覆盖，远超出线下实体店铺覆盖区域。总而言之，优衣库以时钟日历推广的概念营销，不仅将品牌与消费者生活建立强的渗透，而且极大地推广了自身产品。

（2）SNS 首次尝试。优衣库曾经设计过一款社交小游戏，让消费者能在 SNS 平台上进行社交互动和模拟体验，并在选择卡通人物参与品牌促销的游戏情节中获得更强的品牌体验。该款小游戏通过相互推送 SNS 好友在参与活动过程中的中奖消息来增强 SNS 好友之间、好友与品牌之间的互动性。为促进消费者参与游戏的积极性，优衣库品牌方设置的活动奖项均为自家品牌的打折优惠券，消费者可以拿着优惠券到线下门店消费并享受一定的优惠。

2010 年，优衣库在 Facebook 和 Twitter 上发布了这款排队小游戏，进一步扩大了游戏及品牌的推广范围。新上线的排队小游戏允许用户双账号登录，排队领取优惠券。统计数据显示，排队小游戏上线后，有 6 万人次参与。

2011 年，优衣库选择和当时流行的 SNS 平台"人人网"合作，在人人网上搭建排队小游戏，该事件标志着排队小游戏正式进入中国市场。凭借先前积累的相应经验，排队小游戏在中国上线便取得不错的营销反响，极大地促进了优衣库的品牌推广。活动期间，优衣库中国官网的每日用户浏览量超过 10 万，相比活动前激增 5 倍。截至活动结束，游戏参与者达到 133 万，此次活动引流效果显著，实体门店销售额得到大幅提升。

优衣库巧妙地将 SNS 与排队抽奖活动结合起来，不仅增强了用户与用户之间的互动性、用户与品牌之间的关联，还通过优惠券的形式促进了线下实体门店的销售。

（3）推出 App，位置服务方便向线下引流。2014 年，优衣库官方手机应用程序 UNIQLO App 正式上线，官方应用集门店位置服务、门店信息、门店优惠服务于一体。用户可通过官方应用获取最近门店的位置信息、营业信息及门店销售的商品信息，用户还可通过官方应用实现足不出户的一站式购物。

（4）线下加强实体店铺设，推广 App。线下门店选址方面，优衣库倾向于将店铺地址选择在繁华的商业中心，既可以帮助品牌树立良好形象，向消费者传递积极的信号，从而加大品牌推广作用，同时商业中心的人流量大，也能极大提升门店的销量。此外，对于线下实体门店服务创新，优衣库也采取了积极的探索，例如在优衣库店内引入星巴克咖啡店，在店内摆放桌椅沙发及平板等电子产品等，为消费者创造良好的购物体验感。同时通过线下门店向用户推荐 App 使用的购物优惠等措施，完成消费者线上流量引导。

（5）线上线下融合，反常规 O2O 模式深得人心。优衣库通过网站、社交媒体等方式，聚焦消费新需求，打造差异化营销策略，不仅能够快速提升品牌知名度与热度，还为线下门店带入人流，提升销量。此外，优衣库利用大数据对新门店进行选址；线下门店作为线上门店进行流量导入。优衣库反常规的线上线下融合措施为其成为具备成熟 O2O 模式的服装零售企业奠定基础。

资料来源：优衣库官网。

3. 店内消费体验重构趋势

实体零售有着坚实的基础，虽然受到互联网冲击，但实体店的体验功能无法被电商取代，因此线下实体店不会被淘汰。然而，要与种类繁多、方便快捷的线上购物竞争，打造优质的客户体验，并提升客户对品牌的参与度是实体零售店的制胜关键。

其他实体零售商也逐渐意识到，能提供独特精致的商品、轻松愉悦的购物氛围，以及网购无法实现的礼宾式服务正变得尤其重要。全球零售店的内部设置正开始发生改变就是很好的证明。

通过线上数字化赋能改造以及线下空间体验重构，消费者到店体验得到极大程度优化，目前主要改造的品类集中于生鲜、数码和家居等品类。

📚 案例分析

盒马鲜生——"超市 + 餐饮"新业态

盒马鲜生作为生鲜超市 + 餐饮模式的新业态样板，门店内覆盖了日用高频消费品类的销售，还为消费者提供了"即时烹饪"的餐饮加工服务。盒马鲜生实现了线上线下零售业务的深度融合，为消费者提供"人到店"和"货到人"的可选即时消费方式；门店服务中将超市和餐饮相结合，极大强化了消费者对食物"新鲜"的需求满足（见图 7-2）。

盒马鲜生的店铺设计偏向现代化，门店陈列商品涉及多类产品区域，并且不同产品分区明确，此外还设有百货鲜花等商品区，极大丰富了多样化的消费者生活需求。货架高度适中，方便人随手能拿到商品，货架之间的通道比传统超市宽，方便家庭出行。生鲜现场制作，可以当场验证品质，更加深了顾客对其的信任感，洗手池、餐桌这些场景细节极大升级了舒适的体验感。盒马鲜生引导客户线上结算，方便快捷，节省人力，且可保证用户消费数据的提取，线上分析用户购买行为，便于供应链管理，以及作出更为精准的营销。

盒马鲜生作为一家以吃为主要场景的线下超市，其在对待食材的态度上，就一个字——"鲜"。每日提供新鲜的蔬菜、肉类、牛奶等，坚持不卖隔夜的生鲜。同时小包装的销售方式保证了食材的当天使用，不用担心因过量导致的食材浪费和储存问题。另外，盒马鲜生也在推动"生熟联动"与"熟生联动"的体验方式。消费者在选购水产品之后如不愿自己烹饪，可选择在门店制作海鲜的做法。另外，消费者还可以直接购买制作食物所需的调料自行加工，同时盒马App中也有相应的视频教学可让用户参考。除了食材的新鲜之外，盒马鲜生也在倡导新鲜的方式去享受生活。盒马鲜生通过在门店中提供多样化的消费场景，吸引顾客主动拍照和分享，打造新的生活方式，帮助顾客体验智慧厨房新生活，进而提升消费价值，增强顾客黏性，扩大消费需求。

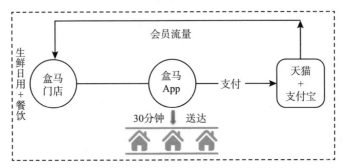

图 7 - 2　盒马鲜生模式简析

资料来源：艾瑞咨询．《2018 年中国零售趋势半年报》〔EB/OL〕．https：//www. iresearch. com. cn/Detail/report？id＝3247&isfree＝0。

4. 前沿科技融入趋势

飞速的技术进步与突破式创新颠覆了零售业务模式，其速度之快、范围之广均达到空前水平。零售商应及时跟进大数据、云计算、区块链、AR、VR、物流网、人工智能等新兴技术。

零售行业正不断引进上述使能技术、自动化以及其他技术，无论实体店还是在线零售商，均可运用这些技术工具扩大业务，并强化与客户之间的关系。

高科技产品在线下门店中的融入使用在消费者购物流程便捷性与沉浸式购物体验重构上发挥了重要作用，例如 VR 和人脸识别等技术，通过消费者与购物场景的沉浸互动，为消费者带来更丰富的感官体验，提高消费者对购物的心理溢价。基于人工智能的声控电子设备正颠覆人们的购物方式，零售商纷纷在店内部署前沿技术，旨在提升并打造个性化购物体验，从而吸引更多人到店购物。部分零售商还尝试引进店内机器人，由其处理日常例行工作，并提升效率与服务水平。

案例分析

无人店兴起——以苏宁为例

无人店（无人超市/无人便利店等）的出现体现了技术与自动化最先进的运用成果。随着移动支付技术的发展，"拿了就走"的购物模式已完全成为现实。不过无人店的运行现仍处于初级阶段，目前消费者可以进入商店浏览，并通过智能手机应用程序自助扫描商品，仅需点击手机完成支付后即可自行离开。

自动售货机出现较早，产品涵盖范围广，以标准化产品为主。例如友宝，国内的典型企业，主要被放置于楼栋的公共区域以及其他半封闭场景中。开放式货架在我国出现较晚，但推广速度较快。例如小 e 微店，截至 2016 年 8 月其已经在全国开设了 1500 多个网点。而目前市场上的开放式货架大部分安置在封闭式的企业内部场景。自 2016 年以来，无人管理经营的小型超市或便利店也出现了爆炸式增长，无人零售（见图 7-3）在零售行业巨头的带动下快速推进。

开放货架	占地面积较小（<10平方米）	开放式	距离消费者最近	如每日优鲜便利购、猩便利、小e微店等
自动贩卖机	占地面积较小（<10平方米）	封闭式	距离消费者较近	如友宝、天使之橙、零点咖啡吧等
无人便利店	占地面积较大（10-30平方米）	模式不一	距离消费者较远	如缤果盒子、小麦铺、便利蜂、F5未来商店等
无人超市	占地面积大（百/千平方米）	半开放式	距离消费者最远	如AmazonGo、淘咖啡等

图 7-3　中国无人零售业态分类

资料来源：艾瑞咨询.《2017 年中国无人零售行业研究报告》［EB/OL］. https：//www. iresearch. com. cn/Detail/report? id = 3098&isfree = 0.

据中商产业研究院统计，我国无人零售市场总销售额由 2016 年的 88.12 亿元增至 2022 年的 330.19 亿元，预计 2023 年无人零售市场总销售额将达 427.59 亿元。专业分析师认为，无人零售模式人力需求低、时间成本低，其人力和成本优势得到各大电商平台和零售企业的认可。但无人零售店的路能走多远关键在于技术的应用和社会信用体系健全程度。

作为智慧零售的先行者和实践者，苏宁早已对数字化门店领域开始布局，完成了一整套全场景零售生态的构建。2017 年 8 月，无人零售刚刚兴起，苏宁便发布了《无人店的智能化分级》报告，从零售实践的角度为无人店的发展提供了客观性的指导和参考。与此同时，苏宁的第一代无人店走上前台——2017 年，无人店"苏宁体育 Biu"落地，消费者通过苏宁金融 App 进行"绑脸"后即可进店消费，正常步行速度通过付款通道实现付款。2018 年 2 月，苏宁无人店 2.0 亮相南京新街口。与第一代无人店相比，第二代无人店除了消费体验更流畅，还更注重采用各种 AR 游戏加强与消费者的互动，提升消费体验。另外，第二代无人店还可通过智能系统计算门店客流，综合各类应用的交互体验数据、销售数据、门店订单等，洞察区域化、本地化的用户数据，优化提升各门店运营，从而进行商业用户引流。从 2017 年到 2019 年，两年内苏宁无人店四度升级，通过"视觉＋感应器"技术实现了 C 端购物顺畅体验及 B 端消费数据采集及门店模式优化的不断升级。

2019 年 8 月 18 日，第四代苏宁首家全场景应用的全数字化视觉无人店 SUNING BIU 开业，借助于物联网、人工智能等技术，同时依托于苏宁风控平台、金融支付等最新前沿科技，可以提供消费者在进行购物时即拿即走的优质体验，并同步支持多种支付方式，例如单人单账户、多人单账户等。店内安装着若干摄像头和重力感应货架，而这也是苏宁智慧无人店作为全数字化视觉无人店的核心技术所在：放弃了成本较高的 RFID 标签识别系统，通过"视觉识别＋重量感知"系统捕捉产品信息，从货架上取下的产品将会被自动添加到虚拟购物车中，并在退货时自动删除。使用 AI 人脸识别技术，当消费者离开商店时，闸机自动打开，系统根据购物车清单同步结算完成支付，且支持单人单账户、多人单账户等支付方式。据统计，平均购物时间将节省 45 秒，买一瓶矿泉水最快 1 秒。

资料来源：苏宁易购官网。

7.2　电子商务发展的趋势与规律

近 20 年来，我国电子商务发展迅猛，引领全球。电子商务涵盖的商品种类日渐齐全，涵盖的行业越来越多元化，从以前的图书、3C 行业不断拓宽范围到机械、家居、服装行业；使用电子商务购物的人数越来越

多，从非主流群体向主流群体拓展，从大城市向中小城市和农村延伸，从
沿海地区发展到内陆地区。

2012 年，中国的网络零售额超过 1 万亿元①，标志着我国电子商务的
发展已经全面超越欧盟、日本等经济体，部分领域与美国持平。究其原
因，我国电子商务的发展成就得益于我国网络信用体系的建立以及大规模
定制的商业模式的成功探索。而电子商务的全面发展渗透到经济社会的方
方面面，直接增加就业岗位、提升产业链供应链、促进各产业的转型升
级、培育新兴产业、成为数字经济的核心引擎、促进经济的全面发展等方
面的价值也逐渐显现出来。

经过 20 年的发展，电子商务也逐渐开始与实体经济相融合，二者相
辅相成、共同发展，实体产业实现网络化构成了新兴的经济形态——互联
网经济体。

7.2.1　电子商务发展的历程

自 1995 年以来，在中国电子商务历经了三个阶段的逐渐拓展和深
化的发展过程："工具"（点）—"渠道"（线）—"基础设施"（面）。
2013 年，电子商务的"基础设施"全面促进新型商业生态和商业景观
的发展。此后，发展进程不断加快，其影响范围逐渐扩大，"电子商务
经济体"兴起。

电子商务从最初三个发展阶段到"经济体"的发展演化，是零售商业
模式的拓展、演进、创新和生态化的历程，不是简单的推陈出新。如果总
结电子商务的发展历程，可以包括四个阶段（见图 7 - 4）。

1. 萌芽时期（1995—2002 年）

1995—2002 年是中国互联网的启蒙和探索期，亦为电子商务发展的萌
芽期。电子商务在该阶段的探索与发展主要围绕企业与企业之间展开。这一
阶段，电子商务的技术发展处于起步阶段，其应用也相对简单，主要是企业
信息的发布、企业信息检索与邮件沟通，电子商务应用的范围相当有限。

1995 年，马云创办了中国最早的网页创建服务网站"中国黄页"；
1997 年，"中国化工网"诞生；1999 年，携程、当当、阿里巴巴、8848
等一大批电子商务网站相继成立。在互联网发展如火如荼的 1999 年，仅
在中国大陆就有 370 多家 B2C 互联网公司出现。到 2000 年，B2C 互联网

---

① 中国电子商务研究中心 . 2012 年度中国网络零售市场数据监测报告［EB/OL］. http：//
www. 100ec. cn/zt/2010bgdz/.

公司的数量已经增长到700家。然而，2000年左右互联网泡沫破裂，8848及其他电子商务公司破产，中国的电子商务经历了漫长的"冰河时期"。

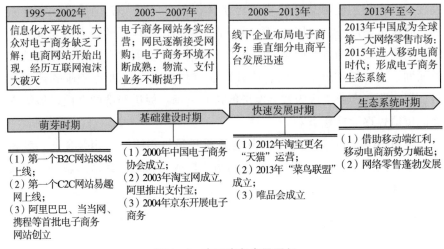

图7-4 电子商务发展历程

资料来源：艾瑞咨询. 2017年中国移动电商行业研究报告〔EB/OL〕. https：//www. iresearch. com. cn/Detail/report？id＝2953&isfree＝0.

案例分析

8848——我国首个电子商务网站

8848的前身是北京连邦软件公司，由福州连邦的王峻涛于1994年12月底个人独立出资所创建。1999年底，王俊涛开始计划在北京经营一个电子商务网站。在8848成立之前，连邦软件公司的IT产品销售已经在业内树立了巨大的优势。当时连邦的连锁专卖店已经覆盖了300多个城市，这些线下实体门店可为连邦电子商务业务实现商品的配送和收款；同时，连邦的供应链完善，特别是在IT产品、电脑图书和软件方面。依托于其完善的库存信息系统和优越的仓储优势，连邦软件公司对于发展电子商务势在必行。而且，那时共近200万互联网用户，大多数都是电脑玩家或行业专业人士，因此很容易接受8848网站上销售的连邦产品，可谓是天时、地利、人和。

1999年5月18日，8848电子商务网站正式面向大众发布。8848隶属于公司的电子商务部，连邦软件公司没有单独设立子公司负责8848的运营。1999年底，8848在全国450个城市开通了网上超市配送业务，连邦也已成为中国覆盖范围最大的零售公司。2000 年初，8848 电子商务网站的 B2C 业务月销售额突破千万元，销售的产品也拓展到 16 个品类上万种，其网络销售额遥遥领先于其他零售企业，一度处于"绝对垄断"的地位。然而由于股权混乱、缺乏优秀的管理团队、折扣促销使其亏本销售、物流结算等环节不配套等种种原因，8848 先后出现了拖欠供货商货款、收钱不送货等问题。2001 年 9 月 20 日，8848 网站被法院查封，连邦对电子商务模式的首次尝试以失败告终。

资料来源：8848 电子商务网站的发展历史 ［EB/OL］. https：//wenku. baidu. com/view/cccf56eb0f22590102020740be1e650e52eacfa9. html？fr = sogou&_wkts_ = 1692252376447.

2. 基础建设时期（2003—2007 年）

在基础建设期，电子商务服务的范围不再局限于企业之间，开始了企业向个人的延伸。2003 年，非典的肆虐并没有击退电子商务发展的势头。这一阶段，电子商务行业发生了一连串重大事件，如阿里巴巴集团首次迈入 C2C 市场，于 2003 年成立淘宝网；慧聪网在香港创业板成功上市；2004 年，京东着手筹备和运营其电子商务业务；阿里巴巴于 2007 年在香港上市。好的营商环境离不开政策的支持，国家出台的一系列重要文件对电子商务的发展有着深远的影响。2004 年 3 月，国务院常务会议审议通过《中华人民共和国电子签名法（草案）》；2005 年 1 月，国务院办公厅下发《关于加快电子商务发展的若干意见》（多被称为"二号文件"）。2007 年 6 月，国家发改委、国务院信息化工作办公室联合发布我国首部电子商务发展规划——《电子商务发展"十一五"规划》，我国首次提出发展电子商务服务业的战略任务。2007 年，商务部先后出台了《关于网上交易的指导意见（暂行）》《关于促进电子商务规范发展的意见》，初步建立了支持电子商务发展的政策生态。

随着网民数量和电商线上交易次数的快速增长，大众对电商线上交易的心理接受程度越来越高，电子商务已经成为企业和个人消费者的新型交易渠道。个人和企业涉足电子商务的数量不断增多，"网店潮"兴起，促进了物流及网上支付等服务的发展。国家统计局数据显示，2007 年，我国网络零售交易规模 561 亿元。

案例分析

京东——从中关村小店到 B2C 巨头

1998 年，刘强东选择在中关村的一个小柜台创立了京东，主营业务为代销光磁产品与销售刻录机、光盘等。仅过了两年，京东已成为中国名列前茅的光磁产品代理商。但随着光磁产品市场逐渐饱和，京东公司的营业利润开始下滑，京东开始了其转型之路。刘强东将目光锁定在 IT 产品连锁店上，重新定位京东公司为零售商而不再是代理商。2001 年，京东在中关村创办了第一家零售店，名为"京东多媒体"，销售键盘、鼠标和声卡等电脑产品。

2003 年，突如其来的"非典"重创了京东的零售业务，京东的线下业务不断萎缩。为了清理库存，缓解线下门店的压力，不得不将商品放到网上销售。然而，京东的线上业务发展态势甚至赶超其线下业务，网上的订单越来越多，增速不断加快。"非典"过后，刘强东果断选择大力发展线上业务。2004 年，京东的业务重心开始由线下连锁零售向电子商务转移，同年，"京东多媒体网"电子商务网站开始上线。2005 年，为降低线下门店、销售人员的成本，京东放弃连锁店业务，集中资源专注于线上零售，关闭全国 12 家门店，专注于在线销售，同年 11 月，京东多媒体网日订单处理量稳定突破 500 个。2007 年，网站正式改名"京东商城"，京东正式推出新域名 www.360buy.com，同年 7 月，京东的北上广 3 个物流体系建成，物流总面积超过 5 万平方米。随后，京东又在这三个地方开通了移动 POS 上门刷卡服务，开辟了中国电子商务新的天地。2008 年，为更好地满足用户的需求，京东商城销售商品的范围进一步扩大，从最初的 3C、家电扩充至日用商品，开始从 IT 电商向全品类百货商城转型。2008 年京东商城首次销售额超过当当和亚马逊，成为中国最大的独立 B2C 网站。

资料来源：京东官网。

3. 快速发展时期（2008—2013 年）

随着互联网和电子商务的不断发展，电子商务在经济活动中的作用越发重要。电子商务加速了传统产业的信息渗透和企业形态的转变。它改变了消费行为，革新了社会创造价值的方式，使消费者成为价值的共同创造者。同时，它降低了社会交易成本，并推动了社会分工合作。电子商务环境下，社会资源配置效率得到提高，对制造、零售、物流等行业产生了深刻的影响。利用围绕电商平台建立的新型商务基础设施来降低成本、创新服务、共享资源的企业与个人数量飞速增加，也极大地推动了电子商务的快速发展。根据中国互联网络信息中心（CNNIC）的数据，截至 2008 年 6 月底，中国互联网用户数量达到 2.53 亿。[①] 当时，中国成为了全球"互联网人口"第一大国，互联网用户数量在世界上首次超过了美国。

2010 年两会期间，《政府工作报告》明确提出，要加强商贸流通体系等基础设施建设，积极发展电子商务，这也是首次在全国两会的《政府工作报告》中明确提出大力扶持电子商务。2010 年 10 月，作为中国内地的首家 B2C 电子商务概念股，麦考林在纳斯达克成功上市；同年 12 月，当当网在美国上市。2011 年，团购网站兴起发展迅速，全国团购用户超过 4220 万。2012 年，天猫从淘宝商城分离，独立运营；唯品会在纽约证券交易所挂牌上市。2013 年，阿里巴巴与复星集团、顺丰速运、银泰集团等物流公司共同成立了"菜鸟"，在 8～10 年内打造了一个智能物流骨干网络，支持每天 300 亿元的网络零售额，实现中国任何地区包裹能 24 小时内送达。

案例分析

天猫——"双十一"撬动消费革命

2009 年的秋天，"双十一"最初的定义是"让消费者一年有一次美好的时光"，它恰好避开传统的国庆与元旦，处于秋转冬的消费需求点。经过后续十年的延续，克服重重困难，终于成为全球最大规模的购物节。

第一年的"双十一"，参与的品牌共有 27 个，共销售 5200 万元，其中来自绫致集团的男装品牌 JACK & JONES 独占鳌头，单店销售 500 万元，虽然这个金额在之后的"双十一"中已不足道，但它却在当年占了整体销售额的 10%，此后再无品牌有此殊荣。

2012 年 1 月，淘宝商城为追求更清晰的消费定位，更名为"天猫"。"天猫"起源于"tmall"，但其更深层的含义是通过"猫"来凸显购物平台对消费感知的灵敏。猫既性感又有品位，天猫网购代表着时尚、品质、潮流、性感；猫天生挑剔，对于品质、品牌、环境都无比挑剔，这正是天

---

① 中国互联网络信息中心（CNNIC）. 第 22 次中国互联网络发展状况统计报告［EB/OL］. https://www.cnnic.cn/n4/2022/0401/c149-4604.html.

猫网购希望打造的品质之城。一年多前曾经离开淘宝的品牌纷纷回归阿里巴巴，87家独立B2C公司进入天猫，包括当当网和后来的苏宁。2012年也是中国B2C平台百花齐放的一年，京东的自营B2C已经达600亿元，凡客声势正旺，偏居华南的唯品会在年底上市了，各类垂直电商如优购、拍鞋、乐淘、库巴、红孩子，都是一片欣欣向荣之景象。

"双十一"进入第四年即2012年，这一年的成交额是191亿元，传统品牌开始感受到电商的力量，服饰、家电、手机等实力品牌入驻，接力淘品牌开始撑场。而起步早的品牌如骆驼在此时，已经在天猫销量过10亿元，成功地抓住了传统品牌在电商的第一波红利。这一年，天猫的总销售额达到2200亿元，之后进入高速增长的快车道。

2013年之后，天猫的B2C业务已上轨道，为了满足更多的消费场景与获取更多的增量，一系列产品不断产生。2013—2015年，围绕着"国际化、渠道下沉、新零售、高频交易、物流提效"等方面，分别出现天猫国际、农村淘宝、融合零售商、天猫超市、菜鸟物流等项目，在各自领域都初具规模，如天猫国际与超市都是年销售额超过千亿元的平台。而菜鸟物流在此两年的"双十一"中也堪当大任，在时效方面也有明显的提升。

近几年的"双十一"，天猫在不断变化，电商也不再仅仅是一个购物—支付—收货环节，各种生活的场景元素都出现在了天猫。比如天猫晚会、明星网红直播导购、线上下单线下提货、线上试妆镜与线下无人贩卖机等新概念元素不断出现。产品层面，独家新品，联名发售，黑科技层出不穷，天猫不仅是销售平台、互娱平台，更是产品打造平台。越来越多的顶级商家联合天猫，发动用户，创造出更多让用户满意的产品。在这十年里，主流商家从淘品牌不断向国际品牌过渡，主流品类也依次拥抱天猫。天猫亦成长为行业第一平台，在产品、支付、物流、营销、内容各个方面形成了自己的商业闭环（天猫的双十一成交额见表7-2）。

表7-2　　　　　　　　　　2009—2018年天猫"双十一"成交额

年份	成交金额/元	变动	备注
2009	5200万	首年	27个品牌参与
2010	9.36亿	1700	711家店铺，淘品牌天下
2011	52亿	456	传统品牌商涌入，规模初现
2012	191亿	267	淘品牌统领榜单
2013	350亿	83	移动端兴起

续表

年份	成交金额/元	变动	备注
2014	571 亿	63	消费由 PC 端转移至移动端，成交占近半
2015	912 亿	61	"双十一"出海与村淘渠道下沉
2016	1207 亿	32	内容、直播、导购、晚会
2017	1682 亿	40.05	互动创新、全渠道、全球化
2018	2135 亿	26.93	新零售、全渠道、线上下一体化

资料来源：历年天猫双十一成交额统计数据汇总（2009 年至 2020 年）［EB/OL］. http://www. southmoney. com/caijing/caijingyaowen/202011/7482896. html.

4. 电子商务生态系统发展时期（2013 年至今）

2013 年，中国网络零售市场规模首次超过美国（见图 7 - 5），成为全球第一。统计数据显示，2013 年，我国电商交易规模突破 10 万亿元，网络零售规模达到 1.85 万亿元。2014 年 2 月，中国就业促进会发布《网络创业与就业统计及社会保障研究项目报告》。报告显示，全年网店直接就业 962 万人，间接就业 120 多万人，成为新的创业就业增长点。

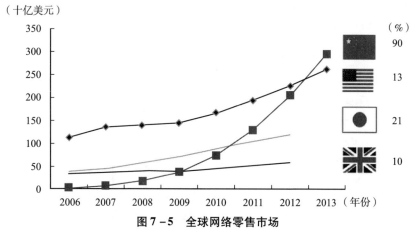

图 7 - 5　全球网络零售市场

资料来源：《2016 年全球零售力量：跨越新数字化鸿沟》［EB/OL］. https://max. book118. com/html/2017/0621/117125263. shtm.

2014 年，中国网络购物用户达到 3.32 亿人，52.5% 的网民在网上购物。2014 年 4 月，聚美优品在纽约证券交易所上市。同年 5 月，京东在美国纳斯达克成功上市；9 月，阿里巴巴以每股 68 美元的价格在美国上市，融资额是美国历史最大。2014 年，中国以 140 亿件快递量位居世界第一。

2015 年 5 月，国务院印发《关于大力发展电子商务加快培育经济新动能的意见》，从政府政策层面进一步推动我国电子商务创新发展。2015 年移动端交易规模占比超过 PC 端，进入移动电商时代，移动电商新势力崛起，市场更加多元化。

互联网技术的发展促进了网络零售的发展，而网络零售的蓬勃发展同时也促进电子商务生态系统的形成，推动了网络营销、物流快递等生产性服务业的发展。受电子商务的影响日益增强，以电子商务为基础的新商业进一步促进和增速了传统行业的"电子商务化"。无论是农业、工业还是服务业，都实现与电子商务的融合发展，或者实现了电子商务转型，促进和带动经济整体转型升级。

案例分析

菜鸟网络——打通数字化物流全链路

伴随着网购和电子商务的快速发展（见图 7-6），物流快件数量暴增（见图 7-7）。统计数据显示，2008—2017 年，全国规模以上异地快递业务增量复合增长率达到 39.5%。如何提升物流配送速度，缩短商品送达消费者手里的时间，是物流业亟待解决的问题。

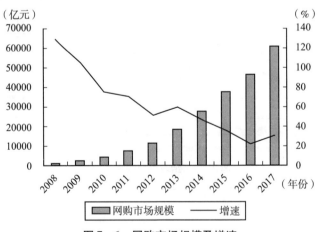

图 7-6 网购市场规模及增速

资料来源：根据艾瑞、Wind、兴业证券经济与金融研究院整理。

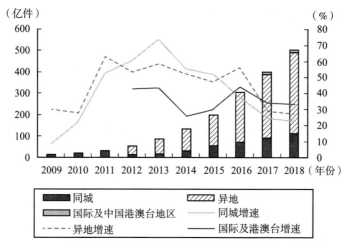

图 7 - 7　各类规模以上快递业务及其增速

资料来源：根据国家邮政局、Wind、兴业证券经济与金融研究院整理。

　　快件量的增速与快递企业服务质量不匹配的问题困扰着网络零售商和电子商务服务商。天猫在其快递环节存在明显的劣势，频繁出现"双十一"期间爆仓的现象。2013 年，阿里巴巴决定与物流、房地产、零售等公司共同打造菜鸟网络。菜鸟是一家聚焦于构建顺畅物流网络并提供相应智慧供应链服务的互联网科技公司，目标是加快实现"全国 24 小时、全球 72 小时必达"的物流网络。

　　菜鸟推出的"一横两纵"战略，目的是打造一张全球化的物流网络（见图 7 - 8），目前已小有成效。在传统的天猫电商模式中，信息流、资金流和物流分别由天猫电商平台和菜鸟网络、支付宝和物流公司这四个主体负责，通过四者之间的合作有效帮助买卖双方完成交易。天猫和菜鸟共同负责处理信息流，但在职责上存在差异。买卖双方信息流由电子商务平台负责，而电商平台与物流公司的信息流及买卖双方中信息流的同步由菜鸟网络负责。菜鸟网络是物流信息传递中介，依托于大数据、人工智能等前端科技，能够高效提升整体物流效率。

　　菜鸟网络业务中，与消费者最息息相关的是菜鸟驿站和菜鸟裹裹。其中，菜鸟裹裹是由菜鸟推出的一站式服务 App，包括查、收、发快递服务，甚至先后推出了 0 元退换货、0 秒退款、2 小时到门等服务。菜鸟裹裹便捷、快速的退换货服务使其逐渐成为消费者寄快递首选。2019 年 7 月，为满足上班族的时间需求，菜鸟裹裹在生活节奏快的 15 个城市专门针对晚间提供 1 小时上门取件服务；8 月，阿里巴巴联合菜鸟裹裹推出

"极速退款"服务。2019 年 9 月，菜鸟裹裹拥有超过 1 亿用户，服务范围涉及全国超过 2800 个区县，是最大的在线配送平台。

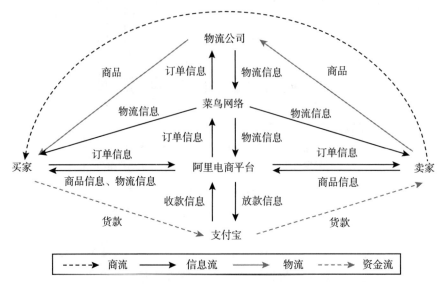

图 7 - 8　阿里购物环境下的商流、信息流、物流和资金流（点对点模式）

资料来源：根据公司资料、兴业证券经济与金融研究院整理。

　　菜鸟驿站是阿里物流为消费者提供优质服务的重要节点。菜鸟通过与各快递公司合作，共同打造菜鸟驿站，打造最后 100 米的实体服务平台，尝试构建新生态。目前，菜鸟驿站在全国共有包含便利店、校园驿站在内的 4 万多个站点，为消费者提供临时保管包裹和代寄服务，并承诺免费保管，遗失一律赔偿。此外，顾客进行快递收取和发送能够形成人流量，通过这种方式，菜鸟可以实现其他附加的商业生态，拓展菜鸟驿站的零售商品、构建人流量正循环等功能。菜鸟天地功能范围全面，是一个菜鸟与其他各家快递企业进行数据交互和共享的平台，基于数据为快递企业提供帮助，进一步改善服务质量，提升快递揽派效率。该平台拥有的主要功能多，例如快递及网点的指标分析、对异常情况的响应、业务详细分析及各种业务工具等，其中：快递指标是对物流服务的综合评价，有助于促进行业竞争；菜鸟指数是对物流时间、配送服务等五个环节进行衡量的指数。

　　菜鸟网络通过一系列 9 大数据产品，带动了物流信息化进程：菜鸟电子面单可以自动串联发货商家、送货快递公司、与收货消费者以及干支线路的数据信息，国内 TOP15 的快递公司全部实现电子面单的普及，发货效率提升了 30% 以上；菜鸟网络打造的路由分单，可以提供一整套精确且高效的快递分拣解决方案，帮助仓库提升分拣效率；菜鸟鹰眼提升了超时异常件的周转效率；菜鸟物流云可以帮助各家快递企业与各物流订单环节成员公司建立联系，基于大数据沉淀，提供丰富多样的智能产品。

资料来源：菜鸟官网。

7.2.2　电子商务发展的驱动因素

1. 消费升级和需求驱动

自 2008 年以来，国际金融危机直接导致了中国外贸出口发生波动。近年来，中国经济增长的来源发生了重大改变，促进消费升级、推动内需增长，为电子商务的发展奠定了坚实的基础。

一方面，中国人口基数庞大、网民数量多、消费潜力巨大，已经在电子商务领域展现出了巨大效应。中国互联网络信息中心（CNNIC）发布的第 51 次《中国互联网络发展状况统计报告》中指出，截至 2022 年 12 月，我国网民数量共有 10.67 亿，手机网民为 10.65 亿；网络购物用户有 8.45 亿，较 2021 年 12 月增长 319 万，占网民整体的 79.2%。

另一方面，电子商务反向释放满足了大量未被有效满足的消费需求（郝建彬，2015）。麦肯锡全球研究院《中国网络零售革命：线上购物助推经济增长》研究报告显示，约 61% 的线上消费确实取代了线下零售，剩余的 39% 的消费是如果没有网络零售甚至不会产生的新增消费。

2. 制造业提供的资源基础

1800 年，中国制造业占全球比例高达 33%，1900 年下降到 6%。而到了百年后的 2011 年，中国又将全球制造业的比重提升至 19.8%，导致美国第一次跌落长久蝉联的制造业全球第一的宝座。这一切的崛起都离不开各方因素为促进电子商务的发展作出的巨大贡献：全国各地拥有相当数量的产业集群、数以万计的外贸出口加工企业乃至某些行业的过剩产能；大量制造企业建设线上营销或销售的渠道以打造自身品牌，或者以供应商的身份为线上零售商提供代加工服务、供货，为电子商务领域增添活力。

服装行业是最典型的案例。2012 年，服装行业环境艰苦、众多服装企业库存堆积，网络购物迅速崛起，拯救了数个服装生产加工企业，而服装品类也成为中国线上零售的第一大品类。电子商务具有"小品种、多批量、快翻新"的个性化需求，也逐渐开始倒逼服装行业转型升级，推动服装行业生产方式柔性化。

3. 互联网平台及生态系统的推动

平台型企业是信息时代最突出、最重要的产业组织形态，也是新经济增长的动力来源，并逐渐重塑当今市场经济的微观基础。区别于工业时代以线性和垂直供应链为主要形式的产业组织模式，信息时代的平台模式是以"大平台＋小前端＋富生态"为原型结构的网络型产业组织模式。如今，"云＋终端""共享平台＋多应用""大平台＋小前端""基础平台＋增值服务"等已成为现实，是平台模式最为突出的代表。

国内电子商务诞生了许多平台型企业如阿里巴巴、淘宝、支付宝、天猫、京东、当当、唯品会等，它们构建电子商务服务业的重要组成部分。它们还集IT、物流、信用系统和营销等多服务流程和服务提供商于一身，在过去的十年中，它们已经成为促进电子商务发展的最重要动力。

4. 传统商业体系不完善的背景

相较于发达国家，我国在互联网基础设施方面较弱，经济发展仍存在城乡/东西部不平衡、配送/物流等传统商业体系不发达等问题。这些相对的不完善与不平衡却造就了互联网新的商业价值，同时为中国整个商业体系赶超发达国家，提供了极好的机遇。与美国相比，我国的现代零售业还在发展中，而在世界进入互联网时代大环境之前美国企业就已达到较高的信息化水平，但相对地基于此互联网创造新价值的空间反而会小。

从区域上看，虽然农村地区的互联网渗透率与城市地区相比仍然较低，但在中国广大的农村地区，网购显示出巨大的潜力。近年来，农村电子商务蓬勃发展，平台、商家、直播电商等模式在广东农村全面展开。线上零售弥补了实体零售在农村相对落后的局面，与城市消费者享有同等权利，实现了"消费无差别"。

5. 宽松、灵活、市场化的政策环境

面对电子商务这一新生事物，国内政策采取了对互联网创业者的主动性持尊重的态度，充分信任并借助于电商市场的自身管理和净化能力。中国坚持了"先发展、后管理，在发展中逐步规范"的思路，努力创造更加宽松的政策环境。

针对电商领域的一些纠纷和存在的问题，优先运用行业自律和市场手段替代政府部门进行行政裁决来引导和规范。此外，各地根据地方的特殊性出台不同的鼓励政策。如2008年12月底，浙江省工商局发布《关于大力促进网络市场快速健康发展的若干意见》，明确规定对个体网店不强制许可。2012 年，广东省工商局出台《关于鼓励和支持我省网上商品交易及相关服务健康发展的若干意见》，鼓励自然人开设网店，支持创业就业。2019 年 1 月 1 日，《中华人民共和国电子商务法》正式实施。该法是我国第一部电商领域的综合法律，对于解决电子商务存在的突出问题、规范并促进电商发展具有重要意义。

总体而言，在过去很长一段时间内，开放、积极、灵活、创新的政策取向一直是电子商务的政策基调。甚至一些地方政府明确指出，对于互联网经济要"高看一眼、网开一面"，恰好是这种具有务实性和前瞻性的取向与举动，保障并引导了电子商务的发展。

7.2.3　电子商务发展的趋势

1. 趋势一：全球化，跨境电商发展势头好

跨境电子商务是中国发展外贸的新模式，有利于扩大海外营销渠道，帮助外贸完美地实现转型升级。

跨境电子商务冲破了国家与国家之间的障碍，促进无国界贸易的实现，正在引发全球贸易之大变革。目前，"中国制造"正陷入转型升级的困境之中，而跨境电商所构建的开放、包容、高效、便捷的贸易大环境为此提供了解决方案，帮助制造企业拓宽了国际市场，优化了国际贸易产业链，助力于产品的创新和品牌的建立，拥有了便捷的平台和珍贵的机会。

互联网和跨境电商逐渐发展（国内各跨境电商平台发展见图 7 - 9），数以万计的小微企业不断进入外贸市场，更多的国际品牌也将诞生，这将导致中国外贸格局有翻天覆地的变化。有利于"中国制造"盈利，让中国消费者在家就能享受全球各地的优质产品，享受到人民币汇率升值带来的好处。

图 7 - 9　国内各跨境电商平台成立时间轴

资料来源：《中国中小企业跨境电商白皮书》。

案例分析

中小企业跨境电商二十年发展回顾

在过去的二十年中，中小企业在外贸领域的进出口总额占全国总额约60%，而中小企业跨境电商在整个过程中起着重要作用。至2019年上半年，我国对外贸易总额14.67万亿元，出口总额795万亿元，其中民营企业占比50.6%，成为我国最大的对外贸易主体。而绝大多数的民营企业都是中小企业，可见中小企业是我国出口贸易中的主力军。

(1) 交易规模逐渐增长。过去二十年，随着跨境电商中小企业数量的持续增多，跨境电商的交易规模不断增长，特别是近年来，与传统外贸增长趋弱的趋势形成了鲜明的对比。根据中商产业研究院统计，2022年中国跨境电商市场规模达15.7万亿元，同比增长10.56%，预计2023年交易规模将达16.8万亿元（见图7-10）。

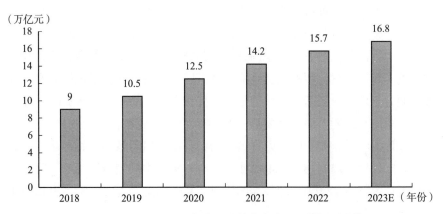

图7-10　2018—2023年中国跨境电商交易规模预测趋势

资料来源：根据网经社、中商产业研究院整理。

(2) 覆盖范围不断扩大。近二十年来，跨境电子商务的交易范围持续扩大，尤其受"一带一路"倡议实施的影响，使得中国与其他国家之间的跨境电子商务活动变得更加活跃。根据商务部的报告，2015—2018年，我国跨境电商贸易合作伙伴范围从全球220个国家和地区进一步扩大，与阿联酋、科威特、柬埔寨等国的跨境电商交易额环比增长速度均超过100%。例如阿里巴巴国际站，付费会员供应商（以下简称商家）目前已遍布中国各省（区、市）以及土耳其、马来西亚、巴基斯坦等国家。近五年来，国内商户整体分布无太大变化，广东、浙江、江苏、山东、福建商户数量稳居前五。

而在 2021 年，我国跨境电子商务进出口规模达到 1.92 万亿元，同比增长 18.6%，占进出口总额的 4.9%。我国跨境电商出口额排名前十的国家（地区）分别为美国、马来西亚、英国、韩国、日本、加拿大、新加坡、荷兰、菲律宾、澳大利亚，占跨境电商出口总额的 34.46%；我国跨境电商进口额排名前十的国家（地区）分别为中国香港、韩国、日本、美国、澳大利亚、荷兰、德国、新西兰、法国和英国，占跨境电商进口总额的 18.95%。

（3）产品种类日渐丰富。近二十年来，跨境电商贸易涉及产品种类日益多样化，从早期的低附加值产品（如服装、日用品、玩具等）发展到全品类产品（如家具、建材、电子产品等）。据商务部报告，近年来，轻奢小众品牌数量的增多使高频消费的生活用品逐渐变得丰富，"一带一路"沿线国家生产的特色生活用品数量持续增加。例如，阿里巴巴国际站拥有含食品、皮革、家具、电子产品等 40 多个行业在内的 5900 多个产品类别的商品，每年在该平台的采购订单超过 1 亿单。

2. 趋势二：个性化，C2B 让消费者成为中心

在未来消费与生产将变得更加融合：信息（数据）是柔性资源的一种，它简化了复杂低效的生产链，推动了 C2B 模式的兴起，促使消费与生产的融合。在信息时代，需求驱动的以消费者为中心，先于消费和生产进行大规模个性定制的商业模式将是主流模式。"柔性化生产"已经成熟；大规模定制的基石"柔性生产"已经逐渐成熟；在发达国家社会化物流服务网络也已普遍化实现。互联网使高效便宜的个性化营销成为可能，在经济上为个性化定制模式提供机遇，平衡了个性化定制所需的较高成本与群体采购所需的低价格。

案例分析

海尔商城——量产 C2B 的新玩法

海尔，国内首家引入私人定制概念的家电企业。消费者在海尔商城可以自由地选择家电的体积大小、温度调节方式、门材与外观图案。2013年，海尔还推出了青橙手机，也是经典的模块化定制产品，该手机的内存

与屏幕等参数均可定制。同时，海尔还实现了 C2B 的量产。核心秘诀是在对海量数据进行详细分析的基础上，不断缩短定制周期，将沉淀的个性化物品大量生产。

而让客户参与定制过程的方式也尤为重要。客户一方面有定制产品的需求，另一方面可能因为对设计、生产等方面的不信任，拒绝参与产品或品牌定制。数据来源于客户的参与，因此没有客户参与做 C2B 是不可能的。海尔想出了解决办法：定制体验 + 全流程满足用户的个性化需求。

首先，提供免费定制体验来鼓励用户进行设计，并用奖励回馈和激励用户创新，实现双赢。例如在海尔集团官网与海尔商城开设的用户"有奖投票""有奖调研"等。

其次，简化整个定制流程，让其更加人性化、可操作性更强，通过增设在线专家咨询服务的步骤，可以满足用户的各种个性化需求。例如统帅将定制电视流程拆解为五个步骤。

步骤一：选择电视功能；

步骤二：上传照片，自定义开机画面；

步骤三：利用获得的设计费在海尔商城购买；

步骤四：与你的朋友分享，推荐你买的电视。

步骤五：更多在线咨询定制需求。

利用以上两种方式，结合广告和海尔自身的品牌影响力，该电视与用户的个性化定制共赢模式获得了成功。截至 2012 年 11 月，数据显示，已有 1000 万消费者参与该活动，且其中 11.8 万消费者通过网络提交电视订单。目前，已有超过 300 万消费者参与统帅定制冰箱，近 3 万消费者提交冰箱作品，在 SNS 平台转发量达到 5 万多条，评论 2 万条。

有了这些数据，就可以开始研究 C2B 了。问题又随之而来，如何既满足消费者需求又能保障良好的客户体验和足够的盈利空间？

电器是标准化产品。在维持冰箱的正常价格范围前提下，只生产一台机器，高昂的成本会让企业入不敷出。唯有个性化批量生产才能实现 C2B 可持续发展，企业才能成功盈利。统帅的品牌运营方法是进阶版本的 C2B 按需定制，即大规模定制。

在海尔的产品系列中，只有受欢迎的产品才能存活下来成为爆款，如海尔商城中的"用户案例选择"单元栏和"设计师推荐案例"单元栏，虽然设计的灵感都来自买家，但这些创意却符合大众审美，是海尔的主打产品。根据销售热度、采购评价、售后问题，筛选出流行款式进行销售，实现量产，成为真正的爆款。借助预售形式的优越性，既不会有库存，也节省了部分设计师成本。

只有供应链快速响应，才能实现个性化的大规模生产。海尔在 2012 年努力钻研，将普通产品从收到定制订单到库存的时间，即定制周期，缩短到 2 周。

同时，为了提升消费者体验，缩短全流程时长，对物流配送系统进行升级尤为重要。目前，海尔已经实现了物流速度的大幅度提升：2012 年，截至 11 月 11 日 17 时，"海尔官方旗舰店"已完成对黑龙江、西藏、四川等全国各地的 5000 多份订单的交付安装。根据统计，至 2012 年末，海尔拥有 83 个国内仓库，定制化产品的生产控制在 5~7 天内到用户家中。海尔建立了自己的物流体系日日顺，为线上消费者提供一站式服务，同时进行配送和安装，解决了家电购物普遍存在的配送和安装分离的问题，突破了传统快递公司局限的服务模式。

物流不仅保证了速度，也保证了服务。海尔拥有售前咨询查询、售中协调服务、售后维修服务、售后价格查询等。他们还开创了定制产品的一整套精致服务，售前售中售后无忧，通过购买前主动提供设计解决方案、购买时即时安装调试、购买后延长保修 8~10 年、提供会员终身清洁维护服务的创新，彻底颠覆了传统服务仅限于售后服务的理念，提升了消费者的购物体验。

资料来源：海尔官网。

3. 趋势三：数据化，数据将成为核心生产要素

随着云计算能力的增强，处理图片、日志、视频、网页等非结构化数据，以及高达数百 TB 的离线数据，或实时处理数亿条记录，都得以实现。鉴于此，数据也将成为零售企业的生产要素，与资本、技术、土地和劳动力等一同构建完整的生产要素体系。

随着电商规模性的增长，大数据在辅助企业决策运营方面体现出明显优势。第一，大数据可以降低电商企业运营成本、提升运营效率。借助基于云计算的大数据分析，可以进行基于用户兴趣的系统推荐，提升消费者体验和运营效率。第二，电商平台的大数据系统，可以帮助合作商家减少风险，提升转化，打造一站式服务。第三，电商平台可以依托于大数据控制风险，防范恶意竞争。通过数据抓取与交叉分析、大数据建模系统、智能图像识别、智能跟踪等技术，识别出具有售假风险的高危用户和售假团伙。

另外，国内电商的迅速发展，大数据将成为消费的驱动力。一是大数据的应用极大缩短了信息鸿沟，消费者能够便捷透明地获取电商信息和产品，进一步提高了消费者满意度。此外，大数据时代中，生产者也可以根据消费者需求生产个性化定制的产品，从不同维度满足消费者的个性化需求。二是从社会整体的角度来看，大数据应用能够更好地匹配各类资源，降低交易成本，提高消费质量，形成了强大的市场聚合效应。三是大数据应用提升了消费便利性。借助大数据应用，新兴的电子支付方式迅速发展，为消费者更加高效便捷的支付提供帮助。

案例分析

淘宝——利用大数据手段打假

根据经济合作与发展组织（OECD）和欧盟知识产权局（EUIPO）2016 年 4 月发布的《假冒商品贸易影响全球经济》报告，2011—2013 年，全球每年查获的假冒商品数量约为 14 万件。其中，中国连续三年位居榜首，仅大陆就占据 8 万多件。

淘宝作为我国目前第一大电子商务平台，被消费者称为假货的集中营。近几年，阿里巴巴使用大数据手段打假。阿里巴巴发布的《知识产权年报》显示，利用数据模型和用户画像来追踪售假相关商品和售假团伙的来源。截至 2016 年 4 月，全国共分析挖掘了 3518 个活跃的可疑售假团伙。此前，阿里《2014 年淘宝联合警察打假报告》显示，制售假冒产品主要集中于化妆品、服装、日化、家纺、男女鞋、箱包、运动户外、配饰手表、数码、音像十大行业，且集中度高。且阿里主要采用外部机构联动机制、动静态管理保障体系和大数据技术手段的三种模式。

2022 年 3 月，阿里巴巴发布《2021 知识产权保护年度报告》，截至 2021 年底，阿里巴巴知识产权保护平台共计保护包括商标权、著作权、专利权等各类知识产权权利超过 64 万项，保护国内外地理标志证明商标 79 个。通过联动品牌权利人等多方力量，依法协助各地公安机关进行线下假货打击，累计依法协助侦办涉假案件 2685 起，抓捕犯罪嫌疑人 1968 名，涉案金额 38.87 亿元。

大数据防伪或知识产权保护的重心在于大数据建模。阿里巴巴通过对卖家行为、消费者评价、商品信息与用户检举等数据的分析研究，来对上千个特征指标进行监测，构建假货识别模型，该模型将对网站上的所有商品和用户的异常行为进行实时扫描和判断，并在第一时间对被系统判断为疑似假货的商品和高风险商家作出拦截和处置。

资料来源：淘宝官网。

4. 趋势四：移动化，指尖上的商务

移动电子商务在我国呈爆发性增长的趋势。伴随着智能手机的快速推广和普及，我国移动电子商务呈现爆发性增长。根据中商产业研究院发布的《2018—2023 年中国移动电商市场前景及投资机会研究报告》，2013—2017 年，中国移动电子商务用户数量飞速增长，从 2.15 亿用户增长到 4.73 亿用户，年均复合增长 21.8%。从移动购物市场规模来看，自 2013 年，中国移动购物市场发展迅速，从 2681.7 亿元增加到 2017 年的 46416.4 亿元，年均复合增长率达 104%。而 2019—2025 全球与中国移动电子商务市场现状及未来发展趋势指出，2021 年我国电子商务服务业营收规模突破 6 万亿元，达到 6.4 万亿元，同比增长 17.4%。

随着基于位置的服务（LBS）、移动搜索、移动支付三者的融合，今后的本地/社区生活服务市场将变得更加丰富。通过 LBS 自动位置识别，用户可以随时发现周边的商店、影院和酒店等服务设施，更高效便捷地获得富有价值的信息，甚至从预订到支付的任何环节全都能够基于移动终端进行，极大地利用了碎片化的需求和时间。

案例分析

美团——千亿级全品类 O2O 移动电商

2012 年是互联网元年。2012—2013 年，移动互联网刚刚开始，是移动用户的超级红利期。创始人王兴对其形势进行了准确的预判，在 2011 年 3 月 4 日，美团上线一周年时，第一版美团移动端就已上线。美团从早期就开始积累"用户流量"。2011 年底，美团移动端占总交易额的 5%，正式跑通业务小闭环。2012 年，美团终结所有 PC 端投入，坚决转型移动互联网，所有资源转移到移动端。同年，移动端交易额占比升到了 20%。2013 年，美团移动端交易占比达到 70%，提前一年完成移动互联网转型。随着移动互联网飞速发展，主打本地生活服务的美团在 2014 年迎来腾飞，交易额突破 460 亿元，同比增长 180%，移动端交易额占比超过 90%，2013 年这一数字是 65%。

美团 App 显示的口号是"吃喝玩乐全都有",美团以其齐全的品类形成中国最大的一站式本地化生活服务消费平台。它围绕消费者的"吃"进而拓展至住、游、购、娱、行等多个领域,打通商家端依托美团交易平台提供营销、配送、IT、金融、供应链、运营等服务,自从与大众点评合并之后,美团点评已完成"去团购化"升级换代为全品类消费平台,成为吸引人们从线上回归到线下消费的入口。2017 年,美团完成超过 58 亿笔交易,交易金额高达 3570 亿元,为 3.1 亿交易用户及约 440 万活跃商家提供服务,业务范围覆盖全国 2800 余县市。而 2017 年,中国互联网用户数共 7.72 亿,中国有约 1180 万本地服务商家。从这些数据可以看出,美团拥有惊人的用户量和用户黏性。移动终端购物具有方便快捷的优势,吸引了许多消费者。本地生活服务(O2O)与 App 应用有着天然的结合,是一种线上线下结合的商业模式。手机一直被人们随身携带,而手机中的 App 以一种无形的方式,消除了人与生活服务之间的距离。美团网以本地生活服务为核心的"千亿 O2O 平台"战略构想,随着移动互联网的推进,加速实现。

2022 年 11 月 25 日,美团发布了 2022 年第三季度业绩报告。财报数据显示,美团第三季度营收为 626 亿元,较去年同比增长 28.2%;期内利润为 12.2 亿元,同比实现扭亏为盈。报告期内,核心本地商业(包括餐饮外卖和到店、酒店及旅游分部、美团闪购、民宿以及交通票务)实现收入 463 亿元,同比增长 24.6%,经营溢利同比增长 124.6% 至 93 亿元;新业务(包括美团优选、美团买菜、餐饮供应链、网约车、共享单车、共享电单车、充电宝、餐厅管理系统及其他)收入同比增长 39.7% 至 163 亿元,经营亏损 68 亿元,同比大幅收窄 32%。

资料来源:《中国中小企业跨境电商白皮书》。

7.3 新零售的内涵与零售新物种

7.3.1 新零售的内涵

在过去的零售业中,消费者的消费场景和商品类别都存在局限性,只能在固定有限的零售场所进行商品购买,且产品类别极大程度上依赖于品牌商的供给。但新零售使消费者可以随时随地置身于消费场景中,可以个性化设计和定制产品，且处于各消费环节和消费渠道的体验中。而新零售是以消费者需求为中心的、数据驱动的对零售"人""货""场"三个要素的重新界定和关系重构（见图 7 – 11）。

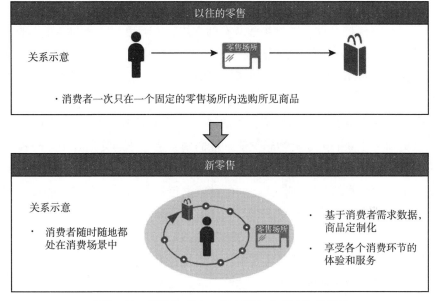

图 7 – 11　新零售"人—货—场"关系重构示意图

资料来源：普华永道："新零售"时代，零售企业的致胜之道［EB/OL］. https：//www. sg-pjbg. com/baogao/69634. html.

1. 人的变化：从被动到主动

新零售的前提是从消费者的需求出发，全过程始终围绕消费者，因此"人"的变化在于消费者实现从被动到主动的转变，具体表现为从"品牌商引导的被动需求、简单商品购买者"到"引领品牌商基于自身主动需求进行研发生产的参与者"的转变。这种转变的本质因素是新时代消费者在需求和购物行为方面的变化。

新时代消费者的需求呈现以下新特征。

（1）品质感与精致化。消费升级的大背景下，人们在面对越来越丰富的商品选择时，也更注重对产品品质的诉求，从而全方位提升生活品质。从品类角度来看，智能家居快速增长，如空气净化器、净水器等近三年年均复合增长率维持在20%左右，而精致小品类如香薰、精油、烛台、酒具等也在蓬勃增长。同时，消费者对进口商品的趋之若鹜，也表明了消费者对更高层次的品质的追求。

（2）细分化与个性化。以"90"后到"95"后为代表的新一代年轻消费群体更在意时尚新潮，他们乐于尝鲜、善于分享，也更特立独行和追求自我价值的彰显，激发了细分化和个性化的需求。我们观察到，年轻消费群体呈现出奢侈品品牌选择小众化、追求无人机与 VR 穿戴设备等黑科技、美容仪瘦脸机等抗初老细分美容产品等都是代表性例证。

（3）终极便利性。随着生活节奏的加快，人们更注重全购物流程的省力省时，他们期望能够精准搜索、一键下单、移动支付、配送到家；互联网的普及，移动支付的发展和物流等基础设施的完善也助力便利性需求的实现。

（4）体验与参与。当代消费者的消费需求不局限于商品的功能需求，而是更加关注商品附加的情感价值。他们期待从整体购物过程中获得参与感和体验感，期待产品与服务的融合。积极参与社会化商务活动，通过社交网络或社交媒体建立与他人之间的链接，包括售前对商品信息的搜索和掌握，以及售后评论或分享。

由此，"人"成为"货"和"场"的核心。"人"主导了以下三大关键问题的解决。其一，消费者需要什么产品？消费者的主动需求通过线上渠道、社交平台等能够迅捷地传达给商家，商家相对应会升级其产品和服务以符合消费者的需求。借由大数据等技术，消费群体画像将逐步明晰，从模糊的消费群体画像到精准的消费个体全息画像，由此商家能基于每一个消费者的需求，去开发品质更佳、功能更齐全、更具吸引力的产品，同时规避产品设计的缺陷与风险。因此，消费者借由其主动需求，逆向地推动了新品开发设计和迭代。其二，消费者在何时需要多少体量的产品？通过精准定位消费群体，商家也可以根据线上消费者消费习惯，如访问商铺的次数等数据来精准化预测生产数量及供应链所需时间，通过大数据的利用来大大提高商家的效率及利润。因此，消费者的主动需求也进一步逆向影响生产和供应链。其三，消费者通过何种渠道获得产品？消费者还是消费场所的选择者，在各个消费环节中，他们都可以选择多种途径，如移动购物、网页消费或是传统的现场体验对商品进行搜索、购买、体验，逆向推动了商家对"场"的构建和创新。

2. 货的变化：由单一的有形商品向"产品＋"转变

新零售场景下，"货"是消费者需求的变化的直接体现。其最显著的特征是：从单一简单的有形实体商品向"产品＋体验""产品＋服务""产品＋社交"等方向发展。

（1）产品＋体验。随着消费者越来越注重购买产品的体验，越来越多零售商将体验元素作为软性卖点融入实体商品的销售中。例如，梦龙冰淇淋每年都会在各地开设临时性的 DIY 工坊，供顾客自由选择不同种类和口味的巧克力、配料、脆皮，体验私人口味冰淇淋的定制。而线上零售商也不甘示弱，通过极致的售后体验，成功地实现客户留存、提升客户忠诚度。以线上坚果公司"三只松鼠"为例，随包裹附赠免费的开箱器、开口器、果壳袋，方便消费者食用坚果，并提供食品袋夹防止未能一次性吃完。一连串举动使消费者在收货后的各个环节都能有愉快的体验。

（2）产品＋服务。顺应消费者追求产品和服务合一的趋势，零售商们也更注重服务水平的提升和服务范围的延展。以"盒马鲜生"生鲜零售商为代表，线上下单承诺送货时间半小时内送达，以确保产品新鲜度；线下实体店内不仅售卖生鲜产品，还延展出现场切分和现场煮熟服务，并将餐厅引入超市，发展为"零售＋餐饮"业态，成功地增加了顾客的消费频率及停滞时间，从而增加商铺的销售额。

（3）产品＋社交。零售商们也更加注重将社交元素导入产品中，通过增进消费者之间的社交互动，实现提升用户黏性和增进产品在社交媒体的传播推广的双重功效。例如，星巴克咖啡通过售卖礼品卡和咖啡券，一方面作为营收的补充来源之一，另一方面通过消费者转赠礼品卡作为人们社交情感联络中介和品牌传播推广手段。

同时，就零售商们所提供的有形的"货"来看，呈现出以下变化趋势。

（1）产品选择更广泛。线上渠道成功打破了产品分销的地域界限，作为线下渠道的极大补充，使线下零售商不再局限于某一固定的地理位置。同时，借助线上渠道的虚拟性，商家可以同时展示无数个不同的最小存货单元（SKU）而不必受店铺面积限制和展位布局的困扰。即使在店内产品 SKU 的陈列或库存不足的情况下，消费者也能通过统一商家的线上渠道进行下单，因此 SKU 数量的"天花板"被打破。顺应消费者日益繁多的需求，各个商家不断拓展产品选择的广度，以吸引更多的消费者。

（2）品类更细分。随着竞争的加剧，商家不得不在精度、细度、专业度上进行细分，以此来建立独特的优势及品牌定位。这促使了多品类的零售企业从大一统的分类方式转型为更具特色的精品店，例如京东"超级物种"通过打造主题工坊延展各体验场景来吸引爱好新鲜体验的消费群体。通过京东的鲜鱼工坊、静候花开花艺坊、生活厨房等定位清晰的细分场所和业态，成功地增加了顾客的消费频率及停滞时间，从而增加商铺的销售额。

（3）非标准化商品。新一代消费者追求与商家的互动，喜欢参与更多的服务体验并且喜欢个性化的产品。这促使商家在传统、标准化的商品市场已经饱和的情况下开始向提供非标准化商品转型，如奥利奥 3D 打印饼干自动售货机可让消费者定制个性化色彩和口味，选择不同的饼干种类，以此来激发销售额的新一轮提升。

3. 场的变化：从单一渠道向全渠道融合

经过单一线下渠道、线上线下多渠道的变革历程，新零售下"场"的变化体现在消费旅程各个环节上的全渠道融合，激发全景消费体验。从横向来看，将消费旅程分解为六个部分：搜索、比较、购买、支付、配送及售后（见图 7 - 12）；从纵向来看，我们观察到实体门店、电商 PC 端、电商移动端以及信息媒介的全渠道融合。并且，全渠道融合体现在消费旅程的每一个环节中。

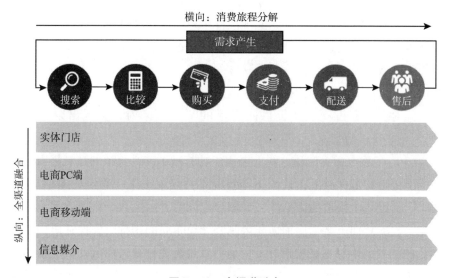

图 7 - 12 全渠道融合

资料来源：普华永道："新零售"时代，零售企业的致胜之道 ［EB/OL］. https：//www. sg-pjbg. com/baogao/69634. html.

新零售下，在消费者旅程的全流程中，线上线下各个"场"之间的界限已然模糊，赋予消费者自如地在各个场之间灵活切换。

（1）搜索环节。消费者搜索心仪的商品时，不再仅依赖于线下的货架展示、广告宣传等，还更多地倚重线上渠道，如官方网站、电商平台、社交媒体等，进行快捷、高效的搜索。而商家也可以通过消费者数据的搜集，精准定位到每个消费者的兴趣点和潜在购物需求，以精准和高效捕获消费者，一击制胜。

（2）比较环节。除了传统的线下门店内听取店员介绍、线下试穿试用等，消费者还能通过论坛评论、社交媒体比价比质，因此新零售下社交媒体的口碑营销极为重要。另外，即使是线下门店，商家们也在借助新兴技术不断对"场"创新，如服装零售商已在店内使用 VR 技术帮助消费者进行虚拟搭配和试装。

（3）购买环节。线上线下渠道的融合在该环节体现得淋漓尽致，零售商打破线上线下渠道割裂状态，借由线上线下渠道实现相互引流和交叉销售。如服装零售商优衣库在线下门店鼓励消费者扫码接入线上会员系统，线上会员系统定期发布仅供线下使用的优惠券，吸引消费者前往门店购物。据统计，72%浏览了线上广告的消费者最终都在店内进行了消费，而消费者去门店往往会购买更多件数的服饰。"盒马鲜生"亦是如此，允许线下门店的消费者在线上下单，再由门店直送到家，省去了消费者自提回家的不便。

（4）支付环节。除线下现金、刷信用卡、礼品卡等，移动支付极大地提升了支付便捷性，只需简单地扫码或指纹识别就能成功支付，极大地省去了排队支付的等候时间。为进一步提升消费者购物体验，领先的零售企业如 AmazonGo 试水商品自动计入虚拟购物车，实现自动结算。

（5）配送环节。消费者可根据需求紧急程度和个人偏好等选择快递或自提。

（6）售后环节。售后环节不再以退换货为止，消费者还可以在线上进行评论或分享，积累消费积分，关注促销信息等。该环节很大程度地激发促进了商家对商品及服务的改善，使商家获得了更清晰的消费者定位，助益其老顾客群体的留存复购和新顾客群体的衍生扩大。

由此，新零售规避了以往线上线下渠道之间相对独立，且容易产生渠道利益冲突的障碍。取而代之的是全渠道深度融合，通过多个场景的营销实现渠道间的相互引流和助益，同时在消费者消费旅程的各个环节上都实现多个"场"之间无缝对接的消费体验，全面优化消费体验。

7.3.2　新零售之零售新物种

在新零售场景下，出现了属于零售业升级的"零售新物种"新概念。它是一种基于特定垂直品类角度的新兴零售商业模式，由数据化驱动、渠道整合、供应链重塑、业态创新等环节重构而形成。与传统零售商业模式相比，新物种的行业效率更高、成本结构更优化，而消费者获得的产品更好、体验更丰富，从而在供需两个层面整体上改变了零售业的面貌。

1. 泛生鲜零售新物种

生鲜零售拥有独特的品类特征与渠道特征（见图7-13），生鲜商品是零售行业升级品类的第一选择。在品类特征方面，生鲜食品属于高频刚需商品品类，通常保质期短、在流通环节容易受到损耗，这无疑限制了其电子商务渗透率水平的提升。在渠道特征方面，国内生鲜商品目前主要基于线下销售，通过超市渠道的销售占比明显低于发达国家，这反映了我国的超市生鲜市场拥有巨大潜力；与此同时，生鲜零售网点分布广且相对分散，大部分为个体经销商，通过分销环节的层层提价不断提高了成本，行业亟待整合。因此，线上线下融合、供应链整合是生鲜零售市场的发展趋势。

生鲜品类特征
· 品类属性：非标品为主，保质期限短，产品损耗率高；
· 需求特征：高频刚需，即时性需求为主；交叉销售比例高

销售渠道特征
· 线上与线下：线下渠道比例占绝对优势，线上渗透率低；
· 线下渠道结构：超市渠道占比显著低于发达国家，多渠道并存；
· 终端布局：网点分散，流通经销环节多逐层加价，整合空间巨大

线上制约因素
· 流通损耗大：冷链物流普及率低，物流环节商品损耗严重；
· 配送时间长：难以满足即时性需求，削弱用户线上消费意愿；
· 订单密度低：配送边际成本高，进一步抬高成本结构

图7-13 生鲜零售品类特征及行业痛点分析

资料来源：艾瑞咨询. 2018年中国零售新物种研究报告［EB/OL］. https：//www. iresearch. com. cn/Detail/report？id=3205&isfree=0.

案例分析

7FRESH

作为京东生鲜品类的无界零售，7FRESH是京东旗下融合线上线下一体化的新概念生鲜食品超市。7FRESH凭借京东生鲜长期积累的资源优

势，提供给消费者优质的商品/服务，他们可以购买到优质的生鲜食材如生鲜海产品、可以现场烹饪以及依托京东生鲜优势配送到家。

在商业模式方面，7FRESH 采用"线上＋线下"的全渠道零售模式，实现商超与餐饮的业态融合创新。相较于其他同类竞争对手，7FRESH 主要有两大核心优势：一是其选品及所依赖的供应链优势（见图 7–14），二是门店购物的数字化体验（见图 7–15）。

在需求定位方面，7FRESH 进行了客户细分，将客户需求划分为三个层次作为产品选择规划的依据，分别为常规性产品、天然生态产品和差异化产品。其中，常规性产品是为了满足大众的需求，满足不同阶层消费者对食品尤其是生鲜食品的基本需求；天然生态产品则满足更高层次的消费者需求，这些属于消费升级的消费者对食品的原生态和时令应季有更严格的要求；差异化产品是 7FRESH 基于独家的合作资源以满足个性化的消费者需求。以上三种产品层次分别针对各类阶层消费者对生鲜产品的不同需求，但在基本要求方面，都对生鲜供应链的各个环节在质量控制方面提出了更高的要求。

在品质控制方面，7FRESH 在食品采购与流通的各环节都采取了许多的保护措施，以保障生鲜产品的高品质。主要措施包括对采购源头进行品质控制，与优质供应商开展深度合作，实行产地直采，尽可能降低配送中产品损耗的成本费用，从而保证生鲜产品的质量；通过京东生鲜的仓储物流和冷链技术，让生鲜产品在仓储物流环节也能保持新鲜；前置分拣、加工、包装等环节也会减少生鲜产品的损耗等。

在门店管理和购物体验方面，7FRESH 实现了许多"黑科技"应用。在门店管理中，开展热力图分析是最典型的数字化应用，通过实时监控客流时间与空间的分布情况，洞察门店运营数据。购物体验优化则涵盖了购物流程、结算支付、单品消费决策等环节，实现客户购物智能化。7FRESH 采用了一种称为智能购物车的技术，即当顾客在门店消费时，借助人工智能技术，智能购物车可以根据系统设置实现贴身跟随即自动跟随顾客行走，且在购物结束后自动前往收银台结账。7FRESH 采用了京东区块链溯源技术，如在门店水果区，货架上配有显示屏"魔镜"，可以将水果的产地、水分、糖分等消费者关心的食品安全及营养信息显示出来。

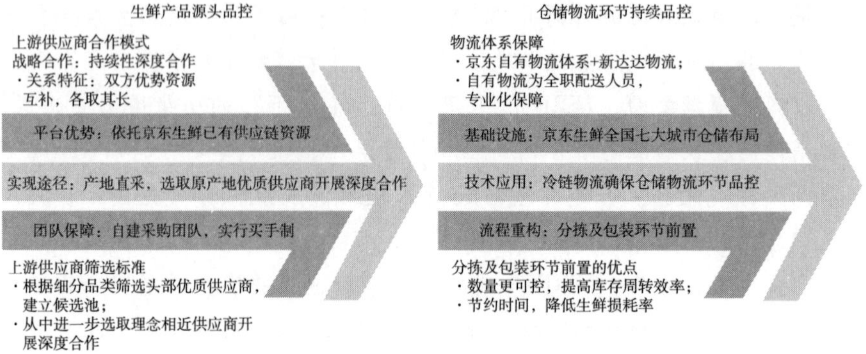

生鲜产品源头品控

上游供应商合作模式
战略合作：持续性深度合作
·关系特征：双方优势资源
  互补，各取其长

平台优势：依托京东生鲜已有供应链资源

实现途径：产地直采，选取原产地优质供应商开展深度合作

团队保障：自建采购团队，实行买手制

上游供应商筛选标准
·根据细分品类筛选头部优质供应商，
  建立候选池
·从中进一步选取理念相近供应商开
  展深度合作

仓储物流环节持续品控

物流体系保障
·京东自有物流体系+新达达物流；
·自有物流为全职配送人员，
  专业化保障

基础设施：京东生鲜全国七大城市仓储布局

技术应用：冷链物流确保仓储物流环节品控

流程重构：分拣及包装环节前置

分拣及包装环节前置的优点
·数量更可控，提升库存周转效率；
·节约时间，降低生鲜损耗率

图7－14　7FRESH 生鲜供应链管理优势示例

资料来源：艾瑞咨询.2018 年中国零售新物种研究报告［EB/OL］. https：//www. iresearch. com. cn/Detail/report? id＝3205&isfree＝0.

智能魔镜系统	刷脸结算	热力图	餐饮呼叫系统	智能购物车
基于RFID识别及匹配，提供多维度生鲜产品溯源信息（产地、生产季节、甜度、使用方法等）	通过人脸识别技术进行收银支付，缓解结账高峰期压力，提升支付效率，同时为消费者提供便捷体验	通过店内摄像头感知各时段店内客流密度与位置分布，为人员排班、产品促销与交叉销售等提供依据	根据顾客点餐顺序，为其安排排餐，充分利用间歇时间进行安排，提高餐食供应效率	基于基站定位智能感知。跟随顾客前行并自动躲避障碍物；此外，支持一键到收银台结账

图7－15　7FRESH 门店黑科技与数字化运用

资料来源：艾瑞咨询.2018 年中国零售新物种研究报告［EB/OL］. https：//www. iresearch. com. cn/Detail/report? id＝3205&isfree＝0.

案例分析

食　得　鲜

　　食得鲜于2014 年在广州成立，凭借其"移动互联网＋现代物流＋大数据"的超前经营模式，逐渐发展成为华南地区泛生鲜零售新物种的领军者（见图7－16）。

　　食得鲜实现对生鲜零售的优化升级，源自对行业现状和困境的敏锐观察、存在矛盾的深度理解：市场覆盖成本高、行业效率低，而消费者的消费的需求在不断升级。重塑行业模式、降低覆盖市场的成本、提高生鲜零售行业效率是解决该内在矛盾的关键。

　　门店的租金成本、库存成本和门店的运营成本是传统生鲜零售在实现市场覆盖时存在的三大成本。为有效地降低这三大成本，食得鲜实行了几项举措：一是全渠道运营，自建物流配送体系。在扩大客户覆盖范围的同时降低这几方面的成本，有效提高动销率。二是改善与供应商的关系，提升供应链。区别于大多数传统零售商，食得鲜在采购过程中使用现金和现货模式，从而采购价格更低，能够在保持销售毛利的同时，向消费者出售较低价的商品。

在传统生鲜零售行业，优质的区位是超市考虑的主要因素，零售商会考虑将超市建在经济和商业更发达的地段或区域。优质地段意味着高的线下流量水平与门店收入，因此传统零售门店的销售额依赖于优质地段。随着电子商务的发展，在零售全渠道运营升级的背景下，所在地段次优而品牌属性好的零售商在开设/运营线下门店时，可以通过汇聚线上流量提升经营绩效以反哺商业物业，提升商业物业和线下门店的价值。

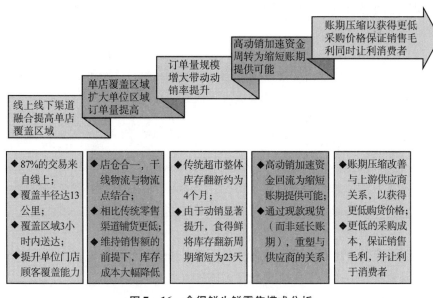

图 7－16　食得鲜生鲜零售模式分析

资料来源：艾瑞咨询. 2018 年中国零售新物种研究报告 ［EB/OL］. https：//www. iresearch. com. cn/Detail/report? id = 3205&isfree = 0.

案例分析

苏宁小店

苏宁小店是苏宁针对满足消费者场景化需求推出的新型 O2O 便利店，

也是一种提供"最后 1 公里"服务的智慧零售业态（见图 7 – 17）。在门店模式方面，苏宁小店采取了差异化策略，即优先选择中央商务区（Central Business District，CBD）、社区等大客流区域。CBD 门店主要考虑办公室白领消费者，选品满足白领对轻餐饮即小而精、轻而快的简餐/快餐的需求；社区门店以家庭用户为主要消费者，提供生鲜、快消品等主要品类；而大客流场景的门店则根据其特点配置商品品类。

苏宁强调大快消战略，因此，在传统只聚焦快消品的基础上，苏宁小店从"生鲜 + 快消"品类入手，满足社区场景中体现高频刚需特性的消费者购物需求，实现流量汇聚并提升用户黏性。然而因为生鲜产品保质期短、易损耗，所以完善冷链物流设施显得极为重要。为解决该问题，苏宁分别在北京、上海、广州、成都、南京、西安、武汉和沈阳 8 个城市自建冷链仓库来保障自身在生鲜零售领域的重要地位，且这 8 家冷链仓库均采用 B2B 店配和 B2C 客户包装配送模式，苏宁生鲜业态对冷链物流的需求得以基本满足。

在此基础上，通过服务延伸，苏宁小店进一步凸显了流量入口的价值：苏宁小店在获取消费者流量之外，可以进一步为消费者提供多重附加虚拟服务与业务（例如家政、快递代理收发、家电维修等），真正实现从购物到服务的消费链条延伸。根据其实现的功能，苏宁小店将成为整个场景消费服务链条的入口。

苏宁小店整体商业模式中，最突出的特点在于将 O2O 与传统便利店结合起来：以"双中心 + 三场景定位"为内核，通过对用户行为特征的分析找出用户所在的场景，同时借助供应链优势打通上述场景。O2O 模式是消费升级的产物，提高消费的便利性是其提供的核心价值。苏宁小店通过将线上与线下渠道进行有机融合，解决用户场景定位的问题，提升便利店业态功能价值，使消费者需求得到更好的满足。

针对三种不同场景的定位，为消费者提供个性化的解决方案。其中，苏宁易购精选商品主要定位在 1 公里范围外，小店产品 + 易购精选定位在 1 公里范围内，小店商品以店内推广为主（见图 7 – 17），由此满足各类用户在不同场景下的需求。

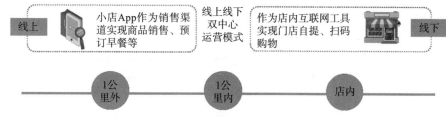

图 7 - 17　苏宁小店模式分析

资料来源：艾瑞咨询 . 2018 年中国零售新物种研究报告 ［EB/OL］. https：// www. ire-search. com. cn/Detail/report? id = 3205&isfree = 0.

2. 服装零售新物种

近年来，国内服装零售市场持续业绩不佳、成本上升，纷纷掀起了关店潮。许多品牌零售商遭遇到严峻的挑战，主要有以下几点原因。

（1）国内服装行业整体存在产能过剩的问题，而目前消费者的服装需求增长相对缓慢，出现了供大于求的局面。

（2）由于存在结构性矛盾导致与需求错配的风险。多数品牌企业长期采用期货订货制，但服装零售市场变化快、流行周期短，在服装上新前存在潮流趋势变化的市场风险，而如果市场流行趋势发生变化，则可能会因为未满足市场需求而导致大量库存积压。

（3）在传统服装行业存在着外部冲击造成的挑战。这些冲击主要体现在渠道和成本两个方面。在销售渠道方面，电商渠道深刻影响传统线下服装零售；在成本结构方面，原材料成本、人工成本不断上涨，营业成本的上升导致利润率受到压缩。

部分服装零售商为应对冲击和挑战主动追求改变，不断探索商业模式创新，以消费者需求为核心借助数字化赋能推动行业升级变革。从消费者感知的角度而言，服装零售行业的升级可以更好地满足消费者需求，为消费者提供更个性化和人性化的购物体验，而服装零售新物种就是在这个过程中新兴出现的商业模式。

案例分析

优 衣 库

优衣库是日本迅销公司旗下的国际服装品牌，2002 年首次进入中国市场，自2006年起，通过重新调整市场定位，逐步位居中国服装领先地位。

在2015年中国服装零售行业整体低迷的背景下，优衣库仍保持着较高的业绩增长，而且持续从一线城市向二三线城市拓展。这些表现都归功于优衣库的服装零售升级，即积极尝试变化，以洞察消费者心理为中心，通过数字化手段提升运营水平和推动价值链重塑，基于产品和体验两个维度来快速、精准地满足消费者需求并且适应需求的变化（见图7-18）。

优衣库的升级举措主要从两个方面入手：消费者直接感知的变化与不能直接感知的变化。

（1）在消费者直接感知的变化方面，优衣库为消费者提供更好的产品和购物体验。从产品的角度，以满足消费者基本需求为前提，为其提供适用场景广、性价比高的产品组合。此外，以超预期地满足消费者需求为出发点，通过创意设计、面料研发等创新出更多新产品，在既满足消费者追求穿着舒适的同时，又满足消费者对服装时尚感的需求。从体验的角度，优衣库借助数字化手段，打通消费者购物线上与线下渠道，实现便捷的智能化的购物。通过整合线上与线下渠道，消费者可以随时随地进行商品的浏览和选购，并支持线上下单到店自取，从而解决线上选择服装时颜色、尺码不合适等问题。提供终端数字屏"智能买手"以方便消费者实时地自主查询新产品与促销优惠等信息。通过融合虚拟现实（Virtual Reality，VR）/增强现实（Augmented Reality，AR）等数字技术，消费者能够享受到更立体的店内体验。

（2）在消费者不能直接感知的变化方面，优衣库实现供应链的数字化和运营团队组织结构的扁平化。为了迅速敏捷地对高速变化的市场需求作出反应，优衣库实施了这两项举措。供应链的数字化不仅有益于提升供应链管理信息化水平，也有益于打破传统服装零售的边界，未来的服装行业将向着以消费者为中心的供应链管理模式发展。

自2018年3月起，优衣库针对中国消费者推出"数字体验馆"的服务，同时结合实体店购物与虚拟体验，融入各类文化创意元素，使消费者享受更智能化互动体验。

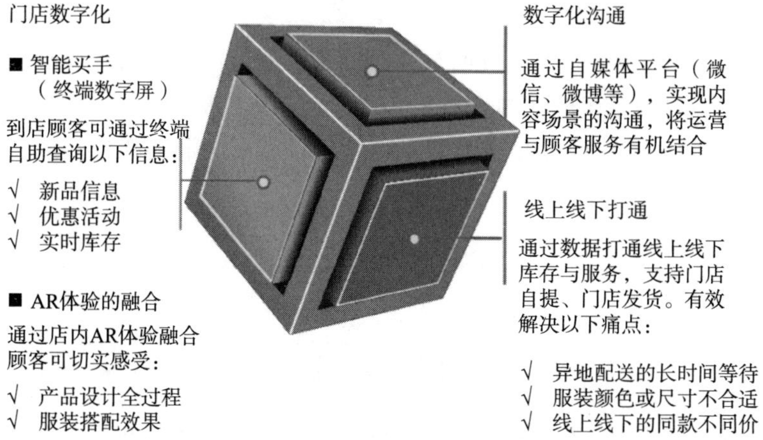

门店数字化
■ 智能买手
（终端数字屏）
到店顾客可通过终端
自助查询以下信息：
√ 新品信息
√ 优惠活动
√ 实时库存
■ AR体验的融合
通过店内AR体验融合
顾客可切实感受：
√ 产品设计全过程
√ 服装搭配效果
数字化沟通
通过自媒体平台（微信、微博等），实现内容场景的沟通，将运营与顾客服务有机结合
线上线下打通
通过数据打通线上线下库存与服务，支持门店自提、门店发货。有效解决以下痛点：
√ 异地配送的长时间等待
√ 服装颜色或尺寸不合适
√ 线上线下的同款不同价

图 7－18　优衣库零售升级中的数字化运用

资料来源：艾瑞咨询 .2018 年中国零售新物种研究报告［EB/OL］. https：//www. iresearch. com. cn/Detail/report? id＝3205&isfree＝0.

通过上述零售数字化转型举措，优衣库围绕用户需求，持续提升产品和服务价值，推出更多可供消费者选择的可持续性的服装搭配与选购的解决方案（优衣库业务模式见图 7－19）。对于服装零售企业转型升级，在提升门店智能化体验与数字化水平方面具有十分重要的借鉴意义。

仓库
合作工厂
存货控制
生产部门
消费者洞察团队
顾客
线下线上经营
生产
销售
生产计划
原料采购
原料制造商
起点
销售规划
研发（设计制版）
市场
计划和设计

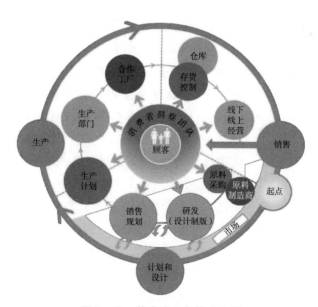

图 7－19　优衣库业务模式分析

资料来源：艾瑞咨询 .2018 年中国零售新物种研究报告［EB/OL］. https：//www. iresearch. com. cn/Detail/report? id＝3205&isfree＝0.

3. 3C 零售新物种

虽然目前国内 3C 零售市场态势保持快速增长，但也与其他行业市场一样，消费升级带来的结构性需求变化成为 3C 零售面临的一大挑战，而根据这一挑战，3C 零售商需要结合对消费者需求的洞察指导经营策略的改变。

案例分析

京东之家

京东公司 3C 品类零售的线下落地，主要以京东之家和京东专卖店为主力，二者设立时会重点考虑带电产品客户体验以及线下渠道市场布局两个关键点，并且在这两个方面表现出局部差异。

在用户体验方面，传统 3C 品类电商渠道的两大痛点亟待解决，因为高效物流体系可以解决配送时效痛点问题，而线下体验空间布局能有效解决产品体验，所以京东成立自建物流体系并积极开展线下布局。

关于京东采取线下布局策略，主要是因为当下 3C 品类线上渗透率仅为 29%，目前线下市场份额仍高于 70%。但是具体到京东之家和京东专卖店，线下功能定位上前者注重为消费者打造线下体验空间，而后者则定位于高效零售专卖店并发挥部分渠道下沉的作用。正是因为这一差异，二者在选址策略和业态呈现这两大方面各有侧重点。

例如京东之家主要选择一二线城市核心商圈进行选址布局，在 3C 产品陈列上会更加倾向于出售手机等电子产品；而京东专卖店，选址布局则以各市级的次商圈为主，与 3C 零售专营店的业务态势呈现较为相似。

在选品策略方面，京东之家遵循"新热特惠"的原则。具体而言，"新品"包含京东既是产品首发平台，也是产品体验与线下销售渠道两层含义。"热品"也就是畅销品，是京东结合商城大数据选取的爆款单品，反映了门店区域消费者真实的市场消费偏好。"特品"也被称为潮品，是较为小众而低频的满足个性化需求的商品，虽然线下渠道较少，但其在品类矩阵构建中不可缺少。而"惠品"则是意味着具有高性价比的相关产品，主要满足大众化消费需求。总的来说，结合"新热特惠"的选品原则，京东之家能在商城大数据的基础上，对用户进行精准画像，并根据需求特征搭建相对完备的产品矩阵。

在经营模式方面，京东之家采取了加盟模式，具体来说就是与合作加盟商实施"单店授权、统一管理"的策略。目前，京东作为基础设施供应商，还能为加盟商提供品牌营销、物流供应链以及金融等业务环节的资源赋能，在零售行业实现从产品提供到基础设施赋能的角色转变，服务的客户也由消费者拓展到了上游的合作伙伴包括品牌商和加盟商。

资料来源：艾瑞咨询 . 2018 年中国零售新物种研究报告［EB/OL］. https：//www. iresearch. com. cn/Detail/report? id = 3205&isfree = 0.

案例分析

小 米 之 家

小米公司以小米之家作为 3C 零售新物种进行全渠道运营的探索。

针对消费者需求层面，小米之家提供线下体验空间，有效解决了产品线上体验缺失的难题，同时加强了消费者对品牌的认知。

小米之家的产品策略主要是从多套基本逻辑叠加出发构建完备的选品机制与品类矩阵。首先，为了构建大众消费升级的基本逻辑以应对消费升级趋势，小米之家选择以"高端产品大众化"和"大众产品品质化"两个维度，作为选品策略依据；其次，小米之家考虑到不同消费品质的品类之间可以相互促进，例如以低频带动高频，保障线下流量汇聚和转化。最后，小米之家通过产品功能和设计的协同，对差异化产品之间的协同度进行提升，从而实现产品生态打造，这不仅帮助其树立统一的品牌形象，而且提升了产品消费连带率。

资料来源：艾瑞咨询 . 2018 年中国零售新物种研究报告［EB/OL］. https：//www. iresearch. com. cn/Detail/report? id = 3205&isfree = 0.

案例分析

Argos 的零售变革

Argos 是英国领先的数字零售商之一，为客户提供近 90000 种线上线下产品，包括 Bose、Beats、Dyson、LEGO、Nespresso 和 Samsung 等顶级品牌，以及 Chad Valley 等独家产品系列。

虽然已是英国内多渠道零售的领导者，但 Argos 仍然希望扩大其零售渠道来巩固其作为多渠道零售的领导者的地位。

为此，Argos 重新推出 Argos. co. uk 网站。该网站不仅适用于移动端，而且顾客可以在网站上完成全部交易流程。Argos. co. uk 重新设计后，还改进了网站导航设计和产品信息展示方式，并提供了数千条客户评论，以帮助顾客缩小选择范围，为顾客提供了更好的体验。

Argos 还提供了新的移动购物应用，为新客户提供了更多便利和在同类市场竞争者中领先的消息即时性。Argos 提供 iPhone 应用、iPad 应用、Android 手机应用和 Android 平板电脑应用，其中特别是 Argos 新推出的 iPad 应用程序大受欢迎。iPad 应用程序中包括全新的 iPad 杂志，展示了广泛的产品系列，并激发了新客户的兴趣。另外，由于以上新的移动购物功能的提出，Argos 的顾客现在不仅可以轻松地在一个地方开始他们的购物之旅，并在另一个地方取货；而且可以选择在店内查看产品的供应情况，并选择"检查和预订"或"一键预订"立即取货。为了进一步提升购物体验，Argos 还推出了全新的全国即日送达服务，使得顾客可以选择 14 种订货和送货的组合来满足自己的需求。

Argos 还为了方便多渠道客户，进行了实体店面重新设计与翻新。

这系列零售变革，给 Argos 带来了以下多方面的好处。

（1）渠道的广度和市场领先的功能使 Argos 的 Facebook 主页的粉丝量翻了一番。

（2）多渠道的销售渗透率已经上升到 Argos 总销售额的 50% 以上。

（3）互联网销售现在占公司总销售额的 42%，而"检查和预订"是 Argos 目前增长最快的销售渠道。

（4）iPhone 应用程序的下载量超过 250 万次，Android 应用程序的下载量超过 6.25 万次，iPad 应用程序的下载量超过 45 万次。

（5）iPad 应用程序已经超过了销售目标，实现了上市时设定的目标的两倍以上，并通过移动渠道占公司总销售额的 12%。

截至 2013 年，Argos 拥有遍布全国的约 1200 个门店，2900 万的门店客户以及一个在本国访问量排名第三高的在线购物网站——该网站每年有近 10 亿的在线访问量。

资料来源：https：//www. tmtpost. com/67154. html.

4. 家居生活零售新物种

以家具、家居装饰品、床上用品、厨卫用品和生活家用电器等构成的家居生活品类，包括了消费者家居生活用到的刚需品和可选消费品。随着生活品质的不断提升，消费者对该品类产品在消费时不仅追求品质升级，也追求品类升级。具体来说，主要体现在高性价比、简朴设计、绿色环保、安全健康和智能可靠等方面。在此背景下，线上电商平台和线下实体门店共同支撑了家居生活新物种的诞生。

案例分析

网 易 严 选

网易严选于 2016 年 4 月上线，是网易旗下受新中产喜爱的生活类自营电商品牌（其业务模式的三大特征如图 7-20 所示），涵盖居家生活、服饰鞋包、美食酒水、个护清洁、母婴亲子、运动户外、数码家电、严选全球 8 大品类。类似地，网易严选的创新主要体现在行业层面和需求层面。

网易严选在行业层面拓展了网络零售企业的功能边界，赋能传统制造企业，为其提供了新零售路径。网易严选的合作企业都是为国际知名品牌做过代工的企业，它们的生产、技术和管理都达到世界一流水平。网易严选渗透供应链上游制造环节，委托制造方设计生产和提出意见，参与产业链品控环节。而正因为该模式下品牌商对生产环节的渗透，产品整体品质协同性得以提升。并且由于直接接触供应链上游环节，产品销售毛利空间得到提升。对制造商而言，基于该严选合作模式，能够通过需求倒逼自身升级，完成从代工到自主设计角色的转变。

网易严选销售的所有商品其售价遵循"成本价 + 增值税 + 邮费"规则，去掉了高昂品牌溢价，挤掉广告公关成本，摒弃传统销售模式，使得价格回归理性，让消费者享受到物超所值的品质生活。网易严选在消费者需求层面的举措，体现其在走一条去品牌化的道路，这也与目前国内一线城市经济发展的消费行为方式相契合。

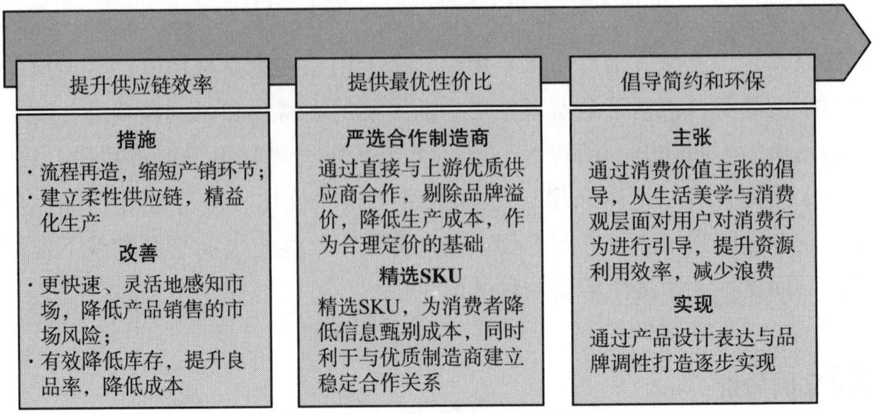

提升供应链效率	提供最优性价比	倡导简约和环保
措施 ·流程再造，缩短产销环节； ·建立柔性供应链，精益化生产 **改善** ·更快速、灵活地感知市场，降低产品销售的市场风险； ·有效降低库存，提升良品率，降低成本	**严选合作制造商** 通过直接与上游优质供应商合作，剔除品牌溢价，降低生产成本，作为合理定价的基础 **精选SKU** 精选SKU，为消费者降低信息甄别成本，同时利于与优质制造商建立稳定合作关系	**主张** 通过消费价值主张的倡导，从生活美学与消费观层面对用户对消费行为进行引导，提升资源利用效率，减少浪费 **实现** 通过产品设计表达与品牌调性打造逐步实现

图 7-20 网易严选的三大特征

资料来源：艾瑞咨询. 2018 年中国零售新物种研究报告 [EB/OL]. https：//www. iresearch. com. cn/Detail/report? id = 3205&isfree = 0.

5. 农村电商与新零售

根据我国国情，虽然当下中国城市化进程推进快速，但至 2022 年我国农村人口仍占 36.1%，这也意味着农村可能成为新零售后续市场拓展的主要阵地。外加近年来国家在政策方面对农村电子商务的持续鼓励，如相关政府部门在 2017 年、2018 年就发布相关通知决定持续开展电子商务进农村综合示范工作，并对农村农产品上行、农村公共服务体系、农村电子商务培训三大方向给予财政支持。

2021 年 1 月，商务部下发了《关于加快数字商务建设服务构建新发展格局的通知》，专门部署了数字商务建设工作。2021 年 6 月，《商务部落实〈中共中央国务院关于实现巩固拓展脱贫攻坚成果同乡村振兴有效衔接的意见〉实施方案》再次提出，要在推动流通提升方面实施"数商兴农"。"数商兴农"行动成为商务部 2021 年部署的数字商务建设的五大行动（消费数字化升级行动、"数商兴农"行动、"丝路电商"行动、数字化转型赋能行动、数字商务服务创新行动）之一。2022 年 2 月 22 日，《中共中央 国务院关于做好 2022 年全面推进乡村振兴重点工作的意见》发布，特别指出，实施"数商兴农"工程，推进电子商务进乡村。

同时，电子商务行业巨头对农村新零售的频繁布局，也是农村电商蓬勃发展的一大原因。例如阿里通过政府合作利用平台优势突破物流、信息流瓶颈，实现"网货下乡"和"农产品进城"双向渠道打通；京东则采用招募农村代理人方式，制定产品进农村、农村金融以及生鲜电商三大战略；中国邮政借助自身网点覆盖大部分农村的优势，投入"邮掌柜"系统来发展农村电商。

案例分析

农村电商"英德模式"

广东省英德市抓住农村综合改革的有利契机，在"互联网＋"思维的指导下，充分利用各类电商平台开展农村电子商务的建设。经过几年的持续探索与实践，成功创造出"英德模式"，助力农村电商发展新业态，进而实现富农惠农，推进乡村振兴。

2015 年英德市电商产业园的正式使用，带动了该市农村电商的快速发展。2019 年，英德市被评为全国 10 个推进农产品流通现代化、积极发展农村电商和产销对接工作典型市之一，为广东省唯一入选城市。截至 2022 年底，英德市共建有 375 个电商服务点，实现行政村 70% 的高覆盖率，标志着全市初步完成市、镇、村三级电商服务站建设工作。在该市电子商务产业园的带动下，全市电子商务总体呈现良好发展态势。

英德市电子商务产业园是英德市政府按照"政府引导、企业主体、市场化运作"的思路建设，由"一馆""三中心"组成。其中"一馆"特指农特产品体验馆，通过实体展厅将英德红茶、西牛麻竹叶、西牛笋干等英德特色农产品向各地展示，并借助网络支付方式完成交易，实现了农村电子商务的 O2O 模式。"三中心"指农村淘宝英德服务中心、电商服务中心和青年电商创业孵化中心。其中青年电商创业孵化中心主要为创业者提供金融、管理、设计、培训、检测、物流、技术支持等"一站式"电商服务，可为创业青年、创业团队提供免费的办公场所、货源、摄影美工等，实现"零成本"创业。这种模式有效减少创业青年、创业团队的创业成本，实现资源共享、共同发展。中心设有团队孵化室和个人创业区域，孵化室已进驻的企业有果康源合作社、鸡鲜生、英德微宝等多家企业。近年来，英德市电子商务产业园从原有的"一馆三中心"扩展为"一馆八中心"，增加了英德红茶展示中心、网红培育中心、电商人才培训中心、电商创客中心等。

对于农村电商扶贫，英德市通过"电商＋龙头企业＋基地＋农户（贫困户）"的模式，大力推进企业、合作社、农户或贫困户的相互合作，逐步形成了"1＋N"电商扶贫产业体系。在电商产业园的辐射下，截至 2018 年 11 月，电商企业已发展为 131 家，41 家电商扶贫企业得到培育，带动贫困户就业超 3000 人。此外，英德市依托中国邮政等物流快递构建物流配送网络，物流快递完成全市 24 个镇街覆盖，并力争完成城镇农村端点物流网络覆盖，妥善解决城镇化和农村化物流体系不完备的难题。

在产业园的带动下，英德市农村电商及相关产业蓬勃发展，英德市被评为"广东省电子商务进农村综合示范县"。依托电商平台，全市于 2017 年实现野生灵芝、红茶、糯米酒、麻竹笋、黄花菜干等农特产品 3 亿元的销售额。电商产业帮助农户解决了农产品难卖问题，使得农民收入得到保障，已成为助农增收的重要渠道。2020 年英德市网络零售总额上升至 30 亿元，农村产品网络销售额也从 2017 年的 3 亿元上升至 13.5 亿元。2022 年，英德市有多家茶企线上销售额超过 5000 万元，估计线上英德红茶销售额达 10 亿元；线上销售的麻竹笋产品以笋干、包装即食笋产品为主，多家龙头笋企线上销售额均达到 1500 万元，线上麻竹笋产品销量超 2 亿元。

资料来源：温智雄. 农村电商助力英德特色农业一年销售超 3 亿元 [EB/OL]. http：//news. ycwb. com/2018 – 11/29/content_30142121_2. html.

7.4　新零售时代的融合创新发展路径

实体零售企业想要在"新零售"时代把握机遇、在激烈的市场竞争中立于不败之地，除了对与电子商务融合发展的本质和特征进行深入理解，还需把握一个核心和一个方向，实行"三步走"。

1. 核心：提升顾客价值

在零售业中，消费者是零售消费市场的首要资产和价值共创者。零售企业想在激烈的市场竞争环境中谋求生存和发展，就必须转变零售理念，即实现从以商品为中心、以自我为中心的传统观念转变为以消费者需求为导向的零售。重视消费者体验，加强客户关系管理，打造并维持与顾客的信任关系，关注并提升顾客价值。零售企业应根据顾客需求，对产品、价格、渠道、店面、营销等进行适应性的调整，打造更具特色、更舒适的消费场景，提升顾客满意度和忠诚度。以顾客价值为核心，需要从以下几个方面考虑。

（1）实施消费者细分，精准定位目标消费者，提升其体验价值。当前零售市场呈现分层化、个性化、便利化和社群化等特点。不同的消费群体呈现出的需求差异显著，并且该差异与消费者的年龄、性别、职业、收入水平、生活习惯等属性相关。在当前消费需求高度分化的市场结构下，为满足不同层级的消费群体，需打造差异化零售场景，于是新零售业态应运而生。总体而言，传统零售业态如百货店、超市等的主体消费者为老年群体，盒马鲜生、星巴克一类新业态主要服务家庭用户和上班族，喜茶、茶理宜世等创新零售店服务更年轻的消费群体。因此，未来零售店必须要明确服务主体，精准勾勒用户画像，提升目标消费者体验。

（2）应打造以消费者为中心的零售店，提升门店体验价值。零售企业要摒弃以商品为主的传统理念，尽量减少商品占用的空间，提升店铺布局的利用率。树立以提升消费者体验为导向的新零售理念，更多地设置消费者体验场景。盒马的"超市＋餐饮"、茑屋书店的"生活方式＋空间"，以及全家和 7 - Eleven 均开展了门店场景优化的探索。综合来看，传统门店品类组合的方式已经无法为零售行业创造新的利润空间，而开展"严选模式"则被认为至关重要，零售企业门店变革势在必行。

（3）构建线下线上一体化的生态化平台体系，打造尽可能完整地满足目标消费者需求的商品/服务体系。只有提升消费者体验，最大化地满足目标群体的需求，才能提高顾客满意度和忠诚度，实现顾客留存。传统零售企业要充分利用现有技术和资源，积极探索零售数字化转型，开展线上平台；同时将实体店作为体验店，做好线下门店流量转化，实现营销闭环。未来有竞争力的企业，必然是具备生态化服务能力的企业。并且企业还需要注意的是，平台化是未来企业经营发展的重要方向，企业与企业之间的对接需要平台，企业需要用线上平台更好地服务目标消费者，企业需要通过平台模式来整合更多的资源以促进发展。

（4）构建到店与到家的全渠道模式。eMarketer 调查数据显示，2022年中国电商销售额将达到 2.779 万亿美元，在整个零售市场占比达52.1%。国家信息中心发布的《中国共享经济发展报告（2022）》显示，在线外卖营业额也已占全国餐饮业 21.4% 的份额。消费者的消费特征已经发生转变，尤其受到疫情的影响，线上消费与到家需求呈现出火爆态势。尤其需要注意，具有在线需求的消费者多为年轻一代消费群体，其是未来消费市场的主力军。

（5）构建以顾客价值为中心的营销体系。传统的营销理念忽视顾客体验，进而容易导致目标群体的流失。企业需要借助一些有效手段和方法，准确定位价值顾客。这就需要设计一套围绕顾客价值的营销体系，构建用户画像数据，实现产品的精准营销。

（6）树立"以顾客为中心"的观念，重构企业组织流程。需要彻底摒弃传统的零售理念与方式，构建新的以消费者为中心、以升级消费体验价值为目标的平台体系。关键是要重构企业组织流程，目前的企业组织设置严重忽略服务、管理顾客，提升顾客体验，因此需要进行企业组织变革，将传统的以商品为中心转变为以消费者为中心，由面对企业内部的营销结构转变为面对顾客的营销组织，进而完成全面的、系统的组织革新。

2. 经营方向：数字化驱动转型

在以消费者为中心的新生态中，科技进步促进市场参与者实现更深度的融合。接触和连接消费者，获取用户的消费偏好，并及时采取有效措施最大限度地满足顾客需求，成为零售市场主体提升经营效率的关键。基于以数据、算法和算力为核心的数字化转型，实现零售行业的智能化、普及化发展。

大数据、人工智能等数字技术的支持，毋庸置疑是新零售时代的制胜关键。其要求企业掌握完整、连贯、精确的数据，并充分挖掘数据的价值，从海量数据内提取有效的洞见帮助企业实现产品优化和效率提升。同时，企业也应借助人工智能、云计算、物联网等前沿技术，全面优化消费体验。

在新兴数字技术的助力及疫情的影响下，数字化转型理念逐渐渗透于传统零售企业，零售企业旨在通过产品渠道、运营流程等进行数字化改造，以更加精准、高效地满足消费者持续升级的新型需求（见图 7 - 21）。

品牌企业推动业务的数字化转型，需要针对自身能力和所处发展阶段定制数字化转型路径，确定相应的目标、战略、流程、组织及人才。

企业开展数据分析，应遵从以下六条原则。

（1）设定明确的业务目标。

（2）了解数据。

（3）从简单的入手。

（4）充分利用已掌握的经验和知识。

（5）将分析结果落到具体行动。

（6）不断地试错并总结提升。

3. 三步走

（1）数据驱动识别消费需求。依托大数据技术，零售企业可以获取目标消费群体的基本属性、产品喜好、购物习惯等，勾勒出精准用户画像。确定产品相应的目标客户，并以消费者需求为中心，针对各层级消费群体，

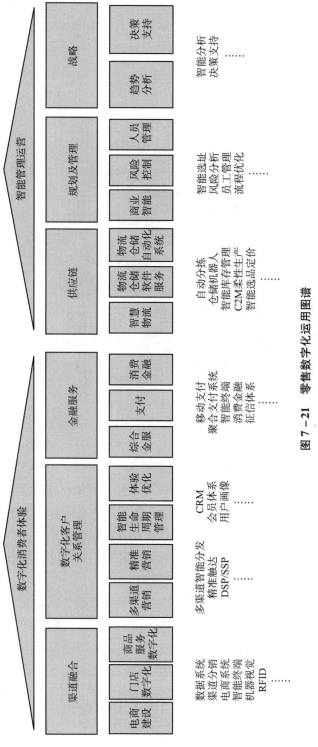

图 7 - 21 零售数字化运用图谱

资料来源：东盟国际供应链中心：零售科技驱动供应链变革 [EB/OL]. https：//www. sohu. com/a/42082478_120838575.

制定不同策略。实现优化产品品类组合、门店场景布局，打造新零售业态，从而实现精准营销，提升目标群体的消费体验，数据分析框架如图 7－22 所示。

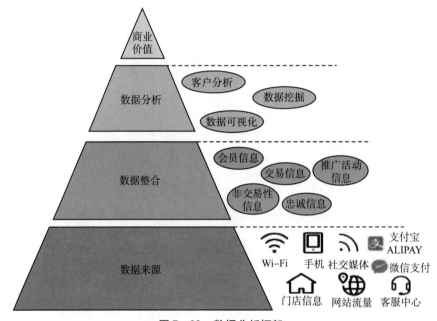

图 7－22　数据分析框架

资料来源：传统企业新零售转型应对方式［EB/OL］. https：//zhuanlan. zhihu. com/p/93621017.

（2）分解消费旅程，探寻各环节潜在解决方案。在识别消费需求后，零售企业需要打造"最佳产品和购物体验"的消费闭环，落实到消费旅程的各个环节上（见图 7－23）。因此，零售企业应当沿着消费旅程，逐一思考每个环节上的潜在解决方案，并结合企业实际情况，对各个选项进行效益、可行性等维度的评估，筛选出较优的选项，并思考各种组合方案的优劣、明确各个渠道的定位与承担的功能。

（3）整合资源能力，形成实体零售业态转型综合方案。在识别出消费旅程各环节上的潜在选项后，零售企业还需对研发、采购生产、物流、市场推广和销售、财务、人力资源、信息技术等各个职能部门的资源和能力现状进行评估，结合自身现状，识别能力缺口及能力建设和转型所需的投入，通过综合考量，形成最优的零售转型综合方案。

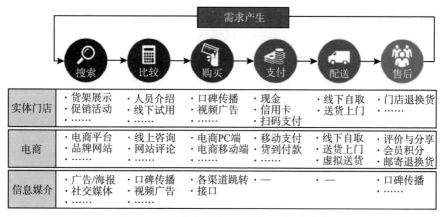

图 7 - 23 消费旅程各环节的潜在解决方案

资料来源：普华永道："新零售"时代，零售企业的致胜之道［EB/OL］. https：//www. sg-pjbg. com/baogao/69634. html.

尤其是，实体零售企业需要夯实支撑业态创新发展的基础。其中包括以下三个方向。

一是突破渠道壁垒。在新零售模式下，渠道的界限已越来越模糊化，零售企业需改变传统理念、模式、手段，突破现有多渠道分离的模式，实现跨渠道甚至全渠道的融合。

传统零售的管理模式下（见图 7 - 24），企业将业务划分为不同的渠道进行管理和运营，组建相对独立的业务团队，配置相应的营销和供应链资源，并制定各自的绩效指标考核不同渠道销售团队的业绩。

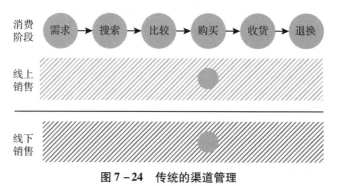

图 7 - 24 传统的渠道管理

资料来源：传统企业如何做好新零售转型？［EB/OL］. https：//zhuanlan. zhihu. com/p/93269631.

大部分品牌企业在推行全渠道零售时，并没有突破这一传统的渠道管理思维，而是仍然以消费者最终购买和支付节点，将销售收入划归线上或线下渠道。传统关键绩效指标（Key Performance Indicator，KPI）指标的束缚，以及如何制定全渠道零售的激励机制，成为企业实现全渠道转型的最大障碍。

而实际上，在新零售模式背景下，线上与线下的边界早已模糊，消费者时刻都活跃在线上、线下不断交叉的各种场景中。企业需转变自身的陈旧观念，重点研究消费者所处位置和消费时间，争取在更多的场景中实现与消费者的互动，以期覆盖消费者从需求、购买到退换的全流程，提高流量和转化率。因此线上和线下分开独立运营的策略，在新零售背景下已经不合时宜，整合企业内部各个渠道的管理资源和管理制度才是企业谋求生存和发展的解决之道（见图7－25）。

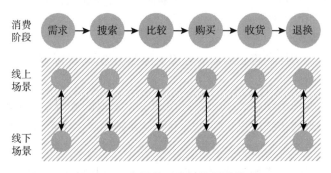

图7－25　新零售时代的全渠道管理

二是组织与运营模式的变革。零售企业需要重新调整以适应新零售的组织架构与人才配备，如建设数字化部门以强化企业大数据搜集、分析、洞察能力，运营模式上可考虑内部创新平台，以应对日新月异的新零售变动态势。

三是供应链转型。推进面向新零售的供应链变革，实体零售企业在与电子商务融合发展的过程中应摆脱传统认知的束缚，将以产品和库存为中心的供应链管理转变为以消费者为核心和数据驱动的供应链管理。通过提升运营水平和服务能力，实现和维持对消费者和购物场景的竞争优势。此外，零售企业还需要建设相应的数据分析系统支持供应链及库存最优化的预测、进行柔性生产流程及设备的改造、物流及仓储的重新部署等。

品牌企业推进全渠道战略，要改变传统管理思维，将企业资源按照消费者的需求进行重组和布局，改"以库存为中心"为"以消费者为中心"。重新审视并正确理解消费者以及不同消费场景对供应链服务的期望，是制定供应链战略的必要任务（见图 7 – 26）。

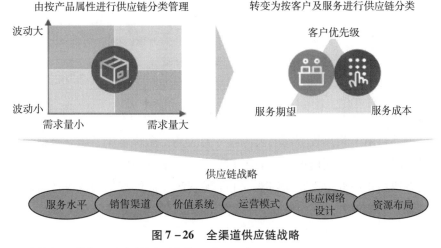

图 7 – 26　全渠道供应链战略

资料来源：传统企业如何做好新零售转型？［EB/OL］. https：//zhuanlan. zhihu. com/p/93269631.

当然也要注意到全渠道供应链战略的误区是将数字化或电商战略等同于全渠道战略，强调线上渠道的重要性而忽视了对线下渠道的改造投资。

新零售时代，品牌企业首先需要从内部重构自己的运营体系，强化自己的运营能力，以适应新零售的物流体系，使业务部门与物流实现更深入的融合和协同，从而提升物流灵活性，实现成本效益的优化。

未来物流应提供更智能、更具前瞻性的服务：如实现门店终端与物流体系的系统整合，物流部门可以及时地向门店推送建议补货信息；而基于人工智能的库存规划可以节约成本并使物流更具计划性。

未来物流的服务还应更加柔性和灵活：渠道扁平化、B2C 比重上升已成定势——门店补货都需朝一日多次的方向发展，因此，物流体系必须向"多批次少批量""快速准时配送"转型。实现这一转型常见的障碍之一是仓储体系的设计：许多企业的仓库并不能很好地支持零售业务，未来的改造应综合考虑货量、服务对象、批次批量特性、期望服务水平、跨渠道库存共享等因素，确定仓库容量规划、布局、动线、流程和生产力水平。

在订单交付管理方面，跨渠道订单交付要求品牌企业破除库存系统和订单之间的壁垒，实现跨渠道的订单交付与库存管理（见图 7 – 27）；并通过各种技术手段建立并实现优质的供应链服务能力，以有效适应"多批次少批量"的零售业务，包括订单交付网络优化、仓配体系改造等。

订单归集	库存可用性	库存匹配	订单分派	发货/跟踪
跨平台	跨渠道		跨仓库	

图 7 - 27　订单交付管理

资料来源：普华永道. "新零售"时代，零售企业的致胜之道 [EB/OL]. https：//www. sgpjbg. com/baogao/69634. html.

另外，由于物流投资周期长、服务要求高，品牌企业需确立合适的物流外包战略，充分利用第三方的服务能力。但企业需要的不再是单一的仓储或者快递供应商，而是能够整合上下游资源，提供端到端供应链解决方案和服务的物流外包商，从仓储到定制加工和数据服务等。

案例分析

格力的直播"初体验"

2020 年春，一场突如其来的疫情，阻挡了人们出行的脚步。根据国家统计局发布的数据，2020 年第一季度我国国内生产总值较上年同期下降了 6.8%，疫情对我国经济的影响，可见一斑。许多企业为减小因疫情关闭线下门店带来的损失，开始探索线下销售的替代模式，其中最成功的案例即格力电器在快手上的直播销售。格力电器在直播上取得的成功使得该公司董事长董明珠对于直播销售的改观。

最初，尽管 2019 年直播带货成为一个销售的新风尚，但是董明珠的态度依旧很坚定，在 2020 年 4 月 15 日的采访中仍表示直播销售是一种新模式，但是自己依旧坚持线下销售的看法。2020 年 4 月 24 日，董明珠在短视频平台抖音开启了自己的直播之旅，可惜这一次直播只给格力带来了 22.53 万元的销售额，而同一天直播的罗永浩得到直播带动的销售额为 3314.55 万元，经过这一次的直播后她回应"坚持线下，带动就业"。在第二次在快手上的直播结束以后，销售额超过 3.5 亿元，这一次后，其看法转为"直播，不为带货"。回顾第一次的失败，董明珠认为科技的作用非常重要，事情应当做到精、做到极致，一开始她也没想到观看直播的人数会这么多，设备承载不住。因此，观看直播的观众频频表示直播过于卡顿，使得尽管有四百多万的观看人数，但最终销售却不尽如人意。第二次的成功，让格力作出了第三次直播的体验。2020 年 5 月 15 日，格力入驻京东十周年，董明珠在京东开启了自己的第三次直播，三小时的直播，最终带货 7.03 亿元。在这之后，格力对于直播的态度变为"未来，格力直播会变为常态化"。格力这一态度的转变也反映了在当前的形势下，直播结合产品销售这一新零售方式的重要性。格力作为我国家电行业的领先企业，它对于直播态度的变化也反映了我国制造业当前的困境，需要寻找一个新的出口，带动制造业的销售。2019 年，格力的线上店整年的销售额为3.5 亿元，格力的一场直播带动的销售额即超越了这一数额，直播的影响力可见一斑。

格力一直坚持线下实体销售的这一传统销售模式的原因在于格力的发展离不开其拥有的三万家专卖店，这也使得格力迟迟未改变传统销售方式。格力表示会在这之后寻找一个线下结合线上的新方式，带动格力产品的销售，实现双赢。但是归根究底，线下转线上，只是服务方式的改变，格力最关心的还是其产品的质量是否能让消费者满意。这也是董明珠在直播过程中，尽量给观看直播的观众带来的感觉，想要让消费者更好地了解产品，保证消费者拥有良好的购物体验，即使在线上，也不能放弃对服务质量的严格要求。

资料来源：破 65 亿，带货女王董明珠的直播心得 ［EB/OL］. https：//www. 163. com/dy/article/FE561B8105317E27. html.

第8章 实体零售与电子商务融合创新发展路径的案例研究

8.1 华润万家超市新零售转型案例：零售生态视角

8.1.1 研究案例*

华润集团是世界500强企业，也是中央直属的国有控股企业集团。作为华润集团旗下的零售连锁企业集团，华润万家于1984年在香港成立，在2009年对零售业务进行了重组，从单一业态发展到多业态组合，华润万家逐渐从传统的连锁超市企业成为管理多元零售业务的零售集团。

华润万家坚持"时尚、品质、贴心、新鲜、低价、便利"的经营理念，以"引领消费升级，共创美好生活"为使命，以"连接每日生活，服务千家万户"为愿景，为消费者提供丰富的商品和温馨、健康的体验。目前华润万家主要有以下几种主营商业模式。

（1）大卖场：针对中低端市场，以提供"一站式"的购物体验、低价便利为特点。

（2）Olé精品超市：针对中高端市场，品牌定位为满足白领时尚品质消费，以自然、健康、精致、时尚为卖点。

（3）Blt精品超市：强调"以顾客为中心"的服务态度，针对高端市场，提供国际化的商品组合，拥有绿色简约的店面设计，为顾客提供充满活力的购物体验、优质便利的精选商品、清新雅致的购物风尚，以满足年轻人对绿色环保和高品质生活的追求。

---

* 华润万家官网。

（4）V＋精品生活超市：以一二线城市的中产阶级为主要目标客户，营造时尚、舒适的购物环境，提供高品质、场景式、体验式的服务。

（5）乐购 Express：结合了便利店的快速、高效，以及传统超市本身的优势，以"每日新鲜、美味安全、方便快捷"作为服务理念。

（6）欢乐颂和乐都汇：属于综合型购物中心，集大型超市、购物中心、影院、休闲和其他配套服务等多种业态于一体，为消费者打造"一站式消费"与"快乐生活"的双重体验。

（7）e 万家：即华润万家的综合零售电商平台，依托华润万家线下资源，主要为用户提供水果蔬菜、冷藏冷冻等生鲜商品的在线销售服务，以及其他一些跨境电商产品。

（8）苏果：是华润万家旗下的连锁超市企业，以"为民、便民、利民"为经营宗旨，主要提供生鲜类产品。

（9）万家 MART 和万家 LIFE：都是华润万家对社区零售模式的尝试，加大了生鲜和食品品类的占比，针对性地解决家庭生活日常、高频次消费的品类和生活服务需求问题，围绕"一日三餐"＋"居家生活"两大核心场景，为消费者打造一个优质健康、丰富多样的一站式精选食材超市。

（10）V＞nGO：是华润万家旗下的便利店品牌，风格简洁、时尚，提供 24 小时服务，为追求快捷、方便及舒适的客户群体带来更自然、休闲的购物享受。

华润万家探索新业态过程中的关键事件和对应时间见表 8 – 1。

表 8 – 1　　　　　华润万家探索新业态过程中的关键时间节点

时间	事件
2004 年 12 月	华润万家旗下首家高端超市 Olé 在深圳华润万象城开业
2007 年 9 月	华润万家创新业态"VanGO 便利店"首家门店在深圳开业
2008 年 9 月	华润万家创新业态"生鲜超市"首家门店在深圳开业
2009 年 6 月	华润创业重组旗下零售业务，华润万家新增中艺、华润堂、LEONARDO 等业务模块
2010 年 1 月	华润万家创新业态 Blt 超级市场首家门店于香港开业
2010 年 10 月	华润万家旗下购物中心品牌"欢乐颂"全国首家门店——深圳南山店开业
2011 年 5 月	国内首家"水上便利店"——苏果长江"水上超市"开始试营业
2015 年 5 月	华润万家与招商国际有限公司在前海保税区共同签署战略合作协议，打造跨境电商战略

时间	事件
2015 年 7 月	华润万家旗下 e 万家"港货店"落户前海自贸区
2017 年 7 月	华润万家与英国 Tesco 旗下顾客科学公司邓韩贝（Dunnhumby）共同宣布双方将成立名为"华智邓韩贝"的合资公司，深耕中国大数据市场
2018 年 4 月	华润万家宣布，与京东到家和美团外卖展开全面合作，共同打造线上线下一体化和数字化的服务能力
2018 年 4 月	华润集团与腾讯公司在中国"互联网＋"数字经济峰会上签署了战略合作协议
2018 年 6 月	华润万家旗下苏果超市开出南京首家"自助便利店"，无人值守、自助扫码结账、24 小时营业，超过 300 种商品，购买流程简单方便
2018 年 12 月	华润深圳湾综合体全面落成
2019 年 1 月	华润万家新零售品牌——万家 MART 正式亮相深圳，融入"互联网＋"概念，运用零售新科技，重构社区商业新体验
2020 年 5 月	华润万家全新品牌萬家 LIFE 首家门店上线
2020 年 12 月	萬家 CITY 首店亮相苏州太湖新城万象汇

资料来源：华润万家官网。

可以看出，华润万家的转型早在 2004 年就开始了。随着科技的发展，华润万家也开始了对"新零售"模式的探索，例如"自助便利店"的营业、社区零售的尝试以及对线上线下一体化的打造等，并逐渐布局打造"新零售"供应链。而在新冠疫情暴发后，"新零售"供应链很大程度上提升了华润万家的风险管理能力，使华润万家在疫情的冲击下转危为机。

8.1.2　理论基础

不同学者对"新零售"定义有所差异，但其最重要的特征是线下与线上的深度融合，并结合现代物流，利用大数据、云计算等创新技术（王宝义，2017），以消费者为中心，将各方面数据全面打通，提供全渠道、全品类、全时段、全体验的服务，满足人们随时随地、随心所欲的全方位需求（林英泽等，2017）。由此可见，"新零售"是零售的升级重构，涵盖了多个主体，最终形成一种"协同共生"的零售生态圈。

在生态圈中，企业被视为一种进行活动的基本单元——物种，功能相似的不同企业集合后形成种群。随后，这些不同功能的种群联结成一种群居共生的关系——群落。紧接着，新的技术、思想、模式出现，这个过程即是变异，而其他企业跟进学习和模仿的过程则与繁殖类似。因此，可将"新零售"的演化过程类比生态圈的演化，即企业、政府、大学等单位作为物种联结形成群落，群落中各物种之间相互联系，物种和群落相互作用、动态演化，并最终形成一个整体的、复杂立体的网络组织。

从生态系统的角度来考察其他领域的问题，这种思想早在 1994 年克林顿政府发布的总统报告《科学与国家利益》中就有提及。如今，这种思想也被应用于管理学领域。吴群（2021）根据"新零售"的本质、供应链的特征及供应链生态圈的结构等方面深化了对"新零售"供应链生态体系的认识和理解。李晓霞（2018）针对零售业的特性，从商业生态系统的角度出发，分析零售业商业生态系统的动态调节能力。

本书构建的"新零售"的生态体系主要由以下几个成分组成。

（1）关键种群。主体企业联结的供应链上下游成员，是"新零售"生态体系的核心，一定程度上引领整个生态圈的发展方向，包括生产商、供应商、零售商、消费者。

（2）支持种群。为主体企业提供配套服务的企业或机构，是生态圈中不可缺少的主体，例如软件商、政府、物流服务商、信息服务商等。

除了种群，"新零售"的生态体系还受到外部环境的影响，例如市场环境、政治环境等。"新零售"生态系统如图 8－1 所示。

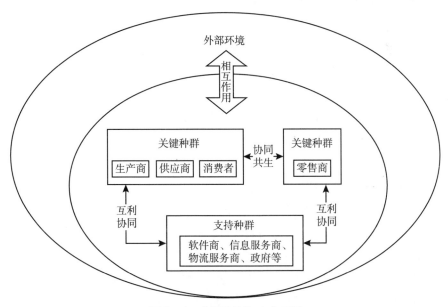

图 8－1　"新零售"生态系统

当然，以生态系统来类比"新零售"的观点较为宏观，即便能较好地体现"新零售"中各主体合作协同的特点，但对企业内部的变化则难以体现。为展现生态圈中的主体企业在转型上的尝试，本书使用了另一种较为微观的角度——企业创新管理理论。"创新"一词最早由美籍奥地利经济学家约瑟夫·熊彼特于 1912 年在《经济发展理论》一书中提出。经过多年的理论发展，创新理论逐渐完善，演变出如今较为全面的企业创新管理理论。企业创新涉及组织创新、技术创新、管理创新等多个方面（许庆瑞等，2003），各方面的创新并不孤立，而是需要全盘考虑整个企业的发展。

本书在宏观上从生物学的角度对华润万家的转型路径进行研究，体现"新零售"生态圈中各环节相互赋能、互补、合作的"协同化"过程；在微观上从企业创新的角度深挖华润万家的转型策略，探究企业内部如何通过创新实现组织协同、需求快速响应和服务水平提升。

8.1.3　数据分析

本书采用扎根理论的方法，使用三级编码探索华润万家的转型路径。扎根理论是由格拉泽和施特劳斯（Glaser & Strauss，1967）提出的，具有高度影响力的质性资料研究方法论基础之一，是一套系统的、用于理论建构的数据处理方法。扎根理论是一个"收集数据—形成理论—再收集数据—完善理论"的过程，核心原则是避免先入为主，最终的理论成果应在研究过程中自然涌现（Suddaby，2006）。

本书用于编码的质性数据来源于知网的期刊文献，以及华润万家官网、联商网和 CBNData 上的新闻、采访、资讯和报告共 55 篇约 100 万字，时间跨度从 2017 年 11 月 28 日到 2022 年 7 月 29 日。其中 50 篇用于编码，5 篇用于检验结果是否饱和。

1. 开放式编码

开放式编码即一级编码，是在"悬置"个人"偏见"和研究界的"定见"后，通过分析内容，对有价值的信息贴标签，界定概念和定义范畴。在对资料进行编码后，共得到 112 个初始概念，提炼出 35 个范畴，分别是供应商选择、供应链全球化、安全性、App 优化、大数据分析、门店智能化、门店日常运营优化、全渠道、物流配送、支付便捷化、企业责任、以消费者为中心、场景＋运营、环境与设施、生鲜＋餐饮、营销手段、增强消费黏性、业态转型、从侧重商品向侧重消费者转型、因地制宜、管理结构变动、管理行为变动、农超对接、食品安全、消费需求变化、消费预算变化、市场环境、政治环境、社会环境、技术环境、软件商、物流服务商、信息服务商、政府（见表 8 - 2）。

表 8 - 2　　　　　　　　　　　开放式编码结果

原始资料节选	贴标签	概念化	范畴化
为了更好服务消费者，近年来，华润万家加速建设自有线上渠道"华润万家 App"，并与京东到家、美团外卖、饿了么等第三方线上渠道展开合作，大力推进到家业务，不断延伸线下门店的服务范围。通过加速线上线下融合，在满足消费者需求的同时，也提升了门店的经营效率①	加速建设自有线上渠道/与第三方线上渠道展开合作/加速线上线下融合/延伸线下门店的服务范围	a1 线上线下融合 a2 线上渠道拓宽 a3 O2O	A 全渠道
……	……	……	……
从家乐福、麦德龙、沃尔玛等传统大型卖场的竞争，到京东、阿里巴巴、美团等互联网企业的同城零售业务，更有深入社区"毛细血管"的社区团购，还有每日优鲜、叮咚买菜、朴朴平台自营类生鲜电商平台涌入，国内零售行业的竞争早已进入白热化②	零售行业竞争白热化/传统大型卖场竞争加剧/互联网企业进入零售市场/中小型社区生鲜出现/电商平台涌入	b1 零售行业竞争加剧 b2 电商冲击	B 市场环境
……	……	……	……
经过 35 年沉淀，华润万家已形成了大卖场为主、其他业态为辅的多业态组合优势，其中大卖场在供应链建设方面的成功经验，可以向小业态推广覆盖，打造业态协同优势，而这将成为华润万家布局小业态的一大竞争力③	大卖场为主/多业态组合/业态协同/布局小业态	c1 大卖场向小业态、精品业态转型 c2 多业态协同发展	C 业态转型
……	……	……	……

---

① 中国网财经. 华润万家拥抱数字时代：坚守零售本质加速"万家＋互联网"转型［EB/OL］. https：//baijiahao. baidu. com/s? id = 1673514813490259062&wfr = spider&for = pc.

② 前瞻经济学人. 2023 年中国超市行业市场现状及发展趋势分析机遇与挑战并存［EB/OL］. https：//baijiahao. baidu. com/s? id = 1765922760653970961&wfr = spider&for = pc.

③ 金融界. 转型提速华润万家大举调整业态布局［EB/OL］. https：//baijiahao. baidu. com/s? id = 1629775998403341257&wfr = spider&for = pc.

续表

原始资料节选	贴标签	概念化	范畴化
在门店内，华润万家应用数字化的信息发送系统，将准确、趣味、丰富的商品信息传递给每位顾客，为顾客提供新颖的购物体验。在萬家 MART、萬家 LiFE、萬家 CiTY 中，随处可见的多媒体屏，将商品、营销信息以最直观的方式呈现在顾客面前。生鲜 LCD 屏、货架屏、生鲜看板、农药残留看板等将食品安全监测信息透明化、鲜活化。万家将信息更新更及时、更全面、更生动的海报呈现在顾客面前，让顾客"看得有趣也买得放心"①	商品信息准确、趣味、丰富/为顾客提供新颖的购物体验/多媒体屏随处可见/信息直观、透明化、鲜活化	d1 产品信息透明化 d2 实时推送 d3 多媒体屏	D 门店智能化

2. 主轴式编码

主轴式编码即二级编码，也被称为关联式编码，是对开放式编码中发现的初始范畴进行整合，在较为分散的内容之间建立内在联系，形成有代表性的主范畴。通过对各范畴之间关系的梳理，本书将 35 个初始范畴归纳为 4 个类别和 17 个主范畴，即企业创新：技术创新、文化创新、营销创新、战略创新、组织创新，关键种群：供应商、零售商、生产商、消费者；外部环境：市场环境、政治环境、社会环境、技术环境；支持种群：软件商、物流服务商、信息服务商、政府，见表 8 - 3 和表 8 - 4。

表 8 - 3　　　　　　　　　　主轴式编码结果 1

类别	主范畴	副范畴	范畴内容
关键种群	供应商	供应商选择	供应商培训、建立供应商审核体系、建立新型合作关系
		供应链全球化	进口商品种类增加、跨境电商、严格商品准入规则
	生产商	农超对接	产供销一体化
	消费者	消费需求变化	必需品消费占比提高、更注重健康、追求方便快捷、追求高品质
		消费预算变化	居民消费升级

———————

① 百闻驿站. 数智化转型，华润万家打造消费者喜爱的全渠道零售商 [EB/OL]. https：//baijiahao. baidu. com/s? id = 1715196112806285995&wfr = spider&for = pc.

续表

类别	主范畴	副范畴	范畴内容
企业创新	技术创新	安全性	门店实时监控、信息安全
		App 优化	App 功能完善、App 页面优化、商品数量和品类结构优化
		大数据分析	行为分析、用户画像
		门店智能化	AI 智慧电子秤、电子价签、多媒体屏、实时推送、产品信息透明化
		门店日常运营优化	门店管理数字化、无纸化作业、移动化办公
		全渠道	O2O、自媒体平台、线上渠道拓宽、线上线下融合、消费场景增加、渠道资源整合
		物流配送	GPS 导航、电子标签、供应链大数据平台、机器人搬运系统、无接触配送、语音拣选、运输路径智能优化
		支付便捷化	即买即付、结算智能化、聚合支付平台、凭证数据化、刷脸支付、移动支付、自助收银
	文化创新	企业责任	刺激消费、"节能、绿色、减排"、"时尚、品质、健康"、产业扶贫
		以消费者为中心	消费者需求、增加互动、情感价值共鸣
	营销创新	场景＋运营	打造可持续消费场景、分城市场景化运营、搭建体验式场景、按商品品类打造场景
		环境与设施	外观设计美化、商品陈列合理化、商品组合多样、商品组合简约化、设立专区
		生鲜＋餐饮	餐饮多元化、大力引进即食消费品类、现点现做现吃
		营销策略	差异化营销（客群细分）、个性化营销、定制化营销、精细化营销、品牌营销、市场细分
		增强消费者黏性	独立资源位曝光、增加顾客参与、会员推广激励、设定会员日、增强会员特权
	战略创新	业态转型	大卖场向小业态和精品业态转型、全业态规模上线向分业态差异运营转型、渠道下沉、社区零售、多业态协同发展
		从侧重商品向侧重消费者转型	研究消费者、门店以商圈消费者为基础建设、按顾客购买习惯选择商品

续表

类别	主范畴	副范畴	范畴内容
企业创新	战略创新	智慧城市	物联网、云计算、打造城市群区域供应链体系
		因地制宜	按城市特点聚焦发展、市场调研
	组织创新	管理结构变动	专人专岗、采购和营销部门区分
		管理行为变动	从利润考核变为采购成本考核

表 8 - 4 主轴式编码结果 2

类别	主范畴	范畴内容
外部环境	市场环境	大卖场同质化现象严重、电商互联网冲击、经济环境波动、零售行业竞争激烈
	社会环境	消费群体年轻化、疫情常态化
	技术环境	对大数据技术的运用、对云计算技术的运用
	政治环境	刺激消费、提倡环保、乡村振兴
支持种群	软件商	全渠道履约、提供数字化工具和解决方案
	物流服务商	提高配送能力、与多家物流商合作
	信息服务商	在大数据、云计算等领域展开合作
	政府	重视与当地政府建立合作伙伴关系
关键种群	零售商	技术创新、文化创新、营销创新、战略创新、组织创新

3. 选择式编码

选择式编码即三级编码，是把主轴式编码中提取的主范畴联结到一起，挑选出解释力强的核心范畴，并研究主范畴之间的关系脉络。在重新深入考察了开放式编码中形成的 112 个概念、35 个范畴和主轴式编码中的 17 个主范畴后，提炼出的核心范畴见表 8 - 5。

从表 8 - 5 可知，主范畴之间存在双向影响。得出的范畴关系结构分别是：零售商主要进行了企业内部创新，包括技术创新、文化创新、营销创新、战略创新和组织创新。外部环境影响关键种群的发展，支持种群与关键种群之间存在互利协同的关系，关键种群内部存在协同共生的关系，整个供应链以消费者为中心。

表 8 - 5　　　　　　　　　　　选择式编码结果

范畴关系结构	范畴关系内涵	路径
零售商↔技术创新、文化创新、营销创新、战略创新、组织创新	技术创新是关键，文化创新是引导，营销创新是手段，战略创新是方向，组织创新是保障	企业内部全面创新
外部环境→关键种群	市场环境、政治环境等对关键种群的影响	环境敏感度提升
支持种群↔关键种群	软件商、物流服务商、信息服务商、政府对关键种群的互利协同关系	供应链种群互利协同
零售商↔消费者	零售商借助信息技术为消费者提供定制化服务	销售协同
零售商↔生产商	零售商与生产商的直接对接，参与生产全流程	生产协同
生产商↔供应商	依靠信息透明化决定采购时间和数量	供应协同
消费者↔零售商、生产商、供应商	形成以消费者为中心的供应链结构	供应链中心转化

4. 饱和度检验

饱和度检验是指在继续进行编码的过程中，已经不能再得出更多额外的信息，这时可以认为资料数据已经达到饱和。在完成三级编码后，对剩余的 5 篇原始资料再次进行编码，进行理论饱和度检验，经测算，构建的概念模型在理论上已处于饱和状态。

8.1.4　华润万家新零售生态的创新发展路径

1. 转型前＊

20 世纪 90 年代末的万佳百货是华润万家的前身，万佳百货是全国首家仓储式自选超市，商品种类繁多且低价，吸引了很多消费者。然而，受当时环境影响，万佳百货的进口商品较少，并以中低端为主。由于仓储式超市本身的特点，万佳百货占地面积较大，为节约成本采取了简单的装修，主要实行大批量订货的模式，以廉价销售为卖点。在这种业态下，供

＊　罗伊. 第一个麦当劳、第一个沃尔玛……深圳商业如何影响［EB/OL］. http：//news. wins-hang. com/html/070/1305. html.

应链中的成员相对独立，供应链由产品驱动，呈现链状，并有着"中间化"的特点。从图 8 - 2 可知，生产商提供产品后，产品经过供应商、零售商，再推销给消费者。整个流程的信息不透明且流动缓慢，同时渠道和场景单一，消费者不能自由地选择购物时间和地点。

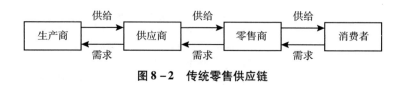

图 8 - 2　传统零售供应链

2. 转型后

一是微观角度。根据编码结果，从企业创新的角度，绘制了华润万家（零售商）的转型路径，结果如图 8 - 3 所示。

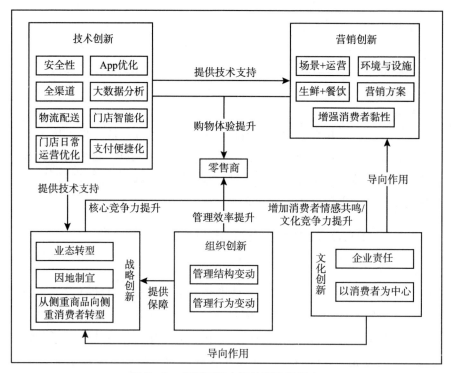

图 8 - 3　华润万家内部转型路径探索

从图 8 - 3 可以看出，华润万家内部对转型的探索主要可以分为技术创新、营销创新、战略创新、文化创新和组织创新，其中互相之间又存在关联。

（1）技术创新为企业创新提供技术支持。技术创新是企业竞争优势的重要来源，能够为新的营销方案和企业战略的实施提供技术支持。技术创新是华润万家转型过程中的关键，高效率的数据采集和大数据分析技术能够为企业战略提供信息支持，对不同地区不同商圈的门店规划有着重要的导向作用。此外，数字化技术也为华润万家门店打造多样化的消费场景、为消费者提供体验式服务、实现智慧城市和差异化、个性化、定制化的营销策略提供了可能。

（2）技术创新和营销创新协同提升购物体验。全流程智能化和以消费者为中心的营销方案能够为消费者提供全新的购物体验。在技术上，数字化技术实现了华润万家门店的全面科技赋能。华润万家大幅增加线上渠道的资源投入，并取得了一定成效。2020 年上半年华润万家的线上业务累计增长 532.2%，全年线上业务销售额高达 59 亿。[①] 此外，华润万家借助技术升级，对线上线下渠道进行了改造：多媒体智慧屏的投入增强了与消费者的互动，为消费者直观展示商品的各类信息；随处可见的商品溯源二维码，让消费者更加便利地作出购买决策；AI 智慧电子秤和电子标签的投入让消费者得以享受快捷便利的购物体验；移动支付、即买即付、刷脸支付、聚合的支付平台为消费者提供了多元化的支付选择；结算智能化、凭证数据化和自助收银使门店人均结算速度提升 2 秒多；大数据、云计算等技术精准获取顾客画像并对行为进行分析，完成了对消费者的全方位模拟，使定制化、个性化的服务成为可能；App 的优化提高了消费者的线上购物体验；全渠道建设和物流数字化有利于线上线下融合发展，实现服务和消费者体验的全方位升级；同时，门店的实时监控和高安全性的支付平台保障了消费者的人身安全和信息安全。数字化技术的运用还实现了门店的移动化办公和无纸化作业，有效提高了门店日常管理效率。例如，华润万家多家门店都使用了电子价签，通过电子价签的闪灯提示，结合员工拣货 App，实现了商品快速定位和多拣货员同时作业，平均拣货时间缩短了约 5 分钟，拣货效率提升超过 50%。[②]

营销策略的改进核心是从以商品为中心到以消费者为中心。华润万家对商品品类进行了重组，对许多门店进行了重新设计并设立商品专区，利

① 中新经纬. 绿色发展再上新台阶华润万家为企业社会责任注入新基因 ［EB/OL］. https：//baijiahao. baidu. com/s？id = 1713924072874811883&wfr = spider&for = pc.

② 百闻驿站. 数智化转型，华润万家打造消费者喜爱的全渠道零售商 ［EB/OL］. https：//baijiahao. baidu. com/s？id = 1715196112806285995&wfr = spider&for = pc.

用实体门店的自身优势为消费者打造体验式、可持续的消费场景。例如，华润万家在部分门店设立了绿色专区，让消费者在购物的同时也能了解有机生产的全过程，为消费者带来温馨、休闲和趣味的购物体验。同时，华润万家在大力推进"生鲜＋餐饮"模式，颠覆以往大卖场的传统熟食经营模式，对生鲜区进行全面改造升级，实现"现点现做现吃"，给消费者提供卫生、安全、便捷、高品质的用餐环境和服务。[①] 为了增加消费者黏性，华润万家也做了不少尝试，一是加强对会员的重视，设定会员日并增强会员专属权益和会员推广激励；二是增加与顾客的互动，华润万家旗下品牌的润之家经常召集顾客对推出的新品进行口味测试，并根据消费者的反馈进行调整。华润万家也会时常邀请媒体和顾客参观操作间，顾客的高参与度能够有效提高顾客对华润万家的认同感。[②]

（3）战略创新指引企业创新方向。企业战略决定了企业发展的方向。华润万家在全面调研分析的基础上，结合当地市场及供应链环境，根据不同城市商圈的消费者特征打造门店业态，其核心是"以消费者为中心"。如今华润万家主要的业态变化是大卖场向小业态和精品业态转型，代表案例是小业态超市乐购 Express 和便利店 VanGO，以及精品业态 Olé 和 Blt。Olé 和 Blt 门店主要分布于一二线城市的核心商圈，进口商品比例高达70%～80%，以物质条件富足、追求高品质生活和高质量服务的高端消费人群为目标，打造品质、时尚、精致的购物场景。

此外，华润万家也对社区零售模式进行了尝试，其代表是萬家 LIFE。萬家 LIFE 作为一种新的社区超市模式，以家庭为中心，一般设立在民居的5～10分钟步行范围内，以满足家庭一日三餐及居家生活基本需求为目标。同时，门店打通线上线下渠道，力求尽可能地贴近消费者，为消费者提供温馨、方便、休闲的购物体验。[③]

如今，华润万家转变了以往单一业态发展的战略，以多业态协同发展为目标。但华润万家的多业态协同并不意味着全业态规模上线，而是分业态差异运营，即根据不同地区商圈的消费者特征选择不同的业态。这种战略能够建立华润万家的差异化竞争优势，有效提高企业的核心竞争力。例

---

① 联商网．华润万家在宁波加快业态升级步伐开启"生鲜餐饮化"［EB/OL］．https：//www．crv．com．cn/xwzx/mtbd/201810/t20181008_469036．html．

② 金贝财经．华润万家自有品牌持续发力，让年轻人有更多选择！［EB/OL］．https：//business．sohu．com/a/457263779_99978892．

③ 乐居财经。华润万家全新品牌万家 LIFE 便利超市首亮相深圳［EB/OL］．https：//baijiahao．baidu．com/s？id＝1666765893830211077&wfr＝spider&for＝pc．

如，华润万家在深圳这类人均消费水平较高的城市，选择万象城这一集购物、办公、餐饮、娱乐等多功能"一站式"和"体验式"的大型购物中心；而在合肥，则选择建设欢乐颂，商场里的服装和餐饮占比较大，交通便利且与社区住宅相靠。

（4）文化创新引导企业的营销和战略创新。健康、环保、时尚、正能量的企业文化能够引起消费者的情感共鸣，增加企业的品牌价值，并对企业的战略和营销策略的制定起到引导作用。相比华润万家以往仅重视商品营销的策略，现在华润万家以消费者为中心，对企业文化进行了重塑，改变品牌在消费者心中的印象，增加了品牌的附加价值。

"节能、绿色、减排"。华润万家旗下品牌 Olé 的品牌展"因灵感而来"以多场景、多形态的活动演绎自然力，为消费者提供一个与自然接触的空间；Olé 以周为单位开创环保课堂，并挑选出千余种环保商品，在多渠道搭建绿色商品与消费者的互动场景，向消费者传递健康、低碳、环保的理念，鼓励消费者参与绿色消费，共同推进环境保护。而华润万家本身也致力于节能环保，积极运用先进技术和设备，通过替换高能耗设备、使用磁悬浮空调、更换 LED 光源等，做到节能减排，提升能源的使用效率。华润万家还鼓励消费者自备购物袋，组织空瓶回收、环保志愿服务、环保绘画等活动，展现绿色、可持续的消费理念。[①]

"时尚、品质、健康"。Olé 在体验感、功能性、社会性等方面构建起多重价值消费场景，打造出一个艺术和生活相融合的体验式购物空间。华润万家以"引领消费升级，共创美好生活"作为企业使命，倡导自然、健康、快乐的消费理念，密切关注消费者的需求变化，满足消费者对高品质生活的追求。

作为一个与消费者生活息息相关大型零售企业，一直以来，华润万家以身作则，践行着企业的社会责任。在绿色环保方面，华润万家积极推动安全、绿色、高品质供应链的建设，推广环保减塑工艺和物料运用、建设绿色生产发展体系、减少能源消耗，将绿色理念践行到采购、加工、储存、运输、销售等供应链的各个环节；与此同时，华润万家连续 13 年举办"地球一小时"活动，全国 3000 余家门店在当日同时关闭非必要光源，以实际行动体现环保理念。在食品安全普及方面，华润万家始终将普及食品安全作为企业的责任和义务，邀请顾客和媒体对食品生产流程

---

① 读创. Olé"因灵感而来"启幕为可持续生活提案［EB/OL］. https：//baijiahao. baidu. com/s？id＝1730863491961797156&wfr＝spider&for＝pc.

严格把关。在消费扶贫方面，华润万家在毕节牵头成立精准扶贫项目组，先后在 400 余家门店设立扶贫专区，并深入各类生鲜农产品的原产地，通过直播营销的方式，利用企业自带的品牌影响力帮助当地群众脱贫致富。①

华润万家坚定地履行企业的社会责任，极大提升了企业的社会知名度和口碑，这对企业发展有着不可或缺的作用。

（5）组织创新为战略创新提供保障。完备的组织架构是企业战略正常实施的强有力保证。对于华润万家这种大体型企业而言，企业战略的改变相当于一场革命。为了让改革更加彻底，让组织架构更好地适应新的业态，华润万家对原本的组织架构和考核方式进行了变革。华润万家实施专人专岗，将原本同时具有商品采购和营销功能的部门废除，设立专门的营销团队和采购团队，促销和采购活动分离。同时改变采购部门的考核方式，从考核毛利和利润到考核采购成本，提高采购的产品质量。华润万家通过内部改革，逐渐提升门店的人员效率，以更好地适应企业的业态转变。②

二是宏观角度。"新零售"生态圈的构造逻辑如图 8 - 4 所示。

由图 8 - 4 可知，以华润万家为主体企业的供应链生态圈改变了以往各环节"单打独斗"的局面，从"点"到"线"再到"网"，形成了一种智慧协同的网络型供应链。

（1）关键种群内部协同。"新零售"供应链关系转变为"以消费者为核心"，是一种生产、供应、全渠道销售协同的供应链网络。这是供应链从"线性"到"网络"的转变，从"单一"供应链到互利合作的"生态圈"模式的升级。大数据、云计算等技术实现了整个种群的信息互通，并能够对全渠道零售端获取的消费者行为数据进行整合与分析。供应链从消费者出发，由消费者需求拉动产品生产，并根据消费者的实时反馈对产品进行改造，实现需求导向的生产模式。

第一，全渠道销售协同作用。近年来，随着经济的发展，消费群体的需求逐渐向绿色、健康、享受转变，对高品质生活有更多的追求。为此，华润万家一直致力于打造绿色消费场景，提供健康、高品质的产品。与此

---

① 中新经纬．绿色发展再上新台阶华润万家为企业社会责任注入新基因［EB/OL］．https：//baijiahao. baidu. com/s? id = 1713924072874811883&wfr = spider&for = pc.

② 央广网．专访徐辉：华润万家谋新求变［EB/OL］．https：//www. 163. com/dy/article/GM53C3CC0514R9NP. html.

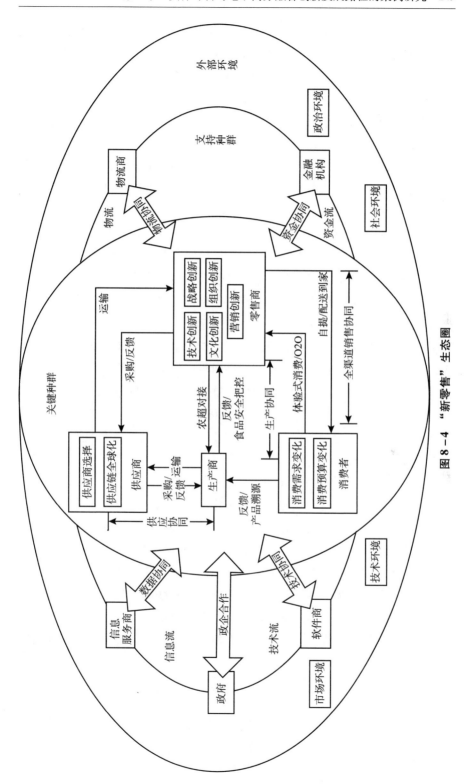

图 8 - 4　"新零售"生态圈

同时，疫情的常态化使便利型消费需求增加，基于消费者对便利性的需求，华润万家不断拓宽线上渠道、加快线上线下融合，推出社区超市，提供 O2O 到家服务，打造全渠道、多场景的全链路零售模式，以满足消费者多样化的需求。

第二，供应协同作用。在"新零售"模式中，一方面，华润万家对供应商的选择日渐全球化，Olé 门店引进 40 余个"一带一路"沿线国家和地区超过 8000 款进口产品，提供全球 80 余个国家的万余种产品，涵盖美食、家庭生活用品、酒类等品类。另一方面，华润万家与供应商建立新型合作伙伴关系，对农产品供应商定期开展培训以提高供应商质量管理水平，同时建立供应商前端资质审核体系对供应商进行资质验证，并加大对采购源头考察的重视，引进第三方检测机构对产品质量进行检测。华润万家结合理念的契合度、资源能力的互补性等建立供应商选择标准，并从品控、管理等多方面为供应商提供支持。这象征着华润万家逐渐转变作为零售商的行为模式，积极介入供应链的全过程。通过与供应商的协同合作，华润万家有效推动合作并行、资源共享和能力整合，在满足高质量产品供给的同时也满足了合作伙伴高支持、高回报、低损耗的需求①②。

第三，生产协同作用。以往的供应链中，生产商与零售商往往不会直接接触。而在"新零售"生态圈中，华润万家对农产品生产的每一个环节进行严格的监督和记录，直接对接生产商，打造产供销一体化的产品链，形成独特的竞争优势。

（2）支持种群的支持作用。

第一，信息服务商和软件商。数字化、信息化是整个供应链能够顺利运行的基础，信息服务商和软件商为供应链的各个企业提供技术支持和信息化改造支持。2018 年的中国"互联网＋"数字经济峰会高峰论坛上，华润集团与腾讯公司签署了全方位战略合作框架协议，并在智慧城市、智慧零售、云和大数据等领域展开紧密合作，以互联网工具、大数据、云平台等作为赋能手段，合力打造场景数字化解决方案。③

第二，物流服务商。物流服务商在整个供应链中起到统筹和调度的作

---

① 南方都市报. "一带一路"新闻合作联盟短期访学班参观 Olé 广州太古汇店［EB/OL］. https：//www. sohu. com/a/343831657_161795.

② 第一财经. 华润万家：食品安全要始终放在第一位［EB/OL］. https：//www. yicai. com/news/100173872. html.

③ 匠思企业管理. 华润集团与腾讯签署全方位战略合作协议，瞄准"痛点"促转型！［EB/OL］. https：//www. sohu. com/a/228101284_604378.

用。2016 年，苏果和美团外卖合作，开拓线上渠道，使消费者享受到线上下单支付送货到家的 O2O 服务。除了美团外卖，华润万家与京东到家、饿了么等其他第三方平台展开深入合作，不断延伸线下门店的服务范围，缓解自身物流压力，实现 1 小时新鲜极速达、同城配送、全国配送等线上履约服务。高数字化的智能物流平台使华润万家实现了供应链各环节的业务互补和功能耦合，令各环节在资源交互过程中互利共赢，满足了新零售环境下消费者快捷且个性化的购物需求。①

第三，政府。政企协同合作有利于企业在当地快速开展业务。华润集团通过与黑龙江省政府的合作，在食品、啤酒、新能源、医药流通等领域建立了全方位、多领域、深层次的合作关系，实现优势互补、互利共赢，这对华润集团在黑龙江的业务拓展和黑龙江的全面振兴都有着促进作用。②

多样化的服务支持种群为供应链各环节提供信息、技术、物流等方面的支持，多元业务协同为"新零售"生态圈赋能，使物流、资金流、信息流和技术流在生态圈内循环流动，是"新零售"生态圈发展的动力来源。

（3）环境敏感度提升。市场环境、政治环境、社会环境、技术环境的改变同时带来了商机和危机，只有抓住机遇，顺应大环境的变化，企业才能在激烈的市场竞争中领先。

近年来，电商互联网的冲击和疫情的常态化使线下门店越发艰难。同时由于国内零售行业的竞争加剧、大卖场业态同质化严重，大部分门店纷纷面临倒闭。在大数据、云计算等技术逐渐成熟的技术环境下，华润万家大力拓展线上渠道，开发自营 App，推动全渠道建设，及时地把握转型时机。

2018 年 7 月，商务部发布《关于扩大进口促进对外贸易平衡发展的意见》，要求将"一带一路"沿线国家作为重点开拓的进口来源地，加强战略对接，适度加强特色优质产品进口。在政策的支持下，进口产品成本下降、运输时间缩短，华润万家通过源头直采的方式，大力引进进口产品，推动门店产品质量升级。③

2020 年 9 月 22 日，习近平在第七十五届联合国大会一般性辩论上的

---

① 联商网. 华润苏果上线"华润通"加速实体店数字化转型 ［EB/OL］. https：//www. crv. com. cn/xwzx/mtbd/201804/t20180411_452348. html.

② 金台资讯. 黑龙江省人民政府与华润（集团）有限公司签署战略合作框架协议 ［EB/OL］. https：//baijiahao. baidu. com/s? id = 1739641336540049524&wfr = spider&for = pc.

③ 联商网. 华润万家创新零售发展让服务更贴近消费者需求 ［EB/OL］. https：//www. yong-hui. com. cn/show? Id = 73974.

讲话倡导绿色低碳，环保减排。华润万家坚持经济与生态环境和谐统一，构建绿色管理、绿色运营的消费空间，打造可持续消费场景。通过推进绿色低碳经营服务，引导消费者自备环保袋，使用电子小票等鼓励消费者参与绿色消费。

除此之外，华润万家积极响应国家的乡村振兴战略，引进乡村产品、珍稀产区的生鲜商品等，在多个省份开展消费扶贫活动。①

8.1.5　研究小结与对策

本节以华润万家为研究对象，运用扎根理论对华润万家的转型路径进行了探究。通过对 55 篇质性数据进行三级编码，从 112 个初始概念、36 个范畴中提炼出 6 条传统零售转型路径，分别是技术赋能实现供应链协同重构、供应链中心转化、企业内部全面创新、环境敏感度提升、营造种群协同共生氛围。

1. 技术赋能实现供应链协同重构

通过以上分析，不难发现技术是企业转型过程中的基础，是供应链生态圈有效运作的保障。对于华润万家内部创新而言，在全渠道、场景多元化建设的过程中，客户群体的复杂性给华润万家带来了极大的挑战。只有借助大数据、云计算、智能终端等先进技术对消费者信息进行采集，将消费者需求、支付、产品与服务等信息深度融合，为消费者打上个性化标签，才能实现精准营销、满足消费者多元化的体验需求，使销售全过程协同化、智能化。

而对整个供应链生态圈而言，数字化技术的升级带来了精准的供需信息匹配和共享，有效提高了供应链的智能化程度和运营效率。传统的供应链以层级式运转，效率低下且信息不对称。而在"新零售"生态圈中，先进的信息技术能构建数字化信息平台，高效地整合、处理供应链各阶段的数据，连接供应链各个环节，使信息无界化高效率流动；线上线下渠道与物流高度融合，分拣机器人、电子标签、实时跟踪等技术的运用实现了物流全流程智能化，极大提高了整个供应链中的物流效率和供应链整体的运作效率。

2. 供应链中心转化

"新零售"供应链的特点是以消费者为核心，从消费者需求出发，通

① 读创．华润万家助力乡村振兴［EB/OL］．https：//baijiahao.baidu.com/s？id＝1749469095798646668&wfr＝spider&for＝pc.

过对全渠道零售端获取的消费者行为数据整合与分析，建立由末端消费需求逆向驱动的"拉式"多维协同供应链，以实现柔性定制和需求导向生产。在供应链上游，消费者借助线上线下多渠道的信息接触体验，持续进行选择、试错、匹配和反馈，参与产品的设计、采购、销售等环节；在供应链下游，零售商根据需求反馈设计商业模式，以线上线下的资源打通为基础，打造体验式和场景式融合的全渠道销售模式。整个供应链信息的中间传达环节减少，极大提高了供应链的运转效率。当然，这种以消费者为中心的互动型共生协同关系不确定性较高，对供应链中的其他环节，例如供应商、生产商、物流商等，也提出了更大的挑战。

"新零售"时代，消费者多样化、个性化、定制化的体验需求对企业提出了更大的挑战。零售企业的身份需要从供应链的销售中心转向服务中心，商业模式从购销差价转向服务增值，供应链也将逐渐向扁平化、柔性化、数字化、生态化转变，以更好地支撑并适应现代的新零售环境。

3. 企业内部全面创新

随着当今市场竞争的激烈化，仅有高的生产效率和产品质量往往已经难以获得市场优势。激烈的竞争和消费者多样化的需求，都要求企业进行全方位的创新，实现技术与组织、文化、战略等因素的全面协同。全面协同需要企业将多个创新要素相互作用以产生"1 + 1 > 2"的效果，具有全面性和系统性，这不仅是研发人员和研发部门的创新，而是需要全员在全时空下进行创新。

我国零售业正逐渐迈入全渠道融合的 O2O 新零售时代，消费者获取信息的难度减少，对便利性和品质的要求越来越高，实体零售企业需要向小业态、精品业态转变，从"大而多"向"小而精"转变。企业可以借助大数据技术的分析优势，实现对地域文化和消费者的分析，使商业模式精准匹配当地的社会、人口结构和文化传统、生活方式等因素，并利用门店智能化、场景化、精准推荐等智慧服务，在为消费者提供高品质服务的同时不断宣传品牌文化，提升消费者对企业品牌的认同感。而企业内部组织结构的创新将提高企业全体员工的主动性和创新意识，为企业在各方面的创新提供保障。

4. 环境敏感度提升

外部环境是"新零售"生态圈演化的土壤，在很大程度上决定着生态圈的发展趋势。企业的发展离不开对政治环境、市场环境、社会环境、技术环境等外部环境的敏感度，及时把握机遇、顺应时代变化，是企业和整个"新零售"生态圈发展的关键。未来的市场环境中，零售业与互联网的联系将会更加紧密，跨区域、多元化、多渠道的经营模式会成为主流。变革性技术的出现催生出新的商业模式，消费群体结构的变化和社会环境的地域性都需要企业掌握快速更迭商业模式的能力，加强对资源的整合优化。而全球化的背景也使供应链生态圈更加复杂，生态圈中的各个种群与外界密切关联，企业在响应"一带一路"走出去倡议的同时，也要充分挖掘生态圈中的协同效应，提高供应链的抗压能力。此外，疫情的常态化也对企业的风险管理能力和供应链弹性提出了更高的要求。

近年来，我国对企业绿色转型愈发重视，可持续发展的理念深入人心。企业可以利用自身的资源优势和品牌影响力，打造绿色供应链、提倡节能环保、助力产业扶贫，积极履行社会责任，获得消费者在情感上的认同，提高品牌价值。

5. 营造种群协同共生氛围

首先，"新零售"生态圈的一大特点就是协同性，协同共生氛围是"新零售"生态圈发展的保障，包括数据协同、技术协同、物流协同、供应协同、生产协同、销售协同以及政企协同。协同合作需要供应链各节点在思想上达成一致，进行持续性的长期合作，逐步形成更稳定的战略协同关系，打造智能化零售生态圈。为此，企业在识别和选择合作伙伴的过程中，需要深入考虑对方的战略目标、企业文化、优势劣势等，使双方资源能力互补、价值主张契合，减少协同过程中的冲突，促进多方资源共享、协同共生。

其次，"新零售"生态圈具备了传统意义上生态圈动态演化的功能。"新零售"生态圈要求物种尽可能多样，多样性的物种能有效保障生态系统旺盛的生命力，使生态圈不断发展。一方面，生态圈中企业类型的增加，将会使以人才、技术、知识等为纽带形成的价值网络更加复杂，有利于在竞争性的协同共生过程中发展和演化。另一方面，当生态圈受到外部环境的干扰，或生态圈内部的一个环节遭到破坏，整个系统的稳定性将会受到影响。此时，系统将自行进行调整，物种的多样性会增加系统的复杂性，使整个供应链的抗压能力增强。

此外，"新零售"生态圈中的物种功能并非一成不变。例如华润万家在一般情况是作为零售商，但有时也会生产商品和自行开发 App 作为线上销售渠道。生态圈中的企业功能与传统供应链相比会相对模糊，整个生态圈内部的物种、种群、群落都在彼此交互、适应、协调、转化。这是一种良性的动态演化，意味着生态系统在不断地进行良性变异和优化选择。

6. 疫情背景下的应对措施

新冠疫情无疑对中国市场造成了极大冲击，零售企业不可避免地出现了成本增加、供应链不确定性增加、客流量骤降等问题。疫情的常态化对企业的风险管理能力和供应链弹性提出了更高的要求，而华润万家通过技术赋能，以及对供应链各环节进行智慧协同，在疫情冲击下维持供应链的稳定运转，并有效提升了供应链的运转效率。

随着居家隔离、减少外出等防控措施的推进，全国多地出现了囤货现象，华润万家的线上业务迎来了爆发式增长。如今，华润万家数字化转型和全渠道整合已初见成效，依托"新零售"供应链生态圈的协同作用，华润万家在疫情中快速转型，及时抓住了危机中的机遇。华润万家自身持续进行创新和开拓，一方面，大力拓展线上渠道，加速线上线下融合和全渠道建设；另一方面，继续加快布局高端业态和社区零售，加速门店改造升级。华润万家通过大力推进到家业务和拓展线下门店，在满足消费者需求的同时，也提升了门店的经营效率。此外，华润万家不忘履行企业责任，积极搭建农产品销售渠道，帮助农民解决疫情期间农产品积压的问题。

"新零售"供应链生态圈则是华润万家在这次疫情冲击下转危为机的关键。供应链的供应和生产协同确保了华润万家有足够稳定的供货体系和充足的货源，为华润万家保证民生商品供应充足及物价稳定奠定了坚实的基础。借助供应链资金、物流、数据、技术的协同作用，华润万家能够及时评估并预测市场需求，时刻关注全国各门店的库存动态，保证货源充足。同时，各环节的协同使供应链全程追溯成为可能，助力华润万家实现线上各平台的无接触配送以及所有门店与骑手的无接触交接，确保疫情防控工作的顺利开展。

8.2　银泰百货商场新零售转型案例："人货场"视角

8.2.1　研究案例与方法

1. 案例选择

本节秉承案例数据的可获取性和典型性，选取银泰百货作为案例研究对象。

第一，数据可获取性。银泰百货成立于1998年，其涵盖了百货、购物中心等多种业态，是国内最早进行全渠道策略建设的百货业，位居百货业前列。截至2022年8月4日，银泰百货线下门店共计61家，覆盖了全国8个省份35个城市；银泰云店门店总数突破100家，已覆盖了11个省44个城市；[①] 2021年有200多个品牌通过银泰百货落地300余家首店，其中，全国级首店15家，省级首店62家。[②] 作为大型企业，其数据信息丰富可得，可信度更高，我们可从公司官网、年报、数据库、媒体访谈等渠道搜集到大量银泰百货相关可用资料。

第二，案例典型性。银泰百货在新零售模式中的发展，可以用其CEO陈晓东在2019年云栖大会上的发言来形容："银泰的新零售速度是从'绿皮火车时代'发展到了'高铁时代'。"而新零售时代以来，银泰可谓是"第一波吃螃蟹的人"。其与阿里巴巴开展的战略合作在如今看来仍可被视为线上线下融合的史诗型事件。2014年，当新零售对于人们而言还是个陌生的概念，而业内对于零售变革还尚未觉醒之时，银泰与阿里巴巴携手率先吹响了零售转型的号角，一起步入了一个时代的开端。2017年，银泰在百货业中率先进行数字化改造，成为国内首家具备大规模新零售能力的百货公司，在新零售行业属于先驱者。其发展历程见表8-6。

表8-6 银泰百货发展历程

时间	事件
1998年	银泰百货首家门店杭州武林银泰开业
2007年	银泰百货在香港挂牌上市
2010年	银泰网成立
2013年	银泰百货正式更名为银泰商业
2014年	银泰百货与阿里巴巴开启战略合作
2017年	银泰百货在香港退市并启动私有化
2018年	银泰百货在云栖大会银泰峰会上首次发布百货新零售样本
2019年	银泰百货数字化会员突破1000万
2020年	银泰百货诞生13个"全球第一柜"、18个"全国第一柜"
2021年	银泰百货宣布打造"银泰式购物"体验

资料来源：银泰百货官网。

---

① 电商报. 银泰百货云店总数突破100家［EB/OL］. https：//www. dsb. cn/news - flash/99946. html.

② 北京商报. 银泰百货2021年引入近300家城市首店［EB/OL］. https：//baijiahao. baidu. com/s? id = 1720644630789456153&wfr = spider&for = pc.

2. 研究方法

扎根理论研究方法是一种质性研究方法，通过对收集到的研究对象相关资料进行筛选、分析并归纳出经验概括，最终构建系统的理论。它在理论和经验事实之间建立起桥梁，理论扎根于资料。扎根理论的主要思想过程包括开放式编码、主轴式编码和选择式编码，通过这三级编码不断对相关资料进行概念化和范畴化，逐步形成理论框架。

3. 资料收集

银泰百货作为新零售百货行业引领者，关于其报道和相关报告资料丰富，本书采取了以下方法采集数据：（1）通过银泰百货公司的官方网站，收集包括银泰官网简介、企业发展历程及企业核心业务等资料；（2）通过知网平台收集关于银泰百货的相关期刊和论文；（3）在各种网站、公众号和新闻媒体上搜集银泰官方报道、媒体报道和社会评论等。共收集了 20 篇银泰新零售相关报道、10 篇期刊论文并综合汇总了 1 个银泰百货官网相关信息文档。

8.2.2　数据分析

1. 开放式编码

开放式编码是经过重复多次分析资料来对现象加以命名与类属化的过程，在分析资料时，将收集的原始资料打散，对有价值的信息贴标签，赋予概念、定义范畴，最终梳理得到一张抽象概括资料得到的概念名单。经过开放式编码，共计 72 个标签，共得到 18 个初始概念，共提炼出 7 个范畴，见表 8 - 7。

表 8 - 7　　　　　　　　　　　开放式编码结果

原始资料节选	贴标签	概念化	范畴化
银泰特此开创性提出了"银泰式购物"体验，在逐一落地完善的基础上推动其"标签化"，从而在消费者层面强化品牌认知[①]	a11 "银泰式购物"体验	a1 创新概念	A 新零售战略
新零售 5 年的心路历程，即银泰百货的数字化转型，离不开人、货、场的全面数字化[②]	a21 "人货场"全面数字化	a2 发展路径	

---

① 阿里研究院公众号. 案例酷 | 银泰新零售的数字化成长逻辑 ［EB/OL］. https：//mp. weixin. qq. com/s/yzvJZrfXh7J – UbJ – FZMkoQ.

② 品玩. 银泰百货掌门人谈新零售转型：钉钉让 5 万导购实现数字化 ［EB/OL］. https：// baijiahao. baidu. com/s? id = 1719998340124302696&wfr = spider&for = pc.

续表

原始资料节选	贴标签	概念化	范畴化
电子商务快速发展，传统百货普遍走下坡路（王东岗等，2014）（b11）。受新冠疫情和中美贸易摩擦等影响，国内百货店的增长率仅1.0%，在零售业态中表现接近垫底（b12）①	b11 电商冲击 b12 环境压力	b1 外部压力	B 环境因素
不可否认，外商百货的进入除了给传统百货带来巨大的竞争压力之外（王东岗等，2014）（b21）……从2014年阿里巴巴对银泰的首次投资，到2017年1月，阿里巴巴宣布近200亿港币私有化银泰商业交易（b22）②	b21 市场竞争 b22 资本融资	b2 资本助推	
"我们提前通过大数据选择并迭代爆款和好物放在门店仓，拣货过程中也有清晰的库位指引让效率最大化，平时四五个人就可以运转过来（c11）。③"强大的数据中台＝更精准、更符合顾客需求的决策判断（c12）。④用户可在喵街App获知门店及专柜信息，运用GPS定位精准推荐最近的银泰百货线下实体店铺（姜榕融和王本旭，2022）（c13）	c11 大数据技术应用 c12 数据中台 c13 技术精准推荐	c1 数据赋能	C 技术赋能
阿里巴巴把整个银泰的旧有信息技术架构，进行重新梳理和再架构和升级（c21）。⑤"云店"最大的特点就是数字化（姜榕融和王本旭，2022）（c22）。银泰百货面向广大打造品牌商家及全国各地5万导购打造了新商场商业操作系统（MOS）（c23）⑥	c21 升级信息技术架构 c22 数字化技术 c23 MOS ……	c2 数字化升级	

①　新零售网.银泰百货：数字化转型打造百货"新零售商业模式"样板［EB/OL］.https：//baijiahao.baidu.com/s？id=1724159835146922188&wfr=spider&for=pc.

②　阿里巴巴新零售改造第一案，银泰怎么样了？［EB/OL］.http：//www.360doc.com/content/21/0615/13/75791945_982120549.shtml.

③　杭州日报.银泰新零售打造全球百货业中国样本［EB/OL］.https：//www.hangzhou.gov.cn/art/2020/1/10/art_812262_41575129.html.

④　创新社区.创新案例｜传统百货银泰新零售DTC成功转型3大策略［EB/OL］.https：//runwise.co/dtc/omnichannel/78711.html，2023-08-16.

⑤　个人图书馆.阿里巴巴新零售改造第一案，银泰怎么样了？［EB/OL］.http：//www.360doc.com/content/21/0615/13/75791945_982120549.shtml，2023-08-16.

⑥　银泰百货打造MOS商业操作系统，助力新零售转型［EB/OL］.https：//baijiahao.baidu.com/s？id=1726794266861291699&wfr=spider&for=pc.

续表

原始资料节选	贴标签	概念化	范畴化
在适老化改造上，为老年消费群体专设收银柜台，支持现金、市民卡等老年人习惯使用的多种支付方式①	d11 适老化改造	d1 社会责任	D 可持续发展
银泰百货推出韬略系统……韬略系统将系统性地应用于银泰百货场内的专柜和品牌，为商家降本增效②	d21 与品牌方共享成功方法	d2 合作共赢	
在绿色消费方面，过去五年，银泰通过加码数字化，已实现喵街收银无纸化、发票小票电子化、场内营销在线化、会员卡券数字化（d31）。③ 银泰百货积极筹措，组织开展了一系列年轻一代喜闻乐见的绿色公益活动（d32）④	d31 低碳环保购物 d32 组织绿色公益活动	d3 绿色购物	
客群拓展是指银泰百货在不断吸引女性、年轻客群（e11）。⑤ 银泰百货的目标客户主要是年轻人群和新型家庭（武亮和梁剑平，2018）（e12）	e11 客群拓展 e12 目标客户	e1 明确目标客户	E 人的数字化赋能
银泰建立了其网上商城的手机客户端……使用大数据分析消费者的喜好和特征（武亮和梁剑平，2018）（e21）。银泰网意图通过网店对每个用户进行身份识别，分析其购物行为（王东岗等，2014）（e22）。2019 年银泰新增用户中"90 后"占比达到 50%，银泰不仅懂消费者，更懂年轻客群（e23）⑥	e21 大数据分析用户喜好 e22 识别分析用户 e23 挖掘满足用户不同需求	e2 分析用户画像	

①② 速途网. 新零售改造 5 年，银泰百货双 11 上演"银泰式主场"［EB/OL］. http：//www. sootoo. com/content/803543. shtml.

③ 央广网. 新零售创造新价值银泰百货以"旧城改造"诠释百货业转型［EB/OL］. https：//baijiahao. baidu. com/s? id = 1714649260439291021&wfr = spider&for = pc.

④ 搜狐网. 银泰百货打造新零售绿色商场，助力"双碳"达成［EB/OL］. https：//www. sohu. com/a/518928351_120890498.

⑤ 第三只眼看零售. 五年变革，银泰百货怎么样了［EB/OL］. https：//www. 163. com/dy/article/GPFRUGI80519B9ER. html.

⑥ 杭州日报. 银泰新零售打造全球百货业中国样本［EB/OL］. http：//www. hangzhou. gov. cn/art/2020/1/10/art_812262_41575129. html.

续表

原始资料节选	贴标签	概念化	范畴化
截至 2021 年 9 月，银泰百货数字化会员已突破 2500 万（e31）。① 完成会员数字化打通全链条数据，淘系联动银泰将导购服务延伸线上（王宝义和邱兆林，2020）（e32）。银泰百货推出了中国首个百货业付费会员体系——INTIME365（e33）②	e31 丰富会员资源 e32 会员数字化 e33 银泰会员 INTIME365	e3 构建会员体系	E 人的数字化赋能
银泰还推出了一款电子产品"银泰宝"，具有查询、充值、支付等多种功能（武亮和梁剑平，2018）（f11）。背靠阿里大数据的银泰……进一步提供更智能的 CLBIS 服务——"实时的、基于地理位置的即时服务"（f12）。③ 银泰百货近两年开始推出搭配师服务，通过自有课程体系的开发，释放导购的专业能力（f13）。④ 喵街是银泰百货的专属购物 App（f14）。⑤ 喵街 App 优化线上用户体验，开发的云试衣间也成为银泰百货的一大亮点（姜榕融和王本旭，2022）（f15）	f11 "银泰宝" f12 CLBIS f13 搭配师服务 f14 喵街 App f15 云试衣间 ……	f1 创新"产品＋服务"	F 货的数字化升级
在银泰"云店"，依托于强大的物流配送，银泰商品可以由消费者选择自提或者两小时包邮到家（姜榕融和王本旭，2022）（f21）。银泰百货通过与第三方物流资源合作的方式搭建其物流体系（汪旭晖等，2018）（f22）	f21 强大的物流配送 f22 与第三方物流合作	f2 构建即时物流体系	
同城多家银泰店面形成店仓一体，区域协同，在物流、仓储、配送等方面统一管理（f31）。⑥ 所有供应链不再使用传统纸质补货单。当天销售数据实时化，精确到品类 SKU（f32）。⑦ 目前武林银泰门店仓单日处理效率，已达到菜鸟或天猫超市城市中心仓的数据处理能力（f33）⑧	f31 店仓一体区域协同 f32 供应链数据化 f33 数字化门店仓 ……	f3 重构供应链	

---

① 第三只眼看零售. 五年变革，银泰百货怎么样了［EB/OL］. https：//www.163.com/dy/article/GPFRUGI80519B9ER.html.

②③⑤ 创新社区. 创新案例｜传统百货银泰新零售 DTC 成功转型 3 大策略［EB/OL］. https：//runwise.co/dtc/omnichannel/78711.html.

④ 银泰百货官网［EB/OL］. https：//www.intime.com.cn/about.

⑥⑦ 阿里研究院公众号. 案例酷｜银泰新零售的数字化成长逻辑［EB/OL］. https：//mp.weixin.qq.com/s/yzvJZrfXh7J–UbJ–FZMkoQ.

⑧ 杭州日报. 银泰新零售打造全球百货业中国样本［EB/OL］. http：//www.hangzhou.gov.cn/art/2020/1/10/art_812262_41575129.html.

续表

原始资料节选	贴标签	概念化	范畴化
银泰百货新渠道布局起步于网络平台……进行了网络平台、移动平台、社交平台等全渠道的布局（汪旭晖等，2018）（g11）。近日上线的银泰百货微信小程序"银泰百货 INTIME"，这也意味着消费者可以在支付宝、微信、喵街 App、淘宝等全渠道"逛银泰"（g12）。① 银泰百货实现线上线下的购物同款、同价、同营销，用户购物能获得全渠道无差别的消费体验（g13）②	g11 全渠道布局 g12 全渠道逛银泰 g13 全渠道无差别消费体验 ……	g1 全渠道营销	
在阿里与银泰深度融合下，过去几年还涌现出集货、西选、西有、喵客等新形态的零售和互联网化的零售业态——线上线下的融合的互联网商场（g21）。③ 核心业务在线化，已经帮助银泰实现一些体验和流程的优化（g22）。④ 在移动技术不断普及的今天，银泰百货还推出了"手机版银泰网"满足消费者随时随地的购物需求（王东岗等，2012）（g23）。银泰对线下实体店的知名品牌进行整合，移植到线上（武亮和梁剑平，2018）（g24）。银泰百货是最早把直播作为公司重要战略的百货公司（g25）⑤	g21 O2O 融合 g22 核心业务在线化 g23 零售模式线上化 g24 整合品牌移植线上 g25 直播带货 ……	g2 线上线下渠道融合	G 场的数字化改造
银泰百货还着力打造品牌集合店新模式，通过数字技术选址选品（g31）。⑥ 所有云店只备试用装，不备现货，能减轻云店库存压力，实现轻量级运营（g32）。⑦ 2021 年 4 月，银泰百货与天猫联合打造的潮包新零售设计师品牌集合店 IncollecTion 在武林银泰开业（g33）。⑧ 2021 年"双 11"前夕，包括衢州、海宁、上虞、诸暨等 8 家银泰云店将集中扎堆开业（g34）。⑨ 在促销方面，银泰的主题促销是其线上线下协同创新的典范（武亮和梁剑平，2018）（g35）	g31 打造品牌集合店新模式 g32 门店"轻量级"运营 g33 新潮品牌集合店 g34 银泰云店 g35 主题促销 ……	g3 线下门店升级改造	

① 速途网．新零售改造 5 年，银泰百货双 11 上演"银泰式主场"［EB/OL］．http：//www. sootoo. com/content/803543. shtml.

② 银泰百货官网［EB/OL］．https：//www. intime. com. cn/about.

③④ 阿里研究院公众号．案例酷|银泰新零售的数字化成长逻辑［EB/OL］．https：//mp. weixin. qq. com/s/yzvJZrfXh7J－UbJ－FZMkoQ.

⑤ 创新社区．创新案例|传统百货银泰新零售 DTC 成功转型 3 大策略［EB/OL］．https：// runwise. co/dtc/omnichannel/78711. html.

⑥ 中国日报网．银泰百货的 2021：300 家城市首店落地，云店带品牌进入新市场［EB/OL］． https：//baijiahao. baidu. com/s? id＝1720638894266198485&wfr＝spider&for＝pc.

⑦⑧⑨ 央广网．新零售创造新价值银泰百货以"旧城改造"诠释百货业转型［EB/OL］．ht-tps：//baijiahao. baidu. com/s? id＝1714649260439291021&wfr＝spider&for＝pc.

续表

原始资料节选	贴标签	概念化	范畴化
（注：以上是部分编码信息，资料编号为不重复的顺序编号，限于篇幅表格信息仅供参考）	（共计72个标签）	（共计18个概念）	（共计7个范畴）

2. 主轴式编码

主轴式编码旨在发现、建立开放式编码中的范畴之间的各种有机联系和逻辑关系，并重新进行编码。通过梳理各范畴之间的逻辑关系，将7个初始范畴归纳为5个主范畴，包括战略目标、外部动因、内部升级、绿色生态和核心发展，详情见表8-8。

表8-8　　　　　　　　　　　　银泰信息的主轴式编码

主范畴	副范畴	范畴内容
战略目标	新零售战略	创新概念、发展路径
外部动因	环境因素	外部压力、资本助推
内部升级	技术赋能	数据赋能、数字化升级
绿色生态	可持续发展	社会责任、合作共赢、绿色购物
核心发展	人的数字化赋能	明确目标客户、分析用户画像、构建会员体系
	货的数字化升级	创新"产品＋服务"、构建即时物流体系、重构供应链
	场的数字化改造	全渠道营销、线上线下渠道融合、线下门店升级改造

3. 选择式编码

选择式编码是指在主轴式编码的基础上选择核心范畴，通过不断分析把与之相关的主范畴集中起来并梳理出各主范畴之间的逻辑关系。其中，本书选择"核心发展"这一范畴作为核心范畴进行范畴之间关系的梳理，最终得到选择式编码结果见表8-9。

表8-9　　　　　　　　　　　　银泰信息的选择式编码

范畴关系结构	关系结构的内涵
战略目标↔内部升级	战略目标影响着企业内部升级，而企业内部升级为战略目标的实现打下基础

范畴关系结构	关系结构的内涵
战略目标↔绿色生态	战略目标指引着企业绿色生态的建立,而企业绿色生态能间接反映战略目标
战略目标↔核心发展	战略目标是企业核心发展的总任务,而企业核心发展是战略目标的最直接落实
内部升级↔核心发展	内部升级支撑着企业的核心发展,企业核心发展的成功与否也可反馈内部升级并及时调整
核心发展↔绿色生态	企业核心发展和绿色生态相辅相成、共同促进

8.2.3 银泰百货创新发展路径

银泰百货商业模式的创新路径模型如图 8-5 所示。根据所搜集到的资料,共提取出 5 个主范畴,其中外部动因影响着其他四个范畴:战略目标、内部升级、绿色生态和核心发展,这四个范畴相互影响,共同构成了银泰百货内部的创新路径模型,银泰百货及时根据外部动因及自身实际情况,确定战略目标,并通过自身内部升级为新零售发展打下基础,实施核心发展路径并构建绿色生态,最终成功走上新零售转型升级道路。其中核心发展范畴体现了银泰百货新零售的发展路径,在银泰新零售进程中起着至关重要的作用。

1. 战略目标

银泰百货的战略目标目前可分为两部分,分别是发展路径和创新概念。发展路径为"人货场"全面数字化,阿里巴巴董事局主席兼首席执行官张勇曾明确指出银泰的发展路径:首先从"人、货、场"中的"人"切入,完成数字化会员累积,使得对用户可触达、可运营,同时对货品数字化,完成对整个商业场景的数字化重构。创新概念为银泰百货 2021 年提出的构建"银泰式购物"体验,即"货好品全高效买,线下体验线上发货,临时需要定时配送,匠心服务安心购物"。这两大战略目标指导着银泰百货在新零售发展的道路上实现更大的改革转型。

2. 外部动因

外部动因分为外部压力和资本助推,其中外部压力包括随着时代飞速发展的电商所带来的巨大冲击以及近几年新冠疫情等环境压力,这些压力迫使银泰百货寻求新零售转型升级的创新道路;而资本助推则包括在资本的推动下愈发激烈的市场竞争和资本融资，如 2017 年阿里以 177 亿元完成对银泰的私有化控股，资本助推使得银泰在新零售转型的道路上越走越远。

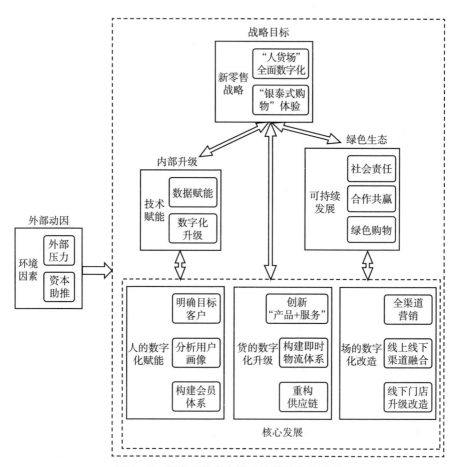

图 8 – 5　银泰百货商业模式的创新路径模型

3. 内部升级

内部升级主要指技术赋能，可分为数据赋能和数字化升级两部分。

在数据赋能方面，阿里巴巴投资入股推动银泰百货的大数据建设取得更好的进展，背靠阿里大数据，银泰百货在 2020 年将会员体系、交易系统、营销系统、数据库等底层核心系统全部上云，形成强大的数据中台。截至2021 年 9 月银泰的数字化会员已突破 2500 万，随着这一庞大数据的增加和银泰算法的不断迭代，银泰可利用数据为品牌商家和用户带来个性化精准体验，提升商场的复购率和提高品牌商家的销售额，从而达到数据赋能的效果。

在数字化升级方面，通过引入阿里集团的支持，整个银泰的旧有信息技术架构都被进行重新梳理、再架构和升级，从而使其具备互联网能力，有更大的伸展空间。近几年银泰致力于打造数字化商场，如银泰数字化云店中利用"云屏"与用户进行交互，用户可利用它来为自己设计各种满意的妆容，这提高了用户挑选商品的速度和趣味性。此外，银泰百货还打造了全新的商场商业操作系统（MOS），将品牌推广、线上运营管理和数据分析等功能全部云端化，并将其与钉钉打通联合，把这套操作系统迅速复制，这不仅实现了零售业务本身的增量扩张，更在与技术和商业的融合中形成一种新的可复制、可规模化输出的"银泰模式"，从而让组织变得更高效。除了对银泰基础设施方面进行数字化升级外，银泰也重视对导购的数字化能力培养，导购正在成为百货公司最重要的生产力，银泰通过钉钉云课堂来对导购进行培训，包括新零售技能、运营管理技巧等课程，从而加强员工技能和素质的培训，助力银泰在新零售中的发展，根据 2021 年"双 11"数据，近 5 万名导购拥有了数字化服务能力，悉数变身多元场景服务能力的新型导购。

4. 绿色生态

在发展新零售变革的进程中，银泰也没有落下可持续发展的绿色生态的构建。银泰主要通过三个方面来实现可持续发展，分别是积极承担社会责任、实施合作共赢和提倡绿色购物。

在承担社会责任方面，银泰积极响应贯彻国务院印发的《关于切实解决老年人运用智能技术困难实施方案》，进行适老化改造，为老年消费群体专设收银柜台，支持现金、市民卡等老年人习惯使用的支付方式，此外，若老年人有需要，银泰还可安排专属客服，陪同老年人逛街，更好地为老年人群体提供便捷贴心的服务。

在合作共赢方面，银泰百货曾推出韬略系统，用于专柜经营的问题诊断并提供解决方案，这一系统于 2021 年"双 11"期间应用于银泰百货场内的专柜和品牌，从而帮助品牌方和商家提升业绩和经营效率，最终实现共赢。

在提倡绿色购物方面，为实现绿色环保，助力"双碳"目标，银泰一直致力推进商场无纸化，开展了喵街 App 开电子发票兑换蚂蚁森林绿色能量活动，有效实现了收银无纸化，同时，银泰百货还实施了发票小票电子化、场内营销在线化、会员卡券数字化等，据不完全统计，银泰百货全年累计节省 1600 吨纸，相当于保护了 40000 棵树。此外，银泰百货推行了空瓶回收计划，多家门店落地首批智能空瓶回收机；银泰百货还积极组织开展了一系列绿色公益活动，如 2021 年开展的"绿色·新生"艺术展，该展览中所有艺术品均由回收化妆品空瓶制作而成，有效地贯彻了绿色环保的理念。银泰的这一系列可持续发展措施正是其构建"新零售绿色商场"、共建绿色商业文明的最佳实践。

5. 核心发展

银泰百货的核心发展可以用战略目标中的"人货场"全面数字化来概括，包含人的数字化赋能、货的数字化升级和场的数字化改造。

第一，人的数字化赋能。从人切入，通过明确目标客户、分析用户画像，最终构建会员体系。银泰百货的目标客户主要是年轻人和新型家庭，这些用户长期接触互联网，对新事物的接受度高，因此银泰打造时尚年轻的品牌形象来满足目标顾客的需求，同时银泰百货也在不断吸引女性来进行客群拓展，打造"美妆 IP"，营造区别于其他同类型零售企业的新卖点。同时，通过线上渠道对消费者进行识别分析，建立用户画像，挖掘用户的不同需求，使用大数据分析消费者的喜好和特征，为其及时提供个性化的服务。银泰百货推出了中国首个百货业付费会员体系——INTIME 365，在喵街 App 诞生后，银泰 365 卡用户消费频次和金额明显高于普通免费会员，而随着新零售时代的到来，银泰也及时完成会员的数字化转变，截至 2021 年 9 月，银泰百货数字化会员已突破 2500 万，成为银泰新零售转型的重要资源，利用这一丰富资源，银泰能实现对顾客的可触达、可识别、可运营。如今的银泰百货实现了跨品类、跨业态、跨时空的人货匹配，以及从"人找货"到基于数据驱动的"货找人"的转变。

第二，货的数字化升级。对货的数字化升级，可分为创新"产品＋服务"、构建即时物流体系和重构供应链三大部分。对于商品而言其第一层要求是质量保障，而在保证质量的基础上，对服务和产品组合创新则是第二层要求，新零售时代实现"产品＋服务"的创新是实现货的数字化升级重要难关。而银泰百货在这一方面的实现已卓有成效。在产品方面，银泰为响应新零售时代推出了许多数字化产品，如喵街 App，喵街是阿里巴巴旗下云淘联商公司开发并推出的"逛街神器"，能够基于用户当前地理位置，汇集附近商场及品牌门店优惠打折和新品信息，同时提供停车找车、停车缴费、在线排队等智慧服务，即实时的、基于地理位置的即时服务（CLBIS）。喵街 App 上开发的云试衣间也是银泰百货的一大亮点，消费者可在云上试衣，线下门店快速送货，真正地实现了线上购物。在支付方面，银泰门店如今采用的是线上支付宝刷脸等快捷支付，支付十分便捷。而在服务方面，银泰百货也实施了许多新举措，如"奢品到家"是银泰为奢侈品顾客推出的新零售专属服务，让顾客足不出户就能第一时间收到来自专柜的奢侈品，同时配送采取"专人专车"一对一服务，让顾客享受极致专属服务。此外，银泰百货还推出了搭配师服务，用户可在线上咨询搭配，也可线上预约、线下搭配，享受一体化的穿搭消费服务。在售后服务方面，银泰也没有松懈，首创了"定时达"服务，若消费者在线上下单，银泰将派送配送员及时到最近的线下门店取货并第一时间送至顾客手上，银泰百货旗下八成门店最快 1 小时定时送达，这也体现了银泰的新零售数字化能力；2021 年 2 月，银泰百货引入"孙其刚消费维权"工作室，使得消费者在遇到售后问题时能得到及时的处理，切实维护了消费者权益。

在物流服务方面，银泰通过与第三方物流合作来构建其物流体系。如与顺丰速运合作为顾客提供便利的寄递服务；2018 年与天猫菜鸟合作，线下门店变身物流"前置仓"，提供两小时包邮到家的即时物流服务，成为银泰百货的一大亮点。在供应链建设方面，银泰目前已经拥有完善的供应链物流体系。其中，数字化门店仓造就了银泰新零售的速度。在门店仓单日处理效率上，银泰已实现爆款产品最快 10 秒发送，几款产品组合打包也最多 40 秒，已达到菜鸟或天猫超市城市中心仓的数据处理能力。银泰百货形成了品牌专柜、数字化门店、数字化中心仓三级仓储物流模型，成为建在商场与消费者之间的高速公路。

第三，场的数字化改造。在场的数字化改造中，银泰实现了全渠道营销、线上线下渠道融合以及线下门店改造。渠道方面，截至 2022 年上半年，银泰百货已经拥有超 60 家线下商场、喵街 App、全平台直播（淘宝、抖音、喵街）、支付宝小程序、微信小程序、社群与导购分佣等多元化渠道，构成了全渠道体系，用户能够购买到线下专柜同款、同价、无差别的商品，极大地便利了用户的购物体验，进一步提升了银泰的销售水平。在新零售的进程中，银泰百货逐步将线下业务模式与线上渠道相融合，对线下实体店的知名品牌进行整合并移植线上，实现"线上 + 线下"组合营销，将与零售相关的业务进行云上统一处理。同时入驻第三方电商平台，进一步拓宽线上渠道，在定价方面采取线上线下一致化价格，提升消费者良好的购物体验。此外，银泰百货是最早把直播作为公司重要战略的百货公司，目前已有超过 6000 名导购成为淘宝主播，特别是在疫情期间，银泰百货抓住直播风口，2020 年全年日均开播 200 多场，在 2020 年"新零售直播商业力——商家排名"中排名第九，也是唯一进入前十的商超百货。除了线上渠道的拓展，银泰同时也重视线下门店的改造。银泰云店便是其重点的新零售项目，所有云店只备试用装，不备现货，这大大减轻了云店的库存压力，实现了门店的轻量级运营；银泰百货还着力打造品牌集合店新模式，通过数字化技术选择店址和产品，引入新锐品牌，帮助互联网品牌打开线下市场，拓宽品牌影响力。2021 年 4 月，银泰与天猫联合打造的新零售设计师品牌集合店 Incollection 开业，集合了多个设计师品牌，开业以来每月增速 10%，截至 2022 年，Incollection 门店总数预计达到 12 家。[①] 在对场的改造中，宁波银泰引入亲民化娱乐元素，吸引有孩家庭驻留。此外，银泰百货还曾通过推出限时三天的快闪店、主题促销、武林大巡游等活动来吸引消费者，引领新零售发展的道路。

根据银泰百货官方数据，"双 11"期间银泰百货线上同比增长 15%，并且诞生了 3 个销售额过亿元的品牌，71 个销售额过千万品牌。有 30 个单品销售突破了 10000 件，产生了 264 个销售额超过百万元的单品。由此可知，银泰百货已摸索出适合自身实际情况的新零售发展道路，并正在该道路上越走越远。

8.2.4　研究小结与管理启示

本节通过扎根理论构建出银泰百货商业模式的创新路径，从新零售的本质特征——"人货场"重构这一角度出发，分析银泰百货在新零售道路上的发展路径，发现银泰百货是先从"人、货、场"中的"人"切入，进行人的数字化赋能，构建数字化会员体系，积累丰富会员资源，便于为用户提供个性化服务；同时对货品进行数字化升级，创新"产品 + 服务"，构建完善的物流供应链体系，最终对门店进行数字化改造，线上线下组合营销，构建全渠道体系，完成对整个商业场景的数字化重构。

以银泰为案例研究对象，通过扎根理论的三级编码提取梳理出五个核心范畴，并最终构建银泰百货商业模式创新路径模型，并从中总结出以下经验启示供参考。

（1）新零售企业应重视战略目标的确立。企业根据外部环境的变化以及自身实际情况，确立适合自身发展的战略目标，可以达到事半功倍的效

---

① 速途网．新零售改造 5 年，银泰百货双 11 上演"银泰式主场"［EB/OL］．http：//www.sootoo. com/content/803543. shtml.

果。制定了明确清晰的战略目标，企业才有前进的方向，才能发挥好团队的力量。

（2）新零售企业要注重以人为中心。新零售背景下，零售的核心是消费者，消费者自身所带的庞大数据是企业营销发展的基础，企业要牢牢抓住这些数据，形成数字化数据中心，这就是新零售企业的核心资产，根据这些数据，企业可挖掘不同用户的需求，绘制用户画像，并为之提供一系列个性化产品和服务，从而提高复购率。

（3）新零售企业要坚定不移走数字化道路。随着互联网时代的不断发展，全面数字化是新零售企业成长的必经之路。企业要加强自身数字化能力，才能更好地完成会员数字化、商品数字化和场景数字化，从而使得企业适应数字化时代并完成新零售转型升级。

8.3　罗森便利店新零售转型案例：商业模式画布视角

8.3.1　研究思路和案例选择

1. 研究思路

"竞争战略之父"迈克尔·波特说过："没有不能赚钱的行业，只有赚不到钱的模式。"无独有偶，著名管理学大师彼得·德鲁克也提出："当今企业之间的竞争，不是产品之间的竞争，而是商业模式之间的竞争。"面对激烈的商业竞争，大多数零售企业开始改变经营方式和商业模式，各自采取不同的新零售策略，进而形成多种商业模式。

简单而言，商业模式是指一个企业如何赚钱，画布则是指一套可视化商业模式的模板。商业模式画布是由奥斯特瓦德和皮尼厄（Osterwalder & Pigneur，2010）提出的分析企业商业模式的有力工具，主要包括以下九大要素：价值主张、客户细分、客户关系、渠道通路、核心资源、关键业务、重要合作、成本构成和收入来源（Osterwalder et al.，2005）。本书采用案例分析的方法，借助商业模式画布，较为详细地描述在新零售和新冠疫情的双重冲击下，罗森传统便利店进行新零售转型时的商业模式，并据此总结出值得借鉴的实体便利店新零售策略。

2. 案例选择

案例选择应具有典型性和代表性。本节选择罗森便利店为研究对象，是因其具有以下特征。

（1）罗森为在中国营业规模较大的国际便利店企业。罗森是日本便利店三巨头之一，也是最早进入中国的日资便利店，于1996年在上海开出第一家店，成为最早进入中国华东市场的外资便利店。相较于国内的便利店，罗森拥有较高的自有产品和灵活的经营方式。据中国连锁经营协会发布的《2021年中国便利店TOP100》榜单，截至2021年底，罗森便利店以4466家店铺数，超过同为外资便利店品牌的全家（2902家）和7-Eleven（2893家）。① 在中国大陆，罗森其店铺数量位居日系便利店榜首。截至2022年7月28日，罗森已在全球拥有20000家门店，在中国拥有5000多家店铺（见表8-10），并将继续向2025年10000家店的目标迈进。

表8-10　　　　　　　　　罗森便利店中国店铺概况

地区	店铺数/家
上海及其周边区域（上海市、浙江省、江苏省）	3102
北京及其周边区域（北京市、天津市、河北省）	375
辽宁省（沈阳市、大连市等）	507
广东省（深圳市等）	36
湖北省（武汉市等）	557
安徽省（合肥市等）	211
湖南省（长沙市等）	130
海南省（海口市等）	113
合计	5031

资料来源：新闻在线 | LAWSON中国罗森 [EB/OL]. https：//www. chinalawson. com. cn/news/159.

（2）在新冠疫情全球暴发的2020年实现了全面盈利。2020年新冠疫情对全球经济造成了巨大的破坏，给便利店产业亦带来了较大的影响。为了适应后疫情时代新的消费方式，多数企业都在尝试转型和升级。从三家巨头多年的财务报表来看，罗森是第一个在中国市场实现全面盈利的企

---

① 2021年中国便利店TOP100 [EB/OL]. http：//www. ccfa. org. cn/portal/cn/xiangxi. jsp？id = 443755&ks = 2021% E5% B9% B4% E4% B8% AD% E5% 9B% BD% E4% BE% BF% E5% 88% A9% E5% BA% 97TOP100&type = 10003.

业，而全家和 7 - Eleven 都只在部分区域实现盈利。2020 年全面盈利是罗森在中国发展历程中的一个重要时刻，意味着罗森突破了外资便利店在中国盈利的瓶颈，商品与运营模式本土化取得了阶段性胜利。全面盈利还表明罗森的单店盈利模式经打磨并验证成功，基于此，探寻罗森便利店的商业模式具有一定的价值。

（3）实施新零售战略以实现对传统商业模式的转型升级。罗森传统便利店的商业模式为纯线下经营，主要服务内容为提供商品。因传统便利店行业同质化严重，人工成本和物流成本较高，罗森传统便利店纯线下的商业模式亟待升级。近几年，由于我国线上零售业的兴起和消费升级，消费者的购物习惯已经发生了明显的变化。据雨果跨境与 Shopify 共同发布的《2022 电商行业趋势报告》数据，对于消费者而言，其较为关注品牌是否在当地开展业务、自身所购买产品对环境的影响、可以产生共鸣的场所或平台等。[①]

2016 年 10 月阿里云栖大会上，马云首次提出"新零售"，他认为"新零售"是指企业以互联网为依托，通过运用大数据、人工智能等先进技术手段，对商品的生产、流通与销售过程进行升级改造，进而重塑业态结构与生态圈，并对线上服务、线下体验以及现代物流进行深度融合的零售新模式。"新零售"注重消费者体验，为消费者带来物美价廉的产品和沉浸式的购物体验。作为便利店的龙头企业，罗森为了保持自己的优势地位，一边进行新零售方面的转型和升级，一边加快了开店速度。罗森采取的新零售战略是以客户为本，实现打造自有品牌和严选精品，以解决消费者痛点、实现错位竞争；践行"两轮理论"，平衡个性化和标准化，通过数字化提高效率；线上线下协调并行，把握消费习惯，实现客群年轻化。此外，罗森将"抢占下沉市场、发力社区零售、维持客群年轻化"作为快速开店的关键词。这些举措都给罗森带来可观的收益，提升了罗森快速扩张的能力。

8.3.2　数据收集

为了全面收集罗森的相关资料以实现客观深度的案例分析，研究团队采取了多种措施。多渠道和长时间跨度保证了资料的全面性，多种信息来源相互验证保证了资料的准确性，人工反复筛选保证了资料的高度相关性，周期性坚持信息更新情况保证了资料的时效性。

---

① 雨果跨境 &shopify – 2022 电商行业趋势报告 – 220318 ［EB/OL］. http：//www. yanbao-hui. com/doc – c303f119cc19b421813e73bff08c2405. html.

罗森作为便利店行业的巨头之一，关于它的新闻报道和智库报告资料较为丰富。受疫情影响，调研主要收集了罗森二手资料。具体资料来源包括：（1）使用"后羿采集器"软件，采集罗森官网新闻报道（包括中国罗森官网、上海罗森官网、中百罗森官网）；（2）借助中国知网平台检索查阅有关罗森的期刊文献；（3）浏览新零售相关的协会和智库网站（如中国连锁经营协会官网、三个皮匠报告研究网）；（4）查阅社会主流媒体报道和新零售领域专业人士评论。资料的时间跨度从 2016 年新零售概念被提出至今，作者对收集到的资料进行浏览筛选，坚持问题导向型和相关性原则，确定采用的资料共包括230 篇官网新闻报道、10 篇知网文献、20篇领导人发言、7 篇智库分析报告和45 篇媒体报道。以此为基础，探索罗森商业模式的创新之处。

8.3.3 研究分析与发现

经过二十多年的发展，便利店的渗透率已经达到了一个新的高度，传统便利店的发展模式与消费者需求已经不再精准匹配。与之相比，新零售便利店更能顺应时代的发展，贴合消费者需求（见表 8–11）。传统便利店的发展主要得益于商品种类多、服务时间长、购物距离短和店员专业水平高等，但是这些优势在"新零售"背景下显得不足为奇，如今市场上的大多数便利店基本都能够满足这些要求。当前，由于市场不断发展和新冠疫情的影响，消费者的消费结构与需求呈现出多元化的发展趋势；与此同时，消费者的消费方式和观念的改变，也给便利店带来了新的需求。《2021 年中国便利店发展报告》指出，购物便捷性、体验场景化、品类升级与数字化驱动是便利店企业的四大核心发展趋势，未来 3～5 年，以运营能力提升为驱动的可持续发展是未来便利店企业聚焦的重要发展方向。

与传统便利店相比，罗森具有产品多样、运营高效及大数据用户画像等优势；与其他新零售便利店相比，罗森具有品牌知名度高、善于网络营销、物流与供应链完善、打造趣味场景等竞争优势。疫情期间，罗森华东地区门店业绩实现了30% 的环比增长，其中三四线城市的增长幅度远大于一二线城市。面对疫情反复、天气恶劣等诸多不利因素，罗森便利店总体上保持了健康稳定的发展态势。全国布局、区域整合、深入市场、精益经营、品类升级、数字迭代等，都将罗森推向了一个新的发展阶段。

表 8 – 11　　　　　　　　　传统零售与新零售比较

商业模式画布九大要素	传统便利店	新零售便利店
价值主张	千店一面	千店千面
客户细分	不作准确区分	大数据精准画像
客户关系	买卖关系	服务关系
重要合作	服务叠加	服务创新
核心资源	你有我无	你有我优
关键业务	单一业态	便利店 +
渠道通路	线下	线上 + 线下
盈利模式（成本构成 & 收入来源）	价廉物美	物美价廉

1. 价值主张

价值主张是描述为细分用户群体创造价值的产品或服务。不断为顾客提供购物惊喜，营造舒适的购物体验是罗森一直不懈努力的方向。罗森秉承"我们让共同生活的城市变得更美好"的企业理念，时刻关注顾客的需求变化，为顾客提供了"随时随地的美味与安心"，使顾客能够"快乐新奇购物在罗森"。

罗森便利店围绕目标群体的在特定场合特定时间的特定需求，用心服务顾客，多方面探寻"人货场"之间的精准匹配，全渠道构建新零售业态。线上善于利用互联网营销，积极与多个平台（如小红书、抖音、快手等）跨界联动，打造网红爆款产品（如冰皮月亮蛋糕、双蛋黄雪糕、即食半熟芝士等）；同时邀请各大平台美食博主做测评，增加产品曝光度，为线下引流。线下通过 IP 场景营销吸引客流量，打造网红打卡地。对于社区零售，罗森提供多种服务（手机充电、衣物干洗、鲜花预约、身份证自助拍照等）（见表 8 – 12）。借助完善的物流和供应链体系，罗森成为全年无休、24 小时营业，充满了新鲜创意、快乐新奇购物体验的知名网红便利店。

表 8 – 12　　　　　　　　罗森便利店 2022 年服务类别

便民服务	便捷支付
24 小时营业	微信支付
代收公共事业费	支付宝
松江燃气	银联

续表

便民服务	便捷支付
提供热食	翼支付
提供速食区	罗森卡
	京东支付
增值服务	创新业务
美团	自动售货机
饿了么	无人店铺
京东到家	罗森点点到店取
阿拉订	罗森点点扫码购
卡购商城	
体育彩票	

2. 客户细分

客户群体是描述企业的目标用户群体是谁，这些目标用户群体如何进行细分，每个细分目标群体有什么共同特征。在门店数量区域布局来看，据2021财年日本罗森便利店集团年报数据显示，截至2021年6月，罗森在中国上海、大连、北京、武汉、重庆等地区均有门店布局，其中华东、华中、北方地区门店差额逐年领先，近5年华中地区如长沙、武汉等地，南方地区如海南等省市也纷纷加大布局（见图8-6）。

2018年下半年度，罗森在年龄和性别的基础上引入了消费价值，重新将顾客细分为九类：30~49岁健康意识较强的男性上班族；20~49岁喜欢奖励自己的单身女性上班族；30~49岁已婚和家中有小孩的女性上班妈妈；50~69岁对生活很讲究的老年顾客；最忙碌、最感觉有压力的20~39岁的单身上班族；无所谓健康概念、要求吃饱第一的体力劳动者；节约意识较强的爸爸妈妈；对即食类商品持否定态度的专职主妇；不受其他信息干扰、坚持自我主张消费的50~69岁的保守派。

但近年来，罗森的主要客户群体为12~35岁人群，其顾客群是现今零售行业中最年轻的。罗森会员总数达1000万以上，其中35岁以下占比超80%；在15~19岁年龄段中，罗森华东区域的人气已连续两年稳居便利店行业之首。① 罗森主打的诉求人群是培育12~19岁的未来消费人群，

---

① 日本便利店最新资讯2018/08：罗森、7-11的新品开发［EB/OL］. https：//zhuanlan. zhihu. com/p/44406629.

其抓住了该年龄段人群喜欢看动画、打游戏的习惯，在国内开设了具有特色的动漫、游戏类的主题店，原创具有卡通人物的商品，允许人们用会员积分兑换相应的产品，提高产品销量的同时也提升了顾客的忠诚度。

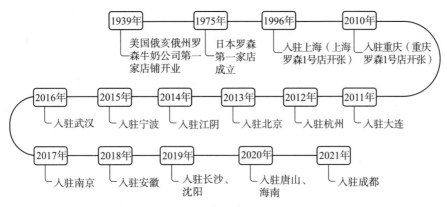

图 8 - 6　罗森中国发展史

资料来源：罗森中国官网。

3. 客户关系

企业和企业的竞争目标在于顾客，为了赢得市场，企业必须要正确对待自己和顾客的关系。企业极致思考客户需求、解决好客户提出的问题有益于促进客户和企业的良好关系。罗森的客户关系可以概括为以下六类。

（1）个人助理。罗森官网设有"联系我们"板块，其中包括咨询热线（解决用户疑问或意见、建议）、加盟热线、求职热线、供应商热线等。

（2）专用个人助理。用户在线下可以与罗森店员沟通反馈；在线上可以查阅罗森发展历程及特色、加盟罗森或成为供应商、了解罗森新闻动向、拨打热线反馈等。

（3）自助服务。罗森部分店铺提供自助售货机服务；部分店铺在夜间提供自助购物服务等。

（4）自动化服务。罗森便利店研发出一种网上购物的应用程序"罗森点点"，通过该 App 搜集客户的浏览和购买记录，并将数据传输到云端，计算用户的消费习惯。基于此，系统在小程序首页推荐属性相似或相关的产品，满足用户的个性化消费需求。

（5）社区。罗森生态与阿里于 2016 年提出的"新零售"概念紧密结合，以实体经济为中心，借助互联网和 O2O 平台的多年运营经验，整合移动电子商务、社区购物、社区服务等资源。它集成了罗森便利店、罗森购物中心、社区服务和社区社交功能，打造线上和线下交互的综合社区和综合服务平台。

（6）共同创造。罗森会根据大数据追踪用户偏好去研发新品，研发出的产品会邀请部分顾客品尝打分，同时也会依据用户反馈来适当改进现有产品。罗森认为对于消费者的需求变化，除了要从顾客的相关数据报告中发掘，还要有相关的管理者深入线下店，主动听取顾客的意见。

4. 重要合作

罗森便利店以客户为本，重视消费需求和体验，在数字化技术的支持下进行跨界合作，衍生出多种新业态零售，同时加快速度扩大门店数量。

（1）与企业/品牌跨界合作，创新"便利店 +"新零售业态（见表 8 - 13）。

表 8 - 13　　　　　　　　　　罗森新零售混合业态（部分）

混搭模型	举例
便利店 + 传统品牌	罗森便利店 + 詹记[①]
便利店 + IP 品牌	罗森便利店 + 东来也[②]
便利店 + 杂货铺	罗森便利店 + 无印良品[③]
便利店 + 手游	罗森便利店 + QQ 飞车/天使纪元[④]
便利店 + 水果	罗森便利店 + 鲜丰水果/梵西生鲜[⑤]
便利店 + 生鲜	罗森便利店 + 北京首农食品集团有限公司[⑥]
便利店 + 药房	罗森便利店 + 国药控股国大药房/普安药房[⑦]

（2）与多种品牌进行 IP 合作，实现 IP 赋能新零售（见表 8 - 14）。

---

① 罗森便利店本土化进击，安徽中商罗森牵手中式糕点国民品牌詹记 [EB/OL]. http：//news. winshang. com/html/069/6240. html.

② 中商罗森好运来也！跨界"国潮"便利店火出圈！ [EB/OL]. http：//www. cb. com. cn/index/show/gd/cv/cv1361531221492.

③ 无印良品入驻上海、江苏罗森便利店 [EB/OL]. https：//baijiahao. baidu. com/s? id = 1758607750359376251&wfr = spider&for = pc.

④ 左手 IP 联名，右手地方联名，罗森一年狂开 2000 家门店的秘密 [EB/OL]. https：//www. mad - men. com/articldetails/29042.

⑤ 罗森 + 梵西生鲜|新零售时代的变革！ [EB/OL]. https：//new. qq. com/cmsn/20180905/20180905067292. html? pc.

⑥ 北京首农食品集团有限公司 [EB/OL]. https：//www. bjcag. com/Content/2019/09 - 18/1019301870. html.

⑦ 新闻在线|LAWSON中国罗森 [EB/OL]. https：//www. chinalawson. com. cn/news/115.

表 8 – 14　　　　　　　　　　　　罗森 IP 主题店（部分）

特色主题店	特色
撒蕉的猩猩主题店	实体店内展现的是一个奇妙有趣的太空补给站
Hello Kitty 主题店	Hello Kitty 大型玩偶墙、Kitty 周边、Kitty 美食等
航海王主题店	漫画场景、正版周边、立牌、徽章、冰箱贴等
泰迪珍藏主题店	有 1.2 米巨型泰迪熊，门店的收银台、入口浮雕墙、布景、冷柜等都能看到泰迪熊的身影
bilibili 主题店	开设 B 站周边的贩售区域，以小电视、22 娘、33 娘为主要形象设计的各式周边等
高达主题店	随处可见高达元素、酷炫的周边和扭蛋机，让人置身三次元世界
「Love Live!」限时主题店	置身于学园偶像小姐姐的环绕之中，店铺货架、处处可见青春靓丽的人物造型

资料来源：特色主题店 | LAWSON中国罗森［EB/OL］. https：//www. chinalawson. com. cn/colaboration.

（3）灵活的加盟方式，主要有一般加盟、大加盟和区域加盟（见表 8 – 15）。

表 8 – 15　　　　　　　　　　罗森加盟方式及双方职责

加盟方式	加盟商职责	罗森方职责	特点
一般加盟	店铺运营和人才管理	店铺指导、IT 系统等后方支持	双方分享店铺盈利
大加盟	开店、经营、营销等前台工作	承担物流、管理、产品研发、工厂管理、IT 系统支持等后台工作	在商定的区域进行多店加盟，经营店铺
区域加盟	承担开店、经营、营销等前台的工作，还将承担物流、管理、产品研发和工厂管理等部分后台的工作		将特定区域的店铺经营授权给合作方

资料来源：合作伙伴 | LAWSON中国罗森［EB/OL］. https：//www. chinalawson. com. cn/fcshop.

5. 核心资源

企业核心资源包括技术资源、科研资源、人才资源、劳动力资源、原材料资源、能源资源以及地理资源等。核心资源是企业得以长期稳定发展的重要因素，罗森的核心资源主要包括以下几个方面。

（1）众多优质加盟店。罗森目前在江苏全省只有一家直营店，其余都是加盟店；浙江加盟店占比为78%，上海直营店占比为40%。① 罗森的合作方式和运营方式与其他竞争者相比具有更大的灵活性。员工是店铺的主力军，罗森日常注重对直营店和加盟店店员加强培训和管理，以专业和负责的态度做好日常经营和应对突发情况。加盟店不愿意花钱进行装修改造，罗森对加盟商的装修进行补贴，灯饰、墙面以及货架都是罗森统一设计提供。

（2）供应链体系完善。为了保障店铺正常运作，建立和管理供应系统尤为重要。罗森的供货系统是以合作企业的支持为基础，生产商、供应商等各企业共同合作。从新产品创意、样品制作、试吃、实验、市场调查，到商品进入店铺的整个过程，称之为PDCA链。基于完善的供应链体系，罗森能根据客户的需要开发出相应的新产品。

（3）大数据精准分析。通过对新零售大数据的精准分析，挖掘消费特征和消费需求，不断开发和供应新产品，优化商业模式。通过整合线下体验、线上便捷服务等新功能，罗森能够为海外购物提供方便的购买渠道和其他生活必需品。此外，罗森还利用终端智能系统，对各类商品的销售数据进行统计分析，了解不同的市场活动对消费者的影响，并以此为基础，对价格和配送业务进行调整，确保每一件商品都是爆款，为品牌合作伙伴带来了较高的利润。

（4）借助IP主动选择客群。为了打破传统便利店在市场上的被动状态，罗森团队决定将其门店从消极的"被选择方"改为主动的"选择方"。经过深入调查研究，罗森便利店推出了"便利店＋"新模式和特色主题店，旨在创造多种业态吸引目标消费者购物。罗森相信"对时代保持敏感，抓住新消费人群的需求，将用户群锁定在12～19岁的年轻群体"是其主营业务实现盈利的关键，也是其差异化得以实现的核心要素之一。

6. 关键业务

关键业务是指企业为了确保其商业模式可行，必须做的最重要的事情。这些业务活动是创造和提供价值主张、接触市场、维系客户关系并获取收入所必需的。罗森的关键业务主要包括以下几个方面。

（1）研发新品。新品的出现最吸引消费者，针对产品的新鲜感方面，运营团队通过大数据的筛选，选出近期销量高、评价好的产品品牌进行上

---

① 罗森中国业绩年增长超30% 张晟跟我们说了这些｜走进企业③_联商网［EB/OL］. http：//www. linkshop. com/news/2018407278. shtml.

架销售。每到一定时期，罗森会通过平台进行新品数据的更新，第一时间挑选出美味有趣的新品提供给消费者选择。

（2）联名 IP 主题店。与其他品牌的便利店相比，罗森一直以 IP 联名为特色，这有助于罗森保持客户群体的年轻化。此外，IP 衍生物的出现也备受消费者喜爱。

（3）供应链和物流管理。罗森的定位是"小商圈制造型零售业"。所谓"小商圈"是指每三四百家店需要一个供应链，不同地区的消费者有不同的饮食习惯，只有这样才能保证商品口味因地制宜；所谓"制造型"是指罗森的短保鲜食产品都由自己的专属工厂生产，罗森做好原材料和源头的控制，只有打造好供应链基地才能打造差异化的门店。在店铺规模达到 100 家的地区，罗森基本上会考虑建立物流中心，达到 200 家店铺就会考虑建立鲜食工厂。①

（4）线上引流，线下实体店运营。新零售的出现强调了线上经营的重要性，但罗森认为线下运营是零售行业重要的组成部分，仅依靠互联网风险较高。因此，罗森在利用互联网营销产品的同时，始终坚守线下实体店为特许经营模式（罗森在中国的特许经营模式主要是区域特许经营或区域加盟）重要环节的实践。

（5）科学选址。罗森便利店通过组建数据研究的调研团队以开展科学选址，对当地区域的消费行为数据、其他便利店之间的距离与营业状况、商业圈的辐射范围等进行调查分析。罗森采取的策略主要是区域化集中开店，即在某一片区域内如某城市的某一区域实行高密度开店，进而形成用户心智，吸引更多消费者进入门店消费。

（6）严格筛选加盟商。罗森筛选加盟商时，对加盟商有比较严格的要求，如要求加盟商：与罗森有共同的企业理念；最好能亲自参与店铺运营；熟悉本地风土人情、居民偏好、便利店业态等。

7. 渠道通路

渠道通路是指商品和服务从生产者转移到经销商、再由经销商转移到消费者的过程。渠道通路的任务就是在恰当的时间，把合适的产品送到销售点，以供顾客购买或消费。

（1）构建多种供应链模式。如线上营销线下购买的 O2O 模式、线下（实体店）和线上（网店）有机融合的一体化"双店"经营的 OAO 模式、

---

①　罗森中国全年盈利背后的 21 条连锁经营启示［EB/OL］. https：//baijiahao. baidu. com/s? id = 1697093411934253961&wfr = spider&for = pc.

以消费者为中心的 C2B 模式、集全供应商赋能给渠道商并共同服务消费者的 S2B 模式等。

（2）供应链管理优化采购方式。在供应链管理环境下，罗森便利店采购管理主要的方式有分类试吃采购、选择优秀的供应商、与供应商建立长期合作伙伴关系和加强供应链上的资源共享等。

（3）融合线上线下全渠道。罗森开设了自己的线上小程序（罗森点点会员 App、罗森官方微博、罗森官方微信等），以线下门店为流量入口，利用门店的实物优势，为消费者营造沉浸式的体验环境，进而为线上平台积累用户。网上订购和线下送货上门服务也打破了传统便利店的局限，为消费者提供了更大的便利性。

（4）多种加盟模式。罗森采取了更加灵活的加盟方式，主要分为大加盟模式和区域授权模式，两者区别在于本地市场是否拥有罗森自己的供应链，区域授权则需要代理商去布局供应链。

8. 成本构成

罗森便利店的成本分为新品研发成本、营销成本、供应链成本、开店成本和日常运营成本等：新品研发成本包括参与开发人员的人工工资与福利、水电费、新产品的材料费、试验费、场地费、折旧费等；营销成本包括营销管理人员薪金、线上线下产品信息推广费用、与美食博主合作费用等；供应链成本包括供应链沟通、供应链库存费用及各节点企业外部运输等；开店成本包括装修费、硬件设备费（比如冰箱、空调、货架、收银台等）、软件使用费（收银系统、报货系统等）；日常运营成本包括原料费、房租水电、人员薪资、水电杂费、商品废弃等。

9. 收入来源

罗森便利店的主要收入来源为加盟店、自营店产品和特色 IP 主题店衍生产品：从加盟店收取加盟金、保证金、新店杂费、设计及监督管理费和毛利分成等；自营店产品主要分为快餐（如面条、米饭、面包、熟食等）、日配食品（烘焙、甜点、冰淇淋、新鲜食品等）、加工食品（如饮料、酒类、香烟、糕点等）和非食品（如日用品、书籍、杂志等）；特色 IP 主题店衍生产品是以添加 IP 形象元素的原创产品，如航海王主题店中原创了漫画人物的正版周边，立牌、徽章、冰箱贴等。

10. 罗森商业模式画布

通过总结上述分析内容，得到罗森便利店的商业模式画布，如图 8 - 7 所示。

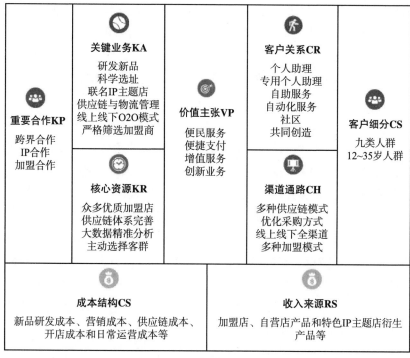

图 8 - 7　罗森商业模式画布

8.3.4　研究小结与管理启示

1. 新零售策略

第一，打造自有品牌和严选精品，以解决消费者痛点、实现错位竞争。

（1）打造自有品牌。在零售行业中，外资便利店拥有的一大优势就是其自有品牌。相较于在我国的其他便利店品牌的，罗森认为做成自有品牌才有活路，它的自有品牌占比达 40% 以上。[①] 罗森的自有品牌主要是食品，面对当前多样化的消费习惯，现开发了加热盒饭、拉面、甜品、面包、串烧、炸鸡等食品。其中罗森着重打造的是甜品，对甜品的投入较高，打造品牌特色。

（2）严选精品，你有我优。便利店格局竞争已经从"我有你无"转变为"你有我优"的时代。除了独特的原创产品外，便利店行业间同类型产品也不在少数。想要在同类产品上优于同行，罗森需要严格控制选品。

---

① 对标日本第三大龙头罗森便利店，中国便利店行业得到哪些启示？［EB/OL］．https：// baijiahao. baidu. com/s? id =1682197225877325728&wfr = spider&for = pc.

罗森便利店每款产品需要经过 1000 次筛选，款款为优质、新鲜、安全的精品。罗森抛弃传统便利店的产品繁杂的场景，精简化产品，让客人可以到店第一时间享受到优质精品。

（3）解决消费者痛点。罗森坚持以消费者需求为导向，不断打磨改进自身产品。例如，消费者反馈在新冠疫情期间由于食物的保质期短，导致每天外出购买食物而容易造成风险。罗森敏锐地捕捉到市场动态，改进生鲜食品的加工技术以延长保质期，为消费者提供可储存更久的食品，如其便当保质期可达到 30 天。这些举措方便了消费者大批量购买并存货在家，解决了疫情期间居民的饮食问题并减少其出门次数，得到消费者的好评。

（4）错位竞争。罗森实施了包括温度错位、时间错位和产品错位的竞争策略。一是温度错位方面。0～10 度产品是电商市场最难做的，但罗森一直在努力，并获得了很好的效果。二是时间错位方面。借助 24 小时营业优势，和外卖平台合作深夜的服务。三是产品错位方面。各个便利店主打产品类型有所差异，罗森针对产品上的差异化，选择国内外高品质产品在店里进行出售，实现便利店多样化运营。

第二，践行"两轮理论"，平衡个性化和标准化，通过数字化提高效率。

（1）运用"两轮理论"。零售企业的运营类似一辆汽车，需要前轮和后轮的通力协作。"前轮"是指商业模式规划、市场营销、社会公关、商业谈判与店铺开设等，"后轮"是指商品策划与供应链管理、店铺内部运营、系统支持与管理等。前轮比后轮快，管理和运营跟不上扩张的速度，导致产品品质降低；前轮比后轮慢，引起产品销量降低。罗森通过各种措施使得两个轮子同速前进，达到平衡发展。如充分发挥中日双方团队的长处，让中方团队做前轮，日方团队做后轮。

（2）平衡个性化和标准化。所有加盟店的员工都要经过罗森的严格训练，力求达到统一的店铺标准，所以加盟店与直销店之间的差异并不大。然而，由于中国各地的文化、经济发展水平等有所差异，单一的店面满足不了来自不同地理区域或不同文化背景的消费者其个性化需求。因此罗森公司对每一家店铺的经营能力进行了精细化的管理，实施"千店千面"的新零售策略。

（3）数字化提高效率。罗森应用物联网、大数据、云计算等现代信息技术，推广移动支付、可视化技术、提升门店智能化管理水平。同时建立智慧供应链，以大数据驱动商品采购、库存管理、销售预测、对缺货或过期商品等异常状况提前预警，促进全链高效协同，提高运营效率。

第三，线上线下协调并行，把握消费习惯，实现客群年轻化。

（1）线上线下协调并行。在网红经济背景下，线上罗森善于借助互联网营销打造"网红爆款产品"，并迎合网络热点原创产品以提升品牌曝光度，吸引顾客前往线下店打卡体验。线下大力推进 IP 场景营销（包括 IP + 品牌、IP + 活动和 IP + IP 等），原创新奇有趣的 IP 衍生品。通过和 IP 的合作，不仅可以为罗森门店引入客流，更可以保持罗森品牌的年轻活力。

（2）把握消费习惯。消费者以前购物先看价格、后看品质，现在先看品质、后看价格，所以价廉物美和物美价廉是两种不同的含义。如今过了价廉物美的时代，进入物美价廉的时代，这个时代最需要业态的多样化和产品的多样化、个性化、趣味化等。

（3）客群年轻化。罗森在年轻化策略中一直不断地实施着 IP 营销，永远围绕 12～19 岁的客户人群喜爱的 IP 来运营。根据罗森的观点，保持目标客户群体的年轻化，将目标客户群体年龄一直保持在品牌所需的特定区间始终是保持品牌活力与竞争力的关键，也是品牌得以长久的根本所在。

2. 研究局限

当今市场环境下，企业的竞争由产品竞争、品牌竞争、服务竞争、资源竞争发展到商业模式的竞争。商业模式重构是为了给传统企业的转型发展提供参考和借鉴，以助力其新零售变革顺利进行。本书将罗森便利店作为目标对象，系统地研究其从传统便利店升级为新零售便利店中所实现的改变。由于企业现状不同，其他便利店的"新零售"商业模式并不能直接复制罗森的。同时，商业模式是特定环境下的产物，没有完美的、通用的商业模式，只有最适合企业自身现状和外部环境变化的模式。因此，企业需要不断对商业模式进行重构，才能在激烈的竞争环境中立于不败之地。

8.4　百丽专卖店新零售转型案例：服务流程视角

8.4.1　研究背景

1. 数字经济时代

根据第 51 次《中国互联网络发展状况统计报告》，我国网民数量已达到 10. 67 亿，网购用户达 8. 45 亿。从这些数据资料中可以看出数字消费的需求是巨大的，数字经济时代来势汹汹。在这样的浪潮下，有趁着东风而起的新兴企业，有在其中沉没的传统企业，更有在其中不断尝试寻求出路适应时代变化的传统企业。

迎合消费需求，数字技术正在重塑商业世界，新的商业模式和颠覆式创新不断涌现，产业边界日益模糊，外部环境的数字化决定了数字化转型是追求转型升级的传统企业的必经之路（马化腾等，2017）。再者传统企业是实体经济的重要组成，实现数字化转型能够促进数字经济的持续繁荣。数字化转型是通过深化数字技术与价值链环节的全面融合，不断释放数字技术对企业和经济发展的放大、叠加、倍增作用（赵剑波，2022）。然而传统企业的数字化转型之路是艰难的，传统企业数字化转型升级的成功率低。因而，搜集并分析转型成功企业的关键策略信息，进而总结提出可行的建议为其他企业提供参考借鉴是有必要和有价值的。

此外，疫情对传统企业的转型升级带来了更大的挑战，我们应该结合疫情时代的消费特征进行分析。

2. 后疫情时代

后疫情时代对传统企业的数字化转型升级提出了以下几点要求。

（1）加速线上、线下渠道融合，为顾客提供全渠道服务。疫情使得消费者的线上消费习惯进一步得到了强化，线上消费黏性增强，网上购物占比提升（刘杰，2021）。由于疫情的影响，消费者常需考虑线下购物的疫情风险造成的耗时和不便的问题，从而导致了消费者更加倾向于线上消费，这需要传统企业进行线上线下渠道的融合来满足顾客需要。

（2）构建社交虚拟空间，满足顾客社交需求。疫情导致消费者的线下活动数量锐减，使得消费者的社交需求开始从物理空间向虚拟空间转变，在虚拟空间的社交活动中消费者投入了更多的精力和注意力。这一点可从全民直播、网红带货等社交体验感较强的线上营销活动中有所体现。这就需要企业针对消费者的这种社交需求发展其社交零售业务（黄漫宇和余祖鹏，2022）。

（3）优化产品供需匹配，降低库存压力。由于社会工作生活仍有疫情风险，因而消费者会减少去往人流量大、人员复杂且进行面对面接触服务的线下门店，这会导致线下门店的销量降低带来库存积压。这就需要传统企业根据消费者的消费者数据及时地进行产品生产地调整，以优化供需匹配。

（4）提供高性价比产品和高消费体验，吸引顾客。疫情这一黑天鹅事件给社会经济造成的负面影响是巨大的，导致了居民消费购买能力的降级。然而，由于"棘轮效应"的存在，居民的消费习惯形成后易于向上调整，而难于向下调整。即虽然居民的消费购买能力降低了，他们的消费仍是取决于自己过去的高峰收入，而不是现在的收入。这种习惯效应让消费者在消费能力降级时，仍有着原本的对消费品质升级的追求。这也就意味着后疫情时代的消费者更青睐性价比高的商品、消费体验好的服务。这就对企业的产品研发、顾客服务和成本控制提出了挑战（兰虹和赵佳伟，2020）。然而，传统的零售企业无法应对消费降级的考验。因为线下实体门店的经营成本高，消费降级会对企业资金造成影响，导致门店经营难以维持。与此同时，高的经营成本又会使得企业无法降低商品的价格，在产品研发与服务提升等方面的资金投入捉襟见肘，导致企业无法满足消费者高性价比和高消费体验的需求。这就需要企业积极开展线上业务来提升企业利润。

从上述消费需求变迁可看出，传统企业迫切地需要进行数字化转型，利用数字化工具和手段来适应疫情带来的消费市场变化。结合数字经济时代传统实体企业数字化转型难的问题，本书尝试选择一个正在进行数字化转型且已有一定成效的企业进行转型前后的比较分析，探究其如何推动自身企业数字技术与实体经济的融合。

8.4.2　研究案例

在推进数字化转型的过程当中，传统企业可以实现降本提效，并增加价值增长点。这些价值增长点源于数字技术与实体企业的深度融合，形成以数据为驱动要素和生产要素的模式，使得价值创造外源化和多元化，从而改变传统企业内部、单向的价值创造模式，向以用户价值主导的商业逻辑下，企业与用户共同创造价值的模式转变，以满足用户日益变化的个性化需求（赵剑波，2022）。

因而，本书尝试从服务流程的角度出发，探索百丽数字化转型中以顾客为中心创造的价值增长点。

1. 百丽基本情况

百丽国际（以下简称百丽）成立于 1992 年，是一家大型时尚及运动产业集团，业务涵盖鞋类、运动和服饰三大业务。作为一家大型实体经济企业，百丽已形成业内领先的纵向一体化经营模式，覆盖商品企划、产品研发、生产制造、市场营销、物流仓储、零售分销等完整供应链环节。

选择百丽不仅是因为它是传统的实体零售企业，更是因为百丽数字化转型前后企业重心的显著变化，从专注实体门店的扩张与渗透以实现渠道优势到依据数字技术提供以消费者为中心的精细化服务，百丽在进行数字化的蜕变。

百丽在数字化转型前流程割裂，有的业务流程不清晰，没有分析、决策和反馈节点；底层数据割裂，商场数据无法同步给品牌商；横向数据割裂，不同区域、不同渠道、不同门店之间的数据并不相通，无法"合并同类项"；上层数据割裂，宏观数据无法快速帮助一线销售人员答疑解惑，无法实现供应链的及时调整（张磊，2020）。

因而，当数字经济时代到来时，百丽没能跟上时代的步伐。百丽经历了"一败涂地"式的业绩下滑，从 2014/2015 财年（截至 2015 年 2 月 28 日）到从香港退市前的 2016/2017 财年（截至 2017 年 2 月 28 日），百丽的净利润从 47.64 亿元跌至 29.34 亿元再到 24.03 亿元，与之相伴的是上千家鞋类零售自营门店的减少。①

在这样的败落之下，百丽的领导层进行了重组，在新领导者的带领下开始了数字化转型的探寻之路。在此期间，百丽采取了一系列改造措施，尤其注重门店的数字化改造和精细化服务。退市前的 2017 年 2 月底，百丽的鞋履门店总数是 13062 家，而到 2021 年 11 月底，门店总数降至 8193 家，收缩幅度达 37%。② 线上渠道收入贡献比例从 2016/2017 财年的不足 7% 提升至截至 2021 年 11 月 30 日的 25% 以上。③ 目前百丽的经营业绩尚未恢复至巅峰期的水平，不过总体呈上升趋势。2019/2020 财年（截至 2020 年 2 月 29 日）至 2020/2021 财年（截至 2021 年 2 月 28 日），公司营收分别为 201 亿元与 217 亿元，同比增长 8.1%；同期净利润分别为 17 亿元与 26 亿元，增长 57.1%。④

从被抛弃的传统鞋业零售巨头到如今整合电商渠道进行数字化转型的新零售企业，百丽国际像一艘在调头行驶的巨轮，其成功的方法和原因值得分析与探究。

---

①④ 厚福资本. 高瓴亲自操刀！退市超五年的"一代鞋王"重返 IPO｜企业动态［EB/OL］. https：//www.163.com/dy/article/HEOAI6BA0517CIB2.html.

② 第一财经杂志. IPO 研报｜"鞋王"百丽卷土重来，和过去有何不同？［EB/OL］. https：//baijiahao.baidu.com/s? id = 1728870432065979194&wfr = spider&for = pc.

③ 新浪财经. "鞋王"百丽退市又返港，高瓴这回赌对了吗？［EB/OL］. https：//baijiahao.baidu.com/s? id = 1727907920866436532&wfr = spider&for = pc.

2. 百丽面临的发展困境

百丽兴起的时代是渠道为王的时代，是产品供不应求、需求大于供给的时代，掌握了渠道就能获得成功占领市场份额。在百丽退出香港股市前（2017 年 2 月底），百丽拥有鞋履门店 13062 家，构建了一个庞大终端零售网络。百丽掌握优质的分销商资源和背后的零售终端资源，实现了产业链从产品研发设计、生产、分销、零售的纵向一体化布局。渠道为王的时代，百丽通过超强的渠道掌控能力遥遥领先，但也是因为完善而冗长的渠道，使其对市场的反应落后于时代。

互联网、电商的兴起带来了消费者的变化，顾客的选品不再受限于线下门店，受限于地区有限的产品种类，追求线上购物便利性、产品丰富且具有个性化和高性价比的顾客主导时代已经来临。然而，百丽没有聚焦客户的变化作出相应的调整，仍在坚守原有的策略，不停地扩充零售店的数量规模以占据更大的市场份额。但是顾客的需求已发生变化，这种跑马圈地式的行为已不再实用，客户精细化管理才更能符合时代的发展。在这样的模式下，百丽给顾客提供的服务不够且不足以传递其品牌价值，无法满足消费者便利、个性的需求。

百丽过于强调零售而忽略了客户洞察，这导致了百丽的迅速衰落，2014 年 6—8 月，百丽门店关闭 276 家，平均每天关闭 3 家门店。依靠线下业务盈利的百丽，业绩受到影响。2015 年，百丽的业绩首次出现下滑，随后百丽的股价跌了一半，百丽状况堪忧。2017 年 7 月 27 日，百丽国际正式宣布退出香港联合交易所。不过几年的时间，曾被中国女性推崇的"鞋王"百丽轰轰烈烈地落幕了。[①]

3. 百丽的数字化转型思路

此后，高瓴资本集团收购了百丽股份成为百丽的第一股东。高瓴资本的张磊认为作为老牌企业的百丽拥有庞大的零售网络和纵向一体化的供应链体系，具有新兴企业所没有的发展潜力。他利用自己在互联网领域帮助传统企业进行数字化转型的经验，引入信息技术赋能百丽的传统业务，为百丽的数字化转型创造了现实条件。至此，百丽启动了数字化战略转型的计划。基于强大的零售网络和敏捷的供应链能力，百丽以大数据技术赋能其供应链和价值链环节，进行线上线下全渠道的拓展融合以获得同步增长，致力于为消费者提供更高的价值。

---

① 郝亚洲，胡慧芳．百丽的衰落：战术上的勤奋掩盖了战略上的懒惰［EB/OL］. https：//www. jiemian. com/article/2270542. html.

百丽已经成功地从一家传统线下企业，发展为一家数字化赋能的新零售企业。在此过程中，数字化对服务流程的赋能让百丽可以及时地得知顾客的需求，进而调整自身提供的服务，与顾客共同创造价值。案例分析将采用过程链网络和关键点分析来阐述百丽为顾客服务过程中创造的价值增长点。

8.4.3 百丽服务流程变化

1. 研究方法与步骤

过程链网络（Process Chain Network，PCN）是从流程的角度系统地展示企业的服务体系，相比于服务蓝图，过程链网络可以展示三个及以上主体间的互动，弥补了服务蓝图只能展示两个主体间互动的不足。过程链网络图的元素有过程、过程实体和过程域。过程是指一系列的步骤，通过箭头来表示步骤间的依赖关系，前一步骤是后一步骤的前提。过程实体是指参与到描绘的过程中的实体，如企业、顾客、供应商等。每个过程实体都有由其发起、引领、执行，甚至是控制的过程步骤，这些过程步骤的集合就是该实体的过程域。根据互动的程度，过程域可分为直接交互区域、代理交互区域和独立运行区域。直接互动区域包含的是人与人之间交流互动的过程；代理互动区域涵盖的过程中一个实体的交互对象是另一个实体的非人力资源；而独立运行区域的过程中一个实体并不与另一个实体进行直接或代理的交互。

在实际应用 PCN 来进行服务网络分析的过程中，可以遵循以下步骤（Sampson，2012）。

（1）确定分析的具体流程。本书主要分析百丽服务流程的变化，因而分析的对象是百丽的服务流程，从消费者角度出发，企业对消费者提供的服务可以通过消费者购买决策过程来表现。消费者的购买决策过程一般包含五个步骤，依次是确认需求、收集信息、评估选择、购买决策、购后行为。

（2）识别流程中涉及的实体。在顾客接受百丽的服务过程中，一般包含三个实体，分别是顾客、门店和公司总部。

（3）记录标志着流程开始和结束的步骤。顾客确认了购买需求并选择门店或其他渠道进行购物是流程的开始，而在顾客成功购买商品后，其退换货行为和服务评价行为是流程的结束。

（4）完成中间步骤的记录，将每个步骤都放置在合适的过程域中。

根据以上步骤，下面进行百丽服务流程的流程链网络图绘制。

2. 转型前：角色错位——零售商做成了品牌商

像许多传统的零售企业一样，在电商兴起前百丽的核心竞争力之一就是零售网络的最大化。百丽的零售网络分为八个大区，像诸侯国一样分治管理，使得其呈现出八种文化和组织状态。由于各零售大区有自由采货权，所有大区的终端形象、价格甚至是营销方式都不尽相同，零售地区承担起了很多品牌需要承担的责任（高若瀛，2021）。在这样的一种模式下，消费者进行购买决策时接受到以下服务（见图 8 -8）。

（1）确认需求。顾客产生买鞋或到店逛一逛的需求，并选择线下门店光顾。

（2）收集信息、评估选择。门店员工接待顾客，顾客依据他们提供的商品信息和通过试鞋体验得到的信息进行挑选。

（3）购买决策。顾客决定购买商品，并支付金额。

（4）购后行为。顾客使用购买的商品。若出现退换货需求，可到门店进行退换货。

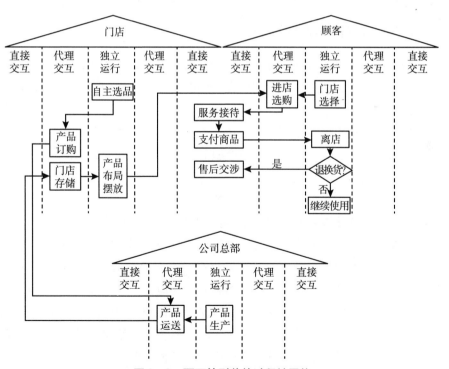

图 8 -8　百丽转型前的过程链网络

资料来源：高若瀛. 百丽的转身 ［N］. 经济观察报，2021 -01 -04 (017).

3. 转型后：前后端的数字化改造

百丽在数字化转型当中积极地构建电商发展体系，不仅进行顾客端渠道的扩充和线上线下渠道的融合，同时也对企业端服务员进行技术赋能，提高他们的服务水平。与百丽作为传统鞋业零售企业时的服务流程相比，转型后百丽的服务包括以下流程（见图8-9）。

（1）确认需求。顾客产生买鞋或到店逛一逛的需求，并选择线下门店光顾或线上门店光顾。

（2）收集信息、评估选择。若为线下光顾，则门店员工接待顾客，顾客依据他们提供的商品信息和通过试鞋体验得到的信息进行挑选。与此同时，顾客还可浏览线上渠道的商品信息，若在综合评估之后，顾客计划到线上进行购买，可通过扫描员工提供的优惠卡获得优惠。若为线上购买，则在购买平台浏览商品信息，为购买决策提供依据。

（3）购买决策。顾客决定购买商品，并支付金额。

（4）购后行为。顾客使用购买的商品。若出现退换货需求，可进行退换货。在线上购买商品的顾客可以进行产品和服务评价。

8.4.4　百丽服务流程关键点分析

为更加详细具体地探究百丽国际转型前后服务流程的变化以及其中创造的价值增长点，引用服务蓝图中常用到的关键点分析和优化方法来进行整合比较。

关键点包括失败点、等待点、决策点和体验点。失败点是指容易导致顾客不满意的点。它可能发生在整个服务过程的任何地方，因此企业需要高度关注这些地方，增加管理和控制。等待点是指容易导致顾客长时间等待的地方，也是容易导致顾客不满意的地方，通过增加服务人员和硬件设施的投入等措施来减少顾客等待时间。决策点是指需要服务人员进行判断、选择的地方。在各决策点，可以通过专业的培训来增加服务人员的决策能力，也可通过增加顾客参与度来提高顾客对整个服务流程的满意度。体验点是指可能增加顾客美好感觉的和回忆的地方。一般来说，体验点都是经过精心设计的，为顾客提供美好体验（王国顺和胡国武，2014）。

在本书中，这些关键点都是企业为顾客提供服务的整个过程中的关键价值点。这些关键价值点的分析不仅仅针对顾客接触点，更针对上述过程链网络图中所涉及服务流程的关键点，对这些关键点进行优化可提升顾客价值。

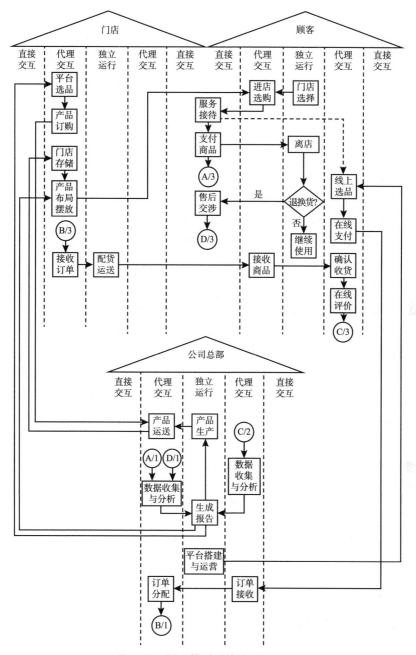

图 8 - 9 百丽转型后的过程链网络

资料来源：主力鞋世界. 新零售，看看百丽华中区怎么玩的？［EB/OL］. https：//www. sohu. com/a/311785461_182543.

哈佛商业评论. 百丽国际：让数字化赋能离客户最近的人［EB/OL］. https：//www. hbrchina. org/#/article/detail? id = 478435.

产业家. 百丽数字化交卷：20000 家门店的转型［EB/OL］. https：//new. qq. com/rain/a/ 20220518A07FOP00.

1. 研究方法与数据来源

为更好地将收集的资料进行系统的整理与分析，从而得出合适的关键点，本书引用程序化扎根理论进行资料编码与归纳。以人工编码为主，借助 Nvivo 11.0 软件辅助编码，对收集的资料进行开放式编码、主轴编码和选择性编码以识别并提取百丽服务流程中的关键点。

本书采用的数据均是网络上公开的二手资料，包含高层人员采访与演讲、新闻采访报道、企业官方信息公布、调研报告、零售业数字化案例榜报告等，通过不同来源信息的收集来提高资料的可信度。

2. 关键点提取与分析

百丽数字化转型前后的服务流程变化主要体现为渠道融合以及公司与顾客联系更加紧密这两方面。因而，为更加具体地研究这些变化给公司带来的价值增长点，将百丽服务流程关键点作为研究分析的理论维度，所有案例资料的编码都围绕构成关键点的失败点、等待点、决策点和体验点展开。具体包括以下步骤。

（1）进行开放式编码，从原始资料中获取原始概念，经过概念间的再比较归纳出更高阶的概念范畴。

（2）进行主轴编码，将上一步获得的概念归纳抽象为更高一级的主范畴，此处基于关键点分析，得出主范畴为等待点、失败点、决策点和体验点，具体可见表 8 - 16。

表 8 - 16　　　　　　　　　　　关键点编码分析

原始语句节选	概念化	范畴化	主范畴
为了找到合适的鞋子，店员不得不在仓库和货架之间来回奔波，而最后的转化率也许只有 5%，更不用提用户体验——顾客的耐心早就在调换和等待中消磨殆尽[①]	寻找产品	等待产品	等待点
不同区域、不同渠道和不同门店的数据不通；宏观数据和微观决策也是割裂的，数据无法快速帮助一线销售人员解答，无法指导供应链及时调整[②]	商品咨询回复	店员解决问题	决策点

① 哈佛商业评论. 百丽国际：让数字化赋能离客户最近的人 [EB/OL]. https：//www. hbrchina. org/#/article/detail? id=478435.

② 产业家. 百丽数字化交卷：20000 家门店的转型 [EB/OL]. https：//new. qq. com/rain/a/ 20220518A07FOP00.

续表

原始语句节选	概念化	范畴化	主范畴
从数字化工具中领任务、做游戏，优化店面陈列和单品布局，在指引下完成销售和服务过程①	门店布局	店员经验决策	决策点
百丽还利用 RFID 技术为门店的鞋子配备智能芯片，从而现场采集每一款鞋的试穿时间、频次，帮助店员找到受顾客关注的货品②	商品推荐		
传统门店基本上是具备被动运营客流的能力，不具备主动运营客流的能力。希望能够把被动运营客流的门店改变成能够主动（运营）客流的门店，进一步提升我们门店的单产效率③	被动获客	客户运营薄弱	
和大多数传统公司一样，百丽的数据是分散而割裂的，底层数据的割裂，商场数据无法即时反馈品牌和商家④	底层数据割裂		
零售地区、工厂承担了很多品牌的角色，而品牌部门的力量非常薄弱，而且相当不健全，这就是我们当时的现状，叫角色错位⑤	品牌理念缺乏		失败点
随着人们消费观念的改变、青年消费者的崛起，线下顾客流量开始从老式的百货商场向新一代集时尚、吃喝玩乐于一体的购物中心转变，而百丽仍固守着百货商场⑥	固守百货商场	渠道单一	
对电商的不熟悉也让百丽千头万绪，以淘秀网为例，当时主要调用百丽深圳主仓的库存，而百丽鞋品部门设有 11 个销售大区，体育用品代理部门有 9 个销售大区，渠道并没有被充分利用。2013 年，优购网 CMO 徐雷、高级副总裁谢云立、COO 张小军相继离职……组织架构的不稳定、严重内耗让百丽两次电商尝试都以失败告终⑦	线上转型失利		

① 壹览商业. 鞋王回归，盘点高瓴与百丽的 5 年变化［EB/OL］. https：//www. cbndata. com/information/2417612.

② 哈佛商业评论. 百丽国际：让数字化赋能离客户最近的人［EB/OL］. https：//www. hbrchina. org/#/article/detail? id＝478435.

③ 亿邦动力网. 百丽副总裁李文卓：百丽门店数字化探索［EB/OL］. https：//www. ebrun. com/20180525/279193. shtml.

④ 产业家. 百丽数字化交卷：20000 家门店的转型［EB/OL］. https：//new. qq. com/rain/a/20220518A07FOP00.

⑤ 杨三角. 百丽国际盛放：当你把艰难变成常态，就不觉得艰难了│青腾《一问》［EB/OL］. https：//www. sohu. com/a/435517599_298601.

⑥ 郝亚洲，胡慧芳. 百丽的衰落：战术上的勤奋掩盖了战略上的懒惰［EB/OL］. https：//www. jiemian. com/article/2270542. html.

⑦ 王亚琪. 再次冲击上市：看一代"鞋王"的转型思路［EB/OL］. https：//www. cbndata. com/information/239748.

续表

原始语句节选	概念化	范畴化	主范畴
定制化上也做了一些尝试，我们叫宽窄楦和大小码，大概能解决客户的痛点，比如有的客户买不到大码，买不到小码，或者是他的脚太窄、太宽，同样的一个码数鞋型不适合他，我们能解决这个问题①	解决痛点的产品体验	个性化服务	体验点
针对店员频繁往返仓库拿鞋这一痛点，产品经理们就想到了"智能数据＋人肉搜索"的招数。"在门店，很多鞋子的风格和楦型差不多，所以我们会根据每周数据的动态，在仓库张贴一些纸条。如果客户选了 A，店员在仓库拿货的时候，建议把 B 和 C 款也拿上"②	需求匹配		
在零售端，百丽时尚将所有的门店数据打通，采用"实时管理"模式。如果某个店铺有缺货，店长可以迅速查询到三公里内其他店铺货源情况；线上线下的货品也全部打通，实时"全渠道一盘货"，售货员在线上线下卖货的佣金都相同③	全渠道调货	便利的渠道体验	
顾客进店与导购建立了会员绑定关系，该顾客未来在天猫购买的任何该品牌产品都能算进导购的提成里④	渠道融合		
目前已有几万名滔搏运动店员开始利用微信、小程序、企业微信及百丽自主开发的数字化工具为顾客提供服务。"这几万名店员完全是自发使用的，我们没有任何强制推广，也没有绑定任何 KPI 考核。"店员通过线下添加微信，提供一对一服务，将顾客引导至线上社群，并形成多个不同主题的社群⑤	私域运营	社交体验	

① 杨三角 . 百丽国际盛放：当你把艰难变成常态，就不觉得艰难了｜青腾《一问》[EB/OL]. https：//www. sohu. com/a/435517599_298601.
② 哈佛商业评论 . 百丽国际：让数字化赋能离客户最近的人 [EB/OL]. https：//www. hbrchina. org/#/article/detail? id＝478435.
③ 产业家 . 百丽数字化交卷：20000 家门店的转型 [EB/OL]. https：//new. qq. com/rain/a/20220518A07FOP00.
④ 主力鞋世界 . 新零售，看看百丽华中区怎么玩的？[EB/OL]. https：//www. sohu. com/a/311785461_182543.
⑤ 哈佛商业评论 . 百丽国际：让数字化赋能离客户最近的人 [EB/OL]. https：//www. hbrchina. org/#/article/detail? id＝478435.

除了针对百丽的网络资料进行编码提取出百丽服务流程的关键点外，还可从针对网络零售企业的关键点分析中对比出百丽作为传统零售企业一直具有的体验点。根据王国顺和胡国武（2014）的研究，传统零售业不会被网络零售企业取代的重要原因之一在于其提供了顾客在网购中不具有的服务体验，比如精美的店面设计、人来人往的购物环境，实物的接触感，面对面服务的亲切感以及在商场逛街时的愉悦感。

因而，结合转型前后过程链网络图（见图 8-8 和图 8-9）、扎根理论数据分析的结果并与网络零售企业对比的信息来看，数字化转型前百丽服务流程中包括以下关键点。

第一，失败点。

F1：客户运营薄弱。这种薄弱不仅体现在品牌理念传递，还体现在底层数据割裂以及门店被动获客上。公司只是产品实物的生产商并没有进行门店选品、设计等的决策，无法向顾客传递品牌理念，更无法通过网络渠道将顾客流量导流到线下门店进行主动获客。同时，由于没有通过门店终端来收集消费者的数据与反馈，公司也无法提供满足消费者需要的产品和服务，其落后的产品设计和服务体验使得顾客流失严重。

F2：渠道单一。公司固守百货商场渠道，无法为顾客提供便捷的电商渠道服务，也无法满足趋向于在购物中心一体化满足需求的顾客的需要。

第二，等待点。

W1：等待产品。由于门店没有关于产品的电子信息录入，店员常常需要多次往返仓库为顾客寻找合适的鞋子，顾客需要花费时间等待，降低了服务体验。

第三，决策点。

D1：店员解决问题。面对顾客提出的产品咨询问题和售后问题，店员常常需要独自解决问题，无法获得公司的帮助。

D2：店员经验决策。由于百丽没有品牌理念传递的观念，门店的布局设计、产品摆放等的业务都由店员根据他们的经验自行决策，无法向顾客传递统一的品牌理念。

第四，体验点。

E1：即时的服务。实体门店可以让到店的顾客立即获得喜爱的产品，无须经历网络购物的等待时间。

E2：实物体验。实体门店中的实体产品可以让顾客真实地感受到产品的质量和使用体验。

E3：满足逛街需求。实体门店中人来人往的环境与面对面的亲切交流可以满足顾客逛街购物的需求。

根据扎根理论数据分析可知，数字化转型后百丽创造的提升顾客服务体验的价值增长点即顾客的体验点，如下所示。

E4：个性化服务。由于门店设施配备的提升，百丽实现了数据的全渠道流通，利用记录的消费者数据百丽可以通过解决顾客关于鞋类产品的痛点，也可以通过产品需求的匹配来为顾客提供个性化的服务体验，提高顾客找到合适产品的效率。

E5：便利的渠道体验。通过打通利益，百丽解决了渠道单一的问题，可以为到店的顾客提供线上渠道的指引与优惠，满足顾客的渠道需求。同时，货品的全渠道流通可以缩短顾客网上购物的等待时间，提高服务体验。

E6：社交体验。员工通过数字化工具为顾客提供一对一的服务，并将顾客引导到内容活动社群，与顾客进行产品相关的话题探讨。

3. 服务流程关键点的优化

为优化转型前的关键点和创造新的价值增长点，百丽的数字化转型主要作出了以下几点提升（见表 8 – 17）。

第一，数字化赋能企业端，打造内部数据中台。应用数据中台和内部系统对门店员工赋能，店员可通过使用数字终端查看有权限的数据和决策建议。这种形式的技术赋能可以帮助门店店长进行选货、商品摆放等的决策行为，也可以帮助员工解决产品咨询问题和识别应该推荐的产品，进一步刺激用户需求，优化了店员的决策问题（D1、D2），使得员工可以更好地投入到面对面的顾客服务当中。同时，数字化工具的使用也增强了店员与顾客的线上联系，店员通过产品活动相关话题的探讨与分享和顾客建立社交关系，提升顾客的社交体验（E6）。

此外，门店间库存信息的共享可帮助员工在门店缺货时通过内部平台查询附近门店货品情况及时补充货品。这优化了顾客等待产品调取的问题（W1）。

第二，线上线下利益打通，实现电商渠道的融合。到店顾客可通过扫描员工二维码获得优惠券进行线上购物，反哺员工绩效，提高员工销售积极性。此外，由于在扩展电商业务的过程中，百丽并没有像它的竞争对手达芙妮一样完全退出线下零售市场，而是保留了部分线下门店并将其发展为自身的优势，这使得百丽依旧具有转型前的体验点优势。同时，由于百丽解决了员工线上线下渠道利益相分隔的问题，在线下的顾客可以在门店员工的辅助下体验到流畅的跨渠道体验（E5），优化了渠道单一的问题（F2）。

第三，货物全渠道流通。线上下单，门店仓库发货，提高货品时效，这优化了网络零售企业服务顾客时经常面临的等待点：顾客下单后，等待商品发货与收货。将门店作为仓库使用，就近发货，缩短了顾客等待收货的时间。这是百丽数字化转型后新增的一个价值增长点，快速的物流服务，提高了顾客的服务体验（E5）。

第四，数据全渠道流通。通过在门店布局电子设备，数据中台记录顾客的行为数据并生成行为报告和产品报告，为产品生产设计和门店设计以及产品摆放提供了决策的依据，与转型前由零售终端主导依据经验进行决策不同，优化了门店无法传递品牌理念的问题（F1）。通过数字化转型以及电商工具的使用，百丽不仅打通了线上渠道和线下渠道的利益关系让这两个渠道更好地结合，更是构建了与终端顾客间的信息交流渠道，及时地掌握顾客动态，以顾客为中心，根据顾客的需求来提供更加个性化的服务（E4）。

比如，为解决店员频繁往返仓库拿鞋的顾客等待点，百丽应用记录的数据进行需求的匹配。由于许多鞋子的风格和楦型相似可以进行产品的关联，当顾客选择了一个产品，店员去仓库拿货时可以根据数据分析后的需求匹配建议，将顾客可能喜欢的产品一起拿出，这不仅是优化了等待产品的问题（W1），更是模仿了电商平台中的"猜你喜欢"功能，为顾客提供个性化的服务（E4），刺激他们的需求，创造了新的价值增长点。

除了顾客端的数据应用，企业端的数据应用体现在百丽处理库存的方式和商品预测的订补迭模式上，"订"是指订货，"补"是指补货，"迭"是指迭代研发，即在百丽的商品生产周期中有 40% 的首批订单，30% 的补货，30% 的迭代研发。这是面对客户需求的一种新模式，依靠数字化工具支撑，根据市场反应进行补单和后续产品的迭代研发，快速满足市场需求（E4）。

表 8-17　　　　　　　　　　百丽转型前后关键点分析

类型	关键点（转型前）	改进措施（转型中）	关键点（转型后）
失败点	F1：客户运营薄弱	赋能企业端，数据中台辅助；销售渠道融合；货物全渠道流通；数据全渠道流通	E4：个性化服务
	F2：渠道单一		
等待点	W1：等待产品		
决策点	D1：店员解决问题		E5：便利的渠道体验
	D2：店员经验决策		
体验点	E1：实体门店提供即时服务		
	E2：真实地感受产品		E6：社交体验
	E3：满足顾客逛街购物的需求		

8.4.5　研究小结与对策

1. 数字时代的传统零售企业发展方向

数字时代是高速变化与发展的时代，传统企业如果为了顺应电商潮流而失去了原有的传统业务只专注于电商业务，为了转型而转型，这会使得企业失去增长或盈利的能力无法实现转型升级（陈春花，2019）。比如，曾与百丽是竞争对手的达芙妮舍弃了线下业务只专注于电商业务，从而当它面对线上转型失利而线下渠道已经舍弃的局面时已失去了增长和盈利的能力，由此退出了公众的视野。

此外，电商将会被淘汰而新零售模式将会到来。新零售模式是一种和实体店铺以及线上购物有关联的购物模式。这种观点的提出并非空穴来风，线上购物和线下购物起到了短板互补的作用，线下购物可以解决线上购物无法接触实物、等待时间长等的痛点，而线上购物可以解决线下购物产品种类少、耗费时间实地购买等的痛点。这应该也是线上崛起的零食巨头"三只松鼠"布局线下门店的原因之一。

因而，传统企业应该激活传统业务，并发展具有数字化特征的新业务，即实施双业务模式，利用数字化转型实现传统业务和新业务的共同增长。根据以上关于百丽服务流程数字化转型的分析可知，百丽的数字化转型正是这样一种双业务模式的体现。百丽不仅利用数字化工具激活传统业务，更是发展了电商、微信社群运营等的新业务。

2. 后疫情时代的传统零售企业发展方向

结合背景分析提及的传统企业数字化转型升级面临的挑战，传统企业需要加速进行线上、线下渠道的融合，发展社交零售，优化供需匹配，提供高性价比的商品和良好的消费体验。

这就需要实体零售企业在数字化转型过程中注重线上与线下的协同发展。利用大数据技术，搭建数据中台和电商平台，推动企业进行全渠道数据分析的协同发展、全渠道营销的协同发展和全渠道供应链的协同发展。

3. 对策建议

综上所述，数字经济时代要求传统企业发展双业务模式的数字化转型，常态化疫情时代更是强调这种双业务模式的协同发展特点，再结合数据驱动零售的具体做法以及案例分析，传统零售企业尤其是零售终端为专卖店的企业进行数字化转型，探讨双业务模式期间可以参考以下关键做法。

（1）数据打通，建造数据中台。在转型前，百丽没有以品牌商的身份管理终端的零售店，只是不停地进行盲目地扩张，零售店之间联系并不紧密，且百丽无法通过零售终端触及顾客。而转型期间，通过在门店投放数字技术基础设施将门店与公司、门店与门店、门店与顾客间的数据打通，通过打造数据中台，采集顾客到店的数据，开发数据资产，利用这些数据资产优化服务流程中的关键点帮助企业实现数据价值。这一数据中台建设是赋能产品生产与终端员工的基础，也是企业进行全渠道数据分析协同发展的体现。

（2）货品打通，全渠道共享。在百丽的转型中，货品的全渠道共享也起到了关键性的作用。无论是线下门店间补货的货品共享模式，还是线上渠道线下门店产品发货的共享模式，货品的全渠道流通帮助百丽缩短了顾客取得货品的时间，提供了更加流畅的跨渠道服务体验，提升了顾客的服务感知质量。

（3）数字化工具赋能店员。通过数据中台的打造，将数据使用到终端的运营当中赋能员工，不仅能帮助员工作出更加科学合理的决策，为到店的顾客提供更加专业的服务，提升他们的服务体验，也减轻了员工工作负担。同时，门店员工接受数据中台利用顾客数据提供的门店设计和商品推荐等建议并执行，也能在门店向终端消费者传递百丽的品牌理念，提升百丽的品牌力。再者，更加科学合理的决策建议可以减轻员工的决策压力，使得员工可以花费更多时间投入到客户运营上。终端员工是直接接触顾客的，他们是顾客关系维护的重要一环，可以通过社群运营等人际交往活动提升消费者的服务质量体验。

在专卖店的运营中，接触到终端顾客的店员的重要性是不言而喻的，因为他们是顾客的产品顾问，为顾客提供产品介绍、产品推荐等服务，给顾客提供更多的专业性信息，帮助顾客决策。因而，在实体专卖店的数字化转型当中，对门店店员的数字化工具赋能是重要且有价值的。

（4）供需匹配，反向制造。反向制造，也称为用户直连制造（Customer to Manufacturer，C2M）。这种模式基于数据流通和数字技术实现按需生产，实现供需精准匹配。这种模式可以让生产者与消费者直接对接，迎合顾客的个性化诉求，实现产品零库存。与百丽类似的实现了生产销售一体化的专卖店拥有向反向制造模式转型的基础，可以通过反向制造模式的发展实现消费模式的升级。数字化技术的应用可以帮助百丽采集终端客户的脚型数据，目前百丽已拥有全世界第二大的脚型数据库，能把脚型数据相对标准化。这些数据资产可以帮助百丽提供定制化的服务，比如早前百丽就在鞋类选择上提出宽窄楦和大小码的设计解决顾客的痛点。再如，百丽先小批量投产测算，剔除反响平平的商品，接着重新设计，如此迭代往复，即40%的订货，30%的补货，30%的迭代开发。这种"订补迭"模式也是趋向于C2M模式的一个创新尝试，不仅帮助百丽迎合消费者的需求，还可以帮助百丽减轻库存压力。

结合以上分析，百丽的数字化转型是协同发展的双业务模式，其线上业务与线下业务协同发展，互相补充，互相增长。数据打通，建立数据中台可以让数据在全渠道共享，企业可以及时地获得消费者的数据，利用数据来开展产品生产研发，服务改进，精准营销等业务。同时，企业对获得的数据进行分析得出的决策建议又可以通过数字化工具赋能员工，帮助员工减轻压力并激发员工的活力，让员工积极地投入到与顾客的社交活动当中，构建虚拟社群开展社交零售，满足常态化疫情期间消费者虚拟社交的需求，实现全渠道营销。而且，百丽员工还通过构建线上的奥特莱斯群进行限时秒杀活动，满足常态化疫情时代消费者高性价比商品的需求。

再者货品打通，实现全渠道供应链协同发展，这样的做法很好地缓解了疫情期间门店的库存压力，防止货品积压，也能实现订单的快速响应，降低订单周期，缓解疫情期间订单取消的概率。数据打通、货品打通、数字化工具赋能员工是百丽进行线上线下渠道融合的主要做法，线上渠道对线下渠道的补充，可以满足常态化疫情期间顾客线上消费的需求，也提高了顾客的消费体验。

最后，百丽反向制造模式的发展是社会消费转型升级的体现。作为鞋类的专卖店，百丽拥有着大量的顾客脚型数据和触及顾客的终端门店，再加上数字化转型后构建的与顾客的线上触点，百丽直接与消费者对接进行订单生产的可能性大大提高了。C2M 模式实现了供与需、产与销的精准匹配，进而提高了资源利用率并满足了顾客个性化的消费需求，也优化了供需匹配问题，降低了企业的产品库存压力。

第9章　实体零售与电子商务融合创新发展的策略

9.1　基于政府角度的支持策略

9.1.1　合理规划商业网点，促进零售电商集群发展

研究发现，零售业电商发展水平受区域零售竞争程度的影响显著。为引导多元化业态的零售业集群发展，应当加强网点规划、园区规划与建设、物流规划、金融服务、财政税收政策等方面的研究，最终改善零售业网点布局和竞争强度，打造零售电商集群。零售电商集群战略对于零售业发展至关重要，政府相关部门应将其纳入商业网点规划当中且充分发挥政府作用。通过对零售电商集群进行合理规划，包括在零售业基础设施、互联网基础设施、信息平台、公共用地等方面的规划建设，为零售业与电商的深度融合营造一个良好的环境。然而，一个城市的零售电商集群数量越多，并不意味着就越好。因此政府应当科学合理地规制零售电商集群的定位、选址布局、业态构成、总体规模等方面内容。此外，政府部门还应当加强推进产学研的有机结合，与当地高等院校、科研机构开展合作，共同构建零售业饱和度指数测评体系，从而实现对零售电商集群分布及结构的科学测评，通过科学合理的网点规划布局，推动零售电商集群充分施展其积极作用。

9.1.2　促进零售企业规模化经营，帮助获得规模经济

壮大规模、增强实力将为零售电商发展提供物质保障。为充分清除零售商之间的跨区域收购、重组方面的阻碍，政府应当制定并施行相关政策

措施，打破地区封锁，营造一个公正的工商管理与税收环境，使得零售企业在跨地区开店时能够顺利高效地进行工商登记与税务缴纳。此外，为进一步方便大型零售企业进行股权转让、重组并购等行为，政府应当构建一个简单便捷的审批程序，免去相关环节的税金，助力零售企业的资源整合与规模化发展，以有效推动零售企业扩大规模。

9.1.3　改善零售电商发展环境，降低创新成本

政府应该成立专项，充分支持零售企业的电商发展，以优化零售业经营模式与创新环境。第一，政府应当开发完善的零售创新法律支持体系，包括相关的专利认证与保护制度，尤其加强零售企业在知识产权和创新权益方面的保护。第二，政府应当完善零售行业创新的融资机制，降低企业的融资成本和难度，开拓更多融资渠道，开发一套完备的融资体系。此外，进一步推动信用担保机构为中小零售企业提供担保，充分帮助中小零售企业实现创新发展。第三，政府应当开设专项资金，帮助零售企业创新。例如，地方政府可基于实际情况，开设"成长型中小零售企业创新发展专项基金"，重点扶持踊跃开展创新活动、发展势头优异的中小零售企业。此外，各地银行对于中小零售企业技术研发的贷款，可考虑进一步减少贷款利息，放宽贷款条件，延长还款年限。

9.1.4　培养零售电商复合型人才，促进企业相互交流

学校、培训机构和企业在人才培养过程中要将实践与理论相结合，重视互联网的应用，全方位地培育人才。政府部门应当鼓励企业与教育/培训机构相互协作，企业应当着重培养实践能力，而教育/培训机构则应当着重教授理论知识，从而提升人才创新创业能力，促进电商创业人才培养的发展。此外，零售企业之间互相沟通与学习，能够进一步推动企业经营能力的提高。因此，行业协会应当定期开设企业交流论坛，邀请行业内知名企业的高管在论坛上交流与传授经验，从而丰富受众的业务认知和见识。论坛长期举办后将会形成机制，在论坛上进行沟通学习对零售创新的推动作用也会逐渐提升。

9.1.5　制定相关的网络安全法律法规

政府应当把握当前情况、预测未来趋势和可能发生的问题与风险，不断思考和完善相关零售业和电子商务法律法规，严格规范产品质量审核流

程，从而保障零售企业能够在电商发展进程当中实现公正的交易，为消费者保驾护航。例如，为保障各方主体的合法权益，规范各主体行为，维护市场秩序，促进电子商务持续健康发展，《中华人民共和国电子商务法》自 2019 年 1 月 1 日起施行。为规范数据处理活动，保障数据安全，促进数据开发利用，保护个人和组织的合法权益，维护国家主权、安全和发展利益，《中华人民共和国数据安全法》自 2021 年 9 月 1 日起施行。

9.2　基于市场角度的监管策略

9.2.1　发挥内外资零售业的溢出效应的同时，限制垄断行为

首先，为避免外资零售商的垄断和恶性竞争行为，应当鼓励外资零售电商企业在国内多种业态上进行发展，从而推动其在电商融合上的技术和经营的溢出效应，有助于中国零售企业在电商方面向其学习并进行创新。此外，应当进一步推进外资零售电商企业和国内大型零售商向欠发达地区扩张，以防止发达地区过分扩张。其次，只有零售业发展均衡，才能使创新和创新的溢出效应持续不断。相反，倘若零售企业形成区域性垄断，则会导致创新力和经营活力的降低。因此，各地政府应当开发完备的区域性外资零售损害预警和防范机制，进一步管控外资零售电商企业的并购与垄断行为。除此之外，应当推动外资零售企业与本土零售企业在电商发展方面的沟通与协作，充分借助行业协会的能力为双方搭建信息沟通的桥梁，开展研讨、示范企业参观学习、经验交流等活动。

9.2.2　多部门协调做好消费者信息安全工作，保障"新零售"健康发展

政府部门应加强对与"新零售"行业相关的金融机构的管理，除了对新进入"新零售"市场的金融机构进行严格的监督管理控制之外，还应当进一步加强监管已进入新零售市场的金融机构。在此过程中，金融机构应当重视消费者信息与数据安全等方面的相关工作，有效保护消费者的个人信息、隐私信息、消费信息和相关数据的安全。此外，应当进一步完善信息问责和惩处机制，保证技术人员每个环节的操作都能够得到有效溯源，使得当出现信息泄露问题时，能够在最短时间内明确相关责任。

9.2.3　规范市场秩序，规避不正当竞争

鼓励零售企业通过创新的方式引导多样化的经营模式，产品经营的差异化，避免不正当竞争。加大对电商平台虚假广告、刷单、恶评等扰乱秩序行为的监控和惩罚力度，比如对于此次调查中消费者抱怨最多的虚假广告问题，可以从以下几方面着手。

（1）严格执法，加大查处的力度。应当严格检查市场主体的资格，不批准无广告经营资质、不符合设立要求的市场主体。同时，应当根据相关法律法规，严格执行对网络虚假广告的检查与处罚。

（2）建立统一的网络广告监测中心。应当实时监管网络广告，采用专业的设备进行监测和取证，并定期公开相关监测信息。此外，可成立网络稽查队，由网络监督管理部门、工商行政管理部门共同组成，充分发挥以往"工商网络警察"的职能，强化日常网络巡查，从严检查企业网站发布的各类信息，查处违法网络广告。

（3）全国联网，建立网上维权平台。充分运用各省联网优势，开发全国范围内统一的消费者网上投诉平台，接收和受理相关投诉，协调有关部门对各类消费纠纷进行及时有效处理。并对群众举报的违法行为进行及时的查处，同时在平台公布相关处理结果，以实现打压虚假广告的目的。例如，根据中华人民共和国国家市场监督管理总局的规定，消费者可以根据投诉商品或服务的性质，向工商部门（12315）、质检部门（12365）、食品药品部门（12331）、物价部门（12358）等投诉。

9.3　基于企业角度的发展策略

9.3.1　完善库存、物流环节

（1）与供应商加强合作，强化供应链管理模式。对于长期稳定供应、销售量大的商品，可通过供应商管理库存（Vendor Managed Inventory，VMI）管理方式，加强与供应商的协作，有效加强供应链集成化，构建供应链管理模式。因为该类商品长期稳定且销售量大，所以能够在与供应商的谈判中占据上风，能够提高对供应服务方面的要求。倘若供应商全权负责该类商品的物流业务，能够使得零售企业组织采购物流的数量、企业库

存、物流管理难度得到有效降低，有效保障了货损率，极大节省了企业的人力、物力、成本，提高了零售企业的行业竞争力。

（2）灵活地选择物流模式。由于商品的多样性和复杂性，连锁超市的物流模式选择体现出多元化的特征，由此充分匹配多种商品的不同物流需求。企业可以根据不同的商品种类选择不同的物流模式或综合采用各种模式的组合，如第一方物流、自营物流、第三方物流、联合物流、物流战略联盟等。例如，对于大批量少批次的商品，如粮食等，应当采用第一方物流，即由供应商直接向门店送货或完成送货；对于小批量多批次的商品，如生活日用品等，可以选择第三方物流进行配送；对于蔬菜瓜果、肉类和海产品等生鲜商品，大多数企业会选择自营物流模式，同时建立冷藏库和保鲜运输工具，以有效保障准时供货、商品质量和物流服务水平。此外，为降低物流成本，中小型连锁超市可采用物流战略联盟模式，与其他企业开展合作，实现资源共享和共同配送。

（3）低存量的商品仓储策略。针对采用自营物流模式的零售企业，可采取此策略。当前，新零售背景下的物流模式向"线上＋线下"模式变革，零售企业应当顺应当前的变革趋势，及时调整仓储策略，加强网点建设，减少仓储存量。使用自营物流模式的企业要加强电子商务环境下物流网点信息化建设，构建交易信息平台，借鉴国外物流企业的先进管理经验，与企业的经营特点相结合，开发出与企业自身相适应的信息系统，从而实现准时或敏捷（Just In Time，JIT），尽可能地降低库存成本。

（4）长周期的配送中心。现代化的、物流职能完善的配送中心对于连锁零售企业而言至关重要。由于许多连锁零售企业在运营初期的加盟店数量较少，往往只是通过自建仓库或公用仓库进行物流作业。随着企业规模和门店的进一步扩张，最初的自建仓库无法继续满足逐步规模化的物流需求，因此企业会加强投资建设配送中心，以满足企业当前或三至五年内的物流需求。但连锁经营的发展速度非常快，随着门店数量的增加，从而使得配送范围扩大，由此对配送中心的需求也会大幅提升，因此，企业应当以三至五年为周期，及时重新完善配送中心的选址以及设施设备的更新。

（5）组建现代化共同配送中心。企业规模的日益扩张会导致对配送中心提出更高的要求。然而，许多企业的配送中心仍存在着功能不完善、管理水平较低、设施设备短缺、资金不足等问题，应当考虑建设共同配送中心，从而能够降低企业的资金投入，防止重复建设产生的资源浪费，促使资源配置更加高效合理，实现企业间的优势互补。同时，需要注意的是在组建共同配送中心的过程中，应当注重建立规范化的管理制度以及标准化的设施设备。此外，在从出发点到消费市场的整个物流过程当中，可选择多种运输方式进行承运，同时需要重点关注各个环节间的高效衔接，建立并施行统一的运输工具管理标准。

9.3.2　提高商品质量，提升供应链水平，优化供应链管理

质量保障率的提高需要平台在售前、售中、售后的三个环节都注意加强对商品质量的监管。

（1）售前环节可以通过以下方法加强商品的供应链管理：通过在采购合同中标明产品的售后服务、质量保证和返厂等细节事项，并在合同签订时付一定比例的款项，从而实现资金承担风险和产品质量风险的转移；为避免在采购过程中发生产品质量问题，可预先购买能够降低采购风险的险种；为防止采购人员在采购过程中进行私下交易或谋私利，应当着重培养采购人员的专业素养、专业能力、敬业精神和沟通能力，从而保障采购的产品质量和性能满足要求。

（2）售中环节努力塑造和维持零售企业的正品保障形象，主动和政府合作，配合第三方检查，紧密配合国家监测中心或相关检测监管中心的工作要求，进行信息互通、数据共享、协同处理、质量共治。

（3）提高售后服务质量，积极完善假货赔偿机制，全链路提升消费者对平台商品的信任度。

9.3.3　实施品牌差异化定位，避免同质化竞争

消费者对于各品牌都会有一个固有形象，一旦形成，很难更改。由于当前的商品同质化越来越严重，与以往相比，消费者在购买商品时往往会着重考虑其文化和品牌价值。在零售电商发展处于成熟阶段的如今，各平台应更加重视其自身的品牌形象，充分运用其浏览数据、评价数据、订单数据、售后服务数据等进行深入分析，从而挖掘得到消费者的真实需求，并据此找准品牌差异化的切入点，使品牌个性更加鲜明。对于生活必需品、低技术含量、不产生顾客忠诚的商品，企业可考虑在价格方面实现差异化；对于新奇、独特的商品，企业可以功能为卖点，吸引年轻消费群体的关注；对于网上热销类商品，可加强对其周边商品的开发力度，以带动周边商品的销量，并有效提升品牌知名度。在选择商品品类方面，企业可先加强对于消费不可见和质量不易被评价的商品，待品牌的知名度、信誉

度得到提高后，企业可再进行品牌延伸，彰显品牌个性。

9.3.4 提高服务质量，建立标准化服务流程

各大平台应加强对工作人员的培训，特别是对与顾客产生直接接触的一线员工的培训，开发统一的规范化的解决顾客问题的标准服务流程，从而有效帮助用户处理问题、完善其购物体验。零售商可通过其在电商平台的官方旗舰店进行营销推广，并在顾客完成商品评价后给予多种形式的奖励或回报进行激励。同时，零售商还可采用线上线下相结合的方式与顾客进行互动，例如，可开展相关体验活动，使顾客能够在线下体验到线上展示的商品，为零售商搭建与顾客进行接触与沟通的桥梁，从而能够充分了解消费者的需求，进而改善自身的商品与服务。此外，零售商还可以通过大数据分析进行消费者细分以定位目标客户，向其发放品牌的试用装或试用版商品；亦可以建立等级制度，根据顾客的消费总额或积分进行等级化，将品牌商品作为奖励向顾客进行推荐。另外，零售商还需要加强改善品牌的售后服务，为顾客提供更高质量的咨询、物流、退换货、维修等售后服务，进一步提升品牌信誉度。

9.3.5 借助互联网技术优势，实现价值链各环节的无缝对接与深度融合

任何产业都是生态体系，其健康发展需要各主体的协同参与。在传统零售模式下，商品的制造方、零售方、渠道商、消费者等主体无法实现无缝对接与深度融合。然而，在互联网背景下，受互联网相关技术支持，利益相关方之间能够就产品的生产制造、销售与配送过程及相关信息进行数据共享，从而能够实现线上线下渠道的信息互通与数据融合、商品溯源、产品确认，利用现代物流技术和体系实现商品的及时送达，高效地实现无缝对接。此外，还应当充分发挥互联网经济的技术优势，进一步实现零售利益相关方之间的深度融合，最终实现共赢。

9.3.6 减少消费者比价难、信息获取成本高等障碍

为方便消费者查找或检索相关商品及其信息，零售企业应当更加重视其信息化建设与数字化技术的应用，开发更多方便快捷的搜索渠道。同时，创设专门的信息技术部门或信息管理部门，设立具有行业特征的岗位，并着力开发统一的标准化信息管理平台，充分支撑零售企业的业务与

服务的转型升级。此外，为吸引潜在顾客，应当将社交网络与实体商圈充分融合，有效提升顾客的购物乐趣和消费价值，削弱企业与顾客之间的信息不对称现象，进一步提升企业促销效果，使企业与顾客紧密结合起来。

9.3.7　线上线下差异化经营，化解渠道矛盾

零售企业可与制造企业开展合作，开发生产仅在线上销售的商品，并加强为顾客提供个性化定制服务，与线下门店进行差异化竞争。此外，对于线上价格优势打击线下销量的情况，为弥补电商对实体的冲击，可让线下经销商负责电商平台商品的部分售后服务，且制造商进一步给予经销商一定的服务费。

9.3.8　渠道下沉，积极开拓二三线城市市场

当前，如北上广深等一线城市的居民零售消费已逐渐饱和，零售企业的销售额处于下降趋势。但是，二三线城市甚至三线以下的城市其零售消费正处于上升趋势，二三线城市的市场未来将成为各企业抢占的重点领域。因此，零售企业应当加强对于二三线城市实体店的布局，并加快发展其自身的零售电商平台覆盖率。由于二三线市场规模较大，倘若全面实行电商经营会导致其服务能力滞后，企业可考虑实施分步走策略。首先，在经济较好的二线城市加强线下实体店的开设，并发展电商平台为实体经营进行重要补充，同时再考虑线下线上服务的相互融合，实现二线城市市场的开拓。其次，在二线城市市场发展成熟之后，再在三线城市或三线以下城市开拓市场。

9.3.9　电商平台要完善商品展示功能

电商平台要能快速将企业所希望传递的信息投送到用户眼前，充分利用声音、视频和文字三者组合传播的能力，实现传播信息方式的多样化。而正是因为其传播信息的方式较为多样化，零售企业的商品或服务方能完整地被展示出来。这样消费者可以在家中或其他位置就能够了解到各种零售电商企业的产品信息。

附录 A 零售业态分类与基本特点

零售业（Retail Industry）是以向消费者销售商品为主，并提供相关服务的行业。零售业态（Retail Formats）是指零售企业为满足各种消费需求进行相应的要素组合而形成的不同经营形态。

为更好地指导各地做好商业网点规划工作，引导商业投资方向，根据我国零售业发展的趋势，借鉴发达国家对零售业态划分方式，商务部与有关部门在 2004 年联合颁布了《零售业态分类》标准 GB/T 18106—2004。标准规定了零售业态的分类标准及其分类原则和各种业态的结构特点。

零售业态分类以零售店铺的结构特点为原则，根据其经营方式、商品结构、服务功能，以及选址、商圈、规模、店堂设施、目标顾客和有无固定营业场所进行分类。

从总体上可以分为有店铺零售业态和无店铺零售业态两类。

1. 有店铺零售（Store – Based Retailing）

有店铺零售是有固定地进行商品陈列和销售所需要的场所和空间，并且消费者的购买行为主要在这一场所内完成的零售业态。有店铺零售业态分类和基本特点见附表 A1。

2. 无店铺零售（Non – Store Selling）

不通过店铺销售，由厂家或商家直接将商品递送给消费者的零售业态。无店铺零售业态分类和基本特点见附表 A2。

2021 年 3 月 9 日，由商务部提出、国家市场监督管理总局和国家标准化管理委员会发布的 GB/T 18106—2021《零售业态分类》以代替 GB/T 18106—2004。附表 A3 和附表 A4 分别为最新标准定义的业态分类和基本特点。

附表 A1

GB/T 18106—2004 定义的有店铺零售业态分类和基本特点

序号	业态 (有店铺)	选址	商圈与目标顾客	规模	基本特点				
					商品 (经营) 结构	商品销售方式	服务功能	管理信息系统
1	杂食店	位于居民区内或传统商业区内	辐射半径 0.3 公里，目标顾客以相对固定的居民为主	营业面积一般在 100 平方米以内	以香烟、饮料、酒、休闲食品为主	柜台式和自选式相结合	营业时间 12 小时以上	初级或不设
2	便利店	商业中心区、交通要道以及车站、医院、学校、娱乐场所、办公楼、加油站等公共活动区	商圈范围小，顾客步行 5 分钟内到达。目标顾客主要为单身者、年轻人。顾客多为有目的的购买	营业面积在 100 平方米左右，利用率均高	即时食品、日用小百货为主，有即时消费性、小容量、应急性等特点，商品种在 3000 种左右，售价高于市场平均水平	以开架自选为主，结算在收银处统一进行	营业时间 16 小时以上，提供及时性食品的辅助设施，开设多项服务项目	程度较高
3	折扣店	居民区、交通要道等租金相对便宜的地区	辐射半径 2 公里左右，目标顾客主要为商圈内的居民	营业面积在 300～500 平方米	商品平均价格低于市场平均水平，自有品牌占有较大的比例	开架自选，统一结算	用工精简，为顾客提供有限的服务	一般
4	超市	市、区商业中心、居民区	辐射半径 2 公里左右，目标顾客以居民为主	营业面积在 6000 平方米以下	经营包括食品、生鲜食品和日用品，食品超市与综合超市结构不同	自选销售，出入口分设，在收银处统一结算	营业时间 12 小时以上	程度较高

续表

序号	业态（有店铺）	选址	商圈与目标顾客	规模	基本特点			管理信息系统
					商品（经营）结构	商品销售方式	服务功能	
5	大型超市	市、区商业中心、城郊结合部、交通要道及大型居民区	辐射半径2公里以上，目标顾客以居民、流动顾客为主	实际营业面积在6000平方米以上	大众化衣、食、日用品齐全，一次性购齐，注重自有品牌开发	自选销售，出入口分设，在收银台统一结算	设不低于营业面积40%的停车场	程度较高
6	仓储式会员店	城乡接合部的交通要道	辐射半径5公里以上，目标顾客以中小零售店、餐饮店、集团购买和流动顾客为主	营业面积在6000平方米以上	以大众化衣、食、日用品为主，自有品牌占相当部分，商品在4000种左右，实行低价、批量销售	自选销售，出入口分设，在收银台统一结算	设相当于营业面积的停车场	程度较高并对顾客实行会员制管理
7	百货店	市、区级商业中心、历史形成的商业聚集地	目标顾客以追求时尚和品位的流动顾客为主	营业面积6000~20000平方米	综合性、门类齐全，以服饰、鞋类、箱包、化妆品、家庭用品、家用电器为主	采取柜台销售和开架销售相结合方式	注重服务，设餐饮、娱乐等服务项目和设施	程度较高
8	专业店	市、区级商业中心以及百货店、购物中心内	目标顾客以有目的选购某类商品的流动顾客为主	根据商品特点而定	以销售某类商品为主，体现专业性、深度性，品种丰富，选择余地大	采取柜台销售或开架面销售方式	从业人员具有丰富的专业化知识	程度较高

续表

序号	业态（有店铺）	选址	商圈与目标顾客	规模	基本特点				
					商品（经营）结构	商品销售方式	服务功能	管理信息系统	
9	专卖店	市、区级商业中心、专业街以及百货店、购物中心内	目标顾客以中高档消费者和追求时尚的年轻人为主	根据商品特点而定	以销售某一品牌系列商品为主，量少、质优、高毛利	采取柜台销售或开架面销售方式、商品陈列、照明、广告讲究	注重品牌声誉，从业人员具备丰富的专业知识，提供专业性服务	一般	
10	家具建材商店	城乡接合部、交通要道或消费者自有房产比较高的地区	目标顾客以拥有自有房产的顾客为主	营业面积在 6000平方米以上	商品以改善、建设家庭居住环境有关的装饰、装修等用品、日用杂品、技术及服务为主	采取开架自选方式	提供一站式购足和一条龙服务，停车位 300 个以上	较高	
	购物中心①：社区购物中心	市、区级商业中心	商圈半径为 5～10公里	建筑面积在 5 万平方米以内	20～40 个租赁店，包括大型综合超市、专卖店、饮食等及其他店	各个租赁店独立开展经营活动	停车位 300～500 个	各个租赁店使用各自的信息系统	
11	购物中心②：市区购物中心	市级商业中心	商圈半径为 10～20公里	建筑面积在 10 万平方米以内	40～100 个租赁店，包括百货店、大型综合超市、各种专业店、专卖店、饮食店、杂品店及娱乐服务设施等	各个租赁店独立开展经营活动	停车位 500 个以上	各个租赁店使用各自的信息系统	

续表

序号	业态（有店铺）	基本特点						
		选址	商圈与目标顾客	规模	商品（经营）结构	商品销售方式	服务功能	管理信息系统
11	购物中心③：城郊购物中心	城乡接合部的交通要道	商圈半径为 30~50 公里	建筑面积在 10 万平方米以上	200 个租赁店，包括百货店、大型综合超市、各种专业店、专卖店、饮食店、杂品店及娱乐服务设施等	各个租赁店独立开展经营活动	停车位 1000 个以上	各个租赁店使用各自的信息系统
12	工厂直销中心	一般远离市区	目标顾客多为重视品牌的有目的的购买	单个建筑面积在 100~200 平方米	为品牌商品生产商直接设立，商品均为本企业的品牌	采用自选式售货方式	多家店共有 500 个以上停车位	各个租赁店使用各自的信息系统

附表 A2 无店铺零售业态分类和基本特点

序号	业态（无店铺）	基本特点			
		目标顾客	商品（经营）结构	商品销售方式	服务功能
1	电视购物	以电视观众为主	商品具有某种特点，与市场上同类商品相比，同质性不强	以电视作为向消费者进行商品宣传展示的渠道	送货到指定地点或自提
2	邮购	以地理上相隔较远的消费者为主	商品包装具有规则性，适宜储存和运输	以邮寄商品目录为主向消费者进行商品宣传展示的渠道，并取得定单	送货到指定地点
3	网上购物	有上网能力，追求快捷性的消费者	与市场上同类商品相比，同质性强	通过互联网进行买卖活动	送货到指定地点
4	自动售货亭	以流动顾客为主	以香烟和碳酸饮料为主，商品种在 30 种以内	由自动售货机器完成售卖活动	没有服务
5	电话购物	根据不同的产品特点，目标顾客不同	商品单一，以某类品种为主	主要通过电话完成销售或购买活动	送货到指定地点或自提

附表 A3

GB/T 18106—2021 定义的有店铺零售业态分类和基本特点

序号	业态（有店铺）	选址	商圈与目标顾客	基本特点		
				规模	商品（经营）结构	服务功能
1	便利店 社区型便利店	位于社区周边	主要顾客为社区内常住人员，客流稳定	门店面积一般在 50～199 平方米，货架组数在 15～25 组	以日常生活用品、饮料、烟酒、应急性商品以及部分生鲜商品为主。根据社区商品档次的不同，商品结构有所不同	营业时间通常在 16 小时以上，可提供多种便民服务，上订货及有些便利店提供上门或顾客自提服务
	客流配套型便利店	位于火车站、公交站、码头、地铁站等交通枢纽以及景点、商业中心等人流量较为密集的区域周边	顾客群体以上班族和出游人群为主	门店面积一般在 50～120 平方米，货架组数在 15～25 组	以饮料、香烟、即食品、休闲食品、报纸杂志为主，位于旅游景点的店铺销售旅游纪念品	以提供即食品服务（早餐、盒饭）、手机充电、ATM 取款、上网等服务为主
	商务型便利店	位于写字楼集中的区域及周边	顾客群体以收入较高的商务人士为主	门店面积一般在 20～80 平方米；货架组数在 10～20 组；设置就餐简易设施	以鲜食盒饭、即食商品、现冲饮料、新鲜水果、功能性饮料、蜜饯糖果时尚小商品为主	提供早、中、晚即食商品，以及信用卡还款、上网等服务为主，有些提供线上订货服务
	加油站型便利店	加油站内	顾客群体以司乘人员为主	门店面积一般在 10～120 平方米；货架组数不等	以食品、饮料、香烟、应急商品、汽车养护用品为主	提供 ATM 取款等金融服务，以及洗车等汽车相关服务

续表

序号	业态（有店铺）		基本特点				
		选址	商圈与目标顾客	规模	商品（经营）结构	服务功能
2	超市	大型超市	市、区商业中心或城乡接合部、交通要道及大型居住区	辐射半径 2 公里以上，目标顾客以居民、流动顾客为主	营业面积在 6000 平方米及以下	各类生活用品、包装食品及生鲜食品，一次性购齐，注重自有品牌开发	通常设不低于营业面积 40% 的停车场，营业时间在 12 小时或以上。可提供线上订货服务
		中型超市	市、区商业中心，居住区	辐射半径 2 公里左右，以商业区目标顾客、社区便民消费为主	营业面积 2000~5999 平方米	日常生活用品、包装食品及生鲜食品，单品数少于大型超市	营业时间在 12 小时或以上，可提供线上订货服务
		小型超市	市、区商业中心，居住区	辐射半径 1 公里左右，社区便民消费为主	营业面积在 200~1999 平方米	包装食品及生鲜食品为主，提供日常生活必需品	营业时间在 12 小时或以上，通常提供便民服务，可提供线上订货服务
		综合超市	市、区商业中心，居住区	辐射半径 5 公里左右，以商业区目标顾客、周边居民为主	营业面积一般在 2000~10000 平方米	非食品类商品单品类数较多，经营品种齐全，在 1.5 万~3 万。满足顾客日常生活用品一次购齐	营业时间在 12 小时或以上，可提供线上订货服务
3		折扣店	居民、交通要道等租金相对便宜的地区	辐射半径 2 公里左右，目标顾客主要为商圈内的居民	营业面积一般在 300~500 平方米	商品平均价格低于市场平均水平，自有品牌占比有较大的比例	用工精简，提供有限服务，有些可提供线上订货服务

续表

序号	业态（有店铺）	基本特点				
		选址	商圈与目标顾客	规模	商品（经营）结构	服务功能
4	仓储会员店	城乡接合部的交通要道	辐射半径5公里以上，目标顾客以中小零售店、餐饮店、集团购买和流动顾客为主	营业面积一般在5000平方米以上	以大众化衣、食、日用品为主，自有品牌占相当部分，商品种类在0.4万~1.2万种，实行低价、批量销售	设相当于经营面积的停车场，有些可提供线上订货服务
5	百货店	市、区级商业中心，历史形成的商业集聚地	以追求时尚和品质的顾客为主	营业面积一般在1000~5000平方米	商品种类齐全，以服饰、鞋类、箱包、化妆品、家庭用品、家用电器为主	注重服务，逐步增高餐饮、娱乐、休闲等服务项目和设施
6	购物中心 都市型购物中心	城市的核心商圈或中心商务区、街区型或封闭型建筑结构	商圈可覆盖基至超出所在城市，满足顾客购物、餐饮、社交、商务、休闲娱乐等多种需求	不包含停车场的建筑面积通常在50000平方米以上	购物、餐饮、休闲和服务功能齐备，时尚、商务，社交特色较为突出	提供停车位，导购咨询、个性化休息区、手机充电、免费无线上网、ATM取款等多种便利措施
	区域型购物中心	位于城市新区或城乡接合部的商业中心或社区聚集区，紧邻交通主干道或城市交通节点，以封闭的独立建筑主体为主	辐射半径约在5公里以上，满足不同收入水平顾客的一站式消费需求	不包含停车场的建筑面积通常在50000平方米以上	购物、餐饮、休闲和服务功能齐备，所提供的产品和服务种类丰富	提供停车位，通常还提供个性化导购咨询服务、手机充电、免费无线上网、ATM取款等多种便利措施

续表

序号	业态（有店铺）	选址	商圈与目标顾客	基本特点		
				规模	商品（经营）结构	服务功能
6	购物中心 社区型购物中心	位于居民聚居的市中心或周边，交通便利。以封闭的独立建筑体为主	辐射半径约在 3 公里以内，满足周边居民日常生活所需为主	不包含停车场建筑面积通常在 10000～50000 平方米	以家庭生活、休闲、娱乐为主，配备必要的餐饮和休闲娱乐设施，服务功能齐全	提供停车位，通常还提供休息区、手机充电、免费无线上网、免费针线包、ATM 取款等多种便利措施
	奥特莱斯型购物中心	在交通便利或远离市中心的交通主干道旁，或开设在旅游景区附近，建筑形态以街区型或封闭型为主	辐射所在城市或周边城市群，目标顾客为品牌拥护者	不包含停车场的建筑面积通常在 50000 平方米以上	以品牌生产商或经销商开设的零售店为主体，以销售打折商品为特色	提供停车位
7	专业店	在交通便利或远离市中心的交通主干道旁，或市、区级商业中心以及百货店及百货店、购物中心内	目标顾客以有目的的选购某类商品的流动顾客为主	根据商品特点而定	以销售某类商品为主，体现专业性、深度性，选择余地大	现场售卖人员可提供专业建议。无人值守专业店，由消费者自助购物
8	品牌专卖店	市、区级商业中心、专业街以及百货店、购物中心内	目标顾客以中高档消费者和追求时尚的年轻人为主	根据商品特点而定	以销售某一品牌系列商品为主，销售量少、高毛利	注重品牌声誉，从业人员专业知识丰富。无人值守专卖店，由消费者自助完成购物

续表

序号	业态（有店铺）	基本特点				
		选址	商圈与目标顾客	规模	商品（经营）结构	服务功能
9	集合店	市、区级商业中心、专业街以及百货店、购物中心内	目标顾客为品牌特定消费者	营业面积通常在 300～1500 平方米	汇集多个品牌及多个品类的商品，产品间有较强的关联性	注重品牌声誉，从业人员专业知识丰富，提供专业服务
10	无人值守商店	位于大卖场周边、社区、办公楼周边、购物中心内等可以补充其他业态销售的区域	主要顾客群体为周边客群，追求快捷、方便	经营面积一般在 10～25 平方米	以饮料、休闲食品、应急性商品为主。根据区域不同，商品结构有所不同	可 24 小时营业

附表 A4

GB/T 18106—2021 定义的无店铺零售业态分类和基本特点

序号	业态（无店铺）	目标顾客	基本特点		服务功能
			商品（经营）结构	商品销售方式	
1	网络零售	追求便捷、省时、省力	根据目标顾客设定产品结构	在线交易	送货到指定地点或指定自提点
2	电视/广播零售	以电视观众、收音机听众为主	商品具有某种特点，与市场上同类商品相比，有一定差异性	以电视、广播向消费者推介商品，通过电话订购	送货到指定地点
3	邮购零售	商品目录、或报纸、杂志的阅读者	商品适宜储存和运输	以邮寄商品目录、报纸、杂志向消费者进行商品宣传，消费者先打款，通过邮购或快递收到货物	邮寄或快递到指定地点
4	无人货架货设备零售	以交通节点、商业区等流动顾客和固定区域（如办公区、生活区）顾客为主	以饮料、预包装食品和简单生活洗化用品为主，商品单品数通常在30 种以内	通过自动售货机、无人货架、智能货柜等设备，消费者自动购买	自助服务
5	直销	根据不同的产品特性，目标顾客不同	商品以某一类或多品类为主，系列化	销售人员直接与消费者接触，销售其产品	送货到指定地点或指定自提点
6	电话零售	根据不同的产品特点，目标顾客不同	商品单一、以某类品种为主	通过电话完成销售	送货到指定地点
7	流动货摊零售	随机顾客	商品单价较低、满足即时性、冲动性购物需求	面对面销售	立刻获得商品

附录 B 零售市场全国居民消费调查问卷

尊敬的女士/先生：

您好！我们是来自华南理工大学的科研团队，本调研旨在了解目前我国居民的消费特征，也有助于您了解自己的消费习惯！请您根据自己的实际情况与真实感受填写问卷，调查数据仅作科研项目使用，我们承诺对个人信息进行严格保密，衷心感谢您的用心作答！

Q1　您的性别是［单选］。
○男
○女

Q2　您的年龄段为［单选］。
○18～25 岁
○26～30 岁
○31～40 岁
○41～50 岁
○51～60 岁
○60 岁以上

Q3　您目前从事的职业为［单选］。
○学生
○公务员或事业单位人员
○企业中高层管理人员
○企业员工
○个体经营者
○自由职业者

○全职照顾家庭者（全职太太/丈夫/妈妈/爸爸）

○已退休

○其他

Q4　您的教育背景是［单选］。

○高中/中专/技校/职高及以下

○专科

○本科

○硕士

○博士

Q5　您的月平均收入大概是［单选］。

○2000 元及以下

○2001～5000 元

○5001～10000 元

○10001～15000 元

○15001～30000 元

○30001 元及以上

Q6　您所在的城市为［填空］。

Q7　您的居住地所在类型是［单选］。

○城区/城镇

○乡村/农村

Q8　您的居住情况是［单选］。

○独居

○与家人同住

○与他人合租/集体宿舍

Q9　您的婚姻状况是［单选］。

○单身

○已婚

Q10　您是否有小孩？［单选］

○是

○否

Q11　请根据您的实际情况作出判断［矩阵量表］。

题项	完全不同意	不同意	不太同意	中立	基本同意	同意	完全同意
我有时间进行实体店购物	○	○	○	○	○	○	○
我有时间进行网络购物	○	○	○	○	○	○	○
我有去实体店购物的条件（如公共交通、私家车、网约车）	○	○	○	○	○	○	○
我有进行网络购物的条件（如手机、电脑、移动网络）	○	○	○	○	○	○	○
我很擅长在实体店中找寻商品	○	○	○	○	○	○	○
我很擅长在网络购物中搜索和了解商品	○	○	○	○	○	○	○
实体店购物时，我可以快速定位和找到想要的商品	○	○	○	○	○	○	○
网络购物时，我可以快速定位和找到想要的商品	○	○	○	○	○	○	○
我有大量实体店购物的经验	○	○	○	○	○	○	○
我有大量网络购物的经验	○	○	○	○	○	○	○

Q12　您是否认同以下观点［矩阵量表］。

题项	完全不同意	不同意	不太同意	中立	基本同意	同意	完全同意
我喜欢在购物时与他人产生互动	○	○	○	○	○	○	○
我喜欢在购物过程中获得来自销售人员/客服/同伴等人的关注或意见	○	○	○	○	○	○	○
我会对比后选择更可能获得他人认同的购物方式	○	○	○	○	○	○	○

续表

题项	完全 不同意	不同意	不太 同意	中立	基本 同意	同意	完全 同意
我注重搜集不同品牌和产品参数等信息，以增加相关知识	○	○	○	○	○	○	○
我愿意尝试新上市的商品	○	○	○	○	○	○	○
我愿意尝试新颖的购物方式/渠道	○	○	○	○	○	○	○
我通常以同样的方式购物	○	○	○	○	○	○	○
我通常购买相同的品牌	○	○	○	○	○	○	○
购物让我感到快乐	○	○	○	○	○	○	○
我愿意花时间购物	○	○	○	○	○	○	○
购物是一件轻松的事情（不会令人感觉疲惫）	○	○	○	○	○	○	○
购物是一种让我缓解情绪低落的方式	○	○	○	○	○	○	○
我更加信任购买前可以实际体验/触摸到的商品	○	○	○	○	○	○	○
购买实际体验后的商品让我觉得更舒心	○	○	○	○	○	○	○
只有在实际体验商品后我才愿意购买	○	○	○	○	○	○	○
我认为购买实际体验后的商品会更可靠	○	○	○	○	○	○	○
判断商品是否值得购买的唯一方法是实际体验它	○	○	○	○	○	○	○

Q13 总体而言，现在您的购物消费与疫情前相比［矩阵量表］。

○明显减少

○一般减少

○轻微减少

○没有影响

○轻微增加

○一般增加

○明显增加

Q14 疫情前后您的购物频次大致是（提示：新冠疫情发生时间为 2019 年 12 月）［矩阵量表］。

题项	每天	每周多次	每周至少一次	每月多次	每月至少一次	几个月一次	从不
疫情前，实体店购物频次	○	○	○	○	○	○	○
疫情后，实体店购物频次	○	○	○	○	○	○	○
疫情前，网络购物频次	○	○	○	○	○	○	○
疫情后，网络购物频次	○	○	○	○	○	○	○

Q15 目前常态化疫情防控背景下（请您根据当下的实际感受作出选择）［矩阵量表］。

题项	完全不同意	不同意	不太同意	中立	基本同意	同意	完全同意
我能自主决定是否购买以及买哪些商品	○	○	○	○	○	○	○
我可以自由选择购买商品的渠道（实体店或网络购物）	○	○	○	○	○	○	○

Q16 疫情是否让您产生以下担忧［矩阵量表］。

题项	完全不担心	不担心	不太担心	中立	有点担心	担心	非常担心
疫情让我担心实体店购物带来感染风险	○	○	○	○	○	○	○
疫情让我担心网络购物的产品或物流包裹带来感染风险	○	○	○	○	○	○	○
疫情让我担心出现商品缺货的风险	○	○	○	○	○	○	○
疫情让我担心出现商品涨价的风险	○	○	○	○	○	○	○

续表

题项	完全不担心	不担心	不太担心	中立	有点担心	担心	非常担心
疫情让我担心出现商品品质下降的风险	○	○	○	○	○	○	○
疫情让我担心物流无法按时送达	○	○	○	○	○	○	○
疫情让我担心退换货困难	○	○	○	○	○	○	○
新冠疫情让我担心售后服务难以保障	○	○	○	○	○	○	○

Q17 请回忆一下您购买下列商品的经历，选择一个您比较有完整印象的经历作答（注：后续题项均以本题选择的经历为基础作答）［单选］。
○购买日常食品、日化用品等快消品的经历
○购买电脑、手机等电子商品的经历
○购买衣服的经历

Q18 在该经历中，您购买此类商品的渠道是［单选］。
○实体店
○电商平台/网店（如淘宝、京东、拼多多等）
○品牌官方网站/官方小程序/官方 App
○直播短视频平台（如抖音、快手等）
○网络社交平台（如微博、小红书、知乎、微信等）

Q19 您当时购买该商品的实际经历是［单选］。
○先实体店体验和了解该商品，然后进一步在网上搜索或对比商品
○先网上了解过该商品，然后进一步到实体店体验或了解商品
○仅实体店体验或了解该商品
○仅网上搜索了解该商品

Q20 根据当时的实际经历，您网上了解该商品的具体方式包括［多选］。
□通过网络社交平台（如微信、微博、小红书等）了解该商品
□通过电商平台（如淘宝、京东、拼多多）了解该商品
□通过直播短视频平台（如抖音、快手）了解该商品

□通过品牌官方网站/官方小程序/官方 App 了解该商品

Q21　您当时从搜索了解到下单购买，决策时间大致是［单选］。
○不超过 1 天
○2～3 天
○4～7 天
○一周以上

Q22　您当时在收到该商品后是否进行评价［多选］。
□我在电商平台进行了评论或评价打分
□我在微博微信等社交媒体平台进行了评价分享或抱怨
□我以其他方式对产品或相关服务过程进行了评价
□我没有进行评价

附录 C 实体零售企业全渠道转型调查问卷

尊敬的各位企业代表：

您好，我们是华南理工大学研究团队。为了全面了解实体零售业应用电子商务现状与问题，对我国的实体零售业进行调查。我们将非常感谢您作为企业代表参加此次调查活动，希望您能热心提供您的看法和意见。本次调查是不记名调查，调查的数据也会保密，请您放心填写！

Q1 您所在的企业名称：［填空］。

Q2 请问您在该企业担任的是什么职位？［单选］
○一般员工
○基层管理人员
○中层管理人员
○高层管理人员

Q3 您截至目前的最高学历：［单选］。
○博士
○硕士
○本科
○大专
○高中及以下

Q4 您所在企业的性质是？［单选］
○国有企业
○民营企业
○外资企业

○其他

Q5　您所在企业的成立年限（年）是？［单选］
○≤5
○6～10
○11～15
○≥16

Q6　您所在的企业大概是什么规模？［单选］
○20≤员工人数
○100≤员工人数
○300≤员工人数
○员工人数≥1000

Q7　您所在企业所属零售细分行业是？［单选］
○专卖店（如海尔、UR、优衣库）
○便利店（如7－ELEVEN、全家）
○商场（如奥特莱斯、万达）
○超市（如永辉、盒马、山姆）

Q8　您所在企业在哪些渠道开店？［多选］
□线下实体店、批发档口
□官网（自建商品官网，如UR）
□阿里旗下平台（淘宝、天猫、1688、淘特等）
□京东
□拼多多
□快手/抖音直播
□自营App（自建App）
□微信（小程序、视频号、朋友圈、微信群、公众号）
□其他

Q9　以下11道题是为了调查贵企业供应链上与各企业的合作情况［矩阵量表］。

题项	非常 不同意	不同意	比较不 同意	一般	比较 同意	同意	非常 同意
1. 我们企业与供应链上其他企业保持良好的关系	○	○	○	○	○	○	○
2. 我们企业频繁与供应链上其他企业交流	○	○	○	○	○	○	○
3. 我们企业在供应链中拥有重要地位，扮演了核心角色	○	○	○	○	○	○	○
4. 我们企业与供应链外企业建立了广泛的联系	○	○	○	○	○	○	○
5. 我们企业与供应链上其他企业之间关系密切	○	○	○	○	○	○	○
6. 我们企业与合作伙伴（如供应商、客户、行业协会、科研院所等）之间相互尊重	○	○	○	○	○	○	○
7. 我们企业与合作伙伴之间相互信任	○	○	○	○	○	○	○
8. 我们企业与合作伙伴之间经常相互帮助	○	○	○	○	○	○	○
9. 我们企业与合作伙伴有共同的目标/愿景	○	○	○	○	○	○	○
10. 我们企业努力维持/达成与合作伙伴的共同目标/愿景	○	○	○	○	○	○	○
11. 我们企业的员工与合作伙伴的员工都支持合作关系	○	○	○	○	○	○	○

Q10 以下 13 道题是为了调查贵企业在 IT 方面的建设情况［矩阵量表］。

题项	非常 不同意	不同意	比较不 同意	一般	比较 同意	同意	非常 同意
1. 总体上，我们企业的技术人员非常了解 IT 系统	○	○	○	○	○	○	○

续表

题项	非常 不同意	不同意	比较不 同意	一般	比较 同意	同意	非常 同意
2. 我们企业拥有扎实的 IT 专业知识	○	○	○	○	○	○	○
3. 我们企业对 IT 方面的创新非常了解	○	○	○	○	○	○	○
4. 我们企业了解如何运用 IT 系统建立/维护与合作伙伴（如客户、供应商等）之间的关系	○	○	○	○	○	○	○
5. 我们企业经常利用 IT 系统收集和获取市场信息	○	○	○	○	○	○	○
6. 我们企业经常使用 IT 系统分析市场信息	○	○	○	○	○	○	○
7. 我们企业已经设置了 IT 程序自动从网上收集客户需求等信息	○	○	○	○	○	○	○
8. 我们企业经常使用 IT 系统来管理客户信息	○	○	○	○	○	○	○
9. 我们企业拥有独立的 IT 部门	○	○	○	○	○	○	○
10. 我们企业拥有 IT 负责人	○	○	○	○	○	○	○
11. 我们企业每年都会在 IT 方面做大量的资金投入	○	○	○	○	○	○	○
12. 我们企业会在需要时定制或开发合适的软件应用	○	○	○	○	○	○	○
13. 我们企业员工都通过内部的同一 IT 网络/系统进行沟通	○	○	○	○	○	○	○

Q11　以下4道题是为了调查贵企业所在行业的技术变化情况［矩阵量表］。

题项	非常 不同意	不同意	比较不 同意	一般	比较 同意	同意	非常 同意
1. 我们企业所在行业的技术正在迅速变化	○	○	○	○	○	○	○

续表

题项	非常 不同意	不同意	比较不 同意	一般	比较 同意	同意	非常 同意
2. 技术变革为我们企业提供了巨大的机遇	○	○	○	○	○	○	○
3. 通过技术突破，我们企业可以实现在产品/服务的创新理念	○	○	○	○	○	○	○
4. 对我们企业而言，技术发展相当重要	○	○	○	○	○	○	○

Q12　以下 9 道题是为了调查贵企业在创新方面的表现［矩阵量表］。

题项	非常 不同意	不同意	比较 不同意	一般	比较 同意	同意	非常 同意
1. 我们企业能够掌握新渠道的组织和管理方法	○	○	○	○	○	○	○
2. 我们企业能够掌握新渠道的内在属性和特点	○	○	○	○	○	○	○
3. 我们企业能够基于新渠道尝试新的营销方式	○	○	○	○	○	○	○
4. 我们企业能够提供面向消费者的新服务（例如：支持到店自提或同城线下配送等）	○	○	○	○	○	○	○
5. 我们企业拥有比竞争对手更多的新渠道	○	○	○	○	○	○	○
6. 我们企业更愿意把资源和精力投入到利用和改进原有渠道上	○	○	○	○	○	○	○
7. 我们企业将会继续改进基于现有渠道的营销方式	○	○	○	○	○	○	○
8. 我们企业在不断地整合共享中整体供应链运行效率会有提升	○	○	○	○	○	○	○
9. 我们企业能够更清晰地把握消费者的需求	○	○	○	○	○	○	○

Q13 以下 4 道题是为了调查贵企业在资源整合/运用方面的表现〔矩阵量表〕。

题项	非常不同意	不同意	比较不同意	一般	比较同意	同意	非常同意
1. 我们企业的核心资源被广泛应用于各渠道营销、销售、信息共享、物流、售后等方面（例如：广告促销、物流配送等）	○	○	○	○	○	○	○
2. 我们企业的核心资源在渠道间流通转换的难度较低	○	○	○	○	○	○	○
3. 我们企业的核心资源在渠道间流通转换的时间很短	○	○	○	○	○	○	○
4. 我们企业的核心资源在渠道间流通转换的成本很高	○	○	○	○	○	○	○

Q14 以下 8 道题是为了调查贵企业在近三年内在绩效方面的表现〔矩阵量表〕。

题项	非常不同意	不同意	比较不同意	一般	比较同意	同意	非常同意
1. 我们企业对投资回报率感到满意	○	○	○	○	○	○	○
2. 我们企业对资产收益率感到满意	○	○	○	○	○	○	○
3. 我们企业对销售增长感到满意	○	○	○	○	○	○	○
4. 我们企业对员工数增长感到满意	○	○	○	○	○	○	○
5. 我们企业对市场份额增长感到满意	○	○	○	○	○	○	○
6. 我们企业对销售回报率感到满意	○	○	○	○	○	○	○
7. 我们企业对净利润率感到满意	○	○	○	○	○	○	○
8. 我们企业对毛利率感到满意	○	○	○	○	○	○	○

Q15 本题检测是否认真作答？〔单选〕
○是
○否

参 考 文 献

[1] 北京大学光华管理学院宏观政策课题组，刘俏，徐宪平，等．疫后中国经济重启的一揽子政策建议［J］．中国经济评论，2020（1）：22-27．

[2] 陈春花．传统企业数字化转型能力体系构建研究［J］．人民论坛·学术前沿，2019（18）：6-12．

[3] 陈洁．后疫情时代产业和消费"双升级"的动力机制［J］．上海交通大学学报（哲学社会科学版），2020，28（5）：100-111．

[4] 陈廷贵，仲艳秋．新冠肺炎疫情下进口海鲜消费情况研究［J］．世界农业，2021（10）：14-22，32．

[5] 陈炜．民族地区传统体育文化与旅游产业融合发展的驱动机制研究［J］．广西社会科学，2015（8）：194-198．

[6] 陈星如．新冠肺炎疫情背景下居民消费结构变化趋势分析——以安徽省为例［J］．现代商贸工业，2021，42（9）：63-64．

[7] 陈旭光，张明浩．后疫情时代的网络电影：影游融合与"想象力消费"新趋势——以《倩女幽魂：人间情》为个案［J］．上海大学学报（社会科学版），2021，38（3）：20-31．

[8] 陈亚平，王胜华．我国财政科技支出结构、效果与问题研究［J］．科学管理研究，2021，39（5）：140-149．

[9] 陈燕萍，戴金山．后疫情时代社区新零售转型特征及趋势［J］．商业经济研究，2022（11）：29-32．

[10] 丁路，项华灵，张佩玉，等．后疫情时代新零售模式的标准化路径研究［J］．中国标准化，2020（13）：31-36．

[11] 杜睿云，蒋侃．新零售：内涵、发展动因与关键问题［J］．价格理论与实践，2017（2）：139-141．

[12] 段翘楚，刘晓光．我国消费升级趋势评估及后疫情时期消费促

进政策探讨——基于地区层面消费升级的比较分析［J］. 中国市场，2021（7）：1 - 5.

［13］范亚辰，谭静. 疫情倒逼下中国居民消费体系转型升级研究［J］. 地方财政研究，2020（10）：27 - 41.

［14］范周，林一民. 消费回补与市场重塑：后疫情时期的文化消费趋势探析［J］. 艺术评论，2020（5）：33 - 43.

［15］方媛，张捷. 再娱乐——后疫情时期的大众文化消费趋势及对策研究［J］. 南京艺术学院学报（美术与设计），2020（5）：173 - 179.

［16］傅娟. 我国居民消费的现实困境与提升策略［J］. 区域经济评论，2021（4）：107 - 115.

［17］甘犁，路晓蒙，王香，等. 新冠疫情冲击下中国家庭财富变动趋势［J］. 金融论坛，2020，25（10）：3 - 8，34.

［18］甘依霖，朱媛媛，陈四云，高喆. 后疫情时代武汉市城市文化消费空间解构——以实体书店为例［J］. 地域研究与开发，2020，39（6）：65 - 70.

［19］高若瀛. 百丽的转身［N］. 经济观察报，2021 - 01 - 04（17）.

［20］顾海英，王常伟. 转变生产消费方式诉求下的动物福利规制分析——基于防控新冠肺炎的思考［J］. 农业经济问题，2020（3）：17 - 23.

［21］关利欣. 新冠肺炎疫情后中国消费发展趋势及对策［J］. 消费经济，2020，36（3）：27 - 34.

［22］郭馨梅，施珊珊. 电商渠道与实体零售渠道融合发展的主要模式与对策［J］. 商业经济研究，2017（4）：13 - 16.

［23］郭馨梅，张健丽，刘艳. 互联网时代我国零售业发展对策研究——基于网络零售与传统零售业融合发展视角分析［J］. 价格理论与实践，2014（7）：106 - 108.

［24］郭馨梅，张健丽. 我国零售业线上线下融合发展的主要模式及对策分析［J］. 北京工商大学学报（社会科学版），2014，29（5）：44 - 48.

［25］郭燕，陈国华，陈之昶. "互联网＋"背景下传统零售业转型的思考［J］. 经济问题，2016（11）：71 - 74.

［26］郭燕，吴价宝，王崇，卢珂. 多渠道零售环境下消费者渠道选

择意愿形成机理研究——产品类别特征的调节作用［J］. 中国管理科学, 2018, 26（9）: 158－169.

［27］ 郝建彬. 二十年: 中国电子商务史话［J］. 互联网经济, 2015（5）: 90－97.

［28］ 何劲军. 重大疫情背景下零售企业内部资本市场有效性对经营绩效的影响分析［J］. 商业经济研究, 2021（3）: 176－179.

［29］ 赫璐璐, 许佳彬, 李翠霞. 后疫情时期提升乳制品消费动能的路径探析［J］. 黑龙江畜牧兽医, 2022（6）: 1－6, 135.

［30］ 胡金星. 产业融合的内在机制研究［D］. 上海: 复旦大学, 2007.

［31］ 胡永仕. 实体零售与网络零售融合发展: 研究现状与展望［J］. 中国流通经济, 2020, 34（7）: 25－33.

［32］ 黄漫宇, 李圆颖. 零售企业全渠道发展水平对经营效率的影响路径及效应研究［J］. 北京工商大学学报（社会科学版）, 2017, 32（6）: 35－44.

［33］ 黄漫宇, 余祖鹏. 后疫情时代中国零售业态创新研究——基于零售进化综合模型［J］. 商业经济研究, 2022（11）: 5－8.

［34］ 金万富, 王少剑, 邓神志, 刘扬. 互联网技术应用对零售业空间组织影响研究进展［J］. 人文地理, 2018, 33（3）: 1－10.

［35］ 荆林波. 中国流通业效率实证分析和创新方向［J］. 中国流通经济, 2013, 27（6）: 13－17.

［36］ 兰虹, 赵佳伟. 新冠疫情背景下新零售行业发展面临的机遇、挑战与应对策略［J］. 西南金融, 2020（17）: 3－16.

［37］ 兰虹, 赵佳伟, 义旭东. 新冠肺炎疫情背景下增加居民消费对经济的拉动力研究——基于城乡居民消费行为的视角［J］. 征信, 2020, 38（8）: 1－10.

［38］ 雷蕾. 纯实体零售、网络零售、多渠道零售企业效率比较研究［J］. 北京工商大学学报（社会科学版）, 2018, 33（1）: 44－51, 113.

［39］ 李博硕. 新冠疫情下消费券发放的内在逻辑与潜在风险研究［J］. 价格理论与实践, 2020（4）: 47－50.

［40］ 李飞, 李达军, 孙亚程. 全渠道零售理论研究的发展进程［J］. 北京工商大学学报（社会科学版）, 2018, 33（5）: 33－40.

［41］李飞. 全渠道零售的含义、成因及对策——再论迎接中国多渠道零售革命风暴 ［J］. 北京工商大学学报（社会科学版），2013，28（2）：1－11.

［42］李飞. 全渠道营销理论——三论迎接中国多渠道零售革命风暴 ［J］. 北京工商大学学报（社会科学版），2014，29（3）：1－12.

［43］李飞. 全渠道营销：一种新战略 ［J］. 清华管理评论，2015（Z1）：32－39.

［44］李飞. 迎接中国多渠道零售革命的风暴 ［J］. 北京工商大学学报（社会科学版），2012，27（3）：1－9.

［45］李桂芳. 疫情下的中国供应链：思考与对策 ［J］. 商业经济研究，2020（8）：28－30.

［46］李骏阳. 当前我国零售行业发展态势和供给侧改革 ［J］. 中国流通经济，2016，30（11）：5－11.

［47］李丽，徐佳. 中国文旅产业融合发展水平测度及其驱动因素分析 ［J］. 统计与决策，2020，36（20）：49－52.

［48］李柳颖，武佳藤. 新冠肺炎疫情对居民消费行为的影响及形成机制分析 ［J］. 消费经济，2020，36（3）：19－26.

［49］李庆满，阎秀丽. 新冠疫情冲击下传统零售企业的困境与商业模式创新 ［J］. 商业经济研究，2021（3）：119－122.

［50］李少莹，陈立平. 后疫情时代社区新零售转型：特征与走向 ［J］. 商业经济研究，2022（2）：28－30.

［51］李文莉，李昆鹏，田倩南，李雪松. 突发疫情环境下考虑订单释放时间的零售物流配送路径优化研究 ［J］. 中国管理科学，2022，30（9）：195－205.

［52］李先玲，王彦，康海媛. 新冠疫情冲击下的消费选择：是政府消费还是居民消费——基于面板 ARDL 模型的实证证据 ［J］. 中南民族大学学报（自然科学版），2022，41（5）：630－635.

［53］李晓霞. 零售业商业生态系统的动态平衡分析 ［J］. 商业经济研究，2018（22）：23－25.

［54］李晓雪，路红艳，林梦. 零售业数字化转型机理研究 ［J］. 中国流通经济，2020，34（4）：32－40.

［55］李亚兵，夏月. 新冠肺炎疫情下零售企业商业模式创新风险识别与评价 ［J］. 统计与决策，2021，37（2）：163－167.

［56］李志萌，盛方富. 新冠肺炎疫情对我国产业与消费的影响及应对［J］. 江西社会科学，2020，40（3）：5-15.

［57］梁霄，郝爱民. 经济发展方式转变背景下我国流通体系优化路径选择［J］. 经济学动态，2011（10）：65-68.

［58］廖明月. 新冠肺炎疫情对中国消费市场的影响及财税法应对［J］. 人文杂志，2020（10）：20-29.

［59］廖夏，石贵成，徐光磊. 智慧零售视域下实体零售业的转型演进与阶段性路径［J］. 商业经济研究，2019（5）：28-30.

［60］廖颖川，吕庆华. 消费者全渠道零售选择行为研究综述与展望［J］. 中国流通经济，2019，33（8）：118-128.

［61］林毅夫，沈艳，孙昂. 中国政府消费券政策的经济效应［J］. 经济研究，2020，55（7）：4-20.

［62］林英泽，戈宇，包文斌. 从阿里与百联"联姻"看"新零售"［J］. 中国流通经济，2017，31（3）：124-128.

［63］刘洪波，邸建亮，王冉. 新冠肺炎疫情对居民消费的影响研究［J］. 统计研究，2022，39（5）：38-48.

［64］刘建荣. 后疫情时代行业科技出版社民营实体零售书店渠道工作转型发展探索［J］. 科技与出版，2022（5）：138-142.

［65］刘杰. 新冠疫情影响下我国实体零售的数字化转型及协同发展［J］. 商业经济研究，2021（2）：25-28.

［66］刘金东，宁磊，姜令臻. 疫情期间的"消费与产出偏离之谜"：只是失业率问题吗？［J］. 财经研究，2022，48（5）：4-18.

［67］刘雷，史小强. 新冠肺炎疫情背景下体育旅游消费行为影响机制——基于S-O-R框架的MOA-TAM整合模型的实证分析［J］. 旅游学刊，2021，36（8）：52-70.

［68］刘美霞，高中理. 目标国嵌入、本土化经营与跨境零售企业绩效——基于疫情影响的实证分析［J］. 商业经济研究，2021（9）：131-135.

［69］刘起林，韩青. 新冠肺炎疫情对中国居民猪肉消费行为的影响及对策建议——基于全国525份居民调查问卷分析［J］. 中国畜牧杂志，2021，57（11）：256-260.

［70］刘青，吴陈锐，张春成，吴姗姗，王向，汲国强. 新冠肺炎疫情对2020年电力消费影响及趋势研究［J］. 中国电力，2020，

53（12）：248－257.

[71] 刘润雅，李中慧，蔡少伦，线孟瑶，王秀丽. 新型冠状病毒肺炎疫情管控期间儿童果蔬消费状况及影响因素 [J]. 中国学校卫生，2020，41（10）：1477－1481.

[72] 刘尚希，傅志华，王志刚，周孝. 疫情冲击下数字消费券的多重效应分析 [J]. 财政研究，2021（4）：3－16.

[73] 刘向东，汤培青. 实体零售商数字化转型过程的实践与经验——基于天虹股份的案例分析 [J]. 北京工商大学学报（社会科学版），2018，33（4）：12－21.

[74] 刘向东. 移动零售下的全渠道商业模式选择 [J]. 北京工商大学学报（社会科学版），2014，29（3）：13－17.

[75] 刘义强，张婷，张丽. 新冠疫情对青海省城镇居民民生水平的影响研究 [C]. 中国统计教育学会，2020 年（第七届）全国大学生统计建模大赛优秀论文集，2020：932－955.

[76] 刘颖，马龙. 贵州贵阳消费券政策实施情况调查 [J]. 中国国情国力，2020（7）：65－67.

[77] 刘煜，刘遗志，汤定娜. 互联网时代零售企业构建全渠道商业模式的探讨 [J]. 北京工商大学学报（社会科学版），2016，31（6）：34－42.

[78] 柳思维. 特大疫情冲击非常时期发放消费券促进消费回补的思考 [J]. 消费经济，2020，36（3）：13－18.

[79] 陆婷. 疫情防控常态化背景下苏州消费结构优化路径研究 [J]. 统计科学与实践，2021（5）：46－49.

[80] 马化腾，孟昭莉，闫德利，王花蕾. 企业如何进行数字化转型 [J]. 科技中国，2017（7）：39－44.

[81] 毛磊，刘美玲，宋金鑫. 实体零售企业数字化演进路径研究——基于苏宁与盒马生鲜的双案例研究 [J]. 经济研究导刊，2022（14）：18－20.

[82] 孟明浩，顾晓艳，崔国发. 后疫情时期天目山国家级自然保护区生态旅游消费行为特征 [J]. 浙江农林大学学报，2022，39（3）：679－686.

[83] 苗红，赵润博，黄鲁成，吴菲菲，娄岩. 基于 LMDI 分解模型的技术融合驱动因素研究 [J]. 科技进步与对策，2019，36

（3）：11－18.

［84］潘婧，柴洪峰，覃正，孙权，高鹏飞，郑建宾．支付视角下疫情对消费经济的影响效应［J］．应用科学学报，2022，40（2）：338－348.

［85］潘亦欣．零售企业数字化转型对经营效率的影响研究［D］．武汉：中南财经政法大学，2020.

［86］齐永智，张梦霞.SOLOMO 消费驱动下零售企业渠道演化选择：全渠道零售［J］.经济与管理研究，2015，36（7）：137－144.

［87］齐永智，张梦霞．全渠道零售：演化、过程与实施［J］.中国流通经济，2014，28（12）：115－121.

［88］任保平．中国商贸流通业发展方式的评价及其转变的路径分析［J］.商业经济与管理，2012（8）：5－12.

［89］施蕾．全渠道时代顾客购物渠道选择行为研究［J］.当代财经，2014（2）：69－78.

［90］时春蕾，袁小代．新冠肺炎疫情下居民消费状况调查分析——以深圳市福田区为例［J］.特区实践与理论，2020（5）：36－41.

［91］史本叶，杨善然.BGG－DSGE 模型下罕见灾难风险宏观经济效应研究——兼论新冠肺炎疫情的宏观经济影响［J］.吉林大学社会科学学报，2021，61（2）：116－127，237.

［92］宋磊．疫情防控背景下青年网络消费意愿影响因素实证研究［J］.武汉商学院学报，2021，35（2）：50－55.

［93］孙才志，徐婷，王恩辰．基于 LMDI 模型的中国海洋产业就业变化驱动效应测度与机理分析［J］.经济地理，2013，33（7）：115－120，147.

［94］孙克竞，汤廷玥．疫情冲击下消费券政策效果评估与特征研究［J］.财政科学，2022（7）：28－41.

［95］汤向俊，任保平．统筹城乡商贸流通体系的约束条件及其路径选择［J］.西安财经学院学报，2011，24（2）：74－79.

［96］田明，孙璐，王茜，冯军．新冠肺炎疫情之下保健食品行业消费调查分析及政策建议［J］.中国食品学报，2020，20（9）：356－359.

［97］王宝义．"新零售"的本质、成因及实践动向［J］.中国流通

经济，2017，31（7）：3-11.

[98] 王成，Jamal Khan. 财政压力下消费券的杠杆设计——兼论刺激消费的资金来源问题［J］. 财政研究，2020（9）：29-39.

[99] 王国顺，胡国武. 网络零售企业服务蓝图的构建与流程优化［J］. 北京工商大学学报（社会科学版），2014，29（6）：1-7.

[100] 王贺峰，浦艳. 后疫情时代民族地区文旅产业转型增长的路径——基于符号消费的视角［J］. 中南民族大学学报（人文社会科学版），2022，42（6）：101-108，185-186.

[101] 王京滨，乔慧玲. 人力资本水平、产业结构转型升级与城市经济韧性——基于中国城市面板 PVAR 模型分析［J］. 技术经济与管理研究，2022（10）：80-86.

[102] 王可山，郝裕，秦如月. 农业高质量发展、交易制度变迁与网购农产品消费促进——兼论新冠肺炎疫情对生鲜电商发展的影响［J］. 经济与管理研究，2020，41（4）：21-31.

[103] 王敏. 疫情对消费行为的非典型影响［J］. 经济论坛，2003（16）：89.

[104] 王琪延，张珊. 新冠肺炎疫情下居民消费结构变动研究［J］. 调研世界，2022（4）：3-14.

[105] 王容. 新冠肺炎疫情冲击下电子消费券的效应分析［J］. 现代商贸工业，2020，41（24）：72-73.

[106] 王帅文，梁勇. 后疫情时期中小银行助力扩大消费［J］. 中国金融，2020（14）：34-35.

[107] 王晓飞. 新冠疫情下消费券政策效应测度研究——基于 Python 软件获取新浪微博发博量与关注度数据的分析［J］. 价格理论与实践，2020（11）：61-63.

[108] 王一鸣. 全面促进消费推动经济转型升级［J］. 中国经贸导刊，2020（24）：28-30.

[109] 王玉香，徐洪波. 数字经济赋能下流通业效率对居民消费升级的影响——基于消费扩容提质的视角［J］. 商业经济研究，2021（16）：40-44.

[110] 王运启. 重大疫情背景下内部控制有效性与零售企业社会责任——基于财务绩效的中介效应［J］. 商业经济研究，2020（22）：172-175.

[111] 威廉·J. 克林顿，小阿伯特·戈尔. 科学与国家利益 [M].
北京：科学技术文献出版社，1999.

[112] 卫彦琦. 移动支付对居民消费的异质性效应——基于对新冠肺
炎疫情冲击的实证 [J]. 商业经济研究，2021（12）：50－53.

[113] 魏山森，梁建芳. 新冠肺炎疫情对服装可持续消费关注度的影
响——基于旧衣回收、旧衣改造和旧衣捐赠的百度指数分析
[J]. 丝绸，2021，58（12）：40－46.

[114] 吴锦峰，常亚平，侯德林. 多渠道整合对零售商权益的影响：
基于线上与线下的视角 [J]. 南开管理评论，2016，19（2）：
170－181.

[115] 吴锦峰，常亚平，潘慧明. 多渠道整合质量对线上购买意愿的
作用机理研究 [J]. 管理科学，2014，27（1）：86－98.

[116] 吴群. "新零售" 供应链生态圈的建构逻辑及协同智慧研究
[J]. 江西财经大学学报，2021（5）：37－46.

[117] 吴勇毅. 传统百货零售业的数字化战略转型 [J]. 销售与市场
（管理版），2018（11）：62－66.

[118] 谢莉娟，万长松，王诗桠. 国有资本与流通效率：政治经济学
视角的中国经验 [J]. 世界经济，2021，44（4）：3－29.

[119] 谢莉娟，庄逸群. 互联网和数字化情境中的零售新机制——马
克思流通理论启示与案例分析 [J]. 财贸经济，2019，40
（3）：84－100.

[120] 辛冲冲，陈志勇. FDI 持续流入对中国经济增长与就业的驱动
效应研究——基于 LMDI 模型的再检验 [J]. 软科学，2018，
32（5）：1－4.

[121] 辛冲冲，陈志勇. 我国财政支农支出与农业经济增长——基于
LMDI 分解法的研究 [J]. 上海经济研究，2017（3）：78－86.

[122] 熊伟. 新冠肺炎疫情背景下政府消费券发放规则的法律检视
[J]. 武汉大学学报（哲学社会科学版），2020，73（5）：5－
15.

[123] 徐伟康. 从《互联网技术影响下体育消费发展的特征、趋势、
问题和策略》看疫情之后我国体育消费发展的新取向 [J]. 体
育学研究，2020，34（4）：95.

[124] 许庆瑞，郑刚，喻子达，沈威. 全面创新管理（TIM）：企业

创新管理的新趋势——基于海尔集团的案例研究 [J]. 科研管理, 2003 (5): 1 - 7.

[125] 薛红, 张鹏, 李伟男, 郑作文. 全渠道消费者行为协同决策研究 [J]. 计算机工程与科学, 2017, 39 (8): 1570 - 1575.

[126] 薛文杰. 新冠肺炎疫情对山西省农村居民消费的影响及分析 [J]. 商业文化, 2021 (16): 24 - 26.

[127] 闫玉刚. 出版业数字化转型的启示——基于疫情期间文化消费的特点 [J]. 出版广角, 2020 (7): 10 - 13.

[128] 闫振宇, 陶建平. 猪肉质量安全风险认知、消费决策及政府沟通策略——基于重大动物疫情的消费者适应性调研 [J]. 中国畜牧杂志, 2014, 50 (20): 58 - 62, 84.

[129] 杨继瑞, 薛晓. 城乡社区非接触型消费——新冠肺炎疫情影响下推进消费回补和潜力释放的新举措 [J]. 中国高校社会科学, 2020 (3): 12 - 18, 157.

[130] 杨守德, 杨慧瀛. 中国零售业业态结构调整与转型升级: 动因、原则及操作标准 [J]. 商业研究, 2018 (2): 155 - 160.

[131] 杨水根, 张川, 董晓雪. 流通效率提升与消费扩容升级——基于 2003—2018 年中国省际面板数据的实证研究 [J]. 消费经济, 2020, 36 (4): 67 - 76.

[132] 依绍华. 新冠疫情下促进我国居民消费持续恢复策略研究 [J]. 价格理论与实践, 2022 (5): 15 - 18.

[133] 于立新, 许越. 后危机时期目的地旅游沟通对旅游者消费意愿的影响——以疫情后武汉市旅游业的恢复为例 [J]. 陕西师范大学学报 (自然科学版), 2021, 49 (6): 21 - 29.

[134] 于泽. 文化与科技产业融合度测算分析 [J]. 科技管理研究, 2020, 40 (4): 88 - 97.

[135] 余丽生. 消费券发行的财政思考 [J]. 新理财 (政府理财), 2020 (5): 26 - 29.

[136] 袁晓玲, 李彩娟, 王非. 疫情下居民消费动态变化分析与建议 [J]. 北京工业大学学报 (社会科学版), 2020, 20 (5): 31 - 39.

[137] 臧旭恒, 陈斌开, 尹志超, 汪伟, 易行健. "新冠肺炎疫情与消费" 专家笔谈 [J]. 消费经济, 2020, 36 (3): 3 - 12.

[138] 张俸铭. 新冠肺炎疫情期间速冻食品消费调查报告 [J]. 商场现代化, 2021 (1): 8 – 10.

[139] 张广玲, 刘晨晨, 王辉, 王凤玲. 制度压力与跨渠道整合程度关系研究: 企业能力的调节作用 [J]. 营销科学学报, 2017, 13 (2): 107 – 126.

[140] 张捷. 调查报告: 新冠肺炎疫情对公众消费信心的影响与政策建议 [J]. 国家治理, 2020 (22): 2 – 7.

[141] 张磊. 价值 [M]. 浙江: 浙江教育出版社, 2020.

[142] 张沛然, 黄蕾, 卢向华, 黄丽华. 互联网环境下的多渠道管理研究——一个综述 [J]. 经济管理, 2017, 39 (1): 134 – 146.

[143] 张平, 王静敏. 新冠疫情影响下财政政策的需求约束与政策选择——基于居民消费的研究 [J]. 海南大学学报 (人文社会科学版), 2020, 38 (4): 37 – 46.

[144] 张普. 新零售的兴起、理念及构建——以零售业革命的发展为视角 [J]. 哈尔滨商业大学学报 (社会科学版), 2021 (5): 112 – 120.

[145] 张文兵, 袁怀宇. 后疫情时期刺激消费的困境与对策 [J]. 现代商业, 2021 (13): 9 – 11.

[146] 张笑扬. 重大疫情视角下的自然生态归因与消费逻辑论析 [J]. 理论导刊, 2020 (5): 107 – 111.

[147] 张予, 郭馨梅, 王震. 数字化背景下我国零售业高质量发展路径研究 [J]. 商业经济研究, 2020 (4): 21 – 23.

[148] 张越, 曾江. 新冠肺炎疫情背景下促进消费的意义及举措 [J]. 中国社会科学院研究生院学报, 2020 (4): 53 – 64.

[149] 赵剑波. 企业数字化转型的技术范式与关键举措 [J]. 北京工业大学学报 (社会科学版), 2022, 22 (1): 94 – 105.

[150] 郑江淮, 付一夫, 陶金. 新冠肺炎疫情对消费经济的影响及对策分析 [J]. 消费经济, 2020, 36 (2): 3 – 9.

[151] 钟雨龙, 陈璋. 防疫常态化背景下我国中小企业数字化转型的发展研究 [J]. 商业经济研究, 2021 (10): 113 – 116.

[152] 周飞, 冉茂刚, 沙振权. 多渠道整合对跨渠道顾客保留行为的影响机制研究 [J]. 管理评论, 2017, 29 (3): 176 – 185.

[153] 周华敏, 张丽琼. 后疫情时代互联网消费金融风险防控与可持续发展 [J]. 商业经济研究, 2021 (18): 166 - 169.

[154] 周晓轩, 李玮, 杨雪晴. 新冠疫情对北京居民消费结构升级影响的效应测度与应对策略研究 [C]. 中国统计教育学会 2020年 (第七届) 全国大学生统计建模大赛优秀论文集, 2020: 463 - 476.

[155] 周莹, 谢清心, 张林秀, 田旭. 新冠肺炎疫情对农村居民食物消费的影响——基于江苏省调查数据的实证分析 [J]. 农业技术经济, 2022 (7): 34 - 47.

[156] 周永务, 李斐. 新零售运营管理面临的问题与挑战 [J]. 系统管理学报, 2022, 31 (6): 1041 - 1055.

[157] 朱迪, 郭冉, 章超. 伦理消费视角下的我国新消费实践——对疫情期间电商助农的评估分析 [J]. 新视野, 2022 (2): 122 - 128.

[158] 朱海娟, 张宇. 疫情下 × 超市平衡计分卡绩效体系影响分析 [J]. 中国市场, 2021 (9): 89 - 90.

[159] 朱宁, 曹博, 秦富. 非洲猪瘟疫情影响下城镇居民家庭畜产品消费替代研究——基于北京市与河北省的调研 [J]. 农村经济, 2020 (4): 76 - 82.

[160] 朱启荣, 孙明松, 杨伟东. 新冠肺炎疫情对我国经济影响的评估: 基于 GTAP 模型的实证 [J]. 统计与决策, 2020, 36 (21): 91 - 96.

[161] 庄贵军, 邓琪, 卢亭宇. 跨渠道整合的研究述评: 内涵、维度与理论框架 [J]. 商业经济与管理, 2019 (12): 30 - 41.

[162] Abdulkader M M S, Gajpal Y, ElMekkawy T Y. Vehicle routing problem in omni-channel retailing distribution systems [J]. *International Journal of Production Economics*, 2018 (196): 43 - 55.

[163] Accenture. *How COVID - 19 will permanently change consumer behavior* [R/OL]. https://www.accenture.com/_acnmedia/PDF - 134/Accenture - COVID19 - Consumer - Behaviour - Survey - Research - PoV. pdf#zoom%3D40.

[164] Acquila - Natale E, Iglesias - Pradas S. How to measure quality in multi - channel retailing and not die trying [J]. *Journal of Business*

Research, 2020 (109): 38 – 48.

[165] Adivar B, Hüseyinoğlu I Ö Y, Christopher M. A quantitative performance management framework for assessing omnichannel retail supply chains [J]. *Journal of Retailing and Consumer Services*, 2019 (48): 257 – 269.

[166] Ailawadi K L, Farris P W. Managing multi-and omni-channel distribution: Metrics and research directions [J]. *Journal of Retailing*, 2017, 93 (1): 120 – 135.

[167] Ailing Li. Research on the Effect of Public R&D Subsidies on R&D Investment Expenditure of Technological Innovation Enterprises [C]. Proceedings of 2017 the 3rd International Symposium on Social Science (ISSS 2017), 2017: 497 – 503.

[168] Alaimo L S, Fiore M, Galati A. How the COVID – 19 pandemic is changing online food shopping human behaviour in Italy [J]. *Sustainability*, 2020, 12 (22): 9594.

[169] Alaimo L S, Fiore M, Galati A. Measuring consumers' level of satisfaction for online food shopping during COVID – 19 in Italy using POSETs [J]. *Socio – Economic Planning Sciences*, 2022 (82): 101064.

[170] Alexander B, Cano M B. *Futurising the physical store in the omnichannel retail environment* [M]. Exploring Omnichannel Retailing. Springer, Cham, 2019: 197 – 223.

[171] Alhaimer R. Fluctuating attitudes and behaviors of customers toward online shopping in times of emergency: The case of Kuwait during the COVID – 19 pandemic [J]. *Journal of Internet Commerce*, 2022, 21 (1): 26 – 50.

[172] Al – Hattami H M. Determinants of intention to continue usage of online shopping under a pandemic: COVID – 19 [J]. *Cogent Business & Management*, 2021, 8 (1): 1936368.

[173] Amazon. *Introducing the first grocery store with just walk-out shopping* [R/OL]. https://www. amazon. com/b? ie = UTF8&node = 16008589011.

[174] Amrouche N, Yan R. Implementing online store for national brand

competing against private label ［J］. *Journal of Business Research*, 2012, 65 (3): 325 – 332.

［175］ Ang B W, Liu F L. A new energy decomposition method: Perfect in decomposition and consistent in aggregation ［J］. *Energy*, 2001, 26 (6): 537 – 548.

［176］ Ang B W, Liu F L, Chew E P. Perfect decomposition techniques in energy and environmental analysis ［J］. *Energy Policy*, 2003, 31 (14): 1561 – 1566.

［177］ Ang B W. The LMDI approach to decomposition analysis: A practical guide ［J］. *Energy Policy*, 2005, 33 (7): 867 – 871.

［178］ Ang B W, Zhang F Q. A survey of index decomposition analysis in energy and environmental studies ［J］. *Energy*, 2000, 25 (12): 1149 – 1176.

［179］ Ang B W, Zhang F Q, Choi K H. Factorizing changes in energy and environmental indicators through decomposition ［J］. *Energy*, 1998, 23 (6): 489 – 495.

［180］ Avery J, Steenburgh T J, Deighton J, et al. Adding bricks to clicks: Predicting the patterns of cross-channel elasticities over time ［J］. *Journal of Marketing*, 2012, 76 (3): 96 – 111.

［181］ Bae S Y, Chang P J. The effect of coronavirus disease – 19 (COVID – 19) risk perception on behavioural intention towards "untact" tourism in South Korea during the first wave of the pandemic ［J］. *Current Issues in Tourism*, 2021, 24 (7): 1017 – 1035.

［182］ Basak S, Basu P, Avittathur B, et al. A game theoretic analysis of multichannel retail in the context of "showrooming" ［J］. *Decision Support Systems*, 2017 (103): 34 – 45.

［183］ Beckers J, Weekx S, Beutels P, et al. COVID – 19 and retail: The catalyst for e-commerce in Belgium? ［J］. *Journal of Retailing and Consumer Services*, 2021 (62): 102645.

［184］ Beck N, Rygl D. Categorization of multiple channel retailing in multi –, cross –, and omni-channel retailing for retailers and retailing ［J］. *Journal of Retailing and Consumer Services*, 2015 (27): 170 – 178.

[185] Bell D R, Gallino S, Moreno A. How to win in an omnichannel world [J]. *MIT Sloan Management Review*, 2014, 56 (1): 45 – 53.

[186] Bell D R, Gallino S, Moreno A. Offline showrooms in omnichannel retail: Demand and operational benefits [J]. *Management Science*, 2018, 64 (4): 1629 – 1651.

[187] Bendoly E, Blocher J D, Bretthauer K M, et al. Online/in-store integration and customer retention [J]. *Journal of Service Research*, 2005, 7 (4): 313 – 327.

[188] Benoit S, Evanschitzky H, Teller C. Retail format selection in on-the-go shopping situations [J]. *Journal of Business Research*, 2019 (100): 268 – 278.

[189] Berman B, Thelen S. A guide to developing and managing a well-integrated multi-channel retail strategy [J]. *International Journal of Retail & Distribution Management*, 2004, 32 (3): 147 – 156.

[190] Bernon M, Cullen J, Gorst J. Online retail returns management: Integration within an omni-channel distribution context [J]. *International Journal of Physical Distribution & Logistics Management*, 2016, 46 (6/7): 584 – 605.

[191] Biyalogorsky E, Naik P. Clicks and mortar: The effect of on-line activities on off-line sales [J]. *Marketing Letters*, 2003, 14 (1): 21 – 32.

[192] Bravo R, Hem L E, Pina J M. From online to offline through brand extensions and alliances [J]. *International Journal of E – Business Research*, 2012, 8 (1): 17 – 34.

[193] Bressolles G, Lang G. KPIs for performance measurement of e-fulfillment systems in multi-channel retailing [J]. *International Journal of Retail & Distribution Management*, 2019, 48 (1): 35 – 52.

[194] Breugelmans E, Campo K. Cross-channel effects of price promotions: an empirical analysis of the multi-channel grocery retail sector [J]. *Journal of Retailing*, 2016, 92 (3): 333 – 351.

[195] Brynjolfsson E, Hu Y J, Rahman M S. Competing in the age of

omnichannel retailing [J]. *MIT Sloan Management Review*, 2013, 54 (4): 23 – 29.

[196] Calder B J, Malthouse E C, Maslowska E. Brand marketing, big data and social innovation as future research directions for engagement [J]. *Journal of Marketing Management*, 2016, 32 (5 – 6): 579 – 585.

[197] Cao L, Li L. Determinants of retailers' cross-channel integration: An innovation diffusion perspective on omni-channel retailing [J]. *Journal of Interactive Marketing*, 2018, 44 (10): 1 – 16.

[198] Cao L, Li L. The impact of cross-channel integration on retailers' sales growth [J]. *Journal of Retailing*, 2015, 91 (2): 198 – 216.

[199] Chang H H, Meyerhoefer C D. COVID – 19 and the demand for online food shopping services: Empirical evidence from Taiwan [J]. *American Journal of Agricultural Economics*, 2021, 103 (2): 448 – 465.

[200] Chatterjee P, Kumar A. Consumer willingness to pay across retail channels [J]. *Journal of Retailing and Consumer Services*, 2017, 34 (1): 264 – 270.

[201] Chen J, Zhang Y, Zhu S, et al. Does COVID – 19 affect the behavior of buying fresh food? Evidence from Wuhan, China [J]. *International Journal of Environmental Research and Public Health*, 2021, 18 (9): 4469.

[202] Chen Q, Lu Y, Tang Q. Why do users resist service organization's brand mobile apps? The force of barriers versus cross-channel synergy [J]. *International Journal of Information Management*, 2019 (47): 274 – 282.

[203] Chintagunta P K, Chu J, Cebollada J. Quantifying transaction costs in online/off-line grocery channel choice [J]. *Marketing Science*, 2012, 31 (1): 96 – 114.

[204] Chiu H C, Hsieh Y C, Roan J, et al. The challenge for multichannel services: Cross-channel free-riding behavior [J]. *Electronic Commerce Research and Applications*, 2011, 10 (1 – 6): 268 – 277.

[205] Chopdar P K, Paul J, Prodanova J. Mobile shoppers' response to Covid – 19 phobia, pessimism and smartphone addiction: Does social influence matter? [J]. *Technological Forecasting and Social Change*, 2022 (174): 121249.

[206] Chopra S. How omni-channel can be the future of retailing [J]. *Decision*, 2016, 43 (2): 135 – 144.

[207] Chopra S. The evolution of omni-channel retailing and its impact on supply chains [J]. *Transportation Research Procedia*, 2018 (9): 4 – 13.

[208] Combs J G, Ketchen, Jr D J, Ireland R D, et al. The role of resource flexibility in leveraging strategic resources [J]. *Journal of Management Studies*, 2011, 48 (5): 1098 – 1125.

[209] Coughlan A, Anderson E, Stern L W, et al. *Marketing channels* [M]. New Jersey: Prentice Hall, 2001.

[210] Cummins S, Peltier J W, Dixon A. Omni-channel research framework in the context of personal selling and sales management [J]. *Journal of Research in Interactive Marketing*, 2016, 10 (1): 2 – 16.

[211] Deleersnyder B, Geyskens I, Gielens K, et al. How cannibalistic is the Internet channel? A study of the newspaper industry in the United Kingdom and the Netherlands [J]. *International Journal of Research in Marketing*, 2002, 19 (4): 337 – 348.

[212] Eger L, Komárková L, Egerová D, et al. The effect of COVID – 19 on consumer shopping behaviour: Generational cohort perspective [J]. *Journal of Retailing and Consumer Services*, 2021 (61): 102542.

[213] Emrich O, Paul M, Rudolph T. Shopping benefits of multichannel assortment integration and the moderating role of retailer type [J]. *Journal of Retailing*, 2015, 91 (2): 326 – 342.

[214] Evanschitzky H, Iyer G R, Hesse J, et al. E – satisfaction: A re-examination [J]. *Journal of Retailing*, 2004, 80 (3): 239 – 247.

[215] Everett B. *An introduction to latent variable models* [M]. Springer

Science & Business Media, 2013.

[216] Falk T, Schepers J, Hammerschmidt M, et al. Identifying cross-channel dissynergies for multichannel service providers [J]. *Journal of Service Research*, 2007 (2): 143 –160.

[217] Fornari E, Fornari D, Grandi S, et al. Adding store to web: Migration and synergy effects in multi-channel retailing [J]. *International Journal of Retail & Distribution Management*, 2016, 44 (6): 658 –674.

[218] Frambach R T, Roest H C A, Krishnan T V. The impact of consumer internet experience on channel preference and usage intentions across the different stages of the buying process [J]. *Journal of Interactive Marketing*, 2007, 21 (2): 26 –41.

[219] Frasquet M, Descals A M, Ruiz – Molina M E. Understanding loyalty in multichannel retailing: The role of brand trust and brand attachment [J]. *International Journal of Retail & Distribution Management*, 2017, 45 (6): 608 –625.

[220] Frasquet M, Ieva M, Ziliani C. Understanding complaint channel usage in multichannel retailing [J]. *Journal of Retailing and Consumer Services*, 2019 (47): 94 –103.

[221] Frasquet M, Mollá, Alejandro, Ruiz E. Identifying patterns in channel usage across the search, purchase and post-sales stages of shopping [J]. *Electronic Commerce Research and Applications*, 2015, 14 (6): 654 –665.

[222] Friedman L G, Furey T R. *The channel advantage: Going to market with multiple sales channels to reach more customers, sell more products, make more profit* [M]. Boston: Butter Worth Heinemann, 1999.

[223] Galipoglu E, Kotzab H, Teller C, et al. Omni-channel retailing research-state of the art and intellectual foundation [J]. *International Journal of Physical Distribution & Logistics Management*, 2018, 48 (4): 365 –390.

[224] Gambardella A, Torrisi S. Does technological convergence imply convergence in markets? Evidence from the electronics industry

[J]. *Research Policy*, 1998, 27 (5): 445 – 463.

[225] Gao F, Cui S, Agrawal V. The effect of multi-channel and omni-channel retailing on physical stores [J]. *Management Science*, 2021, 68 (2): 809 – 826.

[226] Gao F, Su X. Omnichannel retail operations with buy-online-and-pick-up-in-store [J]. *Management Science*, 2017, 63 (8): 2478 – 2492.

[227] Gao F, Su X. Online and offline information for omnichannel retailing [J]. *Manufacturing & Service Operations Management*, 2017, 19 (1): 84 – 98.

[228] Gao X, Shi X, Guo H, et al. To buy or not buy food online: The impact of the COVID – 19 epidemic on the adoption of e-commerce in China [J]. *Plos One*, 2020, 15 (8): e0237900.

[229] Gensler S, Verhoef P C, Martin Böhm. Understanding consumers' multichannel choices across the different stages of the buying process [J]. *Marketing Letters*, 2012, 23 (4): 987 – 1003.

[230] Glaser B G, Strauss A L. *The discovery of grounded theory: Strategies for qualitative research* [M]. Chicago: Aldine Publishing Co., 1967.

[231] Goersch D. *Multi-channel integration and its implications for retail web sites* [C]. European Conference on Information Systems. DBLP, 2002: 748 – 758.

[232] Govindarajan A, Sinha A, Uichanco J. Joint inventory and fulfillment decisions for omnichannel retail networks [J]. *Naval Research Logistics*, 2020 (68): 779 – 794.

[233] Grashuis J, Skevas T, Segovia M S. Grocery shopping preferences during the COVID – 19 pandemic [J]. *Sustainability*, 2020, 12 (13): 5369.

[234] Grewal D, Janakiraman R, Kalyanam K, et al. Strategic online and offline retail pricing: A review and research agenda [J]. *Journal of Interactive Marketing*, 2010, 24 (2): 138 – 154.

[235] Grimmer L. Lessons from the COVID19 pandemic: The case of retail and consumer service firms [J]. *Journal of Retailing and Con-*

sumer Services，2022（68）：103012.

［236］Gulati R，Garino J. Get the right mix of bricks & clicks ［J］. *Harvard Business Review*，2000，78（3）：107 – 114，214.

［237］Guthrie C，Fosso – Wamba S，Arnaud J B. Online consumer resilience during a pandemic：An exploratory study of e-commerce behavior before，during and after a COVID – 19 lockdown ［J］. *Journal of Retailing and Consumer Services*，2021（61）：102570.

［238］Hadler N，Locher I，Waselewski M，et al. Youth perspectives and experiences with in-person and online grocery shopping during the COVID – 19 pandemic ［J］. *Current Developments in Nutrition*，2021（5）：224.

［239］Hagen D，Risselada A，Spierings B，et al. Digital marketing activities by Dutch place management partnerships：A resource-based view ［J］. *Cities*，2022（123）：103548.

［240］Hall M C，Prayag G，Fieger P，et al. Beyond panic buying：Consumption displacement and COVID – 19 ［J］. *Journal of Service Management*，2020，32（1）：113 – 128.

［241］Hamilton R，Thompson D，Bone S，et al. The effects of scarcity on consumer decision journeys ［J］. *Journal of the Academy of Marketing Science*，2019，47（3）：532 – 550.

［242］Hanninen M，Kwan S K，Mitronen L. From the store to omnichannel retail：looking back over three decades of research ［J］. *The International Review of Retail，Distribution and Consumer Research*，2021，31（1）：1 – 35.

［243］Hansen R，Sia S K. Hummel's digital transformation toward omnichannel retailing：Key lessons learned ［J］. *MIS Quarterly Executive*，2015，14（2）：51 – 66.

［244］Hao N，Wang H H，Zhou Q. The impact of online grocery shopping on stockpile behavior in Covid – 19 ［J］. *China Agricultural Economic Review*，2020，12（3）：459 – 470.

［245］Hübner A H，Kuhn H，Wollenburg J，et al. Last mile fulfilment and distribution in omni-channel grocery retailing：A strategic planning framework ［J］. *International Journal of Retail & Distribu-*

tion Management, 2016, 44 (3): 228 - 247.

[246] Hübner A, Holzapfel A, Kuhn H. Distribution systems in omni-channel retailing [J]. *Business Research*, 2016, 9 (2): 255 - 296.

[247] He H, Harris L. The impact of Covid - 19 pandemic on corporate social responsibility and marketing philosophy [J]. *Journal of Business Research*, 2020 (116): 176 - 182.

[248] Herhausen D, Binder J, Schoegel M, et al. Integrating bricks with clicks: Retailer-level and channel-level outcomes of online-offline channel integration [J]. *Journal of Retailing*, 2015, 91 (2): 309 - 325.

[249] He Y, Xu Q, Wu P. Omnichannel retail operations with refurbished consumer returns [J]. *International Journal of Production Research*, 2020, 58 (1): 271 - 290.

[250] Hobbs J E. Food supply chains during the COVID - 19 pandemic [J]. *Canadian Journal of Agricultural Economics/Revue Canadienne D Agroeconomie*, 2020, 68 (2): 171 - 176.

[251] Hoehle H, Aloysius J A, Chan F, et al. Customers' tolerance for validation in omnichannel retail stores: Enabling logistics and supply chain analytics [J]. *International Journal of Logistics Management*, 2018, 29 (2): 704 - 722.

[252] Hollebeek L D, Glynn M S, Brodie R J. Consumer brand engagement in social media: Conceptualization, scale development and validation [J]. *Journal of Interactive Marketing*, 2014, 28 (2): 149 - 165.

[253] Holton R H. The distinction between convenience goods, shopping goods, and specialty goods [J]. *Journal of Marketing*, 1958, 23 (1): 53 - 56.

[254] Huré E, Picot - Coupey K, Ackermann C L. Understanding omnichannel shopping value: A mixed-method study [J]. *Journal of Retailing and Consumer Services*, 2017 (6): 314 - 330.

[255] Hwang E H, Nageswaran L, Cho S H. Impact of COVID - 19 on omnichannel retail: Drivers of online sales during pandemic [J].

SSRN Electronic Journal, 2020 (7): 1–21.

[256] Ishfaq R, Bajwa N. Profitability of online order fulfillment in multi-channel retailing [J]. *European Journal of Operational Research*, 2019, 272 (3): 1028–1040.

[257] Ivanov D. Predicting the impacts of epidemic outbreaks on global supply chains: A simulation-based analysis on the coronavirus outbreak (COVID – 19/SARS – CoV – 2) case [J]. *Transportation Research Part E: Logistics and Transportation Review*, 2020 (136): 101922.

[258] Jaworski B J, Kohli A K. Market orientation: Antecedents and consequences [J]. *Journal of Marketing*, 1993, 57 (3): 53–70.

[259] Jiang K, Xu L, Bao X. *The impact of channel integration on channel reciprocity in the multi-channel retailing context* [C]. IEEE International Conference on Industrial Engineering & Engineering Management. IEEE, 2015.

[260] Jiang Y, Stylos N. Triggers of consumers' enhanced digital engagement and the role of digital technologies in transforming the retail ecosystem during COVID – 19 pandemic [J]. *Technological Forecasting and Social Change*, 2021 (172): 121029.

[261] Jílková P, Králová P. Digital consumer behaviour and ecommerce trends during the COVID – 19 crisis [J]. *International Advances in Economic Research*, 2021, 27 (1): 83–85.

[262] Kalakota R, Robinson M. *Services blueprint: Roadmap for execution* [M]. Boston: Addison – Wesley Press, 2003: 85–116.

[263] Kang J Y M. Showrooming, webrooming, and user-generated content creation in the omnichannel era [J]. *Journal of Internet Commerce*, 2018, 17 (2): 145–169.

[264] Kaya, Y. *Impact of carbon dioxide emission control on GNP growth: Interpretation of proposed scenarios* [R]. Paris, 1990.

[265] Kazancoglu I, Aydin H. An investigation of consumers' purchase intentions towards omni-channel shopping: A qualitative exploratory study [J]. *International Journal of Retail & Distribution Man-*

agement, 2018, 46（10）: 959 – 976.

[266] Kim J C, Chun S H. Cannibalization and competition effects on a manufacturer's retail channel strategies: Implications on an omni-channel business model [J]. *Decision Support Systems*, 2018 （109）: 5 – 14.

[267] Kim J. Impact of the perceived threat of COVID – 19 on variety-seeking [J]. *Australasian Marketing Journal*, 2020, 28（3）: 108 – 116.

[268] Kireyev P, Kumar V, Ofek E. Match your own price? Self-matching as a retailer's multichannel pricing strategy [J]. *Marketing Science*, 2017, 36（6）: 908 – 930.

[269] Kirk C P, Rifkin L S. I'll trade you diamonds for toilet paper: Consumer reacting, coping and adapting behaviors in the COVID – 19 pandemic [J]. *Journal of Business Research*, 2020（117）: 124 – 131.

[270] Koch J, Frommeyer B, Schewe G. Online shopping motives during the COVID – 19 pandemic-lessons from the crisis [J]. *Sustainability*, 2020, 12（24）: 10247.

[271] Kowalkowski C, Persson Ridell O, Röndell J G, et al. The co-creative practice of forming a value proposition [J]. *Journal of Marketing Management*, 2012, 28（13 – 14）: 1553 – 1570.

[272] Kumar V, Venkatesan R. Who are the multichannel shoppers and how do they perform? Correlates of multichannel shopping behavior [J]. *Journal of Interactive marketing*, 2005, 19（2）: 44 – 62.

[273] Kuruzovich J, Etzion H. Online auctions and multichannel retailing [J]. *Management Science*, 2018, 64（6）: 2734 – 2753.

[274] Kushwaha T, Shankar V. *Optimal allocation of marketing efforts by customer-channel segment* [R]. MSI Reports, 2007.

[275] Laato S, Islam A K M N, Farooq A, et al. Unusual purchasing behavior during the early stages of the COVID – 19 pandemic: The stimulus-organism-response approach [J]. *Journal of Retailing and Consumer Services*, 2020（57）: 102224.

[276] Lamb C, Hair J, Mcdaniel C. *MKTG 12*: *Principles of marketing*

［M］. Ohio：Cengage learning，2018.

［277］ Lamb C W，Hair J F，McDaniel C，et al. *MKTG2：2nd Asia - Pacific edition* ［M］. South Melbourne：Cengage Learning Australia，2013.

［278］ Larke R，Kilgour M，O'Connor H. Build touchpoints and they will come：Transitioning to omnichannel retailing ［J］. *International Journal of Physical Distribution & Logistics Management*，2018 (4)：465 –483.

［279］ Lazaris C，Vrechopoulos A. *From multi-channel to "omni-channel" retailing：review of the literature and calls for research* ［C］. 2nd International Conference on Contemporary Marketing Issues，2014：18 –20.

［280］ Lee H H，Kim J. Investigating dimensionality of multichannel retailer's cross-channel integration practices and effectiveness：Shopping orientation and loyalty intention ［J］. *Journal of Marketing Channels*，2010，17 (4)：281 –312.

［281］ Lee H H，Kim J. The effects of shopping orientations on consumers' satisfaction with product search and purchases in a multi-channel environment ［J］. *Journal of Fashion Marketing and Management：An International Journal*，2008，12 (2)：193 –216.

［282］ Lemon K N，Verhoef P C. Understanding customer experience throughout the customer journey ［J］. *Journal of Marketing*，2016，80 (6)：69 –96.

［283］ Levy M，Weitz B A，Ajay P. *Retailing management (skimming and scanning)* ［M］. New York：Tata Mc Graw - Hills Publication，2009.

［284］ Levy M，Weitz B A，Grewal D. *Retailing management* ［M］. New York：McGraw - Hill/Irwin，2012.

［285］ Lewis J，Whysall P，Foster C. Drivers and technology-related obstacles in moving to multichannel retailing ［J］. *International Journal of Electronic Commerce*，2014，18 (4)：43 –68.

［286］ Li J，Konuş U，Langerak F，et al. Customer channel migration and firm choice：The effects of cross-channel competition ［J］. *In-*

ternational Journal of Electronic Commerce, 2017, 21 (1): 8 – 42.

[287] Li K, Chen Y, Zhang L. Exploring the influence of online reviews and motivating factors on sales: A meta-analytic study and the moderating role of product category [J]. *Journal of Retailing and Consumer Services*, 2020 (55): 102107.

[288] Liu H, Lobschat L, Verhoef P C. Multichannel retailing: A review and research agenda [J]. *Foundations and Trends in Marketing*, 2018, 12 (1): 1 – 79.

[289] Li Y H, Huang J W, Tsai M T. Entrepreneurial orientation and firm performance: The role of knowledge creation process [J]. *Industrial Marketing Management*, 2009, 38 (4): 440 – 449.

[290] Li Y, Liu H, Lim E T K, et al. Customer's reaction to cross-channel integration in omnichannel retailing: The mediating roles of retailer uncertainty, identity attractiveness, and switching costs [J]. *Decision Support Systems*, 2018 (109): 50 – 60.

[291] Lo A, Duffy E, Ng S W. Who's grocery shopping online and why: Cross-sectional analysis of a nationally-representative sample since the pandemic [J]. *Current Developments in Nutrition*, 2021 (5): 231.

[292] Lu C, Qiao J, Chang J. Herfindahl – Hirschman Index based performance analysis on the convergence development [J]. *Cluster computing*, 2017, 20 (1): 121 – 129.

[293] March J G. Exploration and exploitation in organizational learning [J]. *Organization Science*, 1991, 2 (1): 71 – 87.

[294] Martin – Neuninger R, Ruby M B. What does food retail research tell us about the implications of coronavirus (COVID – 19) for grocery purchasing habits? [J]. *Frontiers in Psychology*, 2020 (11): 1448.

[295] Ma S. Fast or free shipping options in online and omni-channel retail? The mediating role of uncertainty on satisfaction and purchase intentions [J]. *The International Journal of Logistics Management*, 2017, 28 (4): 1099 – 1122.

[296] Masyn K E. Latent class analysis and finite mixture modeling [M]//Editor T D. *The Oxford Handbook of Quantitative Methods*. New York: Oxford University Press, 2013: 551 – 611.

[297] McCutcheon A L. *Latent class analysis* [M]. New York: Sage, 1987.

[298] McKinsey. Consumer sentiment and behavior continue to reflect the uncertainty of the COVID – 19 crisis [EB/OL]. https://www.mckinsey.com/business – functions/marketing – and – sales/our – insights/a – global – view – of – how – consumer – behavior – is – changing – amid – covid – 19#.

[299] Mehrolia S, Alagarsamy S, Solaikutty V M. Customers response to online food delivery services during COVID – 19 outbreak using binary logistic regression [J]. *International Journal of Consumer Studies*, 2021, 45 (3): 396 – 408.

[300] Melacini M, Perotti S, Rasini M, et al. E – fulfilment and distribution in omni-channel retailing: A systematic literature review [J]. *International Journal of Physical Distribution & Logistics Management*, 2018, 48 (4): 391 – 414.

[301] Mena C, Bourlakis M, Ishfaq R, et al. Realignment of the physical distribution process in omni-channel fulfillment [J]. *International Journal of Physical Distribution & Logistics Management*, 2016, 46 (6/7): 543 – 561.

[302] Méndez – Suárez M, Monfort A. The amplifying effect of branded queries on advertising in multi-channel retailing [J]. *Journal of Business Research*, 2020 (112): 254 – 260.

[303] Moon J H, Choe Y, Song H J. Determinants of consumers' online/offline shopping behaviours during the COVID – 19 pandemic [J]. *International Journal of Environmental Research and Public Health*, 2021, 18 (4): 1593.

[304] Mortimer G, Bowden J, Pallant J, et al. COVID – 19 has changed the future of retail: There's plenty more automation in store [J]. *Conversation*, 2020.

[305] Mu H. Research on the exploration and development countermeas-

ures of new retail business model [J]. *Academic Journal of Business & Management*, 2020, 2 (5): 1 – 13.

[306] Muir W A, Griffis S E, Whipple J M. A simulation model of multi-echelon retail inventory with cross-channel product returns [J]. *Journal of Business Logistics*, 2019, 40 (4): 322 – 338.

[307] Murfield M, Boone C A, Rutner P, et al. Investigating logistics service quality in omni-channel retailing [J]. *International Journal of Physical Distribution & Logistics Management*, 2017, 47 (4): 263 – 296.

[308] Murphy G B, Trailer J W, Hill R C. Measuring performance in entrepreneurship research [J]. *Journal of Business Research*, 1996, 36 (1): 15 – 23.

[309] Muthén B. *Latent variable mixture modeling* [M]//New developments and techniques in structural equation modeling. New York: Psychology Press, 2001: 21 – 54.

[310] Muthén B, Muthén L. *Mplus* [M]//Handbook of item response theory. Chapman and Hall/CRC, 2017: 507 – 518.

[311] Naeem M. Understanding the customer psychology of impulse buying during COVID – 19 pandemic: implications for retailers [J]. *International Journal of Retail & Distribution Management*, 2021, 49 (3): 377 – 393.

[312] Nahapiet J, Ghoshal S. Social capital, intellectual capital, and the organizational advantage [J]. *The Academy of Management Review*, 1998, 23 (2): 242 – 266.

[313] Narver J C, Slater S F, MacLachlan D L. Responsive and proactive market orientation and new-product success [J]. *Journal of Product Innovation Management*, 2004, 21 (5): 334 – 347.

[314] Nelson P. Advertising as information [J]. *Journal of Political Economy*, 1974, 82 (4): 729 – 754.

[315] Neslin S A, Grewal D, Leghorn R, et al. Challenges and opportunities in multichannel customer management [J]. *Journal of Service Research*, 2006, 9 (2): 95 – 112.

[316] Ngoh C, Groening C. The effect of COVID – 19 on consumers'

channel shopping behaviors: A segmentation study [J]. *Journal of Retailing and Consumer Services*, 2022 (68): 103065.

[317] Oh L B, Teo H H, Sambamurthy V. The effects of retail channel integration through the use of information technologies on firm performance [J]. *Journal of Operations Management*, 2012, 30 (5): 368 – 381.

[318] Ortis I, Casoli A. *Technology selection: IDC retail insights guide to enabling immersive shopping experiences* [R]. IDC Retail Insights Report, 2009, 45 (1): 40 – 43.

[319] Ortlinghaus A, Zielke S, Dobbelstein T. The impact of risk perceptions on the attitude toward multi-channel technologies [J]. *The International Review of Retail, Distribution and Consumer Research*, 2019, 29 (3): 262 – 284.

[320] Osterwalder A, Pigneur Y. Business model generation: A handbook for visionaries, game changers, and challengers [J]. *John Wiley*, 2010.

[321] Osterwalder A, Pigneur Y, Tucci C L. Clarifying business models: Origins, present, and future of the concept [J]. *Communications of the Association for Information Systems*, 2005 (16): 1 – 15.

[322] Ozuem W. Service quality in multichannel fashion retailing: An exploratory study [J]. *Information Technology and People*, 2020, 33 (4): 1327 – 1356.

[323] Pantano E, Pizzi G, Scarpi D, et al. Competing during a pandemic? Retailers' ups and downs during the COVID – 19 outbreak [J]. *Journal of Business Research*, 2020 (116): 209 – 213.

[324] Parker R, Hand L. *Satisfying the omnichannel consumers whenever and wherever they shop* [R]. IDC Retail Insights Report, 2009, 45 (1): 31 – 35.

[325] Park J, Dayarian I, Montreuil B. Showcasing optimization in omnichannel retailing [J]. *European Journal of Operational Research*, 2021 (294): 895 – 905.

[326] Park J, Kim R B. A new approach to segmenting multichannel shoppers in Korea and the US [J]. *Journal of Retailing and Con-*

sumer Services, 2018 (45): 163 - 178.

[327] Park S, Lee D. An empirical study on consumer online shopping channel choice behavior in omni-channel environment [J]. *Telematics and Informatics*, 2017, 34 (8): 1398 - 1407.

[328] Paul J, Agatz N, Spliet R, et al. Shared capacity routing problem - An omni-channel retail study [J]. *European Journal of Operational Research*, 2019, 273 (2): 731 - 739.

[329] Paul J, Rosenbaum M. Retailing and consumer services at a tipping point: New conceptual frameworks and theoretical models [J]. *Journal of Retailing and Consumer Services*, 2020 (54): 101977.

[330] Pauwels K, Neslin S A. Building with bricks and mortar: The revenue impact of opening physical stores in a multichannel environment [J]. *Journal of Retailing*, 2015, 91 (2): 182 - 197.

[331] Payne A, Frow P. The role of multichannel integration in customer relationship management [J]. *Industrial Marketing Management*, 2004, 33 (6): 527 - 538.

[332] Payne E M, Peltier J W, Barger V A. Omni-channel marketing, integrated marketing communications and consumer engagement: A research agenda [J]. *Journal of Research in Interactive Marketing*, 2017, 11 (2): 185 - 197.

[333] Piotrowicz W, Cuthbertson R. Introduction to the special issue information technology in retail: Toward omnichannel retailing [J]. *International Journal of Electronic Commerce*, 2014, 18 (4): 5 - 16.

[334] Prasad R K, Srivastava M K. Switching behavior toward online shopping: Coercion or choice during Covid - 19 pandemic [J]. *Academy of Marketing Studies Journal*, 2021 (25): 1 - 15.

[335] Rabinovich E, Bailey J P. Physical distribution service quality in Internet retailing: Service pricing, transaction attributes, and firm attributes [J]. *Journal of Operations Management*, 2004, 21 (6): 651 - 672.

[336] Radhi M, Zhang G. Pricing policies for a dual-channel retailer with cross-channel returns [J]. *Computers & Industrial Engineering*,

2018 (119): 63 – 75.

[337] Rai H B, Verlinde S, Macharis C, et al. Logistics outsourcing in omnichannel retail: State of practice and service recommendations [J]. *International Journal of Physical Distribution & Logistics Management*, 2019, 49 (3): 267 – 286.

[338] Rangaswamy A, Van Bruggen G H. Opportunities and challenges in multichannel marketing: An introduction to the special issue [J]. *Journal of Interactive Marketing*, 2005, 19 (2): 5 – 11.

[339] Reardon T, Heiman A, Lu L, et al. "Pivoting" by food industry firms to cope with COVID – 19 in developing regions: E – commerce and "copiloting" delivery intermediaries [J]. *Agricultural Economics*, 2021, 52 (3): 459 – 475.

[340] Rigby D. The future of shopping [J]. *Harvard Business Review*, 2011, 89 (12): 65 – 76.

[341] Rodríguez – Torrico P, Cabezudo R S J, San – Martín S. Tell me what they are like and I will tell you where they buy. An analysis of omnichannel consumer behavior [J]. *Computers in Human Behavior*, 2017 (68): 465 – 471.

[342] Roggeveen A L, Sethuraman R. How the COVID – 19 pandemic may change the world of retailing [J]. *Journal of Retailing*, 2020, 96 (2): 169 – 171.

[343] Rosenmayer A, McQuilken L, Robertson N, et al. Omni-channel service failures and recoveries: Refined typologies using Facebook complaints [J]. *Journal of Services Marketing*, 2018, 32 (3): 269 – 285.

[344] Rothaermel F T, Alexandre M T. Ambidexterity in technology sourcing: The moderating role of absorptive capacity [J]. *Organization Science*, 2009, 20 (4): 759 – 780.

[345] Saghiri S, Wilding R, Mena C, et al. Toward a three-dimensional framework for omni-channel [J]. *Journal of Business Research*, 2017 (77): 53 – 67.

[346] Salam M T, Imtiaz H, Burhan M. The perceptions of SME retailers towards the usage of social media marketing amid COVID – 19 crisis

[J]. *Journal of Entrepreneurship in Emerging Economies*, 2021, 13 (4): 588 –605.

[347] Sampson S E. Visualizing service operations [J]. *Journal of Service Research*, 2012, 15 (2): 182 –198.

[348] Sanchez R. Strategic flexibility in product competition [J]. *Strategic Management Journal*, 1995, 16 (S1): 135 –159.

[349] Sands S, Ferraro C, Campbell C, et al. Segmenting multichannel consumers across search, purchase and after-sales [J]. *Journal of Retailing and Consumer Services*, 2016 (33): 62 –71.

[350] Schramm – Klein H, Morschett D. Retail channel portfolios: Channel-attributes or integration-benefit-what counts more? [J]. *Advances in Consumer Research European Conference Proceedings*, 2006, 7 (7): 377 –384.

[351] Shankar V, Kalyanam K, Setia P, et al. How technology is changing retail [J]. *Journal of Retailing*, 2021, 97 (1): 13 –27.

[352] Shao S, Yang L, Gan C, et al. Using an extended LMDI model to explore techno-economic drivers of energy-related industrial CO_2 emission changes: A case study for Shanghai (China) [J]. *Renewable and Sustainable Energy Reviews*, 2016 (55): 516 –536.

[353] Sheng X, Ketron S C, Wan Y. Identifying consumer segments based on COVID – 19 pandemic perceptions and responses [J]. *Journal of Consumer Affairs*, 2022, 56 (1): 34 –67.

[354] Shen X L, Li Y J, Sun Y, et al. Channel integration quality, perceived fluency and omnichannel service usage: The moderating roles of internal and external usage experience [J]. *Decision Support Systems*, 2018 (5): 61 –73.

[355] Sheth J. Impact of Covid – 19 on consumer behavior: Will the old habits return or die? [J]. *Journal of Business Research*, 2020 (117): 280 –283.

[356] Showrav D G Y, Hassan M A, Anam S, et al. Factors influencing the rapid growth of online shopping during covid – 19 pandemic time in Dhaka City, Bangladesh [J]. *Academy of Strategic Management Journal*, 2021 (20): 1 –13.

［357］ Steinfield C, Mahler A, Bauer J. Electronic commerce and the local merchant ［J］. *Electronic Markets*, 1999, 9 (1 – 2): 51 – 57.

［358］ Stone M, Hobbs M, Khaleeli M. Multichannel customer management: The benefits and challenges ［J］. *Journal of Database Marketing & Customer Strategy Management*, 2002, 10 (1): 39 – 52.

［359］ Suddaby R. From the editors: What grounded theory is not ［J］. *Academy of Management Journal*, 2006, 49 (4): 633 – 642.

［360］ Szász L, Bálint C, Csíki O, et al. The impact of COVID – 19 on the evolution of online retail: The pandemic as a window of opportunity ［J］. *Journal of Retailing and Consumer Services*, 2022 (69): 103089.

［361］ Tao Z, Zhang Z, Wang X, et al. Simulation analysis of omnichannel strategy based on system dynamics: A case study of company x ［J］. *IOP Conference Series: Materials Science and Engineering*, 2018 (3): 32 – 39.

［362］ Tetteh A, Qi X. Supply chain distribution networks: Single – , dual – , and omni-channel ［J］. *Interdisciplinary Journal of Research in Business*, 2014 (9): 63 – 73.

［363］ Tippins M J, Sohi R S. IT competency and firm performance: Is organizational learning a missing link? ［J］. *Strategic Management Journal*, 2003, 24 (8): 745 – 761.

［364］ Tran L T T. Managing the effectiveness of e-commerce platforms in a pandemic ［J］. *Journal of Retailing and Consumer Services*, 2021 (58): 102287.

［365］ Truong D, Truong M D. How do customers change their purchasing behaviors during the COVID – 19 pandemic? ［J］. *Journal of Retailing and Consumer Services*, 2022 (67): 102963.

［366］ Tueanrat Y, Papagiannidis S, Alamanos E. Going on a journey: A review of the customer journey literature ［J］. *Journal of Business Research*, 2021 (125): 336 – 353.

［367］ Van Birgelen M, De Jong A, De Ruyter K. Multi-channel service retailing: The effects of channel performance satisfaction on behavioral intentions [J]. *Journal of Retailing*, 2006, 82 (4): 367 – 377.

[368] Van Nierop J E M, Leeflang P S H, Teerling M L, et al. The impact of the introduction and use of an informational website on offline customer buying behavior [J]. *International Journal of Research in Marketing*, 2011, 28 (2): 155 – 165.

[369] Verhagen T, Dolen W V. Online Purchase Intentions: A Multichannel Store Image Perspective [J]. *Information & Management*, 2009, 46 (2): 77 – 82.

[370] Verhoef P C, Kannan P K, Inman J J. From multi-channel retailing to omni-channel retailing [J]. *Journal of Retailing*, 2015 (2): 174 – 181.

[371] Von Briel F. The future of omnichannel retail: A four-stage Delphi study [J]. *Technological Forecasting and Social Change*, 2018 (132): 217 – 229.

[372] Voorveld H A M, Smit E G, Neijens P C, et al. Consumers' cross-channel use in online and offline purchases: An analysis of cross-media and cross-channel behaviors between products [J]. *Journal of Advertising Research*, 2016, 56 (4): 385 – 400.

[373] Wallace D W, Giese J L, Johnson J L. Customer retailer loyalty in the context of multiple channel strategies [J]. *Journal of Retailing*, 2004, 80 (4): 249 – 263.

[374] Wang R J H, Malthouse E C, Krishnamurthi L. On the go: How mobile shopping affects customer purchase behavior [J]. *Journal of Retailing*, 2015, 91 (2): 217 – 234.

[375] Wang Y, Wu L. *Research on transformation and upgrading of the traditional physical retail enterprises in China* [C]. 2020 4th International Seminar on Education, Management and Social Sciences. Atlantis Press, 2020: 764 – 768.

[376] Wollenburg J, Holzapfel A, Hübner A, et al. Configuring retail fulfillment processes for omni-channel customer steering [J]. *International Journal of Electronic Commerce*, 2018, 22 (4): 540 – 575.

[377] Wu I L, Wu S M. A strategy-based model for implementing channel integration in e-commerce [J]. *Internet Research*, 2015, 25 (2): 239 – 261.

[378] Xia Y, Zhang G P. The impact of the online channel on retailers' performances: An empirical evaluation [J]. *Decision Sciences*, 2010, 41 (3): 517 – 546.

[379] Xu X, Jackson J E. Examining customer channel selection intention in the omni-channel retail environment [J]. *International Journal of Production Economics*, 2019 (208): 434 – 445.

[380] Xu X, Jackson J E. Investigating the influential factors of return channel loyalty in omni-channel retailing [J]. *International Journal of Production Economics*, 2019 (216): 118 – 132.

[381] Yang S, Lu Y, Chau P Y K, et al. Role of channel integration on the service quality, satisfaction, and repurchase intention in a multi-channel (online-cum-mobile) retail environment [J]. *International Journal of Mobile Communications*, 2017, 15 (1): 1 – 25.

[382] Yrjölä M, Saarijärvi H, Nummela H. The value propositions of multi – , cross – , and omni-channel retailing [J]. *International Journal of Retail & Distribution Management*, 2018, 11 (12): 1133 – 1152.

[383] Yurova Y, Rippe C B, Weisfeld – Spolter S, et al. Not all adaptive selling to omni-consumers is influential: The moderating effect of product type [J]. *Journal of Retailing and Consumer Services*, 2017, 34 (1): 271 – 277.

[384] Zhang J, Farris P W, Irvin J W, et al. Crafting integrated multi-channel retailing strategies [J]. *Journal of Interactive Marketing*, 2010, 24 (2): 168 – 180.

[385] Zhang J, Xu Q, He Y. Omnichannel retail operations with consumer returns and order cancellation [J]. *Transportation Research Part E: Logistics and Transportation Review*, 2018 (118): 308 – 324.

[386] Zhang M, He X, Qin F, et al. Service quality measurement for omni-channel retail: Scale development and validation [J]. *Total*

Quality Management & Business Excellence, 2019, 30 (sup1): S210 – S226.

[387] Zhang M, Ren C, Wang G A, et al. The impact of channel integration on consumer responses in omni-channel retailing: The mediating effect of consumer empowerment [J]. *Electronic Commerce Research and Applications*, 2018 (2): 181 – 193.